In dem elegant komponierten Dialog *Über die Seelenruhe* (*Della tranquillità dell'animo*) ergründet der Renaissancegelehrte Leon Battista Alberti die Möglichkeiten einer gelungenen, ausgeglichenen Existenz in einer krisenhaften Welt. Spielerisch und tiefgründig zeigt Alberti, welch wichtige Rolle der ästhetisch-künstlerischen Erfahrung der Lebenswelt sowie der gemeinsamen Erkenntnissuche auf dem Weg zu einem ethischen und politischen Sein zukommt.

Eine brillante Anleitung zur Pflege des Selbst und ein Glanzpunkt in der seit der Antike andauernden Suche nach einem guten Leben – zum ersten Mal ins Deutsche übertragen und kenntnisreich kommentiert.

Luca della Robbia, *Platon und Aristoteles*
(*Die Kunst der Philosophie*), Marmorrelief, um 1437–1439
Florenz, Museo dell'Opera del Duomo

Leon Battista Alberti

Über die Seelenruhe

oder

Vom Vermeiden des Leidens
in drei Büchern

Herausgegeben, eingeleitet und kommentiert
von Hana Gründler
mit Katharine Stahlbuhk und Giulia Baldelli
Übersetzt von Victoria Lorini

Verlag Klaus Wagenbach Berlin

Inhalt

1 Innenansicht des Hauptschiffes der Kathedrale Santa Maria del Fiore, Florenz

Vom Gleichgewicht der Seele in widrigen Zeiten

Einleitung

Szenerien

Ein Tag in Florenz um 1445: Drei Männer treffen sich während des Messopfers zufällig in der wie üblich gut besuchten Kathedrale von Santa Maria del Fiore und wandeln danach unverfänglich plaudernd durch ihren harmonisch gestalteten Innenraum (Abb. 1).[1] Rasch entspinnt sich jedoch zwischen dem hochbetagten, weisen Agnolo Pandolfini (1363–1447) und dem klugen, ungefähr sechzigjährigen Niccola de' Medici (1384–1455) ein ernstes, sowohl intellektuell als auch persönlich herausforderndes Gespräch, dem außerdem der jüngere Leon Battista Alberti (1404–1472) beiwohnt. Dieses setzen sie am nächsten Tag bei einem gemeinsamen Spaziergang durch Florenz fort, um an dessen Ende wieder auf dem Vorplatz der Kathedrale anzugelangen – bereichert durch dieses ›bewegte Denken‹, eröffnet sich ihnen nicht nur ein neuer, unerwarteter Blick auf die gebaute Umwelt und die Florentiner Gesellschaft, sondern auch auf sich selbst.

Neben dem majestätischen Dom wird der Stadtraum somit zur zweiten ›Bühne‹ des dialogischen Spaziergangs, in dessen Verlauf die Bedingungen und Möglichkeiten des Vermeidens von Leiden sowie der Selbsterziehung zur Tugend aus einer Vielzahl unterschiedlicher Blickwinkel erörtert werden: So fragen sich Agnolo und Niccola unter anderem, wie der Einzelne lernen kann, mit den Härten und Unwägbarkeiten des Schicksals, aber auch der Bösartigkeit der Menschen umzugehen, wie er sein eigenes, häufig unbeherrschtes und in sich widerstreitendes Selbst mäßigen soll oder was praktische Anleitungen und wirksame Mittel sind, um in einer krisenhaften Welt das Seelengleichgewicht zu erlangen und zu erhalten. Eine zeitgenössische

Stimme, nämlich diejenige von Leon Battista Albertis Bruder Carlo (um 1400 – um 1468), fasst die Inhalte des Dialogs in einem undatierten Brief an Lorenzo Vettori (um 1408 – 1491) besonders prägnant zusammen und soll hier kurz zu Wort kommen: »Das erste Buch handelt davon, wie man leben kann, ohne von der Melancholie heimgesucht zu werden. Das zweite zeigt dir Mittel und Wege auf, deine Seele von allen Empörungen und Schmähungen zu reinigen, die du möglicherweise erlitten hast. Das dritte Buch schildert mehrere nützliche Verfahren, wie man schwerste Kränkungen und Pein aus dem Geist entfernen kann, wenn du von ihnen vollkommen niedergedrückt und fast schon eingenommen sein solltest.«[2]

Die Figur des Battista, also Albertis Alter Ego, folgt den häufig gegensätzlichen Ausführungen der beiden Florentiner Bürger gespannt, ohne sich jedoch in der kontroversen Diskussion zu äußern, geschweige denn zu positionieren. Er ist es, der das fiktive Gespräch niederschreibt, in der Hoffnung, seiner ideellen Leserschaft – die er wohlgemerkt von vornherein nicht nur als eine zeitgenössische bestimmt, sondern vielmehr als eine zukünftige, vor allem jedoch über die Zeiten hinweg verstehende erträumt – auf diese Weise ein feingestimmtes Instrument zur Seelenpflege an die Hand zu geben.

Und in der Tat stellt sich ungeachtet der historischen Distanz während der Lektüre bereits nach wenigen Seiten ein Eindruck außerordentlicher Unmittelbarkeit ein. Dies entspringt zunächst zweifelsohne der dialogischen Darstellungsform, zu der auch Albertis rhetorischer Kunstgriff zählt, die Lesenden direkt zu adressieren und sie somit gleichsam in die Dialogszene einzubinden. Man kann sich vorstellen, dass Albertis bewusste Entscheidung, dieses Streitgespräch moralischen Inhalts im Gegensatz zu vielen seiner Traktate und anderen Schriften nicht in der Gelehrtensprache Latein, sondern im *volgare*, also in der toskanischen Volkssprache, zu verfassen, auch zu einer besonders intensiven Anteilnahme vonseiten der zeitgenössischen Leserschaft führen sollte: So zeichnet sich das Sprechen der beiden Protagonisten über die eigenen Betrübnisse und das menschliche Seelenleiden neben gezielt gehobenen, vereinzelt in den Text verwobenen lateinischen Zitaten[3] im Allgemeinen durch eine erfrischende Direktheit und Alltäglichkeit aus, die von Alberti mit einer Vielzahl von Tonalitäten und Stilmitteln, wie etwa dem Einsatz einer stark bildhaften Sprache, pointierten Wiederholungen, dem Einflechten von Wortwitzen und typisch toskanischen Redewendungen oder Vokabeln noch verstärkt wird (Abb. 2).[4]

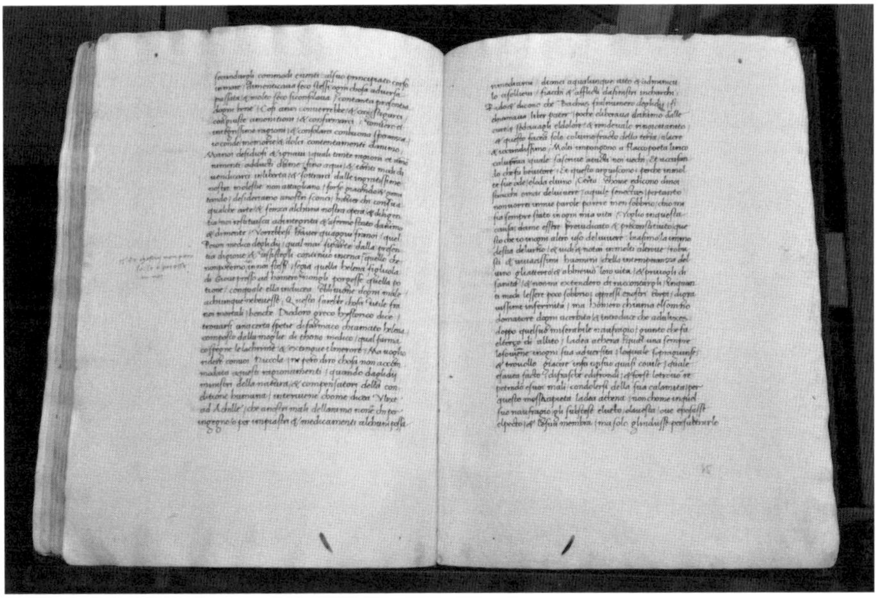

2 Manuskriptseite aus dem *Profugiorum ab aerumna* mit Randnotizen von Albertis Hand. Florenz, Biblioteca Medicea Laurenziana, Ashburnham 494: *Dialoghi morali di Leon Battista Alberti*, Blatt 44v–45r

Doch die Gründe, weshalb es uns scheint, als käme uns beim Lesen weder die Rolle einer passiv Konsumierenden noch einer nüchtern Beobachtenden zu, sind nicht nur sprachlicher Art, sondern liegen wesentlich tiefer: Denn die Frage, was es bedeutet, eine gelungene Existenz als Individuum und als aktiv gestaltendes Mitglied der Gesellschaft zu führen, kurz, die Frage nach dem guten Leben, ist in ihrer emotionalen Intensität von ungebrochener Aktualität. Hinzu kommt, dass Albertis Erörterungen einen eminent politischen Charakter haben. Sein Nachdenken über das ausgeglichene Selbst, das nur durch konstante Pflege und Übung erreicht wird, kann nicht von seiner Beschäftigung mit der Rolle der sinnlichen Wahrnehmung, der ästhetisch-künstlerischen Erfahrung der Lebenswelt und eben von der gemeinsamen Erkenntnissuche auf dem Weg zu einem ethischen und politischen Sein getrennt werden. Gerade am geschilderten spannungsreichen Verhältnis von Individuum und Gesellschaft wird deutlich, dass das Projekt der Selbstsorge durchaus auch ein politisches Projekt darstellt, wenn man, ähnlich wie dies antike, aber auch nicht wenige (post-)moderne Denker und Denkerinnen tun, davon ausgeht, dass die Ethik die Basis der Politik zu sein hat und nicht umgekehrt.[5] Denn das ethisch fundierte, geordnete Gemeinwesen setzt sich idealerweise wiederum aus Bürgern zusammen, die ihrer Rolle im gesellschaftlich-staatlichen Gefüge bewusst und mit der dazugehörigen charakterlichen Eignung entsprechen und dies in der Öffentlichkeit zum Ausdruck bringen. Es ist somit wohl kaum übertrieben zu behaupten, dass uns der unabschließbare Prozess der ethischen Selbstgestaltung und der politischen Mitgestaltung heute vor ähnliche, wenn nicht sogar noch größere Herausforderungen stellt als zu Albertis Zeiten.

Figuren

Selbstverständlich hat Alberti sowohl die beiden realgeschichtlichen Protagonisten als auch die Handlungsorte seines in drei Bücher unterteilten Dialogs *Über die Seelenruhe* – wie die *Profugiorum ab aerumna libri III* seit dem 16. Jahrhundert betitelt wurden[6] – sorgfältig ausgesucht. Agnolo Pandolfini war ein hochgeschätztes Mitglied der Florentiner Gesellschaft, der aufgrund seiner Lebenserfahrung und Klugheit auch in anderen humanistischen Dialogen, wie etwa der Neufassung von Albertis *De familia* (*Über das Hauswesen*) als Gesprächspartner auftritt.[7] Niccola wiederum gehörte einem Nebenzweig der aufstrebenden Florentiner Bankiersfamilie der Medici an, stand jedoch ihren gesellschaftlichen Ränken und politischen Intrigen, die in den 1440er Jahren immer weitere Kreise zogen und die Florentiner Republik in ihren Grundfesten erschütterte, mit Skepsis gegenüber.[8] Dass sich Alberti in der Figur des Battista als stummer Begleiter und aufmerksamer Beobachter in den Dialog, und somit auch in die Geschichte von Florenz einschreibt, zeigt, wie eng er sich nach seinen ›römischen Jahren‹ mit seiner Vaterstadt und ihrem (politischen) Schicksal – und natürlich auch ihrem literarischen Leben und ihrer künstlerisch-architektonischen Gestaltung – verbunden fühlte. Doch die Verschmelzung der historischen Persönlichkeiten mit den von Alberti in diesem Dialog geschaffenen literarischen Figuren offenbart nicht nur die komplexen Fiktionsebenen und die Erzählsituation dieses Dialogs, sondern verrät auch etwas über Albertis (Selbst-)Inszenierungskunst: Über alle drei Anwesenden, von denen sein Alter Ego auch noch als Autor fungiert, lernt die Leserin verschiedene Facetten dieser Alberti-Figur kennen (Abb. 3). Durch das Einflechten von Fachtermini oder das Heranziehen bildgewaltiger Analogien deutet der Autor Alberti seine juristische Ausbildung, seine Tätigkeit als päpstlicher Abbreviator sowie seine Kenntnisse der Kunsttheorie und Baukunst an und lässt sich von seinen beiden humanistisch gebildeten Gesprächspartnern bewusst als schillernder Geist ›porträtieren‹; eine Charakterisierung, die auch Cristoforo Landinos wunderbare, wortspielerische Wendung des chamäleon-tischen Stils von Leon Battista auszeichnet.[9] Besonders wirkmächtig scheint diese idealisierte Vorstellung in Jacob Burckhardts *Kultur der Renaissance in Italien* (1860) durch, in der Alberti als »wahrhaftig Allseitiger«, kurz, als Inbegriff des frühneuzeitlichen *uomo universale* gefeiert wird.[10]

3 Leon Battista Alberti, *Selbstporträt*, um 1435, Washington, National Gallery of Art, Samuel H. Kress Collection

Dabei behauptet der Humanist – und das ist für diesen Dialog genauso bedeutsam wie für die Selbstinszenierung in seiner *Vita*[11] –, sein vielfältiges und tiefgründiges Wissen eben gerade nicht nur in der akademischen Lehre, sondern auch in der praktischen Lebenswelt erworben zu haben: Freies, durchaus auch spekulatives Denken und gestaltendes Handeln sind für Alberti zwei Seiten einer Medaille. In diesem Sinne zeichnet er in diesem Dialog unterschwellig ein idealisiertes (Selbst-)Bild und ein gesellschaftliches Vorbild als jemand, der trotz aller Schwierigkeiten und Kämpfe und dank vielzähliger Übungen die delikate und *per se* prekäre Balance zwischen einem kontemplativen, den Studien gewidmeten und einem aktiven Leben hält; ein Zustand, dessen Erreichung, wie wir sehen werden, eines der Hauptanliegen dieses der Seelenruhe und der Selbstarbeit gewidmeten Dialogs darstellt.

Insgesamt kann festgehalten werden, dass Alberti die jeweiligen charakterlichen Gegensätze seiner Dialogfiguren sowie die atmosphärischen Unterschiede der Handlungsorte auf raffinierte und zugleich leichtfüßige Art und Weise inszeniert. Dazu zählt etwa, dass er dem weisen Agnolo, der bewusst als Vaterfigur und Gesprächsleiter eingeführt wird, eine getragene, ernsthafte und offensichtlich humanistisch gefärbte Sprache in den Mund legt, die Niccolas häufig mitfühlend-kritischen, manchmal aber auch spöttisch-beißenden und anti-philosophischen Unterton noch stärker hervortreten lässt.

Das Verhältnis der beiden Gesprächspartner zueinander – aber auch dasjenige zu Battista – ist trotz eines subtil hierarchischen Gefälles durch eine freundschaftliche und aufmerksame Zugewandtheit geprägt, die in offensichtlicher Anlehnung an den ›pädagogischen Eros‹ platonischer Dialoge die Grundlage für das gemeinsame Streben nach Wissen und die eigene Charakterbildung darstellt (siehe Frontispiz). Dieses Streben – und das ist wichtig – ist nicht nur epistemischer Art, sondern Teil einer ethischen Praxis, die, dies die Hoffnung, als prozessuale und unabschließbare ›Tugendarbeit‹ zu einer effektiven Veränderung des eigenen Daseins führt. Das gemeinsame Nachdenken und Sprechen ist also weit davon entfernt, steriler intellektueller Selbstzweck zu sein. Vielmehr stellt es ein Instrument dar, das hilft, eine ausgeglichene innere Haltung zu entwickeln und sich gegen die Härten des Schicksals zu wappnen. Alberti folgt hier unter anderem Seneca und anderen Stoikern und entwirft somit das Bild eines philosophischen Miteinanders therapeutischer Natur.[12] Die Philosophie ist ›Seelenmedizin‹, die nicht passiv eingenommen und konsumiert werden kann. Sie erfordert vom Individuum ›Selbstarbeit‹ und wird somit zu einer Übung im Vollzug, zu einer Lebenskunst. Dass der Einzelne dabei nur schwerlich eine abgeschlossene und perfekte Form erlangen kann, sondern sich letztlich immer wieder aufs Neue aussetzen, sich konfrontieren und mit seinen Schwächen umzugehen lernen muss, kurz sich im doppelten Sinne des Wortes zu ›bilden‹ hat, ist eine Dimension dieses Dialogs, die uns auch heute noch anregt und ihm seine Zeitlosigkeit verleiht. Diese ›Formbarkeit des Selbst‹ bedeutet natürlich nicht, dass wir es hier mit einer modernen oder gar post-modernen Subjektauffassung zu tun haben, in der der Einzelne komplett individualistisch oder gar entfremdet und losgelöst von den gesellschaftlichen Banden agiert. Das Verhältnis zu den anderen – das machen uns Agnolo und Niccola immer wieder deutlich – bleibt grundlegend, denn der Mensch ist *per definitionem* ein soziales und politisches Tier, das sich letztlich lediglich in einer Gemeinschaft von Bürgern, in der *polis*, verwirklichen kann. Dass dieses Miteinander gemäß Alberti dennoch meist von Ambivalenzen und von einem »Kampf um Anerkennung«[13] geprägt ist und teilweise auch das (innere) Exil mit sich bringt, spiegelt seine eigene Lebenserfahrung wider und offenbart zugleich sein nicht sonderlich positives Menschenbild.

Begleitlandschaften und Rückzugsorte

Wie und in welcher Form ist nun aber die erwähnte Selbstarbeit zu praktizieren? Welche Funktion kommt dabei der Begleitlandschaft des Dialogs zu? Oder anders gefragt: Welche Rolle kann und soll das Ästhetische im weitesten Sinne des Wortes spielen? Bevor dies näher ausgelotet werden kann, muss eine allgemeine Beobachtung festgehalten werden: Für Alberti bedingen sich Ethik und Ästhetik stets wechselseitig. Und dies ist auch der Grund, weshalb man nicht nur die kunst- und architekturtheoretischen Traktate vor dem Hintergrund der Texte mit moralphilosophischem und bürgerhumanistischem Inhalt lesen sollte, sondern umgekehrt auch philosophische Dialoge wie etwa *Über die Seelenruhe* auf ihre ästhetische und poetologische Prägnanz hin untersuchen muss. Die Frage, die sich letztlich durch das ganze Werk von Alberti zieht, ist diejenige nach der guten Lebensführung. Im Anschluss an antike Vorstellungen zeigt Alberti in seinem vielseitigen Œuvre auf, dass das Erlangen der Tugend den Grundstein zu einem guten und glücklichen Leben bildet, wobei dem ästhetischen Empfinden und der Kunst eine grundlegende Rolle für die (Selbst-)Gestaltung zukommt.[14] Allerdings darf ob dieses alles einenden etho-ästhetischen Horizonts die Pluralität von Albertis Wegen und Methoden nicht aus den Augen verloren werden. Tatsächlich scheint die jeweils gewählte Textgattung auch mit je unterschiedlichen ›Praxeologien der Tugenderlangung‹ einherzugehen. So weist etwa das *De pictura* (*Über die Malerei*) aufgrund seiner traktathaften Form einen stärker präskriptiven und normativen Charakter auf, nicht zuletzt, weil es eines seiner ausgewiesenen Ziele ist, den Maler als einen gebildeten und tugendhaften Menschen, als einen *vir bonus*, in die Gesellschaft – also in die *civitas* – einzubinden und somit seinen sozialen Status zu erhöhen.[15]

Wie bereits kurz angerissen, ist *Über die Seelenruhe* hingegen durch einen vollkommen anderen, dialogischen Ton charakterisiert, der die Leserin stellenweise direkt anspricht (S. 69), sie dadurch viel stärker in die Gedankengänge involviert und sie, *qua exempla*, also Beispielen, und

4 Kuppel der Kathedrale Santa Maria del Fiore, Florenz

Argumentation (*persuasio*) direkt und indirekt dazu anhält, Strategien der Selbstsorge und Tugendbildung im eigenen (Er-)Leben zu reflektieren und anzuwenden. Bezeichnenderweise spielt nun für diese ethische Selbstarbeit und Selbstgestaltung die zutiefst sinnlich und ästhetisch geprägte Begleitlandschaft, die durch ein großes Maß an Ordnung, Harmonie und Lieblichkeit besticht, eine wichtige Rolle. Die Beschreibung des wohlgeordneten, kühlen Innenraumes von Santa Maria del Fiore, aber auch das sprachliche Ausmalen der grünen und sanften toskanischen Landschaft, die einem *locus amoenus* gleicht, versetzt die Leserin in eine emotionale und intellektuelle Stimmung, die der Erlangung der Seelenruhe zuträglich sein soll (siehe Anm. 298 im Stellenkommentar).

Gerade die Florentiner Kathedrale Santa Maria del Fiore, die aufgrund von Filippo Brunelleschis grandiosem Entwurf für die am 25. März 1436 eingeweihte Kuppel zu einem der bedeutendsten Bauwerke Europas avanciert war, dessen Strahlkraft weit über den Kontinent hinausreichte, besitzt als Ursprungsort des Dialogs eine ungeheure ästhetische, aber auch symbolische Kraft: In der architektonisch brillanten und atmosphärisch dichten Beschreibung dieses »Hort[es] der Freuden« (S. 33) setzt Alberti den Ton für das Gespräch, rahmt die Handlung und stützt die Argumentation (Abb. 4).[16] Vor diesem Hintergrund erstaunt es wenig, dass Alberti im Verlauf des Dialogs die Säulenmetaphorik bemüht und das Verhältnis von Haltung (im ursprünglichsten semantischen Sinne des *ethos*) und Wahrheit anspricht: »Uns geht es wie der Säule: Während sie sich aufrecht hält und in sich ruht, stützt sie nicht nur sich selbst, sondern trägt dazu noch jedes schwere Gewicht, das auf ihr lastet. Und dieselbe Säule wird, sobald sie von dieser aufrechten Stellung abweicht, durch die auf ihr ruhende Last und die ihr innewohnende Schwere einstürzen. Indem sich also unsere Seele durch die Aufrichtigkeit des Wahren bestätigt und nicht von der Vernunft abirrt, welche ihr aufgebürdete Last sollte sie niederschmettern?« (S. 40)

Diese im Text relativ früh platzierte, wirkmächtige Analogie zwischen der soliden Säule, dem architektonischem Grundelement *par excellence*, und der Festigung sowie Aufrichtung der vom widrigen Schicksal und der Bösartigkeit der Menschen niedergedrückten Seele prägt sich den Lesern tief ein. Es gibt jedoch noch weitere Passagen, in denen Alberti die Relation von Seele und Architektur auslotet, indem er etwa betont, dass die Seele vor den schrecklichen Stürmen des Daseins Zuflucht suchen solle wie der Körper im warmen Inneren eines Hauses (siehe S. 48). Im Hinblick auf diese, sich wie ein roter Faden durch den gesamten Dialog ziehenden Gleichnisse von Seele und Architektur ist bezeichnend, dass Alberti den Lesern das klassische Motiv der *aedificatio animi*, also der Erbauung und Stärkung der Seele, bewusst nicht rein abstrakt und theoretisch vermittelt. Vielmehr bedient er sich an vielen Stellen in *Über die Seelenruhe* eines musikalischen, bildnerischen oder eben auch architektonischen Vokabulars und erschafft synästhetisch starke Bilder. Die Leserin ›sieht‹ im Verlaufe des Gesprächs nicht nur viel, sondern ›riecht‹ und ›hört‹, kurz gesagt, nimmt mit allen Sinnen wahr. Außerdem erfährt sie auch über die Protagonisten, wie wichtig, neben der angeregten, manchmal vielleicht auch leidenschaftlich-lauten Diskussion unter Freunden, intime Lese- und Schreibprozesse sind, denen als Übungen eine lindernde Wirkung zugeschrieben wird. Der bildhaften Sprache kommt somit im Prozess der Pflege der Seele und der Gestaltung des Selbst eine grundlegende, die Rezipienten sensibilisierende Rolle zu, die die Leser letztlich auf die eigene Seelenarbeit einstimmt. Die Seele, so Alberti, muss man durch spezifische Übungen vor negativen äußeren Einflüssen beziehungsweise inneren Erschütterungen feien und sie aufmerksam, harmonisch und wohlgeordnet gestalten (siehe Anm. 268 im Stellenkommentar). Dieses für Alberti gerade im Bereich seines ästhetischen Denkens so typische Beharren auf der harmonischen Wohlgeordnetheit mag auch ein Grund sein, weshalb seine Seelen-Architektur-Analogien nicht ausschließlich durch wehrhaft-militaristische Metaphern gekennzeichnet sind, wie sie etwa vom Kyniker Antisthenes überliefert sind: »Schaffe dir in dir selbst ein Bollwerk durch die Unfehlbarkeit deiner Berechnungen«.[17] Albertis im wahrsten Sinne des Wortes plastische Ausgestaltung der Kulisse des Dialogs offenbart also ihren wesentlichen Anteil an der Vermittlung und

Aneignung der philosophischen Inhalte und zeigt, dass für ihn das aisthetische (Nach-)Erleben ein grundlegendes Element in der ethischen Selbstgestaltung darstellt, das nicht allein durch die logisch-diskursive, inhaltliche Ebene des Dialogs eingeholt werden kann.

Nicht zuletzt ist das, was man die Macht des Ästhetischen nennen könnte, ein wichtiger Baustein für Albertis Konstruktion und Kodierung des ›politischen Raumes‹, was bereits im Treffpunkt des Domes ins Auge fällt (siehe Anm. 2 im Stellenkommentar). So hatte Alberti bezeichnenderweise im Prolog der italienischen Fassung seines *De pictura* auf die gemeinschaftsfördernde und schützende Macht von Brunelleschis Kuppel angespielt, deren Schatten alle toskanischen Völker bedecken und einen könne.[18] In *Über die Seelenruhe* findet das seine Ergänzung, indem der Weg der Dialogpartner durch den Florentiner Stadtraum kein zufälliger ist.[19] Vielmehr inszeniert Alberti eine Form von peripatetischer, also denkend bewegter ›Inbesitznahme‹ der sozio-politischen, aber auch intellektuellen Topografie der Stadt. Alle Orte, an die sich Agnolo, Niccola und Battista während ihres ausführlichen Gesprächs begeben, die Straßenzüge, entlang derer sie gehen, besitzen architektonische Prägnanz, symbolische Kraft, epistemologische Relevanz und nicht zuletzt politische Brisanz: Sei es der Dom, der evozierte Aufstieg zur Kirche von San Miniato al Monte oder das Dominikanerkloster von San Marco (siehe Anm. 300 und 302 im Stellenkommentar).[20]

In diesem virtuellen Spaziergang durch Florenz erlebt man als Leserin geradezu, wie der Dialog über die jeweilige persönliche Situation, unterschiedliche Lebenserfahrungen und die darauf beruhende Einschätzung und Haltung der Protagonisten eine eigene lebensweltliche Dichte entwickelt. Alberti gelingt es somit brillant, die inhaltliche Vielschichtigkeit und Tiefe des Textes, die nicht nur ästhetischer und ethischer Art ist, sondern aufgrund der Verortung im und der regen Kritik am aktuellen Zeitgeschehen eine subtil subversive Kraft besitzt, formal einzufangen und die Rezipienten weniger mit als abgeschlossen präsentiertem Wissen, als vielmehr mit gestaltbaren Möglichkeitsräumen zu konfrontieren, in denen man das eigene Denken austesten kann. Dieser Versuch, in widrigen Zeiten so etwas wie utopische Räume offen zu halten, zeigt sich auch an Folgendem: Wenngleich in diesem Dialog eine scharfe Kritik an den herrschenden Machtverhältnissen vorgenommen sowie den Florentiner Politikern Unfähigkeit und Bösartigkeit mit gesellschaftsspalterischem

Potenzial vorgeworfen wird, beharren Agnolo und Niccola am Ende darauf, dass man sich den negativen äußeren Umständen nicht zu beugen habe. Stattdessen solle sich der Einzelne an antiken Herrscheridealen bilden, seine Klugheit üben und seine Tugenden stärken.[21] Diese klassischen Praktiken der disziplinierenden Selbstbildung werden zugleich ›dissidentische‹ Strategien, und zwar in dem Sinne, dass sie das Individuum lehren und es darin bestärken, eine eigenständige Position zu beziehen und trotz des gegenläufigen Drucks der öffentlichen Meinung und des herrschenden politischen Systems Wahrheit zu sprechen (siehe Anm. 192 und 363 im Stellenkommentar). Ethische Selbstarbeit und gesellschaftliches Handeln sind somit unauflösbar miteinander verbunden, wobei der angemessene Grad der aktiven Teilhabe am politischen Leben gerade in schicksalhaften und gewaltsamen Zeiten schwer zu bestimmen ist. Die seit der Antike verhandelte Frage nach dem richtigen Verhältnis von *otium* (der Muße) und *negotium* (den Amtsgeschäften) ist also weder leicht noch eindeutig zu beantworten. Vielmehr bedarf sie – und das zeigt Alberti in *Über die Seelenruhe* auf eindringliche Weise – der eingehenden, aufmerksamen und klugen Prüfung der häufig widersprüchlichen historischen und politischen Realität, die den Einzelnen vor große Herausforderungen stellt und es ihm manchmal auch abverlangt, zu Strategien der Täuschung, der *dissimulatio*, zu greifen. Die Notwendigkeit, seine wahren Absichten und Gefühle in einer durch Ungerechtigkeiten und Niedertracht verkommenen Gesellschaft zu verbergen und sich zu verstellen, wird von Alberti wiederholt anhand der Figur des Odysseus dargelegt, der zum nachahmenswerten Vorbild auserkoren wird: »All das trunkene Gebaren der anderen erduldete er, verschleierte vor allen seine Schmach, ließ sich reihum verspotten und quälen, blieb bei jeder Kränkung stumm und geduldig, weil sein Vorhaben dies so verlangte.« (S. 86) Die Beschaffenheit der Öffentlichkeit wird von Alberti also keineswegs idealisiert; dementsprechend steht er sowohl einem Übermaß an Rückzug und Müßiggang als eben auch einer übertriebenen (häufig wahnhaftem Ehrgeiz zuzuschreibenden) Involviertheit in das öffentliche Leben kritisch gegenüber. Leitend ist für ihn vielmehr das im Dialog ersehnte und skizzierte Ideal einer Ausgewogenheit zwischen praktisch-tätigem und theoretisch-kontemplativem Leben, in dem es die herrschenden Machtverhältnisse nicht erforderlich machen, dass sich der Einzelne von der politischen Gemeinschaft abwenden und ins Exil zurückziehen muss (siehe S. 70).

Seelenformung

Die weiter oben angedeutete Disziplinierung des Selbst kann nun aber schwerlich von der in *Über die Seelenruhe* grundsätzlich diskutierten Frage der rationalen Affektkontrolle getrennt werden. Hier erweist sich Alberti ganz als aufmerksamer Leser und einfallsreicher Fortführer antiker philosophischer Vorstellungen und Diskurse, wobei er einen äußerst freien – zum Teil auch synkretistischen und widersprüchlichen – Umgang mit seinen vielzähligen Quellen pflegt.[22] Wenngleich sich Alberti beispielsweise tiefgehend mit den verschiedenen Ausprägungen stoischen Denkens auseinandersetzt und diese eingehend prüft, ist keine eindeutige Positionierung seinerseits auszumachen. Ferner ist auch klar, dass Alberti sich mit diesem Dialog in eine lange philosophische Tradition des Nachdenkens über die Erlangung der Seelenruhe und des guten, glückseligen Lebens einreiht, wie sie sich erstmalig in den nur fragmentarisch überlieferten Sentenzen des Demokrit findet: In dessen *Peri Euthymies* (*Über die Seelenruhe*) insistiert der vorsokratische Philosoph auf einer harmonischen und heiteren Gemütslage, die gegenüber der Unbeständigkeit des Schicksals ihre Autonomie behält.[23] Alberti selbst bedient sich in seinem Dialog einer Fülle klassischer stoischer Motive des Seelenruhe-Diskurses, indem er neben Ciceros *De officiis* (*Vom rechten Handeln*) sehr häufig auf Senecas *De tranquillitate animi* (*Über die Seelenruhe*) zurückgreift,[24] und gibt in diesem Zusammenhang mittels Agnolos kurzer Erörterung der Natur der Seele zugleich auch verschiedene antike Seelenkonzeptionen wieder, die jedoch im Dialog mehrdeutig bleiben (siehe S. 47 und Anm. 128 und 129 im Stellenkommentar). Schließlich klingt bei Alberti auch die aristotelische *Eudaimonie*-Lehre an, der gemäß die gelungene und somit tugendhafte Lebensführung Voraussetzung für einen ausgeglichenen Seelenzustand und Glückseligkeit ist. Das Erlangen der *eudaimonia* ist allerdings nicht nur für das Leben des Einzelnen von Bedeutung, sondern hat im überindividuellen Sinne für die gesamte *polis* als oberstes, wenngleich letztlich unerreichbares Ziel zu gelten. Das glückselige Leben, so kann man es knapp formulieren, erweist sich nicht als dauerhafter Zustand, sondern als ein unabschließbarer Prozess der ethischen Selbstgestaltung, ein Aspekt, den Alberti in *Über die Seelenruhe* bewusst hervorhebt.

Indem Alberti also zum Beispiel, vermittelt über Diogenes Laertius' *Leben und Meinungen berühmter Philosophen*, kynische Motive der asketischen Selbstzüchtigung in den Dialog aufnimmt oder eben in offensichtlichem Rückgriff auf Senecas Schriften die Notwendigkeit der Selbsterkenntnis oder die Mäßigung des Zorns in den Mittelpunkt rückt und diese wiederum mit Hinweisen auf zeitgenössische kulturelle und politische Ereignisse und Missstände verknüpft,[25] erschafft er ein schillerndes, für die Leser stellenweise nicht leicht zu durchschauendes Text- und Argumentationsgewebe. Diese Ungreifbarkeit hängt auch damit zusammen, dass er neben offensichtlichen Verweisen auf die klassische und christliche Tradition paganes und hermetisches Gedankengut einflicht und dadurch verschiedene Denktraditionen und Perspektiven in seinen Argumentationen überlagert und für seine Zwecke umformt (siehe Anm. 8 im Stellenkommentar). Dies kann angesichts der Fülle neu entdeckter antiker Quellen im Florenz des frühen 15. Jahrhunderts als Versuch gewertet werden, diese für seine eigene Zeit erstmalig darzustellen und fruchtbar zu machen. *Über die Seelenruhe* weist somit eine sprachlich innovative, inhaltlich eigenständige und lichte Gesamtstruktur auf, in die sich die vielzähligen, zur damaligen Zeit zum Teil noch recht unbekannten Referenzen etwa auf die homerischen Epen oder die hermetische Tradition organisch einfügen.

Gerade in Bezug auf das für Schriften zur Seelenruhe klassische Thema der bewussten Beherrschung negativer, zerstörerischer Affekte führt Alberti in diesem Dialog vor, wie raffiniert – man möchte fast sagen malerisch – man verschiedene Beispiele einsetzen kann, um die Leser nicht nur theoretisch und abstrakt, sondern auch über erzählerische und inszenatorisch-performative Elemente zu instruieren. Mit den geschöpften Sprachbildern gelingt es ihm, die Leser emotional zu affizieren und ethisch zu sensibilisieren.[26] Immer wieder klingen hier Grundsätze aus seinem *De pictura* an, in dem er den Regungen der Seele und deren künstlerisch stimmigen und moralisch wirksamen Darstellung bekanntlich besonders viel Aufmerksamkeit gewidmet hat.[27] Durch die *longue durée* der Denkfiguren und literarischen Motive und insbesondere dank des Einsatzes verschiedener exemplarischer mythologischer und historischer Figuren, wie etwa des duldsamen Odysseus oder des konzentrierten Archimedes, entsteht eine außergewöhnliche ›Gegenwärtigkeit der Vergangenheit‹, da die Leserin mit diesen mitleidet und erkennt, dass es eine Zeitlosigkeit menschlicher Erfahrung gibt, die auch die historische Distanz und lebensweltliche Differenz überbrückt. Es ist diese Verdichtung der uns belehrenden und berührenden *historia* – als (objektivierbare) Geschichte und albertianischer Vorgang –, die die zeitgenössischen Leser Albertis wahrscheinlich genauso faszinierte wie uns heute.

Helle Tränen, dunkles Lachen

Vor diesem Hintergrund der ›Seelenformung‹, die zugleich eine Affektkontrolle darstellt, überrascht es wenig, dass Alberti in *Über die Seelenruhe* die ganze Bandbreite menschlicher Emotionen spielerisch auslotet und im Laufe des gesamten Textes nicht zuletzt nach praktischen Mitteln zur Vermeidung von Leid sucht. Dabei fragt er sich wiederholt, wie mit zerstörerischen Gefühlen des Zorns, aber auch der Trauer und der alles zersetzenden Melancholie – im Sinne einer passiven objektlosen Traurigkeit – umzugehen sei. Niccola betont in einer längeren Passage im dritten Buch, wie schwierig, ja gar unmöglich es sich darstelle, sich trauriger Erinnerungen und Gedanken zu erwehren, und denkt dann über die Notwendigkeit des Weinens und die befreiende Wirkung der Tränen nach (siehe S. 100). Auf antike Vorbilder rekurrierend führt er in einem zweiten Schritt aus, dass es eine Angemessenheit des Weinens gäbe, die zugleich mit einer Mäßigung der Gefühle einhergehe. Allerdings seien letztere nicht komplett zu unterdrücken, da dies den Menschen unmenschlich werden lasse. Das Weinen – und das ist wichtig – ist nicht nur auf der subjektiven, sondern auch auf der intersubjektiven Ebene von Bedeutung. Es ist Teil der persönlichen und gesellschaftlichen Psychohygiene, die auch eine Affektdisziplinierung ist (siehe Anm. 530 und 544 im Stellenkommentar).

Alberti interessiert sich jedoch nicht nur für meist negativ besetzte Emotionen wie Trauer oder Neid. Auch das Lachen spielt eine beachtliche Rolle. Gerade durch die breit aufgefächerte und ständig variierende Emotionalität des Lachens verändert sich in *Über die Seelenruhe* laufend die Tonalität der Szenen und Wortwechsel und lässt auch die Figuren plastischer hervortreten. Alberti setzt das Lachen und die Ironie zur Selbstbehauptung gegen die Zumutungen des Schicksals, als therapeutisches Mittel zur Abwehr von Beleidigungen und Angriffen, aber durch das Schmunzeln über sich selbst auch als erfrischende Möglichkeit der Distanznahme von sich und seinen Nöten ein. Angelehnt an die von Seneca in *De tranquillitate animi* erzählte Anekdote vom Lachen des

Demokrit und den Tränen des Heraklit, scheint Alberti der Leserin ans Herz legen zu wollen, dass angesichts des Übels das Lachen dem Weinen vorzuziehen sei, da die Tränen die Unglücklichen noch nie getröstet hätten.[28] In Anbetracht der tragischen Komik des Lebens und vor dem Hintergrund der ausgleichenden Seelenpflege ist dem Heiteren, Lustigen und Fröhlichen somit stets das Ernsthafte, Würdevolle und Sittlich-Strenge beigemischt, wobei die Entscheidung zur Leichtigkeit bewusst zu treffen ist. Nicht zuletzt werden in Albertis Überlegungen das Lachen und die Ironie als subversive, befreiende Mittel bestimmt, die die Möglichkeit zur Kritik an der althergebrachten moralischen und gesellschaftlichen Ordnung in sich bergen, wie dieses Zitat zeigt: »Und sag mir, sehen wir nicht den ganzen Tag unsere niederen Diener, von ihrem Schicksal erdrückt, aufgerieben durch die Beschwernisse, elend von den Mühen, doch inmitten ihrer Nöte lachen und singen? Fragte man sie – warum lachst du? –, würden sie, wie ich meine, antworten: Weil es mir gefällt.« (S. 39–40) Insgesamt legt Alberti Widersprüche zwischen trügerischem Schein und Realität offen, weicht die Starrheit akademischer und klerikaler Moraltheorie auf und entlarvt die Selbsttäuschungen, situativ gegebenen Verschleierungen und Irreführungen. Trotz oder gerade wegen der Schwere des in diesem Dialog abgehandelten Themas verführt uns Alberti zum Mitlachen, sorgt aber auch dafür, dass uns das Lachen im Halse steckenbleibt.[29] Sowohl im Falle des Weinens als auch im Falle des Lachens ›durchlebt‹ die Leserin also die Emotionen durch Identifikation intensiv. Der Dialog stellt somit ein Gegenbeispiel zur nüchternen Schulung des perfekten, die vielzähligen menschlichen Gefühle beobachtend wiedergebenden Künstlers des *De pictura* dar: Das *exemplum* wird hier zu einem *exercitium*, einer Übung, in der moralische Argumente auf einer zusätzlichen (Vollzugs-)Ebene vermittelt werden.

Männerideale – Frauenbilder

Dass Alberti das bewusste Erleben und Ausleben von Emotionen als notwendig und menschlich erachtet, kommt insbesondere über die Figur Niccolas zum Ausdruck, der immer wieder Stellung gegen das stoische Ideal der *apatheia* bezieht, also die vollkommene seelische Unberührtheit und Gleichgültigkeit. Mittels dem alten und weisen Agnolo legt Alberti jedoch zugleich dar, dass das wahrlich tugendhafte Individuum zu eigentlich positiven Gemütsbewegungen wie der Liebe eine genauso maßvolle Position einnehmen sollte wie zu den negativ konnotierten Seelenregungen wie Neid, Hass oder Trauer. Die Verdammung jeglicher Extreme und das Streben nach der gemäßigten, goldenen Mitte kennzeichnet den Idealhorizont von *Über die Seelenruhe* und wird den Menschen als moralischer Kompass empfohlen. In krassem Gegensatz dazu stehen die von Alberti erwähnten Beispiele menschlicher Niedertracht, Bösartigkeit, Unkontrolliertheit, aber auch übertriebener Ängstlichkeit und Weinerlichkeit.

Alberti schreibt nun diese ›exzessiven Regungen‹ und ›furchtbaren‹ Laster im Verlauf des Dialogs immer wieder Frauen zu: Diese gelten ihm als hinterhältig, schwatzhaft, nicht vertrauenswürdig, aufmerksamkeitsheischend, ignorant und affektgeleitet. Frauen seien wenn möglich zu meiden, da sie – so könnte man Alberti deuten – nicht nur die Freundschaften der Männer zerstören, wie er in den beiden in die *Intercenales* (*Tischgespräche*) von ca. 1443 aufgenommenen Texte ›Maritus‹ und ›Uxoria‹ schreibt, sondern die Seelenruhe der Männer *tout court* infrage zu stellen scheinen.[30] Das Bild, das der Humanist auf diese Weise vom weiblichen Geschlecht skizziert, ist ähnlich wie in seinem satirisch-sarkastischen *Momus* durch und durch negativ und in seiner Misogynie für die heutige Leserschaft nur schwer auszuhalten. Die Frau stellt für Alberti in jeglicher Hinsicht das triebgesteuerte, wankelmütige und somit lasterhafte Gegenbild zum Ideal des *uomo virtuoso* dar, also des strebsamen, in sich ruhenden, aufrechten und tugendhaften Mannes. Wenngleich frauenfeindliche Positionen und Entgleisungen für die Frühe Neuzeit keineswegs überraschen, erstaunt, mit welcher Vehemenz und Bösartigkeit sich der ansonsten nichts Menschlichem fremde Alberti in *Über die Seelenruhe* über Frauen auslässt. Dazu zählt auch, dass er in offensichtlichem Rückgriff auf antike philosophische und mittelalterliche moraltheologische Schriften wiederholt auf die mangelnde Vernunftbegabung, grundsätzliche Inferiorität und somit Abhängigkeit der Frauen hinweist, die er gezielt näher am Tier als am rationalen Wesen ›Mann‹ verortet, weshalb sie im Hinblick auf Überlegungen zum tugendhaften Leben und die Seelenruhe gar nicht erst einbezogen werden sollten (siehe Anm. 217 im Stellenkommentar).[31]

Bezeichnenderweise folgt auf die Passage, in der Alberti, Homer zitierend, betont, dass es »unter den Sterblichen kein ruchloseres Tier [gäbe] als das Weib« (S. 57), die Konstruktion eines idealisierten Männlichkeitsbildes, in der über den Begriff der »fortezza« (Stärke), das heißt der Kardinaltugend der *fortitudo*, eine explizite Zusammenführung von Tugend und männlicher Stärke vorgenommen wird. Vermittels eines ausgesprochen militaristisch aufgeladenen Vokabulars wird der Kampf um die Seele ganz im Sinne einer ›Psychomachie‹ als kriegerische Auseinandersetzung zwischen Tugend und Laster inszeniert. Auf diesem ›Schlachtfeld der Seele‹ kann der Mann nur dann bestehen, wenn er sich abhärtet und sowohl seinen Körper als auch seine Seele stählt und drillt. So nachvollziehbar dieses Bestreben ist, seine fragile Seele in stürmischen Zeiten zu schützen und dahingehend zu üben, dass sie sich nicht verletzt, so sehr treten an dieser Stelle die negativen Implikationen der disziplinierenden Selbstübungen ans Licht: In ihrer düstersten, da wehrhaften Form können sie auch Teil eines maßlosen Männlichkeitsideals sein, das durch Dominanzgebaren und Unterwerfung seiner selbst und der anderen charakterisiert ist. Somit offenbart sich das geradezu paradoxe Umschlagspotenzial einer Tugendlehre, die zwar auf Ausgeglichenheit und Mäßigung ausgerichtet ist, aber aufgrund von exzessiven Exerzitien und Ausschaltung respektive Bekämpfung verschiedener Charakterteile zugleich die Möglichkeit einer faktischen Radikalisierung in sich birgt.[32]

Melancholien

Die Vorstellung, dass das Andere, augenscheinlich Maßlose, manchmal aber einfach auch nur ›Sensibel-Fragile‹, domestiziert und diszipliniert werden sollte, um letztlich einen idealisierten Zustand harmonischer und zugleich solider Ausgewogenheit zu erlangen, spiegelt sich auch in Albertis Verständnis der Melancholie wider. Obgleich er in *Über die Seelenruhe* ein komplexes und subtil ausdifferenziertes Bild der verschiedenen Formen der Traurigkeit und Melancholie entwirft, steht er dieser prinzipiell kritisch gegenüber und bedient sich vielzähliger, seit der Antike weit verbreiteter klischeehafter Vorstellungen des Melancholikers.[33] Tatsächlich wird die Melancholie von Alberti nicht nur als Erkrankung des Individuums diagnostiziert, sondern durchaus auch als Gefahr für die Gesellschaft bestimmt. In diesem Zusammenhang ist es bemerkenswert, dass auf das soeben erwähnte Bild der männlichen Wehrhaftigkeit im Text Albertis eine sarkastische Beschreibung der als »Nervenbündel« betitelten, melancholisch veranlagten Menschen folgt (S. 90). Letztere werden ganz im Sinne bürgerhumanistischer Männlichkeitsideale als für die *vita activa* ungeeignet verspottet und die Melancholie als krankhafte und unmännliche Veranlagung verurteilt.[34] Im Gegensatz zur insbesondere im Anschluss an die Studien von Raymond Klibansky, Erwin Panofsky und Fritz Saxl wirkmächtigen, wenngleich historisch fraglichen Vorstellung des frühneuzeitlichen melancholischen Genies, beschreibt Alberti in diesem Dialog die zersetzenden Seiten der melancholischen Prädisposition mit geradezu klinischer Präzision und psychologischer Raffinesse, wobei er sich souverän auf medizinische, theologische und moralphilosophische Diskussionen stützt, die in Antike und Mittelalter äußerst präsent waren und nicht nur in wissenschaftlichen Traktaten, sondern auch in beim Laienpublikum beliebten diätetischen Handbüchern eingehend erörtert wurden (siehe etwa Anm. 33, 45 und 511 im Stellenkommentar).

Alberti verwendet in *Über die Seelenruhe* zum Teil starke visuelle Metaphern, wie »die Nessel trauriger Erinnerungen«, oder aufwühlende Geschichten, wie diejenige des nicht näher bekannten Philosophen Kleobulos, der »wie erloschen durch seine schweren Melancholien« aus dem Leben schied (S. 103 und 104), um die Leserschaft vor den Abgründen der Trübsal zu warnen. Nicht zuletzt attestiert er den Melancholikern gar einen Hang zum Wilden und Tierischen, da ihnen aufgrund ihrer Triebhaftigkeit und mangelnden Selbstkontrolle eben die Befähigung zum rationalen und besonnenen Handeln abhandengekommen sei. Im Gegensatz zu den Menschen unterstellt Alberti die Tiere dabei jedoch keiner moralischen Beurteilung, so dass er sich diesen gegenüber weitaus wohlgesinnter und zugeneigter zeigt als den mit Tieren verglichenen Frauen oder Melancholikern. Ähnlich wie in seinem um 1440 verfassten *Theogenius*, in dem eine besonders düstere Sicht auf die Menschheit herrscht, hebt er auch in *Über die Seelenruhe* immer wieder hervor, dass die Tiere anders als die Menschen nicht willentlich, sondern lediglich aufgrund ihrer wilden Natur brutal und vernunftlos agieren – lasterhafte Raserei und Freude an der eigenen Böswilligkeit, so Alberti, zeichnet lediglich das menschliche Geschlecht aus.[35]

Vermittelt über die Sicht Agnolos wird die Melancholie von ihm also zu einer der größten Gefahren für die Erlangung eines tugendhaften und glückseligen Lebens erklärt und sowohl moraltheologisch als auch gesellschaftspolitisch abgewertet. Die Krankheit der Melancholie ist gemäß

Alberti nicht zuletzt deswegen so schädlich, weil sie die Gesellschaftsfähigkeit des Individuums infrage stellt und dieses nur noch träge um sich selbst kreisen lässt. Auch im ersten Buch seines *De familia* verweist er auf diese negativen und extremen Seiten der Melancholie und schreibt – vor einem bürgerhumanistischen Hintergrund –, dass der Mann nicht dafür geschaffen sei, in der Trauer der Einsamkeit zu verharren, sondern sich dem Leben gegenüber aktiv zu verhalten habe.

Alberti entwickelt mit diesem Dialog nun aber gezielt eine diskursive und praktische ›Anleitung‹, um gegen diesen negativen, den menschlichen Geist verdunkelnden Seelenzustand gefeit zu sein, der das Gleichgewicht des Einzelnen so sehr in Mitleidenschaft zieht. Es geht ihm darum, die der Melancholie innewohnende Maßlosigkeit wieder in gemäßigte, harmonische und somit auch kontrollierbare Bahnen zu lenken. Sein Anspruch ist klar: Das Buch mit seinen darin aufgeführten Heilmitteln, Mahnungen und Übungen soll zu einer wirkmächtigen Arznei gegen die Melancholie werden, die nicht nur den Einzelnen genesen lässt, sondern auch die politische Gemeinschaft.

Dieser strenge und mit der traditionellen christlichen Perspektive konforme Blick Albertis auf die Melancholie darf jedoch nicht dazu verleiten, seinen zum Teil äußerst eigenständigen Umgang mit den Gefahren der Melancholie aus den Augen zu verlieren. So greift der Humanist etwa bewusst den klassischen Topos der nächtens besonders akuten Unruhen der Seele auf, durch die die melancholische Neigung verstärkt werde, schlägt dann allerdings ein eher ungewöhnliches Heilmittel dafür vor: das Nachdenken und Studieren sowie das Entwerfen komplexer Geometrien und Architekturen im Geiste. Dies ist insofern bemerkenswert, als in den meisten Abhandlungen über die Melancholie, auch *tristitia* oder Mönchskrankheit genannt, gerade das übermäßige und nächtliche Lernen als eigentlicher Grund des Auftretens dieses Leidens bestimmt wird (siehe Anm. 511 im Stellenkommentar). Die Überzeugung, dass die durch das maßlose Studium eintretende Übermüdung der Seele eine der Hauptursachen der krankhaften Melancholie sei, sollte auch Marsilio Ficino in seinen *De vita libri tres* (*Drei Bücher über das Leben*) noch vertreten, die ja eine sich insbesondere an Gelehrte wendende Krankheitsprävention darstellen.[36] Alberti hingegen weicht von diesen Einschätzungen ab und hebt die heilsame Dimension des disziplinierten Nachdenkens hervor: Insbesondere das mathematische, logische, ›klare‹ Sinnieren kann der durch düsteres und zielloses Grübeln drohenden Melancholie entgegenwirken. Mit dieser Haltung scheint er stärker an stoische Überlegungen anzuschließen, die das (philosophische) Denken als die beste Seelenpflege bestimmen. So beteuert Seneca Folgendes: »Unsere wissenschaftlichen Studien förderten meine Heilung; ich halte es für ein Geschenk der Philosophie, dass ich wieder aufstehen konnte und gesund wurde; ihr verdanke ich mein Leben, ihr verdanke ich nichts Geringeres als mein Leben.« (*Briefe an Lucilius*, II, 78, 3)

Dunkle Zeiten – lichte Horizonte

Gerade am Ende von *Über die Seelenruhe* hebt Alberti erneut den heilenden, ja gar befreienden Charakter von konzentrierten, auf der *ratio* beruhenden Studien hervor, die den Menschen vor den Zumutungen des Daseins bewahren und ihm auch in einer krisenhaften Welt einen schützenden geistigen Hafen bieten können. Dass die Gestaltung, Ordnung, ja gar ›Zurechtrückung‹ seiner selbst dabei auch in den letzten Passagen des Dialogs mit Metaphern aus dem Bereich der Architektur und Technik umschrieben wird, erstaunt genauso wenig wie die Tatsache, dass Alberti einen mühsamen Weg der (Selbst-)Erkenntnis skizziert, in dem der Einzelne stufengleich vom poietischen (bildenden) und praktischen Wissen zur Erkenntnis der Ursachen und dem Sein der Dinge, also zum theoretischen Wissen gelangt, zu dem auch die von Alberti erwähnten mathematischen und geometrischen Kenntnisse zählen.[37] Die schwierige, im Quattrocento so intensiv und kontrovers diskutierte Frage, ob es dem tugendhaften und glückseligen, kurz dem eudaimonischen Dasein zuträglicher sei, ein aktiv-politisches oder ein wissenschaftlich-kontemplatives Leben zu führen, wird am Ende von *Über die Seelenruhe* also noch einmal bewusst angerissen, aber nicht abschließend geklärt. Offensichtlich ist jedoch, dass Alberti neben den ethischen, durch Gewohnheit entstehenden auch die dianoetischen, das heißt aus Belehrung entstehenden Tugenden pflegen will und somit der wissenschaftlichen Kontemplation des Wahren, die in der bewusst gewählten Figur des Mathematikers Archimedes geradezu paradigmatisch verkörpert wird, einen herausragenden Platz einräumt.

Trotz dieser erstaunlichen Wertschätzung der intellektuellen Schau des Theoretikers hebt Alberti – ganz Künstler und Architekt – jedoch auch die Macht des Ästhetischen und die Präsenz des Politischen hervor. Dies mag auch der Grund sein, weshalb der in Santa Maria del Fiore begonnene dialogische Spaziergang außerhalb des Domgebäudes auf dessen Vorplatz zu seinem Ende kommt. Im Gegensatz zum Auftakt, der sich im auf Harmonie und Temperiertheit ausgelegten und alle Sinne gleichermaßen ansprechenden Innenraum des Domgebäudes abspielte, evoziert diese Szenerie auf dem Vorplatz, inmitten des lauten und lebendigen Stadtraumes, ein ganz anderes Bild: Die Gesprächspartner sind nicht nur vom geschäftigen Treiben und dem Menschengetümmel der Stadtbewohner umgeben, sondern befinden sich, wohl nicht zufällig, an dem Ort, wo Alberti einige Jahre zuvor der Endphase der Kuppelkonstruktion mit all ihren Kränen und Gerüsten beigewohnt hatte, die, nicht zuletzt, auf komplexen mathematischen Modellen beruhte.[38] Die nun nach Beendigung des Gesprächs geübte und von innen erbaute Seele sollte den sich präsentierenden äußerlichen Widrigkeiten ohne Probleme standhalten können, womit auch klar wird, dass die Selbstsorge als ein politisches Projekt zu verstehen ist: Die ›Störungen‹ werden nicht nur im Bereich des Individuums minimiert, sondern die (Seelen-)Ruhe und Besonnenheit wird idealerweise auf die Gesellschaft als Ganzes übertragen.

Die aus *Über die Seelenruhe* in unsere Zeit strahlende Hoffnung besteht darin, dass das gemeinsame und angeregte Sprechen, das zurückgezogene Lesen, das klärende Schreiben, das anregende sinnliche Wahrnehmen von Kunst und gestaltetem Stadtraum und vor allem das aufmerksam-kritische, aber auch großzügig-sorgsame Betrachten seiner selbst und der anderen zu einer tatsächlichen Veränderung des Einzelnen führen. Trotz mancherlei schwierigen Konzepten und Vorstellungen, die in ihren problematischen Aspekten klar benannt und analysiert werden müssen, sensibilisiert uns der Dialog auch gegenwärtig dafür, dass die etho-ästhetische Arbeit am Selbst und seine Pflege ein unendlicher und somit nicht abzuschließender, zum Teil auch schmerzhafter und kraftraubender Prozess ist. Aus heutiger Sicht bedeutet dies nicht zuletzt, die dunklen Widrigkeiten anzunehmen und die helle Wohltemperiertheit anzustreben, ohne dabei das aus den Augen zu verlieren, was uns menschlich werden lässt, und das ist – im Gegensatz zur Säule – die Fähigkeit zu (er-)tragen, ohne unbeugsam zu sein, in zugewandter Gelassenheit und mit lichtem Blick.

Hana Gründler

Über die Seelenruhe

oder

Vom Vermeiden des Leidens
in drei Büchern

Erstes Buch

Messèr Niccola di Veri de' Medici,[1] ein mit allen guten Sitten und Tugenden überreich geschmückter Mann, und ich wandelten durch unseren bedeutendsten Tempel,[2] und wie üblich räsonnierten wir über heitere Dinge und über solche, die der Gelehrsamkeit und der Ergründung würdiger und erlesener Themen angehörten.[3] Agnolo di Filippo Pandolfini[4] gesellte sich hinzu, ein ernster, betagter und rechtschaffener Mann, den man aufgrund seines Alters und seiner besonnenen Klugheit stets um Rat ansuchte und der zu den ersten Bürgern unserer Stadt zählte.[5] Er begrüßte uns und sagte: – Dich, Battista,[6] lobe ich mir, und mir gefällt, wie eifrig du diesen Tempel aufsuchst,[7] was mir neben anderem deine tiefe Religiosität beweist.[8] Und nicht grundlos heißt es im Sprichwort jener guten Alten, dass man dem heiligen Kult die größte Aufwendung durch den Besuch Gott geweihter Orte darbietet.[9] Gewiss birgt dieser Tempel Anmut und Majestätisches; und schon oft habe ich darüber nachgedacht, wie es mich erfreut, in diesem Gebäude anmutige Schlichtheit mit einer robusten, massiven Festigkeit vereint zu sehen, wodurch einerseits jedes einzelne seiner Bauglieder zum Effekt lieblicher Schönheit postiert scheint, anderseits offenkundig alles hier für die Dauer geschaffen und fest gefügt ist.[10] Nimm hinzu, dass hier durchgehend milde Wärme, sozusagen der Frühling haust: draußen Wind, Frost und Raureif; hier, im windgeschützten Inneren, laue, ruhige Luft; draußen sommerliche und herbstliche Schwüle, hier drinnen vollkommen temperierte Kühle.[11] Und wenn wir, wie sie sagen, Freude empfinden, sobald sich unseren Sinnen dasjenige hinzufügt, wonach diese von Natur aus trachten, wer wird da noch zögern, diesen Tempel einen Hort der Freuden zu nennen? Wohin du auch schaust, siehst du hier jeden Teil zu Heiterkeit und Frohsinn dargeboten; immer ist hier feinster Wohlgeruch und, was ich mehr als alles andere schätze, du vernimmst hier in jenen Gesangsstimmen beim [Mess]Opfer und in dem, was die Menschen des Altertums Mysterien nennen,[12] eine wunderbar wohlklingende Lieblichkeit.[13] Dazu muss man sagen, dass all die übrigen Formen und

Weisen von stetig sich wiederholenden Gesängen lästig sind und nur dieses religiöse Singen nie aufhört, dich zu ergötzen. Welche Begabung besaß jener Musiker Timotheos,[14] Erfinder solch großartiger Kunst! Ich weiß nicht, wie es anderen ergeht. Für mich selbst kann ich versichern, dass diese Gesänge und Kirchenhymnen in mir vermögen, wofür sie ersonnen worden sind, wie es heißt: Über alle Maßen besänftigen sie in mir jede wie auch immer geartete seelische Erregung[15] und versetzen mich in eine schwerlich zu beschreibende und, wie soll ich es nennen, sanfte Verlangsamung der Seele,[16] die voller Ehrfurcht ist zu Gott. Und welches ach so mutige Herz findet man, das sich nicht selbst besänftigen würde, wenn es dem schönen und so anrührend und geschmeidig klingenden Auf und Ab jener vollen und reinen Stimmen lauscht? Ich versichere euch, dass ich in den Mysterien und bei Begräbniszeremonien nie die Tränen zurückhalten kann, wenn ich höre, wie mit jenen griechischen Versikeln in unseren menschlichen Nöten Gott um Hilfe angerufen wird.[17] Und bisweilen staune ich und denke, mit welcher Kraft sie uns zu erweichen vermögen.[18] Gerne will ich also glauben, dass man über Alexander den Makedonen[19] sagt, Musiker hätten ihn singend zum Ergreifen der Waffen anfeuern wie zum Nachtmahl zurückrufen können.[20] Aber tat ich recht? Womöglich unterbrach ich eure Gespräche, Niccola, und ließ mich über unpassende Dinge aus.

So lauteten bis hierher Agnolos Worte. Da antwortete Niccola ihm und sagte: Unsere Überlegungen waren keineswegs dergestalt, dass die euren nicht passten. Und wenn ich das Gemüt von Battista hier recht zu deuten weiß, kann ihm nichts gelegener und willkommener sein, als euch über gelehrte und ehrwürdige Dinge nachdenken und diskutieren zu hören. Und ich versichere euch: Er hegt große Ehrerbietung vor euch und liebt euch ganz so, wie eure Tugend und Autorität es verdienen. Zudem will ich euch wiedergeben, was ich oft von ihm gehört habe, nämlich dass allein zwei Männer ihm Zierde unserer Heimat, Väter des Senats und wahre Statthalter der Republik zu sein scheinen: Der eine ist sein Verwandter Giannozzo degli Alberti,[21] der, wie er ihn im dritten Buch in seinem *De familia*[22] beschreibt, ein guter Mensch und zutiefst humaner alter Mann ist; der andere seid ihr, den er Giannozzo in jedem Lob gleichzusetzen beliebt. Ihr seid im Senat die Ältesten, an Autorität die Ersten, an Integrität einzig.[23] Hätte Giannozzo mehr Kenntnis in den Schriften besessen, würde ich sagen: Wo anders ließen sich zwei Männer finden, die so vollendet in allen Vorzügen oder einander so ähnlich sind in jedem Verdienst? Daraus möchte ich schließen, dass Battista, der euch stets Vater nennt und stets begierig und voller Freude ist, euch zu sehen und zu hören, diese eure Erwägungen wie auch mir in höchstem Maße willkommen und angenehm sein werden.[24]

Doch worüber wollen wir sprechen? Halten wir uns nicht auf mit der Beschreibung und Form dieses Tempels. Fragen wir nicht, wie schwer das Gewicht [der Laterne] auf dem lastet, der es zu tragen vermag, oder in welchem Maße das, was zu Anmut und Bewunderung gereichen würde, nicht zum Nachteil eingesetzt sei.[25] Darüber wird andernorts zu diskutieren sein. Kommen wir zu dem, was ich gerne von euch hören möchte. Seid ihr, Agnolo, der Meinung, dass besagte Tonwechsel und der Zusammenklang von Stimmen die Seelen erheben und ihnen verschiedene Formen der Aufgeregtheit und Anrührung auferlegen können? Zu groß wäre doch die Macht von Battista hier, könnte er die Seelen mit seinen Musikinstrumenten dahin entführen, wohin es ihm beliebte.[26] Und zuallererst wundere ich mich über unseren Philosophenfürsten Platon,[27] der behauptete, neue Gesangsformen ließen sich dem Volke niemals ohne baldige öffentliche Unruhe unterbreiten.[28] Dass diese oder jene Harmonie der Auslöser sein soll, eine ganze Republik umzustürzen, könnte ich niemals glauben, wollte selbst Platon mich davon überzeugen, und auch ihr würdet mir wohl kaum Beifall spenden, sollte ich ihm darin Glauben schenken.[29] Sie mögen vielleicht sagen, dass es ein Anzeichen und Merkmal für etwas ist, das sie in der Folgezeit beobachten konnten; aber auch damit mag ich mich nicht begnügen. Andere sind die wahren Gründe, andere die wahren Indizien, die den nahenden Ruin der Republiken anzeigen, darunter die Unbescheidenheit, der Hochmut, die Unverfrorenheit der Stadtbewohner, Straflosigkeit für das Sündigen, das Dulden von Übergriffen auf Untergebene, die Konspirationen und kleinen ketzerischen Zusammenkünfte jener, die mehr Macht wollen, als ihnen zusteht, der verbissene Wille, sich guten Ratschlägen zu widersetzen, und ähnliche Dinge mehr, die euch bestens bekannt sind.[30] Sie sind es, die Einsicht geben in künftige Zeiten, ob diese nun blühend oder widrig sein werden. Und ein anderer sagte zu Ehren seiner Kunst, dass die Seele des Menschen aus Harmonie und musikalischen Konsonanzen gebildet sei.[31] Mich überzeugen sie damit nicht, noch sehe ich ein, wie die Seele auch nur irgendwie mit dem Getöse und Gelärme vielfacher Stimmen und Töne in Übereinstimmung sein soll.[32] Nach meinem Urteil ist die

Seele diesen ihren Regungen entweder unterworfen oder von ihnen genötigt oder ihnen hingegeben durch etwas, dessen Wesen ich nicht zu begreifen vermag, weshalb nicht nur die Musiker, sondern auch die Philosophen mit ihren vortrefflichen und überreichlichen Begründungen sie von den sie stets bedrängenden Sorgen weder weglenken können noch imstande sind, unseren Gedanken die Bitterkeit zu nehmen, in die unsere Seele sich, ich weiß nicht wie, zu verkrümmen scheint.[33] Den ganzen Tag über verbringen wir im Angesicht trauriger Erinnerungen, unerfreulicher Aussichten, schwerer Kränkungen, die sich so sehr an unsere Seele klammern, dass wir uns unvermeidlich und, man darf es so sagen, all unserer Willensstärke zum Trotz quälen und fürchten und bekümmern müssen.[34] Denn niemand ist so verrückt, als dass er nicht lieber froh als traurig wäre, nicht lieber voller Hoffnung als in Angst lebte. Und diese Philosophen glauben mit ihren Worten auslöschen zu können, was aufgrund seines Wesens solche Wirkung auf uns hat. Woher es rührt, weiß ich nicht. Und doch fühle ich, dass es in uns Sterblichen fest und fast unsterblich ist. Was es sei, das sich so heftig und hartnäckig darbietet, so gestehe ich euch, Agnolo, weiß ich nicht. Aber dass es ist, fühle und spüre ich, und es schmerzt mich.[35] Ihr als besonnener Mensch werdet festlegen, wie darüber zu urteilen sei. Ich pflichte einstweilen demjenigen bei, der es für unmöglich hielt, ein solches Übel von uns fernzuhalten, es sei denn durch die Zeit, soll heißen, indem man jene Macht des Himmels und der Natur durch Erdulden erschöpft.[36] Einen anderen Weg sehe ich nicht, die Verbitterung und Verhärtung der Seele zu vermeiden, die von den Ungerechtigkeiten des Schicksals und den widrigen Geschehnissen herrühren,[37] welche uns aus unzähligen Richtungen treffen und beharrlich heimsuchen sowie unsere Sinne und unseren Geist in einer Weise beherrschen, dass nichts es uns erlaubt, sie zurückzuweisen oder zu vertreiben.

Agnolo Ich sehe wohl, wie du bemüht bist, dich Battista hier gefällig zu erweisen; und es ist mir eine Freude, ihm Genüge zu leisten, weil er Gefallen daran hat, mir zuzuhören, und es sich hierbei gewiss um Überlegungen handelt, die eine Fortführung verdienen. Ich werde es dir, Niccola, in dieser Form der Erörterung gleichtun, der man wohl ansieht, dass du nicht deine wahre Meinung und dein Urteil äußerst, sondern mich dazu verleiten möchtest, die meine darzulegen. Wir werden also diskutieren und dabei berichten und sammeln, was jemand sagen könnte, der wie wir argumentierend die Sprüche der anderen zu widerlegen sucht, statt die eigenen bestätigt zu sehen.[38] Und mir kommt jenes Streitgespräch von Xenophon[39] in den Sinn, in welchem der Meder Araspas[40] zu Kyros[41] sagt, dass die Menschen zwei Seelen in sich trügen, von denen die eine den gerechten, redlichen und ehrenhaften Dingen in wahrer Liebe zugetan sei, während im Gegenteil die andere nach Nichtstun giere statt nach Betriebsamkeit, sich mehr dem Genuss als dem Studium achtbarer und erlesener Dinge hingebe und eher von Lust und Triebhaftigkeit als von Vernunft und Beständigkeit bewegt werde.[42] Und dass er jene linke und gemeine Seele also bei dieser seiner Geliebten zurücklassen würde, während er die rechte, männliche mitzunehmen gedächte, mit der er die Pflicht gegenüber Kyros und an den Waffen erfüllen und, wo geboten, tugendhaft handeln würde.[43] Und ich gestehe, dass ich selbst nicht von jener allumfassenden Tugend bin, als dass ich jene linke Seele ganz von mir auszuschließen vermag und mich nicht bisweilen in jenen Teil verirre, in dem, wie sie sagen, die Leidenschaften, Begierden, derlei Schmerzen, Hoffnungen und ähnliche Erregungen angesiedelt sind. Ihr seht mich hier in meinem bald neunzigsten Lebensjahr.[44] Viele, Niccola, viele Drangsale habe ich in meinem Leben gesehen und viele erlitten und durch das Erdulden von all dem Schlechten schier Schwielen auf der Seele bekommen. Und wenn mir gelegentlich solche Schicksalsfälle unterkommen, kann ich doch nicht anders, als immer weiter darüber nachzudenken, und sehe mich dann von einem Schmerz und einer Traurigkeit erfasst, von der ich selbst nicht weiß, woher sie kommen mag und weshalb.[45] Mich überwältigt die Empörung über zu viele empfangene Ungerechtigkeiten, mich ärgert die Dreistigkeit dieses und jenes Ehrgeizlings, mich belastet die Unverfrorenheit, die mangelnde Beherrschung und der rasende Impetus dessen, der losgebunden die Guten stößt, und da sage ich zu mir: Agnolo, was geht dich das an? Du bist hochbetagt an Jahren, es fehlt dir an nichts, was man sich vom Schicksal ersehnen und einfordern kann. Du hast eine klare und deinen Mitbürgern angenehme Seele. Leb' doch, wie sie sagen, nur mehr um deiner selbst willen und nimm Gegebenes als gegeben hin. So kasteie ich mich selbst mit vielen dergleichen Ermahnungen, aber nichts hilft, wie ich's mir wünschte, so sehr überwältigt es mich, die Dinge nicht in den geordneten Bahnen zu sehen, die ich ersehne und in die ich sie zu lenken trachte. Aber ich kann mich einfach nicht selbst besiegen.[46] Und warum nicht? Weshalb sollte ich nicht können, was andere konnten, die zu Lebzeiten

Männer waren, wie ich es jetzt bin? Wie viele haben in bitterharten Situationen Standhaftigkeit und wahre Mannhaftigkeit des Gemüts gezeigt?[47] Und wer wird es uns verbieten wollen, als sei es nicht gestattet, sich den Widrigkeiten und Beschwernissen entgegenzustellen und sich jedweder Erregung durch besonnene Vernunft und Beratung zu entledigen?[48] Wenn wir nur wollten, daran zweifle ich nicht, würden wir uns kraft der Tugend fest entschlossen zeigen und uns fest entschlossen auf gebotene Weise denen widersetzen, die uns schaden wollen, um dann festzustellen, dass wir nicht weniger sind als Menschen und auch nicht weniger können, als Menschen können; noch wird das, was uns die Zeiten auferlegen, jemals über die uns von der Natur zuerkannten Kräfte hinausgehen, will heißen das Aufeinanderfolgen und die Mannigfaltigkeit der von der Natur gelenkten Dinge.[49] Sie schreiben, Sokrates[50] sei von seiner zutiefst widerborstigen und aufdringlichen Ehefrau ständig schlecht behandelt und von seinen schrecklich schamlosen Kindern auf vielerlei Art im eigenen Hause beleidigt worden, desgleichen außerhalb seines Heims, wo ihn alle möglichen aufgeblasenen Schafsköpfe und ein paar jener Komödiendichter in einem fort bedrängten und ihm mit mancherlei Schmähungen zusetzten. Und obwohl er von so vielen Seiten angegriffen wurde, lebte er allen Schicksalsregungen und jeglicher Zerrüttung seiner Angelegenheiten zum Trotz mit ausgeglichenem Gemüt und nie veränderter Miene.[51]

Dies konnte Sokrates nicht von Himmels wegen, sondern aus sich selbst heraus; nämlich weil er wollte und es wollend konnte. Sokrates ist nicht der Einzige, der eine solche Haltung auf lobenswerte Weise vorführt: Man erzählt sich von vielen anderen, die ein ähnlich aufrechtes Gemüt besaßen. Zu ihnen zählte der Kyniker Diogenes,[52] ein Mann, der in seiner extremen Armut abstoßend war und dafür erniedrigt und bisweilen geprügelt wurde. Und doch war er in der Lage und willens, seine Beschwerlichkeiten und die Schmähungen durch andere zu ertragen. Nichts sage ich über Pyrrhon,[53] Heraklit,[54] Timon[55] und dergleichen Männer, die sich den [seelischen] Erregungen von sich aus und so standhaft, wie sie selbst bestimmten, aufrecht entgegenstellten und fest entschlossen waren gegenüber den Anstürmen ihres Schicksals.[56] Perikles,[57] der in Griechenland und unter seinen Mitbürgern als ausgezeichneter und erster Mann galt, ließ sich ein ganzes Abendessen lang bis in die tiefe Nacht hinein durch einen dreisten Verleumder schmähen.[58] Noch verdienter machte er sich, als er in seiner Standhaftigkeit duldete, dass jener ihm sogar bis nach Hause folgte und dabei immer weiter

Vorwürfe machte. Mehr noch, ohne die Miene zu verziehen und in gänzlich ungerührten Worten befahl er seinen Dienern, diesem beleidigenden und unhöflichen Mann Licht und Geleit zu geben, wohin er auch zu gehen wünschte. Perikles wollte sich also nicht dadurch selbst beschmutzen, dass er den Fehler des anderen abstrafte, und damit die an ihn herangetragene Erregung verweigern. Und da er sie nicht akzeptierte, machte er sie ganz leicht und löschte sie in dem Moment aus, in dem er, sie ertragend und sich selbst besiegend, beschloss, ein Mann zu sein und sich seiner Tugend würdig zu erweisen. Und wie erschien dir jener Metellus Numidicus,[59] den seine römischen Mitbürger allein deshalb verjagten, weil allzu große Tugend in ihm leuchtete? Als dieser in Asien weilte, erreichte ihn mitten in einem Theaterstück, dem er beiwohnte, die Nachricht, dass die Heimat ihn begnadigte und mit großzügig bemessenen Pfründen zurückberief.[60] Und ungeachtet seiner großen Freude bewahrte er Standhaftigkeit und ließ in seinen Gesten nicht die geringste Veränderung erkennen.[61]

Befinden wir also, dass Menschen, sei es in Blütezeiten, sei es in Widrigkeiten, aus sich heraus zu Dingen imstande sind, die viele zu können leugnen. Und ich wundere mich über ihr Urteil, das sie glauben lässt, unsere Begierden und Gelüste seien in diesen vergänglichen und flüchtigen Dingen nicht zu mäßigen, wo sie doch sehen, dass, wer sich nicht selbst aufgibt, auch den schwierigsten und misslichsten Dingen mehr entgegensetzen kann, als selbst die Natur ihm abverlangt. Wie viele haben mit unbesiegbarem und allerstärkstem Gemüt grenzenlose Qualen und unerträgliche Schmerzen erduldet! Und wer weiß nicht, dass, kaum dass die Gelüste gebändigt und die Begierden gezügelt sind, nichts in uns bleibt, aus dem irgendeine Form der Erregung sich zu erheben vermag? Können die Menschen also Dinge ertragen, die ihrem Wesen nach unendlich bitter und misslich sind, und die leichten und mühelos erreichbaren nicht? Mucius Scaevola[62] fasste mit der Hand mitten ins Feuer,[63] und Pompejus[64] legte den Finger hinein.[65] Und noch viele andere, die der Geschichtsschreiber Valerius[66] gesammelt hat, sehen wir standfest und auf der Hut, nicht nur gegenüber den leichten Regungen der Seele, sondern auch gegenüber starken Schmerzen.

Doch weshalb berichten wir von diesen außerordentlichen Männern? Und sag mir, sehen wir nicht den ganzen Tag unsere niederen Diener, von ihrem Schicksal erdrückt, aufgerieben durch die Beschwernisse, elend von den Mühen, doch inmitten ihrer Nöte lachen und singen? Fragte man sie – warum lachst du? –, würden sie, wie ich meine, antworten: Weil es mir gefällt. – Und warum singst du? – Weil ich es so will und singen möchte und sorglos sein und mich freuen will. Lastet ihr Schicksal auf ihnen? Lastete es auf ihnen, würden sie sich nicht mit solcher Leichtigkeit dem Lachen und Singen hingeben. Und wenn es keine Last ist, woher kommt dies, wenn nicht davon, dass sie vernünftigerweise akzeptieren, was sie aus Notwendigkeit erleiden müssen? Sie machen deshalb durch ihr Wollen ihr Übel weniger schlimm oder sich selbst stärker, es zu ertragen; oder vielleicht weil sie von vornherein durch solches Wollen allein mit dem Willen jede Bedrängnis von sich stoßen.[67]

Unserer Einschätzung nach ist deshalb nichts so schwer oder bitter, als dass wir es in uns nicht in dem Maße kleiner und weniger schwierig zu machen verstehen, als wir es wollen. Uns geht es wie der Säule: Während sie sich aufrecht hält und in sich ruht, stützt sie nicht nur sich selbst, sondern trägt dazu noch jedes schwere Gewicht, das auf ihr lastet. Und dieselbe Säule wird, sobald sie von dieser aufrechten Stellung abweicht, durch die auf ihr ruhende Last und die ihr innewohnende Schwere einstürzen. Indem sich also unsere Seele durch die Aufrichtigkeit des Wahren bestätigt und nicht von der Vernunft abirrt, welche ihr aufgebürdete Last sollte sie niederschmettern?[68] Mach,' dass die Seele an irgendeiner schiefen Meinung hängt, und sie wird durch ihre Neigung kopfüber einstürzen. Das erinnert mich an jenes Faustspiel,[69] das man unter unserer Jugend beobachtet, bei dem sie Schläge austeilen und einstecken, sich Gesicht, Hände und Brust aufschlagen und ramponieren und dann erschöpft und blaugeschlagen heimkehren und trotz all der Schmerzen nicht das leiseste Stöhnen von sich gegeben haben. Und dann habe ich wohl den einen oder anderen von ihnen gesehen, wie er von einer Mücke gestochen wurde und mit großem Geschrei seinen Wankelmut und seine Unduldsamkeit offenbarte. Und woher rührt dies, wenn nicht davon, dass dort die zur Männlichkeit zurechtgebogene Meinung ihn dazu bringt, bereitwillig zu leiden, und dieses Wollen ihm den Schmerz kleiner und erträglicher macht. Während hier die weibische Weichheit der Seele in sich schief und schräg zu Ungeduld und kindischer Unverträglichkeit führt?[70]

Einer der frühesten Schriftsteller, Hermes Trismegistos,[71] sagte: »Der Wille, oh Asklepios, entspringt aus der Absicht.«[72] Wer also recht beabsichtigt, kann so viel, wie er will. Die Seele sollte sich der Tugend anpassen. Dorthin führen wird sie die Vernunft; und immer wird die Seele eine Befolgerin der Vernunft sein, solange sie der linkische Wille nicht vom Weg abbringt. Sei stets bereit, dir im Leben auf gebotene Weise gut zuzuraten, sei dabei dir selbst wohlgesinnt, den anderen willkommen und vielen nützlich.

Auch sollte man nicht darüber urteilen, wozu du von dir aus in der Lage bist, solange du es nicht probiert hast. Nur durch Probieren, selbst wenn es nicht gut ausgeht, wirst du schließlich fähig sein, jede feindselige Schmähung zu besiegen, indem du dich selbst besiegst. Wir aber, zumindest einige von uns, vertrauen zu wenig darauf. Und so wie es bei der Miliz die Unerfahrenen und Zaghaften gibt, so laufen wir beim ersten Schrei und Schatten des Feindes davon und unterliegen zuallererst mit der Seele, von der wir wissen, wie sehr es ihr zusetzt, wenn sie gestoßen wird.[73] Und wie sie sagen, dass viele Wissen erlangt hätten, hätten sie nicht zuerst die eigene Meinung davon überzeugt, bereits weise zu sein, so gibt es andererseits nicht wenige, denen Lob verwehrt bleibt, weil sie nicht darauf vertrauten, zu können, was ihnen zu können zustand, wenn sie nur gewollt hätten. Deshalb scheint es mir hier unter uns recht deutlich zu sein, dass wir Menschen, wenn wir gut beraten sind, aus uns selbst heraus, aus unserer Seele, unserem Willen, unseren Gedanken und Affekten imstande sind, alles zu tun, was wir wollen und begründen.[74]

Niccola Nun aber, Agnolo! Wie hart und ungerecht wäre das Schicksal der Sterblichen, fänden wir unter den Lebenden auch nur einen, wie unbeleckt von Bildung, wie fern jeder Vernunft auch immer, der euch nicht beipflichten und jedes eurer Worte für wahr erklären würde, wenn er diese eure überaus gewichtigen und überaus bewährten Denksprüche hört; und sich andererseits niemand fände, der so erfahren und so geübt in den Dingen ist, die für ein gutes und glückseliges Leben gepriesen werden, und der dann nicht auch mit seinem Tun bestätigte, was er mit Worten als seine Pflicht bekundet.[75] Denken wir einen Augenblick darüber nach. Fragtet ihr den Bruder, den Vater, die Mutter eines jener überaus standhaften Bürger, die ihr Leben ließen, als sie von Hannibal[76] hier bei Cortona am Trasimenischen See überwunden wurden: »Worüber klagt ihr denn? Eure Tränen, was nützen sie? Wisst ihr nicht, dass der Wert dieser schicksalhaften Dinge, im Guten wie im Schlechten, nirgendwo anders liegt als in unserer Meinung? Was auch immer uns Sterblichen widerfahren mag, sollte nur in dem Maße als schlecht bezeichnet oder für schlecht gehalten werden, in dem es uns beschädigt. Nichts schadet, solange man dadurch nicht schlechter wird. Die Ungerechtigkeit, die Heimtücke, die Grausamkeit macht nicht dich schlecht, sondern denjenigen, dem sie innewohnt. Egal welch widriges Schicksal einem widerfährt, egal welche Schmähung einem böse Menschen zufügen, wird man doch nur in dem Maße schlechter, wie man, sich selbst schlecht ertragend, Böses zulässt. Der Tod ist für den, der geboren wurde, ein natürlicher Zustand, der ihm vom ersten Tag, an dem er im Leben erscheint, auferlegt wird.[77] Wer also über das Elend unseres Daseins gründlich nachdenkt, für den bedeutet der Tod nichts anderes, als einem äußerst mühsamen Gefängnis, einem unaufhörlichen Wogen und Stürmen der Seele zu entfliehen.[78] Helfe dies dem, der sein Blut für das Heil des Vaterlandes gegeben und zum Lob, Verdienst und Wohlwollen der Seinen sein Leben gelassen hat.« Da sage ich, Agnolo, was würden jene Unseligen antworten, würdet ihr solche Worte vor ihnen verwenden? Ich glaube, die Mutter hätte überwältigt vom Schmerz kaum eines eurer Worte beachtet und diese noch weniger verstanden. Der Vater, reifer an Jahren und Abwägung, würde vielleicht solches erwidern: »Agnolo, was ihr sagt, ist wahr. Aber was so schwer ist, drückt mich in einem fort nieder, und dort, wo es mich drückt, daran zweifelt nicht, tut es weh.« Und der Bruder mag so antworten: »Wäre es so leicht, die Beschwerlichkeiten und Heimsuchungen zu ertragen, mit denen unser Schicksal uns bricht, wie es euch, dem hochgebildeten Mann, leicht ist, darüber zu sprechen, seid versichert, ich würde mir diese leidige Bürde von der Seele genommen haben. Doch mein Schmerz lässt mich fühlen, was ich euch mit Worten nicht zu erklären vermag, er nämlich solcherart ist, dass ich den von euch hier angeführten Argumenten nicht zustimmen kann.«[79] So, glaube ich, würden sie euch antworten. Und sollte sich unter ihnen gar einer dieser gestrengen, die Brauen zückenden Stoiker befinden, die Begründer und Vertreter dieser Lehren, weiß ich, dass er Folgendes antworten würde: »Nicht erinnern sollt ihr uns, beharrlich jede Aufgabe zu erfüllen und Standfestigkeit zu bewahren. Diese vergänglichen und flüchtigen Dinge sind aus unseren Gedanken und Wünschen völlig ausgeschlossen, sind doch unsere Seelen Dingen zugetan, derethalben wir in Glückseligkeit leben und Unsterblichkeit erlangen.« So ähnlich würden, wie ich meine, ihre Worte lauten. Doch wie wäre es um ihre Taten bestellt? Wie sehr würden diese mit ihren Sprüchen übereinstimmen? Und ich sehe sie vor mir, wie sie mit einer solchen Erhabenheit in Worten und Gesten, mit einer solchen Strenge der zum Syllogismus abstrahierten Sentenzen, mit so großtuerischen Meinungen disputieren, dass sie dir die Seele verdunkeln und es dir fast wie ein Sakrileg erscheinen mag, zu glauben, sie könnten sprechend irren.[80] Höre nur ihre göttlichen Orakelsprüche: »Du, Sterblicher, erkenne dich selbst. Die Natur begnügt sich mit kleinen und geringen Dingen. Wer weise ist, dem wird es an vorzüglichen Dingen nie mangeln, nie wird ihm Unheilvolles widerfahren, stets wird er frei, stets heiter leben.«[81] Dabei tragen sie jene eifernde Strenge zur Schau, jenen zu maßregeln, der sich womöglich den Genüssen hingibt. Sie beißen sich an dem fest, der sich um vergängliche und flüchtige Dinge sorgt; sie jagen, wer dem Schmerz erliegt; sie feinden an, wer sich vor Gefahren fürchtet; sie hassen, wer nicht mit unbezwungenem und gänzlich unerschüttertem Gemüt aus dem Leben scheidet. Welch stattliche Männer! Welch Männer von Format! Und mit welchen Taten gedenkt ihr eure Worte zu belegen? Wer von euch lebte, wenn er könnte, nicht lieber in Fülle und Glanz als arm und von vielerlei Beschwerlichkeiten belagert?

Krates,[82] der Philosoph, wollte das Haus prachtvoll, die Ausstattung herrschaftlich und reich an Zierrat; dazu edelsteinbesetzte Gefäße aus Gold und silbernes Tafelgeschirr; alles Dinge, von denen er predigte, man solle sie nicht schätzen.[83] Aristippos,[84] jener andere Philosoph, kaufte ein Rebhuhn für fünfzig Drachmen.[85] Dem Philosophen Xenokrates[86] schenkte der Tyrann Dionysios[87] einen goldenen Kranz als Preis, weil er alle anderen beim Trinken besiegt hatte.[88] Lakydes,[89] desgleichen Philosoph, wurde aufgrund seiner Trunksucht gelähmt.[90] Vom Philosophen Bion[91] will ich nicht reden, der auf die Frage, was ihm im Leben am meisten Freude bereite, zur Antwort gab: Geld verdienen.[92] Aber verwundern will ich mich doch über unsern Aristoteles,[93] der aus Behaglichkeit in warmem Öl badete und es dann aus Geiz an seine Mitbürger weiterverkaufte.[94] Und der Stoiker Zenon,[95] Vater und Künder dieser gestrengen und schrecklichen Philosophie, der sogar den Göttern Sittenstrenge vorschreibt und mit Worten unerbittlich gegen das Vermögen wettert und ihm jegliche Berechtigung und irgendeinen Nutzen abspricht und es mit Füßen tritt, wie hält er es selbst? Als er hörte, dass seine Besitztümer von Feinden geplündert und niedergebrannt worden waren, regte er sich dermaßen auf, dass König Antigonos,[96] der ihn wie einen sterblichen Gott auf Erden verehrte, darüber reichlich verwundert war und vielleicht so urteilte, wie ich urteile, dass nämlich viele im Schatten und Müßiggang leichthin über die harten und bitteren Dinge [des Lebens] nachdenken, sie dann aber, wie ich glaube, nicht gut zu ertragen wüssten.[97] Wer hat denn in seinen Reden und Schriften erbittertste Kritik an jenen geübt, die sich dem Reichtum verschrieben haben, und erklärt, dass allein die Tugend das höchste Gut des Sterblichen sei? Wer war in solchem Aberglauben ein heftigerer Scheltredner als unser römischer Stoiker Seneca?[98] Und wie hielt er es in seinen Taten? Welch Unterschied zu seinen Worten! Der Historiker Cornelius[99] schreibt, jener habe solche Angst vor dem Tod gehabt, dass er sich aus Furcht vor den hinterhältigen Angriffen Neros[100] und vor seinen Giften wiederholte Male nicht traute, anderes als Obst und rohes Gemüse zu essen, und ausschließlich Quellwasser trank, das aus dem Boden entsprang.[101]

Ich könnte euch noch viele solcher Beispiele anführen. Aber zu welchem Zweck? Doch nur um weiterzugeben, was ich höre und beurteile, und so sage ich: Wenn diese gelehrten und überaus bewährten Männer, Erfinder, Verteidiger und Ausschmücker solcher und ähnlicher Leitsprüche, die eher fabelhaft als wahr sind, nach Meinung uns weniger Kundigen die vergänglichen Dinge nicht zu schätzen vermochten, oder sie vielleicht, wie ihr überaus klugen Köpfe denkt, in keiner Weise zu schätzen verstanden und Widrigkeiten kaum zu fürchten wussten, was sollten wir anderen, die wir ihnen in Begabung und Voraussetzungen und Beruf nachstehen und in jeder schwierigen Lage schwächer dastehen würden, dann können?[102] Wenn ich nicht irre, würden wir doch alle ohne Kümmernisse und Bitterkeit leben wollen. Was aber soll ich tun, wenn ich entweder nicht weiß und nicht wissend nicht kann, oder ich in allem nicht so kann, wie ich wohl will? Einige konnten den Schmerz ertragen, sich nicht um das Elend kümmern, ihrem Schicksal ins Gesicht lachen. Mucius Scaevola vermochte das Verbrennen seiner Hand zu ertragen. Noch viel größere Grausamkeiten können Ängste, Jähzorn und ähnliche Rasereien in uns anrichten: Dido in ihrem Furor tötete sich selbst.[103] Viele andere sind aus Angst vor größeren Qualen freiwillig aus dem Leben getreten. Und bei jenen anderen, die, lüstern nach Ruhm, in Miene und Worten wunderbare Härte gezeigt und sich den Wechselfällen und Erschütterungen widersetzt haben, weiß nur Gott, ob sie innerlich gelassen und ruhig waren. Und wenn es doch welche gab, die im Angesicht ihres Unglücks kein Gefühl und keine menschliche Regung gezeigt haben, so waren sie entweder Götter oder sicher nicht Menschen. Wer nicht fühlt, was all die anderen unzähligen Menschen fühlen, der allein ist kein Mensch. Wohnt in der menschlichen Seele die Nächstenliebe und hat auch Liebe darin einen Platz, dann müssen Zorn und Empörung und Ähnliches darin ebenso enthalten sein. Ist es da verwunderlich, wenn eine menschliche Seele nach den Ihrigen verlangt?[104] Ein Wunder oder vielmehr eine Ungeheuerlichkeit wird sein, nicht nach ihnen zu verlangen und im Verlangen nach ihnen sich nicht zu peinigen, sie nicht zu haben. Wenn es dort ein Gefühl gibt, das auf schädliche und feindliche Dinge reagiert, wer soll da sein, der sich angesichts seines Unglücks nicht grämt? Man sollte sich gut mit der Vernunft beraten, die Seele zur Tugend stimmen. Erinnere dich, oh Agnolo, an jenen Spruch des alten Dion:[105] »Den Kahlen wie den üppig Beschopften schmerzt es, wenn du ihm ein Haar krümmst.«[106] Aber was vertrödeln wir unsere Zeit mit Worten, wo es der Taten bedürfte? Cäsar sagt in Sallust, dass, wer berät, frei von jeder leidenschaftlichen Erregung sein muss.[107] Und wir wünschten uns, dass die von widrigen Kräften gestoßene, ins Elend gestürzte und schmerzgepeinigte Seele sich gut und recht selbst beraten möge. Die nicht gesunde Seele irrt immer, wie der Dichter Ennius sagte.[108]

Ich will mich aber nicht weiter auslassen, weil es sonst langatmig würde. Von jenen Gelehrten wünschte ich, dass sie mir wie ein Führer oder rechter Steuermann des Schiffs keine Vorträge darüber hielten, wie man sich bei Gewitter in den Hafen flüchtet und dort vor der Wucht der Stürme geschützt ist, sondern vielmehr Weg und Mittel aufzeigten, dorthin zu gelangen, wo ich mich in Muße und Frieden ausruhen kann.[109] Diese Philosophen, Verarzter des menschlichen Geistes und Lenker unserer Seelen, ich wünschte, sie würden mich lehren, nicht mit dem Gesicht äußerlich etwas vorzutäuschen und zu heucheln, sondern innen Erregungen zu vermeiden und mit einer gewissen Vernunft und Handlungsweise aus unserer Seele auszuspülen, was sie zu können schwören.[110]

Agnolo Sieh, Niccola, dies sind Themen, über die man mit mehr Muße und vorausdenkender Vernunft diskutieren sollte. Ich werde, wie ich's begonnen, mich dir weiterhin entgegenstellen, weil ich sehe, wie gut du gerüstet bist, mich zu widerlegen, und deinen scharfen und willigen Geist spüre. Und dein Kunstgriff, mit dem du jene weit verbreitete Kunst des Argumentierens mittels eines Streitgesprächs zu verbergen suchst, ist mir kein Geheimnis; und auch ich habe Freude daran.[111] Aber glaubst du, ich erkenne nicht, dass du diese Dinge auf dieselbe Weise beurteilst, wie alle diese Gelehrten sie beurteilen, nämlich dass, wer sich gegen das Schicksal auflehnen, die widrigen Umstände ertragen und allein der Tugend folgen will, dies auch kann? Insistieren wir nicht länger darauf, sondern überlegen wir, um was für ein Können es sich dabei handelt und welcher Natur es sei. Ich könnte einen Herkules, Faun oder eine Nymphe weder malen noch in Wachs nachbilden, weil ich in diesen Fertigkeiten nicht geübt bin. Battista hier könnte es vielleicht, der sich daran vergnügt und darüber geschrieben hat.[112] Weder du, Niccola, noch ich könnten angemessen fechten, werfen oder kämpfen. Vielleicht wäre Battista hier in seinem noch vor Kraft strotzenden Alter dazu in der Lage, der solche Dinge praktiziert und ausgeübt hat.[113] Keinesfalls aber könnte Battista wie jener Athlet Milon[114] einen lebenden Ochsen auf den Schultern tragen,[115] noch wie der Zenturio Aulo Numerio,[116] Kriegsgefährte des göttlichen Julius Augustus,[117] mit einer Hand mehrere Pferde zügeln oder es jenem Atamante[118] gleichtun, den Plinius[119] mit einem bleiernen, fünfhundert Pfund schweren Brustharnisch auf der Theaterbühne umhergehen sah, an den Füßen Kothurnen, die [nochmals] fünfhundert Pfund wogen.[120] Auch könnte Cicero[121] seinen Erzfeind Clodius[122] wohl kaum loben, weil ihm seine Reden und Taten verhasst waren und er ihn verachtete. So begreifen wir, dass einige Dinge von Natur aus unmöglich sind. Andere wieder sind nicht von Natur aus unmöglich, sondern von unserer Trägheit, Untätigkeit und vorgefassten Meinung von uns selbst untersagt. Du sagtest, jeder wolle losgelöst und frei von solchen Dingen leben, von denen leichter reden ist, als sie zu erleiden. Was aber diese Wortfechter für schwierig erachten, scheint uns nicht möglich. Schau nur, Niccola, wenn's so ist, dass, obwohl jeder Mensch es kann, nur die wenigsten durch ihre Tugend verdienstvoll sein wollen. Du hast von manchen erzählt, die glänzend waren und voller Neugier auf die vergänglichen Dinge.[123] Wer wird an ihnen loben, was ihnen nicht gebührte? Und was erörtern wir hier – das, was sie getan haben, oder das, was sie tun konnten und könnend tun mussten? Und wenn wir von ihrem Lebenswandel und ihren Sitten die Beweggründe und Art und Weise einer aufrechten und lobenswerten Lebensweise ableiten und bestimmen wollen, so berichten wir doch lieber von jenen anderen, die, ebenfalls Philosophen, sich mit einem einzigen armseligen Gewand begnügten, als Herberge ein modriges, abstoßendes Behältnis bewohnten, von nichts anderem als Kohlgemüse lebten, allem Flüchtigen, Vergänglichen absagten und nicht einmal eine Essschale ihr eigen nennen wollten.[124] Ich erzähle dir nicht mehr von ihnen, weil auch ich nicht auszuschweifen gedenke. Aber du, gelehrter Mann, rufe sie dir in Erinnerung und überlege, weshalb meine dergestalten [Philosophen] konnten, was die deinen nicht tun wollten, und überlege, warum die deinen nicht tun wollten, was die meinen wollend konnten. Du wirst feststellen, dass diese solches konnten, weil sie zuallererst sich selbst, ihre eigenen Gelüste und Begierden besiegen wollten. Da jene [anderen] nichts davon wissen wollten, sich selbst zu zügeln und zu mäßigen, konnten sie sich auch in ihrem Handeln, ungebunden und ungehemmt, wie sie waren, weniger beherrschen. Seneca floh vor Neros hinterhältigen Anschlägen und seinem Gift.[125] So sagte jener überaus kluge Agamemnon bei Homer, dass keiner gescholten werden solle, der bei Tage oder Nacht davor flüchtete, dem Bösen zu begegnen.[126] Etwas anderes ist es, Beschwerlichkeiten zu meiden, noch etwas anderes, besiegt zu unterliegen, ohne vorher zu kämpfen und sich selbst und die eigene Tugend unter Beweis zu stellen. Jene ist Klugheit, die sich vor Kümmernissen vorsieht und sie verschmäht; diese, wohl wahr, ist feige Selbstaufgabe. Und Widerstandsfähigkeit wird sein, es, wie sie sagen, der Palme gleichzutun, deren Holz sich ihrer Last stets entgegenbiege und -stemme.[127] Solches wird, wie ich dir gestehe, jener besser können, der in den harten Zeiten und den Beschwerlichkeiten des Lebens geübter ist und der durch das Erlittene Schwielen bekommen hat. Du würdest sagen: Was trübt in uns also all die Vernunft und das Handeln? Und ich würde dir erwidern, was mir gerade durch den Sinn geht. Und wir sollten abwägen, Niccola, ob ich hier den wahren Kern treffe. Unsere Seelen hat die Natur für die Ewigkeit geschaffen, einfach, nicht zusammengesetzt, von nichts anderem bewegt als sich selbst.[128] Ich glaube, die Ewigkeit ist nichts anderes als eine gewisse Vollendung und unantastbare Fortsetzung des Lebens und dabei immer das Eine und Dasselbe. Das, was als Erstes mit dem Leben verbunden und ihm zugeordnet wurde, ist bewiesenermaßen Bewegung.[129] Von den Bewegungen der Seele soll hier nicht die Rede sein. Sei jedoch versichert, dass die Seele niemals träge sein kann, sie sich immer mit und um das Erforschen, Bestimmen oder Erlernen der Dinge dreht, und sofern diese ernsthaft, würdig und von solcher Art sind, dass sie die Seele erfüllen, wird dort nichts anderes eintauchen können. Sind sie leicht, treiben sie inmitten der Wellen unseres Verstandes, und unsere Gedanken wogen, wie sie es immer tun, von einer Sache zur nächsten und brechen sich an manchem Fels einer bitteren Erinnerung oder schwierigen Entscheidung, weshalb wir sie dann dort wieder und wieder wie schwere Schläge in unserer Brust verspüren.[130] Noch weiter verwirrt wird in uns die von der Vernunft losgelöste und von der Meinung dazu verleitete Seele, gute und nicht gute Dinge falsch zu beurteilen, so wie wir alltäglich nicht wenige von dieser verbreiteten Verderbtheit der Lebensweise infiziert sehen, die weinen und frohlocken, mehr um dem Urteil und Sinn anderer gerecht zu werden als sich selbst.[131] Nun möchte ich euch aber von mir selbst erklären, welcher Sorte Sterblicher ich unter ihnen angehöre. Wäre ich, mein lieber Niccola, einer jener Geplagten, würde ich an den Dingen hängen, die mir lieb und teuer sind, und nicht behaupten wollen, dass in mir eine so absolute und perfekte Tugend wohnt, dass mich deren Verlust nicht schmerzen würde. Doch würde ich nach Wegen und Weisen suchen, mir jede Drangsal von der Seele zu nehmen. Wie ich es sehe, liegt es bereit und fast im Schoße eines jeden, jedwede innere Erregung besänftigen zu können, noch bevor sie Schaden anrichtet und sobald du sie empfangen hast. Und weil uns das Argumentieren zu diesem Punkt geführt hat, wollen wir nun gemeinsam feststellen, ob ich mich irre.

Gehen wir es von dieser Seite an. Die Erregungen, so will ich es erzählen, regnen herab und ergießen sich in unsere leere Seele. Von woher? Gewiss sagen einige, sie rührten entweder von der Verderbtheit der Zeiten her, von unserem eigenen ungerechten Schicksal, einem schlimmen Vorfall oder der Boshaftigkeit und Unredlichkeit der anderen Menschen, oder von irgendeinem unserer Fehler. Von anderswoher sehe ich nicht, dass Bitterkeit oder Verdruss welcher Art auch immer in uns aufkommen könnten. Aber jeder äußerliche Einfluss, werde ich daraufhin sagen, kann nur in dem Maße auf unsere Seelen einwirken, wie wir dulden werden, dass er es kann.[132] Folgendes scheint mir ein geeignetes Gleichnis: so wie wir uns für die Winterstürme abhärten und vorbereiten, eingehüllt und geschützt von Kleidern, Mauerwerk, der Zuflucht unserer Heime und Behausungen; denen wir uns, selbst wenn arger Schneefall, leidige Winde und beißende Kälte sie heimsuchen und umlagern, mit Scheiben in den Fenstern und Teppichen an den Ausgängen widersetzen, jeden Zugang verschließen, damit kein schädlicher Wintereinfluss uns etwas anhaben kann.[133] Und wenn wir ausdauernd und standhaft bleiben, werden wir all seine Rauheit, alles Bittere und Strenge überwinden, indem wir jene uns angeborene Wärme einsetzen und in uns entfachen, die uns die Natur eingegeben hat, um unsere Glieder am Leben zu erhalten; und sollten wir kränklich und schwach sein, überlassen wir dies dem Feuer und der Sonne und den Thermen. Auf die gleiche Weise muss man sich mit der Seele für die Fährnisse und heftigen Anstürme des Schicksals abhärten und vorbereiten und jede Pforte vor innerlichen Erregungen verschließen und jenen Feuerfunken in uns entfachen und bewahren, der uns eingeboren ist und unseren Seelen innewohnt und den die Natur zu unvergänglicher Ewigkeit dort eingesetzt hat.[134] Wir werden unsere Seele gegen die Umwälzungen der Zeiten und gegen die durch die Zerrüttungen widriger Umstände über uns gekommenen Verhängnisse abhärten und vorbereiten, indem wir zunächst Vorüberlegungen anstellen und uns selbst erkennen und dann die vergänglichen und flüchtigen Dinge beurteilen und bestimmen, und zwar nicht geleitet von dem Fehler der Meinung, sondern von der Wahrheit und der Gewissheit der Vernunft.[135]

Der Philosoph Thales hat gesagt, es sei schwer, sich selbst zu erkennen.[136] Ich weiß nicht recht, wie ich diesen Sinnspruch von ihm deuten soll, aber mir scheint es nicht schwierig, mich als Mensch ähnlich anderen Menschen zu erkennen, ganz so wie Apuleius[137] sie beschreibt. Und wer bezweifelt, dass dem Menschen Vernunft innewohnt? Höre ihn vernünftig reden, und schon bist du überzeugt, dass die menschliche Seele unsterblich sei. Siehe, wie seine Glieder dazu bestimmt sind, zu sterben und zu vergehen; erkenne, wie sein Verstand leicht und wechselhaft ist und fast nie frei von Ängsten. Stelle fest, dass sein Körper ihm auf vielerlei Weisen lästig ist. Unterscheide bei den Menschen die ganz vielfältigen und unähnlichen Sitten. Du kannst nicht leugnen, dass sie sich in ihren Fehlern gleichen: Sie brennen zu sehr, hoffen voller Starrsinn, mühen sich mit ungewissen und unnützen Dingen ab. Eins ums andere sterben ihre vergänglichen Güter; die Vielheit [der Menschen] lebt ewig weiter; sie wandeln sich von Generation zu Generation; ihre Lebenszeit verfliegt; spät weise, früh tot, ein Leben lang klagend, bevölkern sie die Erde. Vorausdenkend und uns selbst erkennend, werden wir uns letztlich fragen: Wozu bin ich geboren? Bin ich etwa auf die Welt gekommen, um meine Lebenszeit leer und untätig zu verbringen?[138] Dieser Intellekt, diese Erkenntnis und Vernunft und Erinnerung, von woher sind sie, so unendlich und unsterblich, in mich gekommen, wenn nicht von dem, der selbst unendlich und unsterblich ist? Und ich, werde ich, altem Eisen gleich, müßig vor mich hinrosten und verrotten, versunken im Sumpf der Freuden und Wonnen? Werde ich es nicht als meine Pflicht beurteilen, mich erstrebenswerter, würdiger Dinge zu befleißigen, mich selbst gut zu pflegen und mit Fleiß und Tugend verdienstvoll zu handeln? Werde ich dabei bleiben, jede Unreinheit und Verkrustung der Laster beharrlich von mir abzustreifen und abzuwaschen? Werde ich die beiden wertvollsten Dinge, die uns laut dem Philosophen Seneca von Gott vor allem anderen mitgegeben wurden, die Vernunft und die Gemeinschaft, aus Untätigkeit und Tatenlosigkeit erlöschen und mir nichts gelten lassen?[139] Oder werde ich sie etwa nur in den Dienst dieses meines Körpers und seiner lästigen und leidigen Glieder stellen? Wird es mir nicht größere Freude bereiten, sie zum Ruhm und zur Unsterblichkeit meines Namens, meines Ansehens und meiner Würde und der meiner Familie und meiner Heimat einzusetzen?[140] Werde ich nicht unaufhörlich darüber nachdenken, ob ich nicht allein dazu geboren bin, wie Anaxagoras[141] erläuterte, den Himmel, die Sterne und die natürliche Ordnung des Universums zu kontemplieren,[142] sondern zuallererst, wie Lactantius[143] behauptete, um Gott zu erkennen und ihm zu dienen, wo Gott zu dienen nichts anderes bedeutet, als die Guten zu begünstigen und Gerechtigkeit zu wahren?[144] Solches wird von mir erwartet. Und zu folgendem Schluss komme ich aus freiem, eigenem Antrieb. Auf, überantworten wir uns mit der Seele diesen guten Werken, die Gott, unserem Vater und Erzeuger, höchst willkommen sind. Den Guten, denen wir zu dienen beschlossen, wird unser ungutes Handeln nicht gefallen. Auch werden wir keine Gerechtigkeit bewahren können, wenn wir nicht jeder Ungerechtigkeit feind sind. Richten wir also unsere Seele daraufhin aus, von jedem Unrecht leer und jeder Güte voll zu sein. Hierdurch wird all unser Handeln aus Menschlichkeit und der Ausübung von Tugend bestehen, werden wir der natürlichen Gemeinschaft und wahren Religion guten Dienst erweisen und uns ein Leben lang vornehmen, konstant und frei zu sein.

Sie sagen, dass die Leichtsinnigkeit das Laster sei, das jeder Ruhe feind ist.[145] Der Redner Lysias[146] schreibt der Freiheit zu, genau darin zu bestehen, nichts gegen den eigenen Willen zu tun.[147] Niemand ist leichtsinniger als der, der sein Wollen nicht an irgendeiner Gewissheit festmacht. Und keiner tut mehr gegen die eigenen Begierden als der, der zwar will, was er nicht hat, aber das, was er tut, um es zu bekommen, nicht tun will. Und um sich diesen störenden Begierden zu verschließen, wird es helfen, die Dinge mit Vernunft und Wahrheit und nicht mit jener Meinung zu betrachten, die der Philosoph Ariston[148] in uns Sterblichen getadelt hat und der sich wunderte, woher die Menschen die Überzeugung nahmen, ihr Seligsein könne mehr von überflüssigen denn von notwendigen Dingen abhängen.[149] Sehr nützlich wird uns die Feststellung sein, dass die guten und notwendigen Dinge wenige sind und einfach, während dagegen die nicht notwendigen viele sind, dazu trügerisch, flüchtig, mühsam und selten ehrlich. Selbst wenn sie zu loben wären, müssen wir in uns selbst anerkennen, was Pythagoras darüber anmahnt,[150] nämlich dass nichts, das sich außerhalb von uns befindet, unser ist.[151] Und nicht nur nicht unser, auch die Natur wollte nicht, dass wir, mickrige Niemande, Wächter von etwas anderem sind als von uns selbst, hat uns doch die Natur von vielen ihrer Dinge nur einen winzigen Teil zur beschränkten Nutzung überlassen.[152] Und selbst wenn sie hervorragend und unser wären, sollten wir uns als Sterbliche erkennen und als solche, denen, beharrlich und reichlich, Schicksalhaftes über den Köpfen hängt und auch der Tod nicht fern ist. Und würden wir Nestors[153] Jahre leben oder jedes anderen, der länger lebte, sollten wir uns unaufhörlich an das erinnern, was jener Dichter Manilius[154] sagte: … *das Geplage den Armen Verstandeskraft lieh und das eigne drückende Schicksal jedem befahl, auf sich selber zu achten.*[155] Und sicher wirst du, wie Chrysipp[156] sagte, unter den Sterblichen keinen finden, dem nicht auch immer wieder Dinge widerfahren, die ihn leiden lassen.[157]

Wir werden also daran denken, dass jede Wankelmütigkeit des Schicksals uns Tag für Tag heimsuchen kann, so wie sie es mit allen Sterblichen hält. Doch wird uns dieser Gedanke nicht traurig stimmen, so als müssten wir jederzeit irgendetwas Ruinöses für unsere Geschicke und Besitztümer erwarten. Noch werden wir uns selbst dazu antreiben, auf jede kleinste Bewegung der Zeiten und Dinge zu achten, weil dies, wie Kaiser Augustus an Livia schrieb,[158] ein ständiges Aufwallen der Seele bedeutete und fast so wäre, als würde man sich selbst erschöpfen.[159] Stattdessen werden wir uns gut vorbereiten und das Gemüt standhaft darauf ausrichten, ohne Aufbegehren zu ertragen, was geschehen mag. Und wenn doch etwas gegen deinen Willen geschieht, bereite dich darauf vor, dass es nicht gegen deine Meinung geht. Schätze es so ein, dass die Widrigkeiten dir ebenso viel anhaben können wie jedem anderen Menschen. Mit dieser geistigen Vorüberlegung, dass du sterblich bist und dir jedes schlimme Schicksal widerfahren kann, erreichen wir, was unter Umsichtigen sehr gelobt wird und die daher solches anmahnen: Verwenden wir Mühe darauf, dass die vergangenen Zeiten und diese gegenwärtigen jenen nützen, die noch nicht dagewesen sind, und erinnern uns daran, dass wir in Zeiten, in denen das Schicksal uns wohlgesinnt ist, die Heilmittel gegen Widriges vorbereiten. In dieser Ruhe der Seele stellen wir uns darauf ein, uns wenig zu sorgen und die Ungerechtigkeiten des Schicksals nahezu zu vergessen, bevor sie uns treffen. Und es wird uns ähnlich ergehen wie jenem Philosophen Bion, der sich im Sterben rühmte, zu Lebzeiten niemals etwas gegen den eigenen Willen ertragen zu haben.[160] So geübt, wird es uns mit der Zeit gelingen, die Dinge nicht mehr zu schätzen und zu lieben, als ihnen gebührt.[161]

Mäßige Meinung und Urteil, und du wirst die Affekte und Regungen der Seele besänftigen. Ist die Liebe besänftigt, erlischt der Wille. Ist der Wille ausgelöscht, wirst du nicht mehr begehren. Wenn du nicht begehrst, dann schmerzt dich nicht, etwas nicht zu haben, oder das zu haben, was du überhaupt nicht schätzt.[162] Sie sagen: Liebe die Heimat, liebe die Deinen, auf dass du ihnen nach ihrem Wunsche Gutes tust. Jene erklären aber auch, die Heimat des Menschen sei die ganze Welt, und dass der weise Mensch jeden Ort, an den es ihn verschlägt, zu seinem macht. Nicht fliehen wird er seine Heimat, aber doch eine andere zu der seinen machen, und sehr gut wird es ihm ergehen, wo es ihm nicht schlecht geht, und er wird immer davor fliehen, sich selbst eine Last zu sein. Und sie preisen jenes alte Sprichwort von Teucer,[163] einem höchst umsichtigen, häufig zitierten Mann, der sagte, seine Heimat sei dort, wo es ihm gut erginge.[164] Und die Meinen sind die, durch die ich zufrieden und in Seelenfrieden lebe; jene, die mich unzufrieden leben lassen und aufwühlen, sind in Wahrheit nicht die Meinen, vielmehr Fremde und sollen zu unseren Feinden zählen. Füge dem Folgendes hinzu: Um jegliche Schwere der Seele von uns auszuschließen, gebietet es sich, jene Orte, jene Dinge und Personen zu fliehen, die nur dazu taugen, Ungemach und Aufregung in unser Leben zu bringen.[165]

In der Menge kannst du dich unmöglich aufhalten und gehen, ohne gestoßen zu werden. Sinnspruch des Redners Crassus:[166] Die Willensentscheidungen dessen, der von vielen beobachtet wird, sind nicht frei.[167] Die Einsamkeit war seit jeher Freundin der Ruhe. Und dies ist wahr, solange diese nicht untätig ist. Das Nichtstun, wer will's bezweifeln? – nährt jedes Laster. Und nichts wirbelt mehr durcheinander als das Laster. Ovid[168] sagte: *wie das Wasser verdirbt, wenn die Bewegung ihm fehlt.*[169] Und noch mehr gilt dies für die Seele, die zur Beweglichkeit und Vielseitigkeit geboren ist, mehr als jede Welle. Es wird also die Einsamkeit sein, verbunden mit der einen oder anderen Übung, wovon wir weiter unten mehr sagen werden. Und da wir so einiges für die Gesundheit des Körpers und für die Befriedigung unserer Glieder zusammenbringen, unternehmen und verordnen, pflegen wir, wenn nötig, auch die Gesundheit unserer Seele. Der Dichter Homer sagte, dass beim Menschen viele Krankheiten aus dem Bauch entstehen.[170] Und doch stellen wir uns in den Dienst des Bauches, obwohl er uns unendlich viele Beschwerden macht. Leben wir also weniger für unsere Glieder als vielmehr für uns selbst, sprich dafür, unsere natürlichen Gaben voll auszuschöpfen. Wenn wir sehen, dass unsere Werke und unsere Gedanken, die uns anstacheln, uns um Dinge zu kümmern, die außerhalb von uns liegen, so sehr die der anderen und damit nicht die unseren sind, wie diese und jene andere Sache es erfordert und anwendet, lasst sie uns doch dem Schicksal desjenigen zuführen, von dem sie abhängig sind. Allerdings möchte ich die Gesundheit des Körpers nicht hintanstellen. Er soll erhalten, nicht gesättigt werden.[171] Der Kyniker Diogenes sagte, dass der Mensch, wenn er, sich den Bauch kratzend, seinen Hunger stillen könnte, dies tun würde oder auch nicht.[172] Wenn du den Hunger nicht stillst, bemächtigt er sich deiner und macht dich untertan. Als Apuleius wegen seiner Blässe des Liebeskummers beschuldigt wurde, stritt er diesen ab und erklärte, es seien die Anstrengungen seiner Studien, die ihn auslaugten.[173] Vier Dinge zählen die Ärzte auf, welche die Kräfte der Natur in uns zunichtemachen und uns niederstrecken: der Schmerz, die durchwachten Nächte, die Ausscheidung, der Seelenkummer. Und ich weiß nicht warum, aber wenn die Glieder geschwächt sind, ist die Seele weniger frei und weniger die ihrige. Geben wir dem Körper also, wessen er bedarf, und führen wir ihn weg von Schädlichem der Gesundheit zu.[174] Und um der Seele nicht noch mehr Kümmernisse zu bereiten, werden wir tunlichst verschmähen, uns mehr als einer Angelegenheit zu widmen. Diese darf außerdem in keiner Weise belastender und schwieriger sein, als unsere Kräfte dies zulassen. Auch werden wir darauf achten, uns nicht mit allem Eifer, Tun und Beharren damit aufzureiben, vielmehr werden wir einige Stunden vergehen lassen, in denen wir, wenn es nötig ist, jene heftige Anspannung der Seele und die Beharrlichkeit unserer Studien ruhen lassen.[175] Der treffliche Redner Asinius Pollio,[176] so schreibt Seneca, übte sich bis zur zehnten Stunde des Tages in jedweder emsigen Betriebsamkeit. Doch nach der zehnten Stunde frönte er dem Nichtstun, las nicht einmal die Briefe, die seine Freunde ihm schrieben.[177] Und nicht ohne ehrenvollsten Grund haben unsere höchsten römischen Patrizier nach einer bestimmten Stunde des Tages neue Reden im Senat verboten, weil sie nach vielerlei Tagesgeschäft etwas Müßiggang und Ruhe einlegen wollten.[178] Nach dem Verlust [Klein-]Asiens dankte König Antiochos[179] dem römischen Senat, froh darüber, dass man ihm die Regierungsgeschäfte abgenommen habe.[180] Wir wenig Besonnenen mühen uns nicht nur in übermäßigem Eifer mit diversen Angelegenheiten, sondern übernehmen ungebeten auch noch diejenigen der anderen. Ein altes Sprichwort lautet: Wer sich einmischt, sitzt bald selbst in der Klemme. Und mich dauert die Torheit so vieler, denen jede Neugier fehlt, sich zur Tugend zu erziehen, und stattdessen unablässig die Taten und Worte anderer ausforschen. Ihnen ergeht es wie dem Liebenden, von dem der überaus anmutige Dichter Properz[181] schrieb: *Immer aufs Neue bedrängt er den Diener, ihm Kunde zu bringen, heißt ihn erforschen gar viel, was er zu wissen doch scheut.*[182]

Es wird dir vielleicht unterkommen, dich in irgendeine deinem Müßiggang fremde Angelegenheit einmischen zu müssen. Du verwende hier denselben Studiereifer, den du in ihre Ausführung legen würdest, darauf, zu überlegen, wie du sie von dir fernhältst. Aristoteles argumentierte wie folgt: So wie man den Krieg um des Friedens willen erleidet, nehmen wir die Angelegenheiten in Angriff, nur um uns dann im Müßiggang einzurichten.[183] Das könnten wir nicht, würden wir den Notwendigkeiten nicht Genüge tun, und um Notwendiges zu erfüllen, streben wir das Nützliche an. Niemals jedoch wird etwas Unehrenhaftes notwendig sein. Um folglich in ehrlichem Müßiggang zu leben, werden wir Mühen auf uns nehmen, nicht allerdings, um uns ehrgeizig und prahlerisch abzuhetzen. Deshalb scheinen mir jene sehr schlecht beraten, die sich zuallererst um die Republik kümmern und dafür die eigenen Geschäfte häufig aufgeben, um sich mit jenem Beamtenehrgeiz umzutreiben. Und wenn man sie dafür zur Rede stellt, antworten sie, dass so handeln muss, wer in solchen Positionen ist und nicht behelligt werden sollte, wobei sie glauben, nur dann Männer zu sein, wenn sie von vielen Seiten bestürmt und angesucht werden. Diese erscheinen mir nicht besonders klug, wenn sie davor zurückschrecken, mit sich selbst zufrieden und dadurch frei und glückselig zu sein.[184] Galba,[185] der einer der zwölf römischen Kaiser[186] war, pflegte zu sagen: Niemand sollte jemals gezwungen werden, über sein Nichtstun Rechenschaft abzulegen.[187] Nicht ohne Grund schrieb Epikur[188] den Göttern allerhöchste Glückseligkeit zu, wofür sie sich ausschließlich der Kontemplation ihrer selbst widmen müssen.[189] Ebenso wenig missfällt mir jener Spruch des Crassus, der bestritt, dass ein freier Mann sei, der sich nicht auch einmal dem Nichtstun hingeben könne.[190] Und wenn, wie Platon argumentiert, in einem Schiff ein Mann das Steuerruder führt,[191] der dafür bestens geeignet ist, kommt es da nicht einer Anmaßung gleich, wenn einer ihm den Platz streitig macht, um selbst die Führung zu übernehmen? Und wenn er dafür ungeeignet ist, was wird dann aus dir? Du sollst, was öffentliche Aufgaben betrifft, nicht nach mehr verlangen als alle anderen. Wie soll aber ein Tollkühner, der selbst nicht in der Lage ist, sich in die Bahnen von Ruhe und Seelenfrieden zu lenken, andere lenken? Wie mehrere Männer? Wie ein ganzes vielköpfiges Volk? Ich werde mich nicht weiter zu diesem Thema auslassen.[192] Auch nicht darlegen, welche Turbulenzen jede Form von Ehrgeiz und Zurschaustellung unserer Tugend, Klugheit und Bildung hervorruft. Deshalb: Lassen wir die Neidereien, wie viele es auch sein mögen, bei den anderen; gewiss gibt es Gründe dafür, dass Streit und Wetteifer in uns aufkommen, und jeder Streit und Wettkampf trägt in sich den Funken der Handgreiflichkeiten, die, einmal geschürt, tiefen Hass und Feindschaft entflammen. »*[…] es liebt der Sieg das Bemühen*«,[193] sagte Catull.[194] Und Kämpfe und Wettstreite waren schon immer mit Empörung verbunden. Verachtung ist im Leben des Menschen eine schlechte Sache und mehr als geeignet, unsere Seelen übermäßig in Aufruhr zu bringen. Der stumm geborene Athlet Aegles von Samos,[195] der sich der Prämie und des Siegtitels bei den Spielen beraubt sah, entbrannte derart vor Empörung, dass die Stimme aus ihm herausbrach und er mit gelöstem Zungenband zu erzählen und klagen begann.[196] Die von Kaiser Augustus verschmähte Kleopatra[197] tötete sich selbst. Verachtung kann solches in uns auslösen und nicht nur die für Aufregungen berufenen, ja wie geschaffenen Gemüter in Unruhe versetzen, sondern auch jegliche Norm und natürliche Ordnung verkehren und umstürzen. Aber hiervon an anderer Stelle mehr.

Einige sind von Natur aus misstrauisch, bitter und zeigen eine Neigung zum Jähzorn. Diese sollte man verschmähen, da, wie ein Brand beim Nachbar auch unsere angrenzenden Wände erfasst,[198] der im anderen aufflammende Zorn demjenigen schadet, der sich nicht von ihm fernhält, indem er ihm ausweicht und ihn meidet. Vor allem jene [soll man meiden], die untätig und träge sind, und dazu noch unzüchtig und Verfolger ihrer eigenen Lust. Und an erster Stelle fliehe man üble Nachredner, besonders die Lügner, die mehr als alle anderen heimtückisch und arglistig sind.

Diese Sorte Mensch wird dir nie zu etwas anderem Anlass geben, als zu klagen und dich zu empören.[199] Und bei allen empfiehlt es sich, zögerlich zu sein mit dem Glauben und der Überzeugung, jeder Mensch sei gut. Wer dir Schlechtes über andere erzählt, bekundet gleichsam, ihn nicht zu lieben. Und wer nicht liebt, wen du für gut hältst, zeigt dich als jemanden, der anderer Leute Tugend unbesonnen beurteilt, und zeigt zugleich, dass er selbst nicht gut ist.[200] Man soll ihnen keinen Glauben schenken. Durch die Ohren, heißt es, gelangt die Weisheit hinein.[201] Doch nicht minder als durch die Augen gelangt durch selbige auch einiges an Aufregung und Sturm zu unserer Seele. Du solltest sie also verstopfen.[202] Es gab einen, der blind leben wollte, um besser philosophieren zu können und nicht Stunde um Stunde Dinge zu sehen, die ihn von seinen vortrefflichen Erwägungen würden ablenken und vom unaufhörlichen Erkunden verborgenster und außerordentlich seltener Dinge abbringen könnten.[203] Ich würde nicht wagen, solch einen Philosophen zu kritisieren, doch ebenso wenig vermöchte ich ihn nachzuahmen. Mehr nach meinem Geschmack wäre wohl jener König Kotys,[204] von dem Plutarch[205] erzählt, man habe ihm einige wunderschöne, mit Figuren und Friesen herrlich gearbeitete Tonvasen überbracht; jener nahm das Geschenk in aller Anmut entgegen, bewunderte und lobte die Vasen ausgiebig und zerschlug sie dann, um sich nicht grämen zu müssen, sollte einer seiner Diener sie ihm zerbrechen.[206] So soll es auch uns gelten; und wir halten es wie jene, die in Venedig bei Streitigkeiten zu Gericht sitzen: Wenn sie vor der Urteilsverkündung beratschlagen, stellen sie eine Tafel auf, hinter der sie die Köpfe zusammenstecken und sich beraten.[207] Wir, wenn wir uns vor vielerlei Narrheiten und Lästigkeiten des Pöbels und der Dummdreisten schützen und verstecken wollen, werden das Buch dagegensetzen, in das vertieft wir Ruhe finden werden. Und weil man heute so lebt, dass nichts getan oder gesagt wird, das nicht gekünstelt und vorgetäuscht wäre, werden wir uns immer erst mit der Zeit und mit uns selbst beraten, ob und wie viel wir von den Worten und Taten anderer glauben oder uns gegen sie verwehren.[208] Mehr als alles andere aber sind wir die Hüter unserer eigenen, denn ein einmal ausgesprochenes Wort kann niemals zurückgenommen werden. Wenn du schweigst, kannst du immer auch nicht schweigen. Hippokrates'[209] Sinnspruch besagt: Schweigen macht keinen Durst.[210] Auch will ich mich hier nicht weiter darüber auslassen, wie die Natur zwei Täler und Hecken als Hürden vor unsere Worte gesetzt hat: die Zähne und die Lippen; dem

Hören gab sie zwei offene und unversperrte Wege. Es wird uns also gefallen, der Natur zu gehorchen: Hören werden wir hie wie da; reden aber werden wir als etwas erkennen, das uns nicht gegeben wurde, um zu lästern, Zwietracht zu säen und anderen Schaden zuzufügen, sondern vielmehr um unsere Affekte, unsere Sinne und unser Erkenntnisvermögen in ein gutes und glückseliges Leben zu verwandeln.[211]

Ein Gebot heißen die Alten gut, um in reiner Gemütsruhe und in Seelenfrieden zu leben: dass du nämlich niemals denken solltest, etwas zu tun, das du nicht auch in Gegenwart deiner Freunde und Feinde tun würdest.[212] Ich meine jedoch, Folgendes feststellen zu können: Wer im Leben den Vorsatz gefasst hat, niemals ein nicht vollkommen wahres Wort zu sagen, dem wird nie etwas in den Sinn kommen, das er nicht vor der Menge im Theater offenbaren könnte. Wie sehr die Wahrheit jeder unerschütterlichen Ruhe würdig und überaus zuträglich ist und mit welcher Macht hingegen die Lüge uns hindert und beschädigt, darüber wird an anderer Stelle nachzudenken sein. Und weil wir die Freunde erwähnten, so werden wir mit aller Sorgfalt darauf achten, uns nicht vertraulich mit jemandem zusammenzutun, der dich für seine Wünsche herumkommandiert, während du ihn im Bedarfsfall bitten musst. Von einem goldenen Leitsatz unserer Vorfahren erzählt Seneca: Nichts ist teurer als das, was du mit Bitten erkaufst.[213] Mit dem dir Gleichgesinnten lebst du froh. Aber mache es wie der … beim Komödiendichter Terenz,[214] der beteuerte, unter seinen Angehörigen keinen zu haben, dem er alle seine Angelegenheiten offenlegen würde.[215] Strebe danach, dir eine wohlwollende Haltung zu bewahren, aber erwäge doch, ihm gegebenenfalls weniger verbunden sein zu können als du bis dahin gewesen bist.

Unter all dem Erinnerten will ich dieses hier nicht auslassen: Ich sage dir, Battista, fliehe jedes Geschäft, fliehe die Ränke und Gefühlskrämereien jeglichen Weibes. Bei Homer erklärt der überaus weise Agamemnon, es gebe unter den Sterblichen kein ruchloseres Tier als das Weib.[216] Sie sind alle verrückt und voller Flöhe, die Weiber, und von ihnen wirst du nichts anderes erhalten als Missvergnügen und Schererei und Empörung. Lüstern sind sie, unverschämt, wankelmütig, argwöhnisch, verbohrt, voller Verstellung und Grausamkeit.[217]

Indem wir auf diese Weise Tag um Tag den Gemütsregungen in uns den Weg abschneiden, uns so verschließen, dass sie jeden Zugang verriegelt, jedes Fenster abgedichtet finden, durch das sie Einlass in unsere

Seelen erhalten könnten, richten wir all unser Handeln und Streben darauf aus, frei und völlig entleert von allem Beschwerlichen zu leben. Und gemeinsam wollen wir betrachten, wie Alexander es hielt, der seine Leute und Waffengenossen jedes Manöver vorab einüben ließ, damit sie für den Kampf gegen ihre Feinde gut gerüstet wären; auf dieselbe Art wollen wir unsere Glieder und Sinne in Duldung und Stärke üben und sie so gegen die Wucht des Schicksals und widrige Umstände aller Art standhaft und unbeirrbar machen.[218] Und diese Vorübungen werden darauf ausgerichtet sein, jedes Laster weit von uns zu weisen, weil an unseren Seelen durch die Laster ganz offensichtlich Ruinen entstehen.[219] Und man muss sich hierfür, wie mir dünkt, in zwei Dingen tüchtig üben: die Begierden zu lenken und den Zorn zu mäßigen. Beidem werden wir Maß und Zügel geben, wenn wir beschließen, den Dingen weniger Beachtung zu schenken und auch unsere Freuden und Kümmernisse, welche es auch sein mögen, weniger zu schätzen. Dass wir mit unserer Seele für dieses eine Ziel gut gerüstet sind, werden wir feststellen, wenn wir vor uns selbst keine Ausnahme akzeptieren werden. Heute wohnt das Volk dem Schauspiel bei, und ich will mich tüchtig darin üben, dieser Wollust nicht nachzugeben. Ich werde mich hinter meinen Büchern verschanzen und alleine bleiben. Wenn du dich entschlossen hast, dies zu tun, wird niemand dich überreden können, nichts wird dir in den Sinn kommen, das dich von deiner Haltung abweichen lässt. Sosehr du aber Dingen Gehör und Glauben schenkst, die dich von diesem Vorhaben abbringen, sosehr du dich mit der Seele dorthin neigst, wohin die Lust dich lockt, so sehr wirst du weder ausreichend gefestigt noch aufrecht genug sein, dich selbst zu stützen; und sosehr du deine Begierden nicht besänftigst und nicht darangehst, sie von dir zu stoßen, so sehr wirst du dir selbst missfallen und so sehr wirst du weder dir selbst gehören noch frei sein. Lösche, merze diesen Gedanken aus. Verweigere jeden Grund, jeden Zustand, der diese deine Tugendbildung unterbricht.[220]

Der ägyptische König Amasis[221] schreibt, gemäß dem Geschichtsschreiber Herodot,[222] an den glückreichen Tyrannen Polykrates:[223] »Wenn ein Freund ist, wer seinen Freunden Gutes wünscht, so bin ich einer von ihnen. Auch denke ich nicht, dass du glaubst, ich sei deiner Erfolge wegen dein Freund. Weil jedoch selbst die Götter anscheinend kein allzu großes Glück bei uns Sterblichen dulden können, hielt ich es immer für überaus ratsam, Erfreuliches genauso ertragen zu lernen wie Unerquickliches. Was wissen denn jene, die ununterbrochen im Glück gelebt haben, wozu das Schicksal imstande ist? Was können solche Menschen vernünftigerweise darüber denken, was mit rechtem und redlichem Urteil dazu befinden? Nichts. Wenn du mir also glauben magst wie einem treuen und nicht ganz unvernünftigen Freund, wirst du von mir den einen oder anderen Rat gegen [zu viel] Glück annehmen: Jene Dinge, die dir am meisten am Herzen liegen und deren Verlust dich sehr schmerzen würde, wirf weg von dir und beginne auf diese Weise zu lernen, wie du dich selbst gegen den Schmerz und die Unbill widriger Zeiten abhärtest. *Lebe wohl.*«[224] So soll es uns also gelten; und indem wir uns solchermaßen üben, halten wir es wie der Musiker, der die Jugend im Tanzen unterrichtet: Zunächst begleitet er mit dem Klang die Bewegung des Lernenden; und sie von Tanzsprung zu Tanzsprung verbessernd, lehrt er die Unerfahrenen, weniger Fehler zu machen.[225] So können wir uns, wenn auch in weniger vollendetem Takt, sogleich in unsere würdevoll-gemessenen Bewegungen einstimmen. Wenngleich weiter irrend, werden wir doch dafür Sorge tragen, dass Tag für Tag ein Stück in uns hinzukommt, das uns einer noch vollendeteren und vollkommeneren Tugend näherbringt. Dabei werden wir in der Tugend so viel wachsen, wie wir im Laster abnehmen.

Es sind einige, die von Natur aus eine Bereitschaft und Neigung für den einen oder anderen unrühmlichen Affekt der Seele zeigen. Cinna[226] war grausam, Silla[227] aufbrausend, und zwar heftig, Mario[228] verharrte in seinem Jähzorn. Solche Menschen müssen sich in kleinen leichten Schritten daran gewöhnen, fast so etwas wie eine andere Natur in sich aufzubauen.[229] Unter jenen Philosophen waren welche, die sich anerziehen wollten, nicht ungehalten zu werden, wenn andere ihre Wünsche nicht befriedigten oder ihnen nicht gaben, worum sie gebeten hatten, weshalb sie sich mit großer Beharrlichkeit und aller Überredungskunst an Statuen zu wenden pflegten, um verschiedentliche Dinge zu erbitten.[230] Und der Philosoph Krates reizte wohl die eine oder andere schrecklich gewöhnliche und zänkische Krämerin oder auch eine Dirne und brachte sie dazu, ihn anzukreischen; und er tat dies, um sich daran zu gewöhnen, ohne Wut im Bauch und Aufregung unflätige und aufhetzende Worte gegen sich verwendet zu hören.[231] Über Epaminondas,[232] den erlauchten Fürsten und Glanz Griechenlands, steht zu lesen, dass man ihn demütigen wollte und deshalb mit einer niedersten Aufgabe betraute und zur Überwachung einiger Straßen abstellte. Er lachte und ging freudig daran, zu erfüllen, was ihm aufgetragen worden war.[233] Mach's ihm gleich und freu' dich, wenn dir Gelegenheit geboten wird, dich selbst besiegen zu lernen. Harte Bedingungen der (Ge-)Zeiten sind der Stoff, der uns zur Tugend bildet. Tigranes,[234] der Enkel von König Archelaos,[235] vergaß, weil er auf Dauer in Rom lebte, den Prunk und königlichen Hochmut und wurde so geduldig, dass es an Unterwürfigkeit grenzte.[236] Du hörtest beißende Worte von einem, der dich hasst. Du sahst, wie jener Unverschämte dich beleidigt. Du beschließe, ihn zu erleiden oder zumindest [nur] vorzutäuschen, leidend zu sein. Und es wird dir ergehen wie unter Freunden, wo der einem anderen erwiesene Dienst jenen dazu verpflichtet, selbst einen gleichwertigen Gegendienst zu erweisen. Während du dich auf diese Weise im Dienst der Tugend übst, wird sie sich bereitwillig darauf einlassen, niemals von dir zu weichen. Und wir werden erleben, wie wir uns verstellend zu dem werden, als der wir erscheinen wollen. Eine treffliche Verstellungsübung wird sein, das zu tun, was einer tut, der sich weder aufregt noch erschüttern lässt.[237] Plutarch meinte, ein Mäßigen der Zunge führe zum Erlöschen des Zorns; und selbige zu mäßigen wird im ganzen Leben überaus nützlich sein.[238] Plato sagte, dass die Götter schwerste Strafen für das leichtfertige Verwenden unüberlegter Worte verhängten.[239] Scaurus[240] wollte sich vom Sklaven seines Feindes nicht die Schandtaten seines Herrn berichten lassen.[241] Als König Philipp[242] der Makedonier nachts von seiner Ehefrau ausgesperrt wurde, schwieg er.[243] M. Bibulus[244] schickte die beiden Soldaten aus der Truppe der Gabinianer,[245] die seinen Sohn getötet hatten, unversehrt und frei zu Kleopatra zurück.[246] So handelt, wer gut beraten, gut gefestigt und beständig ist: Er mäßigt und unterdrückt jene Dinge, die Zorn und Aufregung entfachen, und zieht größeren Genuss daraus, zu zeigen, dass er seinen Groll nicht befriedigen muss, obgleich er ihn hätte sättigen können.

Auch soll keiner glauben, er könne sich ohne Übung gleich welche Tugend eingewöhnen. Ohne zu schreiben, ohne zu malen, würdest du nie Maler oder Schriftsteller werden. Einer, der nicht gut schreibt, kann gutes Schreiben erlernen, vorausgesetzt, du sorgst dafür, zu vermeiden, was dich schlecht hat schreiben lassen. Um uns der Tugend anzupassen, werden wir manche tugendhafte Übung ergreifen und, solcherart beschäftigt, sie unermüdlich einüben, dabei nachdenken, erforschen, sammeln, verfassen und kommentieren und der Nachwelt unsere Mühen und durchwachten Nächte nahebringen.[247] So werden wir uns von jeder Ansteckung und jedem lasterhaften Makel abwenden und trennen, wodurch wir glücklich und zufrieden leben werden. Oh, wie süß ist der durch eigene Mühe erworbene Ruhm! Wie würdig unsere Anstrengungen, dank derer wir denen, die nicht mit uns leben, zeigen können, dass wir gelebt haben, und zwar mit anderem als mit einer Altersangabe, und denen, die da kommen, eine andere Kunde von unserem Leben hinterlassen können als nur eine Inschrift mit Namen auf unserem Grabstein.[248] Wie der Dichter Ennius[249] sagte: »Weinet nicht um mich, klaget nicht bei meinem Begräbnis, fliege ich doch unter gebildeten Menschen lebendig von Mund zu Mund.«[250]

Aber nicht länger will ich die Mühen loben, die man für Dinge aufbringt, die lobenswert und würdig sind. Nur mahne ich Battista hier, wie sehr ich es vonnöten halte, sich darin zu üben. Wer ohne Geschäfte lebt, sagte der Dichter Plautus,[251] hat mehr zu tun als der geschäftige Mensch.[252] Er geht auf und ab, ist weder hier noch da, irrt und kämpft mit sich selbst. Und wir, die wir fast einem Schiff gleich nicht dazu gemacht sind, im Hafen zu verrotten, sondern dazu, auf langen Wegen die Meere zu durchpflügen, werden mit der Selbstübung immer nach Lob und Ruhmesfrucht streben. Dabei wird helfen, uns selbst irgendeine Notwendigkeit in dieser unserer Tugendübung aufzuerlegen. Ich entschloss mich einst, alle philosophischen Schriften des Aristoteles zu kennen.[253] Ich rief einige Wissbegierige und gebot mir selbst, ihnen täglich zwei Stunden lang vorzulesen.[254] Dieses mir quasi selbst auferlegte Bedürfnis ließ mich beharrlicher werden, als ich sonst vielleicht gewesen wäre. Solinus[255] schreibt, der Hirsch gewöhne seine Kinder ans Rennen und Flüchten.[256] Wenn also der Hirsch und andere Tiere von Natur aus ihre Bedürfnisse kennen und was für sie von Nutzen ist, wie werden wir als Menschen Geborene uns also heranbilden? Wohl in jeder Hinsicht dahingehend, gut zu leben, vor allem aber doch, sich ans Notwendigste zu gewöhnen. Und es wird sicher keiner daran zweifeln, dass man sich am dringlichsten daran gewöhnen muss, jedes Laster zu verachten und zu fliehen. Gleich danach wird ausgesprochen hilfreich sein, sich um Ruhm und Unsterblichkeit des eigenen Namens und Gedenkens verdient zu machen. Mehr als alles andere ist es jedoch angebracht, mit guter Einstellung und würdiger Gelehrsamkeit die Seele zu pflegen und zu kultivieren. Die eitlen Angewohnheiten des Körpers verderben die Seele und lassen sie lasterhaft werden. Daher wird unsere wesentliche und unaufhörliche Aufgabe darin bestehen, ein Leben einzuüben, das sich mit wenigen und leicht verfügbaren Dingen begnügt.

Julius Capitulinus[257] schreibt, dass der Regent des römischen Reiches Marcus Aurelius Antoninus[258] auf der Erde schlief, um zu lernen, sich selbst auszuhalten,[259] und es noch in vielem anderen dem Philosophen

Diogenes gleichtat, von dem es heißt, er habe mitten im Winter dick vereiste Marmorstatuen umarmt, nur um sich an das Ertragen widriger Gegebenheiten zu gewöhnen.[260] Beim Dichter Silius[261] wurde Regulus von Serrano[262] mit diesen Versen gelobt: *Ungesäubert, am ärmlichen Tisch, und ruhend auf hartem Lager, / zu kämpfen mit drückender Noth, nennt / Regulus größer denn obsiegen dem Feind', / und herrlicher deucht' es ihm, Unglücks / Meister zu sein durch Geduld, / als wenn er es klüglich vermieden.*[263] Diese unsere altrömischen Vorfahren gewöhnten ihre Armeen an jene militärische Feldküche, die einfach war und ohne Aufwand und aus nichts weiter als Speck und Käse bestand. Sie wollten flink sein in männlichen Aufgaben und mit diesen servilen, unerquicklichen Dingen nichts zu tun haben. Solcherart werden wir unsere Glieder daran gewöhnen, mit wenig zufrieden zu sein und ohne Verzärtelung zu leiden, so dass uns dank dieser Gewöhnung jede großartige Unternehmung gelingen wird.

Über den römischen Eques Julius Viator[264] steht geschrieben, dass ihm von den Ärzten feuchte Nahrung verboten worden sei, woran er sich dermaßen gewöhnte, dass er im Alter gar nichts mehr trank. Für Battista hier schien es unmöglich, auch nur für die Dauer des Messopfers den Kopf nicht zu bedecken, ohne schwere Beeinträchtigung und Störung seiner Gesundheit. Und sieh ihn dir nun an, nachdem er sich Sommer über Sommer daran gewöhnt hat und selbst im Gebirge und im Schneeregen keine Kopfbedeckung mehr ertragen kann.[265] Was also Kunst und Fürsorge der Ärzte nicht konnten, kann er, weil er sich diese Gewohnheit anerzogen hat. Doch davon, was jede Art von Gewohnheit in den Sterblichen ermöglichen kann, wird an anderer Stelle die Rede sein. Hier sollst du dich ausschließlich davon überzeugen, dass man sich, wenn Gewohnheit solches kann, von jeder Art Gewohnheit fernhalten soll, durch die uns, sobald uns das eine oder andere fehlen mag, Aufregung erwachsen könnte, und wir uns dahingegen jeder Gewohnheit überantworten sollten, die uns hilft, weniger von anderen als von uns selbst zu verlangen. Der Philosoph Diogenes wollte den Diener nicht zurückholen, der ihm weggelaufen war. Es schien ihm angebracht, sich auf die Probe zu stellen, ob er seinem Diener wohl nicht nachstehen würde und, wenn dieser ohne Diogenes zu leben vermochte, auch er, Diogenes, doch umso viel mehr in der Lage sein sollte, ohne seinen flüchtigen Diener zu leben.[266]

Vielen mögen die Dinge, von denen ich erzähle, ungewöhnlich hart erscheinen. Sie sind es nicht. Für den, der sich zu solchem Handeln entschließt, sind sie leicht. Und gewiss hat es Marcus Varro[267] in den Satiren gut formuliert: »Hättest du von all dem Aufwand, den du getrieben, damit dein Diener ein guter Bäcker wird, auch nur den zwölften Teil zum Zieren deiner selbst[268] eingesetzt, wärst du lange schon ein vorbildlicher Bürger. Jenen Diener könntest du jetzt für viel Geld verkaufen. Wer aber würde dich je kaufen wollen, zu welch schnödem Preis auch immer?«[269] Solche Exerzitien sind für den einmal dazu Entschlossenen ohne Frage in ihrem Erleben sanft, weil er spürt, wie er von Mal zu Mal höher in der Tugend gelangt, und auch, dass sie, wenn nochmals ausgeübt, ein erstrebenswertes Glücksgefühl erzeugen. Und wer würde nicht vorziehen, kein Bedürfnis nach so vielen, so unterschiedlichen Dingen zu haben, die dafür erforderlich sind? Wem es gelingt, sein Leben mit wenigen Dingen einzurichten, der braucht nur wenig. Und es scheint mir vor allem eine dem Menschen würdige Freiheit, ohne Störung und Belästigung von dem zu leben, was ihm bereitet ist. Der Philosoph Solon sagte: An zweiter Stelle unter den Gütern wird stehen, der wenigsten Nahrung zu bedürfen, während das höchste Gut darin liegt, überhaupt nicht mehr zu bedürfen.[270] Vielleicht hat es geschadet, dass wir bislang in Mamas Schoß erzogen wurden, vom Papa liebevoll umhegt und verwöhnt, und uns die Güter jetzt reich in den Schoß fallen, weshalb uns in solcher Fülle eine derartige Strenge des Lebens kaum angemessen scheint.[271] Dagegen muss man Vorsorge treffen. Ich sagte: Erinnere dich, ein Mensch zu sein, der jedem Vorkommnis ausgesetzt ist; du weißt, dass die Zeiten unstet aufeinanderfolgen, dass die Umstände des Schicksals wankelmütig sind. Wir müssen uns deshalb in glücklichen Zeiten so vorbereiten, dass wir fürs Unglücklichsein gewappnet sind. Und wer zu leiden nicht gelernt hat, Niccola, der weiß nicht, kann nicht wissen, was Leiden ist; und wer es gelernt hat, weiß darum, und das wird ihm von Nutzen sein. Seinem Bruder, der sich darüber entrüstete, nicht zu einem der Ephoren ernannt worden zu sein,[272] antwortete der Philosoph Chilon,[273] der mehrfach Würdenträger dieses Amtes gewesen war: »Oh mein Bruder, wundere dich nicht, dass unsere Mitbürger nicht genauso zu dir stehen wie zu mir. Du bist außerstande, Ungerechtigkeiten zu ertragen. Ich lernte sie zu erdulden, indem ich sie erlitt.«[274] Octavia,[275] die Schwester des Britannicus,[276] so schreibt Cornelius,[277] lernte schon im zarten Alter Schmerz, Mitleid und jegliches Gefühl zu verbergen; das nützte ihr, und es war eine durchaus würdige, einem Herrscher geziemende Haltung, sich inmitten all des Ansturms, all der Zügellosigkeit daran zu gewöhnen, sich selbst zu mäßigen und zu beherrschen.[278] In Arabien, wo es die fruchtbarsten Weiden gibt, schreibt Curzius,[279] holen die Hirten die Schafe von den Wiesen und treiben sie auseinander, um zu verhindern, dass sie durch übermäßiges Futter verseucht werden.[280] Und gewiss sollten wir die übermäßigen Freiheiten, wie Cäsar im Sallust gesagt hat, zu den ersten und größten Übeln zählen.[281] Hemmen wir also, beschränken wir die Freiheit in uns so weit wie möglich, indem wir in allem anderen weniger zu wollen versuchen, nur darin nicht, Tugend zu erwerben und sich um Ruhm verdient zu machen.

Solon sagte, dass Reichtümer zu Sättigung geführt haben.[282] Sattheit wiederum erzeugt Kränkung, und aus Kränkungen sehen wir den Wunsch nach Rache aufflammen. Man muss sich dazu erziehen, diese Reichtümer und Fülle geringzuschätzen, uns also von ihnen trennen, indem wir sie für verdiente und lobenswerte Dinge ausgeben, vor allem aber verschenken und an gute Menschen und Wissbegierige gewissermaßen abtreten. Somit wird das Schicksal dir nicht nehmen können, was du gabst, und was es dir nehmen könnte, wird dich nicht schlechter stellen. Dem füge noch hinzu, dass man sich zuallererst daran gewöhnen muss, die kleinen Ungerechtigkeiten zu vergessen, um beizeiten die großen erdulden und vergessen zu können. Für den Philosophen Antisthenes[283] schien es keine bessere Lebensschule zu geben, als das Erinnern an Beleidigungen zu verlernen. Aristoteles bestritt, dass es das Werk eines großen und starken Geistes sein könne, sich zumal Unerfreuliches erneut ins Gedächtnis zu rufen.[284] Deshalb wollte Themistokles[285] von Simonides[286] nicht dessen Kunst des Erinnerns, sondern viel lieber eine Kunst des Vergessens lernen.[287]

Alle die hier erwähnten Dinge werden wir erringen, wenn wir nur wollen, und sie uns von Gelegenheit zu Gelegenheit und von Mal zu Mal wohlerwogen antrainieren. Es lohnt sich, die Zeit zu nutzen und sich anzustrengen; dabei benötigt man in den Mühen Duldsamkeit, in der Duldsamkeit Stärke und in der Stärke Abwägung und Vernunft. Bei jedem Abwägen ist es außerdem geboten, dass wir uns von Gerechtigkeit und Menschlichkeit leiten lassen, wobei dir jeder Zugewinn an Tugend viel Wonne bereiten wird.[288] »Die Wonne der Mühsal führt jedes Werk zu einem guten Ende«[289] lautet ein Spruch des Aristoteles. Und der ägyptische König Amasis entgegnete, dass alles, was man mit Wonne tue, einem gänzlich mühelos von der Hand gehe.[290]

Einen Gedanken will ich nicht vorenthalten, nämlich dass jeder vorbildlichen Haltung, jedem wohlgewählten Lebenssinn, jeder Seelenpflege und Seelenzierde die Beschäftigung mit dem gelehrten Schrifttum, mit dem Wissen und dem Sachverstand, den jene Gelehrten in ihren Gedanken und Ermahnungen der Nachwelt anempfohlen haben, sehr und noch mehr nützen wird. So wie das Wachs in der Hand weich wird, wenn man es umschließt und darauf vorbereitet, den Abdruck des Siegelsteins sauber aufzunehmen, so sorgt gelehrtes Schrifttum dafür, den Verstand auf jedes pflichtgetreue Handeln und jedes Verdienst einzustimmen, die im Namen von Ruhm und Unsterblichkeit vollbracht werden.[291]

Und was hältst du nun von dem, Niccola, was wir bis hierher sagten? Du sahst, auf welche Weise man sich vorzubereiten und sein Leben zu führen hat, um den Erregungen jeden Zugang zu verwehren, durch den sie in uns hineingelangen und unsere Seelen besetzen können. Hier wäre nun der Ort, an dem wir weiter erforschen, welche Argumente und Heilkünste im Fall von seelischer Erregtheit helfen können, die Brust von jedem Groll und aller Angst zu reinigen. Solch großer Aufgabe sehe ich mich allerdings nicht gewachsen. Und so vieles ich auch vortrug, erkenne ich doch, wie notwendig es gewesen wäre, vorab gründlich darüber nachzudenken. Ich sprach aus, was mir beim Reden in den Sinn gekommen ist, ohne Ordnung, vielleicht sogar verworren. Ich tat es trotzdem, und zwar nur, um dich zu widerlegen, der du, wie du sagtest, von den Gelehrten den ein oder anderen nützlichen Leitsatz in dieser Sache zu erfahren wünschtest. Du hast gesehen, dass sie hierin und in anderen Dingen, die zu einem guten und glückseligen Leben dazugehören, nicht säumig waren und unsere Bedürfnisse und Erwartungen in jeder Hinsicht erfüllt haben.

Niccola Ich sah's und mir gefiel's. Aber würden Battista hier und ich uns noch mehr wünschen und euch bitten fortzufahren und uns, wie ihr eben sagtet, zu zeigen, welche kunstreichen Argumentationen uns die bereits in unsere Seele eingedrungenen Ängste erleichtern.

Agnolo Wir werden sehen.

Zweites Buch

Wie viel geistiger Vorwegnahme und Unterweisung der Seele es in uns bedarf, um jegliche Erregung von uns fernzuhalten und zu unterbinden, hast du in obigem Buch gesehen und es konnte dich, wie ich glaube, zufriedenstellen.[292] Du sahst, in welcher Kürze es dir eine Fülle trefflicher Gedanken und Sinnsprüche unserer führendsten Männer versammelt hat, die im Leben so außerordentlich klug wie gelehrt gewesen sind. Im vorliegenden Buch wirst du sehen, auf welche Weise du dich, solltest du bereits von Wehmut oder Traurigkeit oder von anderer Wucht und Erregtheit der Seele erfasst sein, mit Vernunft und Methode von ihnen reinigen und deine Ausgeglichenheit und Ruhe der Seele zurückerlangen kannst.[293] Es traf sich, dass Agnolo Pandolfini, dieser hochgebildete und überaus beredte Mann, mit Niccola di Messèr Veri de' Medici disputierte, welcher unter den führenden toskanischen Gelehrten keineswegs der letzte, unter den hochgelehrten Humanisten, die selbigen in nichts nachstehen, jedoch der erste ist, der große Klugheit mit großer Liebenswürdigkeit vereint.

Die Angelegenheit trug sich wie folgt zu: Am Morgen nach den oben dargelegten gelehrten Gesprächen befanden Niccola und ich uns in unserem bedeutendsten Tempel, um dem Messopfer beizuwohnen,[294] und als er uns dort zusammen sah, gingen wir aufeinander zu, um uns zu begrüßen. In Agnolos Begleitung befanden sich zwei Amtsdiener der obersten Magistrate. Als Agnolo zu uns stieß, grüßte er uns und sagte: Diese Herren hier bitten mich eindringlich, zum Ratspalast hinaufzukommen, um mit den anderen Stadtvätern über das Wohl der Heimat zu beraten und das Gemeinwesen zu befördern.[295] Gott, der Unsterbliche, und all die anderen Bewohner und Statthalter des Himmels wissen um meine Entschlossenheit und meine Bestrebungen und seien meine Zeugen, dass mir kein anderes Gut mehr am Herzen liegt, mein Sinn auf nichts mehr gerichtet ist als darauf, die Autorität, Würde und Herrlichkeit meiner Heimat zum Nutzen und Vorzug jedes einzelnen aufrechten Privatbürgers zu bewahren und zu mehren. Aber welche Verderbtheit unsererseits, wenn wir, dazu aufgerufen, einen Rat zu erteilen, glaubten, es sei vorteilhafter, nicht zu sagen, was unserem Ermessen nach vermutlich nützlich, aufrecht und den Zeiten, den Lebensumständen und unserem Schicksal angemessen wäre, sondern lieber etwas verkünden, von dem wir denken, es könne dem Fragenden gefallen? Unredlich ist die Natur der Menschen und in vielerlei Hinsicht tadelnswert. Wir sehen Raubtiere dazu geboren, wild, beutelustig und gänzlich unbezähmbar zu sein, und doch würden sie einander niemals verletzen, wenn sie nicht durch irgendeine Raserei gereizt und aufgehetzt werden. Wir Menschen aber, die wir dazu geboren sind, sanftmütig, genügsam und umgänglich zu sein, scheinen doch immer versucht, anderen Menschen gegenüber anmaßend, zudringlich und feindselig zu sein. Sollte das [wiederum] Raserei sein, würde jeder, der hier Rat geben wollte, gleichsam mit Vernunft wahnsinnig werden, wie jener Dichter sagte.[296] Gestern Abend haben sie mich bis tief in die Nacht festgehalten, und jetzt verlangen sie schon wieder nach mir. Doch wird in den nächsten Stunden keine Zeit bleiben, um zur Verfügung zu stehen. Und wenn ich dort helfen kann, werde ich mich nicht bitten lassen. Nun aber wollen wir diese Zeit auf anderes verwenden und können damit wem auch immer vielleicht von Nutzen sein. Zumal ich mir selbst nichts Gutes tun würde, sagte ich da oben, was ich denke, und sagte ich, was ich nicht denke, würde es wieder anderen nicht gefallen.[297]

So sprach Agnolo zu uns. Dann wandte er sich den beiden Amtsdienern zu und schickte sie mit einer guten Ausrede zu den oberen Magistratsbeamten. Und an Niccola gewandt sagte er lächelnd: Wohin seid ihr unterwegs? Wohl auf dem Weg, euch körperlich zu ertüchtigen, nicht wahr? Recht so! [Körperliche] Übung und Nüchternheit sind zwei vortreffliche Dinge, sie erhalten die Gesundheit, bewahren die Jugend, befördern das Leben. Allein diese hohen Güter laden ein, uns an der Lieblichkeit dieser unserer wohlgefälligen Ansichten zu erfreuen.[298] Jetzt müsste man mit den Hunden drunten in unserem Gangalandi sein,[299] Battista, in den Hügeln oder Niederungen, um sich ein paar Stunden lang körperlich zu ertüchtigen und sich dann gelehrsamen Studien der Schriften und der Philosophie zu widmen, wie es deine Gewohnheit ist, Battista. Aber wenn ihr mögt, Niccola, und die Muße habt, spazieren wir rüber zu den Serviten. Bei San Marco kehren wir um und kommen wieder hierher zurück.[300] Ist das nach eurem Geschmack? So sprach Agnolo.

Darauf erwiderte Niccola: Nichts pflegt unserem Battista hier so zu gefallen wie körperliche Übung. Nicht selten sah ich ihn im Winter, während es draußen regnete, den Büchern den Rücken kehren und sich mit dem Ball in allen möglichen Bewegungen, Beugungen und Gelenkigkeitsübungen ertüchtigen.[301] Und an den übrigen regenfreien Tagen war es die Ausnahme, wenn er nicht den steilen Weg hinauf zu San Miniato nahm, um der Kirche einen Besuch abzustatten.[302] Und in welchen Übungen er sich auf dem Landgut ergeht, mögt ihr sehen, Agnolo, der ihr dort sein Nachbar seid. Eines ist sicher: Besäße ich ein so zweckmäßiges und herrliches Gebäude in so angenehmer und der Gesundheit zuträglicher Lage wie ihr, Agnolo, wüßte ich nicht, wo sonst ich den größten Teil meiner Tage lieber verbrächte als dort.[303] Und bei Battista, der sich so gern ertüchtigt, habe ich keinen Zweifel, dass ihm dasselbe gefällt wie euch. Unsere Absicht war, euch zu folgen, wohin immer es euch beliebt. Zum einen, um euch Gesellschaft zu leisten – weil wir durch das Zusammensein mit euch, einem hochbetagten, an Würde überreichen Mann, nur an Ehrerbietung und Gunst gewinnen – und wir uns zum anderen über eure Begleitung freuen, um einzufordern und zu erbitten, was ihr uns am gestrigen Abend heute zu erzählen verspracht, nämlich was noch darüber zu sagen blieb, wie sich unsere Seelen so mäßigen und einrichten lassen, um frei und ohne jegliche Erregung zu leben. Wir haben deshalb nicht nur alle Muße, sondern sind mehr als alles andere in höchstem Maße begierig, euch zu lauschen und gemeinsam zu begleiten. Lasst uns aufbrechen.

Agnolo Hab' ich mir etwa, wie's so schön heißt, eine Last von den Schultern genommen, um sie mir auf den Kopf zu laden? Da habe ich mir die lästige Angelegenheit vom Leib geschafft, derentwillen man im Ratspalast nach mir verlangte, und kam zu euch, nur um mir eine noch größere Bürde aufzuladen, auf die ich, so gelobe ich, nicht gefasst war und mich auch in keiner Weise gedanklich so vorbereitet habe, wie es geboten wäre. Aber worüber ließe sich in diesen Zeiten und angesichts unseres gemeinschaftlichen Schicksals passender räsonnieren als über diese eine Sache, durch die allein wir frei werden von jeglichem Aufwallen der Seele und aller Beunruhigung ledig.[304] Und nicht verweigern will ich, euch zufriedenzustellen, so sehr dies in meinen Kräften steht. Dabei wird mein Nachdenken wohl ein gemeinsam mit euch betriebenes Nachforschen und Kommentieren dessen sein, was hierbei hilfreich ist. Sollten wir dabei gar auf etwas Angemessenes stoßen, das zu unserem Thema passt, wird unser Tun ein gutes Werk sein, weil – wie schon Chrysipp sagte und wie der wohl weiß, dem sie widerfahren – die Wehmut, die Kümmernisse und andere Qualen der Seele viel größer und herber sind als jene des Körpers.[305] Und wie viele Verfahren hat man zur Heilung des Körpers erforscht, wie viele probiert man noch immer aus? Wer wird kritisieren wollen, dass wir nachforschen und dabei alle möglichen Argumente aufgreifen werden, wenn es doch darum geht, die Seele gesund zu machen und sie wieder ihrer natürlichen Unversehrtheit zuzuführen?[306] Doch wenn, wie es da heißt, *nichts gesagt wird, was nicht zuvor schon gesagt wurde*,[307] wie könnten wir etwas beitragen, das nicht schon oft gehört und vielfach von anderen erzählt worden ist? Wir werden anführen, woran wir uns eins ums andere erinnern. Vielleicht ist unter vielen eine Sache, die uns dienlich sein kann. Und wie bei Gebrechen des Körpers eine Methode genügt, um ihn zu heilen, wird vielleicht auch die Krankheit der Seele sich mit nur einer Behandlung heilen lassen.

Wo aber werden wir beginnen? Werden wir zu ermitteln versuchen, wie viele Erregungszustände der Seele es gibt? Eine Aufgabe, die keine leichte oder gar eine kleine wäre. Wenn es, wie man sagt, zutrifft, dass jede erregte Seele an Wahnsinn leidet und dass die Arten von Verrücktheit unendlich viele sind, so werden auch die Erregungen zahllos sein. Für den Philosophen Bias war jene Seele krank, die Unmögliches begehrt.[309] Da lache ich. Geben wir acht, Niccola, dass dies keine manifeste Krankheit der Seele sei, mit einem Geistesvermögen wie dem unseren, das viel zu schwach ist für eine solch große Aufgabe, über etwas sprechen zu wollen, das allein schon unmöglich zu beziffern ist.[308]

Niccola Bei den Dichtern steht zu lesen, wie jener Silen[310] Midas[311] lehrte, den Tod nicht zu fürchten.[312] Ich beziehe mich nicht auf Platon und auch nicht auf die anderen, die ähnlich dachten, die mit ihren Mahnungen und Erinnerungen nützen mochten, wer ihnen zuhörte.[313] In gleicher Weise werdet ihr, daran hege ich keinen Zweifel, in der ganzen Fülle, mit der ihr es gestern darlegtet, uns weiterhelfen und zufriedenstellen können. Dies wird euch weder schwerfallen noch wird es euch an Eignung fehlen. Wir sahen schon größere Proben eures Geistesvermögens, bitten euch also und bauen darauf, dass ihr uns zufriedenstellt.

Agnolo Woran denke ich gerade? Wenn wir leer sind von Trauer, schmerzt uns alle der Schmerz der anderen; und wenn wir vom Schmerz niedergedrückt sind, kommt uns anderer Leute Schmerz gelegen und ziehen wir in unserem Unglück Trost aus anderer Leute Pein. Von daher rührt das Rächen, das Strafen und das Vergelten von Kränkungen. Woher kommt das?

Niccola Wir verstehen euch und finden Gefallen, an dem, was ihr sagt, Agnolo. Fahrt nur fort. Ihr haltet es wie Dario[314] in Asien, der auf der Flucht hier und da Gold, Edelsteine und kostbarste Dinge ausstreute, um besser entkommen zu können und um seine Verfolger aufzuhalten und zu verlangsamen.[315] So auch ihr, die ihr jetzt neue, sicher beachtenswerte, aber anderweitig zu erörternde Fragen dazwischenwerft, um uns von dem abzulenken, was ihr uns verspracht. Wir bitten euch: Schenkt uns dieses Werk. Und was ihr bis hierher wie im Spott sagtet, sei gleichsam die Einleitung zu dieser Materie.

Agnolo So will es euch gefallen, nun, auf dass Gott uns gnädig leite. Nur voran, wir sollten am besten eine unserer gestrigen Einteilungen in dieser Materie aufgreifen.[316] Und werden also sagen, dass die Erregungen entweder durch die Erschütterungen der Zeiten, durch die Härte des Schicksals oder von der Niedertracht und dem Hochmut der Menschen, die uns im Leben begegnen, oder aber von Dingen, die wir mangels Reife und Überlegung gesagt oder getan haben, in unsere Seelen eilen und drängen. Dies war unsere gestrige Einteilung. Dem fügen wir diese weitere hinzu, dass einige der Heilmittel bei der einen Erregung mehr helfen als bei der anderen. Einige von ihnen helfen bei der einen Art von Aufruhr und Abweichung von Geist und Vernunft, nicht vergleichbar aber bei einer anderen. Führen wir zunächst jeder Krankheit die jeweils passenden Heilmittel zu, die richtig zur Anwendung gebracht jeden empfangenen, in uns eingedrungenen Groll auszutreiben, mit der Wurzel auszureißen und zu bereinigen vermögen. Dann werden wir all jene Heilmittel zusammentragen, die wir für geeignet halten, jegliche störende Unruhe, jedes Aufbrausen zu betäuben und zu ersticken, das unsere Geister und Gedanken gereizt und aufgerüttelt hat. Und beginnen werden wir damit, jene seelischen Prellungen und Stiche zu heilen, die uns unsere Unbesonnenheit und Tollkühnheit eingebracht haben.[317] Hier darf man einen verbreiteten und schweren Fehler nicht außer Acht lassen, den viele begehen, die ein ruhiges und friedliches Leben zu führen meinen, weil sich das Schicksal und die erfreulichen Dinge vermeintlich nach ihrem Sinn und ihren

Gelüsten fügen. Und ebendieselben merken gar nicht, dass sie inmitten heftigster Beklemmungen gefangen sind, und fühlen sich dann vom Schicksal ungerecht behandelt und gehetzt von Widrigkeiten, wo sie doch nur sich selbst Belastung und Plage sind. Seht nur, wie er, dieser ach so Glückliche, seine Freude hat an Haus, Land und Ziererei.[318] Er schätzt Geltung, Würde und Macht seines Willens und seiner Entscheidungen höher ein als andere: An der Ehefrau hat er sein Wohlgefallen; es ergötzt ihn, sich zum Vater gemacht zu sehen; jeder Begabung seiner Sprösslinge, jeder Hoffnung, zu der sie Anlass geben, rühmt er sich. Oh, welch Kleinheit der Menschen! Welch schlecht entlohnte Vernunft! Dies, oh Sterbliche, dies sind für euch die Gifte der Seele. Von hier steigt auf, was wahre und würdige Virilität in unserer Brust korrumpiert. Weibisch geworden, vermögen wir uns selbst nicht mehr zu ertragen und legen unsere Fehler der Unschuld anderer zur Last. Es war das übermäßige Lieben dieser und jener Sache, war die übergroße Hingabe an diese und jene Begierde, Same und Funke solch grell und aufdringlich lodernder Flamme, die deinen Zorn entfacht und dich bedauern lässt, aufgegeben und verloren zu haben, was dich vormals so zufrieden machte.[319]

Einem, der die Heimat fliehen und ins Exil gehen wollte, sagte Sokrates: »Lieber solltest du, so mein Rat, vor dieser Launenhaftigkeit deines Gemüts fliehen; sie ist es, die es dir nicht gut gehen lässt, gleichgültig wo du bist.«[320] Man muss also zunächst solche Gefühle und den Drang, jeden Genuss auskosten zu wollen, abstellen, weil sie die Wurzeln und Krone vieler unserer Ängste und Qualen sind. Abstellen werden wir sie, indem wir uns mit dem Wahren beraten und der Vernunft gehorchen. Sie werden dir zeigen, woran du erkennen kannst, dass die Willensäußerungen und Haltungen der Menschen, die du liebst, von Natur aus sprunghaft und unbeständig sind. Und sie werden dir die Absichten jener offenbaren, die dir ihre Freundschaft anbieten, doch dieses Wohlwollen dir gegenüber nur für die Dauer hegen, die jenes Band zwischen euch Bestand haben wird, das euch liebend vereint hat.[321] Und selbst wenn euch zu solch engem Bund, der euch in Freuden und Vergnügen vereint, irgendein Nutzen oder höchst willkommener Grund gefügt hat, will ich nicht, dass du dir einredest, Fortuna sei zwischen euch immer ausgewogen und gnädig. Zweifle nicht: Die Zeiten werden dir genauso widerfahren, wie sie dir und allen anderen Sterblichen bis zum heutigen Tag widerfahren sind. Und du gestehe dir ein, wie sehr diese sich von einem Moment zum anderen willkürlich verändern konnten. Alsbald wirst du erkennen, wie diese deine Geschicke, diese Blüte und Anmut eures Alters, eurer Form früher oder später davonfliegen im Reigen der Dinge, die verloren und erloschen sind.

Schicke deinen Erwartungen also nicht zu viel Hoffnung voraus, als dass du jedes Maß an Vernunft und Rat einbüßt, die es dir ermöglichen, zu zweifeln und für dich selbst vorauszuahnen, was anderen an Schwerem und Traurigem zu widerfahren pflegt. Schau dich nur an, Vater solcher und solcher Söhne; sieh nur, wie du nicht wenige unter deinen Mitbürgern und andernorts zu deinen Freunden zählst, unter denen dir viele in Vertraulichkeit, Unzählige über Bekanntschaften und Geschäfte verbunden sind. Da bist du, mit Reichtümern, würdig eines Königs, und einer Geltung, Autorität und Würde, wie man sie sich unter Sterblichen nur wünschen kann. Oh, du Mensch und Unglücklicher! Der du vielleicht alles andere haben wirst, nicht aber dich selbst. Und glaube nicht, über dich selbst zu gebieten, wenn du nicht in der Lage bist, dich in ersprießlichen Dingen deutlich mehr zu mäßigen als in widrigen. Nein, durchaus nicht immer beerbt der Sohn den Vater. Auch weiß ich nicht, ob es nicht viel mehr Väter und Mütter waren, die das Begräbnis ihrer Kinder ausrichten mussten, als Kinder, die ihre Eltern beweinten. Und unsere Freunde? Wer sagt denn, dass sie uns im Leben mehr Freude bringen als Kummer?[322] Wohl gesprochen hat [Marcus] Valerius Martialis,[323] der sagte: […] werde niemandem zu sehr zum Freund: *Du liebst weniger, hast aber auch weniger Schmerz.*[324]

Da sage ich, Niccola, und sage zu dir, Battista: Oh, welch verderblichste Pest ist übertriebene Liebe den Sterblichen! Plinius schreibt, dass Publius Catienus Philotimus,[325] der von dem Herrn, dem er ein Leben lang diente und den er sehr liebte, zum Erben aller seiner Reichtümer eingesetzt wurde, sich aus übertriebenem Verlangen nach seinem Herrn in das Feuer warf, in dem der Verstorbene ehrenvoll verbrannt wurde.[326] Dies war die Tat eines unfruchtbaren, rasenden Gemüts. Welche allerdings diese Rasereien sind, von denen sich jene elenden Sterblichen, in denen zu viel Liebe brennt, noch immer mitreißen lassen, wollen wir an anderer Stelle erörtern.[327] Und wie sicher und beständig diese unsere Hoffnungen und Befriedigungen sind, lasse ich die überdenken, die mehr erhoffen und genießen, als es für sie angemessen ist. Ich würde jenen, die mich erhören wollen, gern nachdrücklich ins Gedächtnis rufen, dass sie bei jeder Berechnung, die sie anstellen, und jedem Aufsummieren in dieser Sache gleichzeitig auch die Härten und Melancholien mit einkalkulieren müssen, die mit all ihren Begehrlichkeiten und Freuden hinzukommen und sich verbreiten.[328] Und wer sieht nicht, dass jede menschliche Wonne, die nicht der reinen schlichten Tugend gilt, stets verbunden ist mit unendlich vielen Zweifeln, Ängsten und Schmerzen, mal nicht erringen, mal verlieren zu können, was ihn freute und befriedigte? Bei Vergil[329] flieht Äneas[330] mit dem geschulterten Vater und dem Sohn an der Hand aus seiner brennenden und in Trümmern liegenden Heimat Troja nicht vor seinen bewaffneten Feinden, sondern vor jenen engsten Angehörigen, die ihm zusetzten. Holder Dichter! Der sagte nämlich: *[...] und mich, den noch vor kurzem keine geschleuderten Speere schreckten, auch nicht die Griechen, dichtgedrängt im feindlichen Haufen, mich ängstigt nun jeder Lufthauch, erregt jedes Geräusch, denn ich bin beunruhigt und sorge mich gleichermaßen um meine Begleiter wie um meine Bürde.*[331]

Doch will ich nicht weiter ausufern, indem ich euch aufzeige, dass Freude und Hoffen an sich für die Seele nicht weniger Erregung und Plage bedeuten als Angst und mit ihr der Schmerz. Darüber wird an anderer Stelle zu diskutieren sein. Es soll genügen, quasi nur andeutungsweise aufgezeigt zu haben, dass wir jegliche Art von Begierden und die Erfüllung all unserer Überzeugungen und Erwartungen in uns mäßigen und zügeln müssen, um ein friedliches und ruhiges Leben zu führen. Und wenn wir durch irgendetwas von uns gedanken- und hemmungslos Dahingesagtes oder Getanes oder durch Episoden unserer Faulheit und Untätigkeit in innere Unruhe versetzt werden, soll uns die Reue darüber nicht unerwünscht sein, durch welche wir lernen, jede Form der Unbescheidenheit und Unmäßigkeit zu verabscheuen und zu meiden.[332] Und wenn, wie der Dichter Catull sagt, jedem sein eigener Fehler zugeteilt ist, dabei jedoch keiner sieht, wie schmal der eigene Rücken ist,[333] so wird es uns hin und wieder dienlich sein, einen Fehler begangen zu haben und daran zu erkennen, dass wir fragil sind und keineswegs göttlicher als die anderen Sterblichen.[334] Und so stehen uns eine gewisse Aufgeregtheit wie auch der Anreiz gut an, durch emsigen Fleiß zu größerem Verdienst zu gelangen: *Schmerz und Tränen* – sagte der Dichter Properz – *verdanke ich meine Beredtheit.*[335] Und wie viele wurden, weil sie ihre vergangenen schlechten Gewohnheiten abgeworfen haben, durch Leben und Tugend reich geschmückt![336] Der Geschichtsschreiber Aelius Spartianus[337] schreibt, Kaiser Hadrian[338] sei vom Senat für eine Rede verspottet worden, die er mit übermäßiger Nachlässigkeit vorgetragen hatte, woraufhin er beschloss, sich zu verbessern, mit Beharrlichkeit und Sorgfalt das Studium aufnahm und ein ausgezeichneter Redner wurde.[339] Und nicht ohne berechtigten Grund hat [Publius Clodius] Thrasea Paetus[340] darauf hingewiesen, wie es beim Geschichtsschreiber Publius Cornelius Tacitus steht, dass alle ehrenvollen Gesetze und Vorbilder der Aufrichtigkeit, die unter den Guten zu finden sind, auf Verbrechen und Mängel der nicht Guten zurückgehen.[341] Deshalb soll man, wie …[342] bei Terenz sagte, nicht nur sein Leben nach dem der anderen berichtigen, sondern zuallererst mit unserer eigenen Lebensführung und unseren Sitten Tag für Tag ein Argument ergreifen und den Weg zu einem besseren geistigen und seelischen Zustand einschlagen und uns weiter erfolgreich berichtigend das Hinzugewinnen und Anwachsen von Tugend und Lob lustvoll genießen.[343]

Wir sprachen von den Erregungen, die nirgend anderswo ihren Ursprung haben als in uns selbst. Es bietet sich nun gleich die Gelegenheit zu ergründen, auf welche Weise wir dafür sorgen können, dass unsere Seelen friedlich und ruhig bleiben, wenn sie etwa durch Ungerechtigkeiten und die Böswilligkeit anderer in Aufregung versetzt und schikaniert werden. Zunächst aber werden wir auflösen, was man bis hierher verstanden haben muss, weil wir nicht selten glauben, nicht zu irren, und dann doch irren und durch unsere unvernünftige Art zu reden und unsere Unbesonnenheit in Erregung und großes Ungemach geraten.[344] Und ebenso fühlen wir uns häufig von anderen brüskiert, wo doch ganz allein wir selbst Urheber und Vorbereiter all unserer Kümmernisse sind.

Glaubst du denn, Niccola, es sei leicht für uns Sterbliche, den Neid zu schmähen und nicht auf sich zu ziehen, wenn er allerorten aufflackert und sich mal an Dingen entzündet, die wir bei anderen sehen und hören, mal an Dingen, die wir in uns selbst erkennen? Ei, so schlimm! Schlimme Erregung, der Neid! Was er allerdings in unseren Seelen anzurichten vermag, davon schrieb dein Tragiker Leonardo [Dati],[345] ein überaus redlicher Mann, den du, Battista, inniglich liebst, in seiner [Tragödie] *Hiensal*,[346] die er für diesen euren zweiten Dichterwettstreit vorbereitet hat, eine vortreffliche Einrichtung, die das Ansehen und die Würde der Stadt der Väter befördert, glänzendste Begabungen anzuspornen vermag und zur allumfänglichen Pflege guter Sitten und der Tugend bestimmt ist. Oh Licht unserer Zeit! Zierde der toskanischen Sprache! Alles Ansehen, aller Ruhm unserer Mitbürger kam hier zum Erblühen.[347] Und doch bezweifle ich, Battista, dass ihr eure Werke werdet vortragen können. Mit solcher Macht, solcher Niedertracht wütet der Neid unter den Sterblichen in dieser unserer

Zeit. Denn was zu loben und gutzuheißen keiner umhinkann, versuchen etliche zu verunglimpfen und abzusetzen. Wollt ihr, oh meine Mitbürger, weiter so ungerecht sein gegen den, der euch aufrichtig liebt? Dabei müsst ihr, das ist gewiss, müsst die guten Talente fördern, die Tugendhaften besser belohnen und tut es doch nicht. Sollen dies die Früchte der durchwachten Nächte und der Mühen derer sein, die bestrebt sind, euch Nutzen zu bringen? Doch über den Neid und die Nachteile, die mit dem Schrifttum einhergehen, wird andernorts zu diskutieren sein.[348] Du, Battista, setze dich auch weiterhin mit Arbeit und Gewissenhaftigkeit zum Nutzen deiner Mitbürger ein. Nach uns wird kommen, wer dich lieben wird, auch wenn diese dich beleidigen.

Fürs Erste soll für unser Vorhaben die Feststellung genügen, dass der Neid dem öffentlichen wie dem privaten Bereich auf vielerlei Weise schadet: Er ist zudem ein verborgenes Übel, das uns infiziert und erfasst, noch bevor wir die Auswirkungen seiner Heimtücke zu spüren bekommen. Der Neid wird dabei nicht so sehr durch das geweckt, was andere im Überfluss haben, sondern durch das, woran es uns womöglich selbst mangelt. Im Übrigen erwächst der Neid aus etwas, das in Wirklichkeit weder hier fehlt noch da im Übermaß vorhanden ist, sondern aus dem, was unsere unbrauchbare Meinung, unser maßloser Appetit und unsere Lüsternheit uns einreden wollen. Dabei vermag der Neid solches in den Herzen selbst derer zu bewirken, die sich für weise und klug halten, die sich für gerecht und fromm erachten, wo auch sie neidsichtig sind;[349] sie beurteilen einen von ärmlicher Erscheinung, der allzu sehr gezwungen ist, anderen dienstbar und dankbar zu sein, vieler Reichtümer für unwürdig; und seinen Schmerz halten sie für gerecht, wo es ihm an etwas fehlt, das andere im Überfluss besitzen. Weder bemessen sie seine Annehmlichkeiten, wie es geboten wäre, noch wägen sie seine Besitztümer gegen das [reale] Bedürfnis ab, sondern bestimmen diese Dinge nicht mit Vernunft, als vielmehr gesteuert von ihrem Wollen und ihrem ungezügelten Appetit. Dabei wollen sie nicht das, was ihnen zu einem guten und glückseligen Leben fehlt, sondern ganz gewiss das, was sie aus welchem gerechten oder ungerechten Grund auch immer haben zu wollen glauben. Und diese begehrten Dinge sind meist dergestalt, dass ihnen sie zu haben nicht nützen und sie nicht zu haben nicht schaden würde.

So kommt es, dass wir, geblendet von den Fackeln des Neides,[350] unfähig sind zu unterscheiden, dass diese unsere sinistren Beweggründe nicht von der Vernunft gesteuert sind, sondern von einer Erregtheit und Verderbtheit des Geistes bewegt und angetrieben werden.[351] Du hörtest, dass ein gewisser Pheidippides[352] in zwei Tagen von Athen bis nach Lakedaimon [Sparta] lief, was einer Strecke von 1140 Stadien entsprach; Alexanders Kurier Philonides[353] brach aus Sikyon auf und erreichte am selben Tag das 1305 Stadien entfernte Elis.[354] Von jenem Strabon[355] hast du bei Varro gelesen, der aus einer unglaublichen Distanz die Kriegsflotte aus dem Hafen von Karthago ablegen sah.[356] Und von Herodes[357] sagen sie, er sei ein Jäger und Faustkämpfer gewesen, gegen den man nicht bestehen konnte und der an einem einzigen Tag vierzig Raubtiere tötete.[358] Gerne würdest du Gleiches vermögen, und womöglich beliebte es dir, wie Ikarus[359] über die Meere zu gleiten oder wie Penthesilea über den Spitzen der Ähren dahinzufliegen.[360] Und wäre die Natur und Verwalterin der Dinge hier vorbereitet, jeden deiner berechtigten Wünsche zu befriedigen, würdest du dich, wie ich meine, scheuen, solch unmäßige und überflüssige Dinge von ihr zu verlangen. Und würdest du sie dennoch einfordern, würde sie dir antworten: »Wie viel ich dir gab, genügt dir vollauf, um glücklich und zufrieden zu leben, auch habe ich in dir meine vorzüglichsten Gaben zusammengefügt: Von allen Lebewesen bekamst du den Körper üppigster Form, bekamst Bewegungen, die du dir geeigneter und mannigfaltiger nicht hättest wünschen können, verfügst über die schärfsten, wachsten und klarsten Sinne, in dir stecken Ingenium, Vernunft und Erinnerungsvermögen, die den unsterblichen Göttern ebenbürtig sind. Diese anderen unredlichen Dinge, die nichts zu Seligkeit und Glück beitragen, können welchen Teil an dir verbessern und in der Tugend standhafter werden lassen? Und wenn sie dich nicht besser machen, wie könnten sie dich jemals wirklich zufrieden machen?«[361]

Erkennen wir also unseren Fehler und versteifen wir uns in unserer Erregtheit nicht darauf, auszugleichen, was uns bei einem anderen schlecht geordnet scheint und das wir uns für uns selbst wünschen, aber gar nicht benötigen, wobei wir uns nicht von Neid, sondern von gerechter, blanker Empörung erfasst glauben. Haben wir auf diese Weise in uns selbst erkannt, dass unser Übel von nichts anderem herrührt als unserer eigenen irregeführten Meinung, werden wir das leicht berichtigen und uns zu mehr Ruhe zurechtordnen.[362]

Auch geschieht es, dass wir uns, zu nachsichtig gegenüber den eigenen Fehlern, nicht selten selbst Beschwernis und Verbitterung zufügen und verletzt sind, wenn ein anderer sich nicht zurückhält zu erzählen und zu predigen, was wir mit wenig Vernunft und überstürztem Willen zu sagen oder tun uns nicht beherrschen konnten. Wenn das, was ein anderer über dich erzählt, nicht schön ist, gib dir selbst die Schuld dafür, der du ihm Stoff und eine Geschichte geliefert hast, so zu denken, und beschuldige den, der zuerst den Fehler begangen hat, und nicht den, der jetzt Wahres sagt.[363] Sinnspruch des Agamemnon beim Tragödiendichter Euripides:[364] Du, der du zu sündigen gewagt hast, musst nun mit ungerührter Seele die unschönen Folgen ertragen.[365] Dem füge hinzu, dass übermäßige Gier nach Lob und übertriebenes Streben nach Ehre und Anerkennung häufig allerschwerste Erregung in sich bergen. Und gewiss darf man hier nicht vergessen, was diese Klugen sagen, nämlich dass der Wunsch, vielen zu gefallen, nichts anderes ist als der Wunsch, den Guten und Weisen zu missfallen. Es genüge uns, mit den Mühen durchwachter Nächte in dem Maße im Volk Ansehen zu erringen und Ruhm zu erlangen, wie es uns im Verhältnis zu unserer Muße angemessen erscheint und in dem Maße wir uns bewusst machen, dass der, der uns lobt und wertschätzt, uns mit gutem Grund für gerecht, maßvoll und tugendhaft erachten kann.[366] Was den Tadel und das Fabulieren betrifft, die uns etwa seitens unserer Nacheiferer, Neider und Feinde zum Schaden gereichen könnten, müssten wir ausreichend Reife besitzen, uns eine Seele zu erbauen, die sich mehr darum sorgt, selbst gut und gelehrsam zu sein, als darum, bei anderen Menschen einen bestimmten Anschein zu erwecken.[367] Sie sagen, dem weisen Mann sei das eigene Bewusstsein eine große, hochgefeierte Theaterbühne.[368] Auch sucht der weise Mann nicht nach anderen Schiedsrichtern über sein Leben und seine Taten als sich selbst. Und der Philosoph Bion hat diesen Leitsätzen hinzugefügt, dass es für den in der Tugend vollendeten Mann obligat war, die kränkenden Sprüche anderer mit nicht weniger Stirnrunzeln und Magengrimmen anzuhören, als wenn man eine Komödie auf der Bühne spielen würde.[369] Und ich leugne nicht, dass man, wie sie sagen, durch die Verseuchung der Feinde Milde erlernen müsste, um danach mit guten Freunden fröhlich und heiter zu leben wissen. Und wenn es eher Ausdruck eines starken Gemüts ist, mit ausgeglichenem und unaufgeregtem Geist das beißende Gerede der anderen zu erdulden, als mit erregtem Gemüt Rache zu üben, würde ich sicher den loben, der in einer solchen Situation sich selbst zügeln und die Anstürme und Regungen seiner Seele mäßigen würde. Weil man heute aber so lebt, wie jener

Komödiendichter[370] sagte, nämlich: der Mensch dem Menschen ein Wolf ist, muss man die Kränkungen vielleicht erfahren, widerlegen und vergelten.[371]

Keine größere Rache wird es geben als mit guten Taten den, der schlecht über dich redet, als Lügner zu entlarven. Und wie erlesen und übermächtig wird die Rache sein, wenn einer, der dies gar nicht will, gezwungen ist, dein Loblied zu singen, und einer, der dies wohl möchte, dich unter keinen Umständen kritisieren kann. »Von dir«, schrieb Cicero an Dolabella,[372] »verlange ich, dass du im Gemüt stark und klug seist, damit deine Mäßigung und schwerer Ernst das Unrecht der anderen mit Schmach bedecken.«[373] Und Plancus[374] schreibt an Cicero: »Dabei habe ich jedenfalls die Befriedigung, dass diese meine Feinde mich umso mehr hassen, je größer ihr Schmerz darüber ist, mich nicht kritisieren zu können.«[375] Und Sokrates, der über die Anfeindungen seiner Dichterfreunde lachte und sagte: »Ihr mit euren Sprüchen, die ihr mein Leben in allen Facetten illustriert, zeigt durch dieses an mir Herumgeknabbere nur eure eigenen Abscheulichkeiten und meine Tugend. Dadurch wird sich derjenige mit meinen Sitten beschäftigen, dem ich zuvor gleichgültig war. Derjenige wird mich lieben, der in mir den tugendhaften Mann erkennt, während er zuvor nur danach urteilte, was er über mich hörte. Ich, wie ein Fels mitten im Meer, harre aus, ertrage duldsam eure Schmähungen und leidend siege ich, so dass ihr, je unverschämter ihr mich vor die Brust stoßt, umso mehr selbst zerschellt und eure Reue später umso bitterer sein wird.«[376] So werden auch wir es halten: Mit Geduld die Aufsässigkeit anderer erduldend, werden wir obsiegen. Und wir werden es dem Redner Antonius[377] gleichtun, von dem sie sagen, er habe mit seiner Selbstbeherrschung und Zurückhaltung jeden vor Wut außer sich erscheinen lassen, der ihn mit ungezügelten Worten aufzuwiegeln suchte.[378] Marcus Octavius[379] zermürbte mit seiner Toleranz die Wutausbrüche des Tiberus Gracchus.[380] Und beim Geschichtsschreiber [Flavius] Josephus[381] ist es jener König Agrippa von Jerusalem,[382] der sagte, dass, wer gekränkt wird und leidet, mit seinem Leiden den, der ihn kränkt, beschämt, in solcher Weise auf seiner Bosheit zu beharren.[383] Numa,[384] König der Römer, sorgte dafür, dass die Bevölkerung weniger von ihren angrenzenden Nachbarn heimgesucht und belästigt wurde, nur indem er sie vom Gebrauch und von der Übung der Waffen weg- und zum Kult und zur Befolgung der Religion hinlenkte und damit ihre Liebe und Verehrung erwarb.[385] Manchmal muss man auch zu verlieren wissen, wenn das Siegen nicht notwendig ist. Und dieser Verlust ist ein Gewinn, weil du folglich in Zukunft weniger verlierst.

Wenn aber deine Gegner und Feinde nun beginnen sollten, dich mit ihren Beleidigungen und Bosheiten zu sehr zu peinigen und zu belästigen, will nicht ich derjenige sein, der von einer menschlichen Seele Unmenschliches verlangt. Julius Capitolinus[386] schreibt, Antoninus Pius[387] habe zu denen, die einem Unglücklichen verbieten wollten, in seiner Gegenwart zu weinen, Folgendes gesagt: »Gestattet ihm, ein Mensch zu sein, denn die Empfindungen der Seele kann man mit Herrschermacht nicht nehmen, auch mit keiner Philosophie ganz aufhalten.«[388] So verbiete ich dir nicht, die bitteren Lebensumstände der Menschen nicht zu spüren, wenn auch du ein Mensch bist. Ein altes griechisches Sprichwort besagt: Wer Kränkungen nicht spürt, ist sechsmal mehr ein Ochse.[389] Und wie beim Historiker Livius[390] nachzulesen, sagten die Tarquinier: Es ist eine gefährliche Sache, unter den Sterblichen mit nichts anderem als der Unschuld zu leben.[391] Manchmal ist es geboten zu zeigen, dass dein Magen ebenso vor Wut kocht wie derjenige des Gefährten. Einer, der ein trübes Schielauge hatte, sagte zum buckligen Hinkebein: »Recht von dir getan, mein Augenlicht schlecht zu nennen, wo ich dich für gerade, ja aufrecht mocht' erkennen«. So auch wir. Und um keine weiteren Fehler anderer zuzulassen und um zu verhindern, dass die, wie der Dichter Laberio[392] sagte, immer und immer wieder beleidigte Geduld in Wut umschlägt, werden wir folgerichtig jene abschütteln und von uns fernhalten, die allzu scharfzüngig und aufdringlich sind, damit am Ende kein übertriebener Ärger in uns ausbricht.[393] Und es gefiele mir, wenn man dafür Sorge trüge, nicht immer die eine Straßenecke zu sein, an der jeder Köter hinpisst. Stattdessen will ich, dass du hierin Bescheidenheit übst. Und ich will, dass du jenen Spruch von Xenophontes, wo er sagte, dass man über viele Siege noch nie Reue empfinden musste, in seinem trefflichsten Teil auslegst, den du vielleicht nicht wertschätzt.[394] Vielfach siegt über seine Widersacher, wer nichts verliert. Und du würdest dir selbst gegenüber verlieren, wenn du dich in irgendeinen unreifen Zorn oder Ärger stürzt. Gib dem Jähzorn nicht nach, sondern spare dich auf für eine zur rechten Zeit sich bietende günstige Gelegenheit und Gegebenheit, bei der du Genugtuung verlangst und deine Streiter und Kräfte bei Zeiten voll entfaltest. Und beherrsche dich, so als wärst du in einen Hinterhalt geraten, wie es Sokrates in Platons *Gorgias* tat, als die beißenden Beleidigungen des …[395] ihn trafen, er aber nicht sofort antwortete, sondern ihm nach langem Nachdenken, als es soweit war, zurückgab, was ihm zukam und in gewählter Weise vorwarf, betrunken zu sein: »Was wirst du nur im Alter tun, wenn du dich so jung wie du bist nicht weiter als von hier bis dahin erinnern kannst?«[396] Und ähnlich wird es uns guttun, uns, wo es nichts außer Worten bedarf, endlich einmal Luft zu machen und hier so viel Wucht hineinzulegen wie wir wollen, was Tullius [Cicero] im *Vatinium testem* tat.[397] Und dann, wenn jene Glut erloschen ist und der Brand sich verzogen hat, gilt es, wieder in sich zu kehren und sich zu sammeln. Und wo es vielleicht anderes als Worte bedarf, Niccola, sind Schmähungen eine schlechte Sache. Hier ist kein Aufbrausen und keine Übereiltheit geboten, sondern Abwägung und Reife. Mit später Abwägung schafft man schnelle Taten. Der Zorn ist natürlich ein Feind jeden Abwägens, zumal der Zorn ein kurzer Wahn ist;[398] auch verträgt Wahn sich nicht mit Abwägen. Dabei wird jener Weg der kürzeste sein, der der sichere ist, und dich befriedigen.

Jene aufrechten Sabiner, mit List von den Römern beraubt, bereiteten sich ohne die mindeste Raserei, ohne es zur Schau zu tragen, mit Vernunft und Methode darauf vor, das bitterliche Unrecht zu vergelten, das an ihren Ehefrauen und Töchtern verübt worden war. Worauf sie zum richtigen Zeitpunkt mit solcher Wucht an Wille und Waffe auszogen, dass die, die sie herausgefordert hatten, sie als Männer und mannhaft erkannten, und daher als solchen Unrechts und solcher Schmach unwürdig.[399] So werden auch wir unsere Angelegenheiten nicht überstürzen, sondern auf das bestmögliche Ende hin zurechtlegen und ausrichten. Und wenn Zeit und Gelegenheit sich vielleicht nicht so fügen, wie wir es wünschen, werden wir es doch keineswegs der Göttin Juno[400] beim Dichter Vergil gleichtun, die nach einer Kränkung den *unstillbaren Schmerz tief in der Brust bewahrte*,[401] sondern uns an die Mahnung jenes guten alten Phoinix[402] bei Homer halten, der zu Achilles sagte: »Zähme dieses dein ungestümes Gemüt, wenn gar die Götter, die dich an Tugend und Würde gewiss überflügeln, nachgiebig sind.«[403] Selbst zähmen werden wir uns, zu mehr Leichtigkeit und Nachsicht werden wir uns biegen, statt zu Strenge und Kargheit. Und vielleicht wird es gar nicht allzu selten von Vorteil sein, es wie Agrippina[404] zu halten, die sich auf jenem Schiff der geplanten Todesmaschinerie Neros ausgesetzt sah, der sie erschlagen und zerschmettern lassen wollte, und es als nützlich und einzigen Ausweg aus ihrem Unglück erachtete, darzutun, sie erkenne sie nicht und vergesse sie.[405] Das letzte und beste Ende jeder Kränkung war schon immer, sie zu vergessen. Und selbst wenn die empfangene Schmach uns in einer Weise beschmutzt, dass wir sie unmöglich vergessen können, werden wir dies zumindest verbergen oder vortäuschen. Beim Historiker Curtius[406] heißt es, dass jener Euktemon,[407] der einer der viertausend Gefangenen war, die von den Persern verstümmelt worden waren, Folgendes sagte, als sie darüber berieten, ob sie derart entstellt, ohne Nase, ohne Augen, ohne Hände nach Griechenland zurückkehren sollten: »Am besten ertragen ihr Elend jene, die es verbergen; Einsamkeit ist der Gramerfüllten Heimat; niemand liebt einen, vor dem ihm ekelt; so beklagenswert das Unheil ist, so hochmütig ist das Glück. So zieht ein jeder das eigene Schicksal zu Rate, wenn er das Schicksal eines anderen erwägt. Wären wir nicht alle gleichermaßen elendig, würden wir wohl jeder von uns des anderen Ekel erregen. Ist es da verwunderlich, dass die Glücklichen sich immer solche suchen, die ihrerseits glücklich sind?«[408] Denkwürdige Worte, weshalb ich sie hier nacherzählte.

Was aber uns angeht, werden wir es folgendermaßen halten: Wir werden uns mit unserem Schicksal beraten, werden in Notlagen nicht wehklagen und selbst bei guten Aussichten auf Rache nicht starr oder hochmütig sein. Und indessen werden wir unsere Pein verbergen, während wir auf die passende Gelegenheit und den richtigen Ort warten, um uns Genugtuung zu verschaffen. Und wie Hannibal beim Dichter Silius[409] wollen wir es halten, der, als er vom Tod des Bruders hörte: *den quellenden Thränen [wehrt], und / Muthig es duldend, das Leid [besiegt]. Für sich und im Stillen gelobt er / Aber, dereinst ein würdiges Fest zu der Ehre des Todten.*[410] Und wenn es dich dennoch schmerzt, du dich selbst nicht zu ertragen vermagst und dich vielleicht als der erkennst, als der der Dichter Tibull[411] sich erkannte, als er sagte: *Hierin bin ich nicht stark; ich kann nicht mit ruhigem Geiste / Dieses ertragen; es bricht Kummer das muthige Herz,*[412] dann wirst du es halten wie Odysseus[413] bei Homer, als jener Kitharaspieler zum Mahl aufspielte und dazu von Dingen sang, die wohl unerfreulich für ihn waren, weshalb er sein Haupt verhüllte und weinte.[414] Dann, als der Gesang endete, enthüllte er sein Antlitz und trank mit vergnügter Miene auf das Wohl der Götter.[415] So werden auch wir, so weit wie möglich, unserer Schwachheit, verborgen und verhüllt, nachgeben. Was aber suchen wir in diesen unseren Rückbesinnungen? Woher sonst als bei Homer, dem wahrhaft göttlichen Dichter, können wir wunderbar aufgebotene Gelehrsamkeit entnehmen, er, der so passend und mit solcher Anmut erläuterte, was man im Leben zu beachten hat, wo er davon schreibt, in welcher Weise und mit wie viel Verstand Odysseus seine Wagnisse bestand? Odysseus sah die Gebräuche vieler Menschen, sah die Sitten vieler Städte; er entdeckte ferne Länder und durchlitt im Leben wechselvolle und harte und viele Mühen, im Waffengetümmel, inmitten von Wogen und Meeresstürmen mit so großer und vollständiger Entschlusskraft, dass er sich hierdurch unsterblichen Namen und Ruhm erwarb. Auch deshalb behaupten sie, dass er der Klügste und Erprobteste von allen war. Betrachten wir also seine Begebenheiten, um beizeiten seinen Spuren folgen zu können, wenn es vonnöten ist.

Als Odysseus unerkannt und ärmlich gekleidet nach zahlreichen Schiffbrüchen zu den Seinen zurückkehrte, fand er sein Haus gleichsam in eine öffentliche Taverne verwandelt vor, vollgedrängt mit liederlichen und zügellosen Leuten, die sämtliche Erträge seines Haushalts vergeudeten und verschlangen. Gram erfüllte ihn, und er beschloss, sich zu rächen; zunächst aber hielt er sich im Zaum und sprach zu sich selbst: »Dulde, mein Herz, hast doch in deinen Unglücken schon anderes ertragen!«[416] Da war einer, der Odysseus einen Tritt gab, und Odysseus blieb ruhig und stumm; und sich noch mehr verstellend, trat er wie ein armer Tölpel vor jeden Einzelnen in diesem Saal hin und streckte ihm bittend die Hand entgegen; und das in jenem Saal, in dem er wohl etliche Male die ehrwürdigen Fürsten Griechenlands empfangen hatte. Und noch einmal wurde er getroffen von einem Schemel, doch er stand ruhig und fest, kein Wort, keine Regung, fast als wär' er ein Stein, und zeigte nicht mehr als ein leichtes Schütteln des Hauptes. Die tolldreisten Vielfraße drängten ihn zum Faustkampf mit jenem unsäglichen Iros,[417] der Odysseus aus dem Haus jagen wollte. Und er lehnte nicht ab, wollte aber auch nicht zuschlagen, wie er es gekonnt hätte. Um ihn nicht [körperlich] zu beeinträchtigen und weil er beabsichtigte, sich durch bedeutendere Taten zu erkennen zu geben, versetzte er ihm einen für seine Verhältnisse sanften Schlag. Und noch einmal warf Ktesippos[418] einen Ochsenfuß, um Odysseus am Kopf zu verletzen, aber Odysseus, ganz ruhig, senkte nur sein Haupt.[419] Oh Geduld eines unglaublichen Mannes, welch unerhörte, ganz und gar außergewöhnliche Standfestigkeit! Oh denkwürdiges Beispiel unter den Sterblichen! Im eigenen Haus ward ihm von dreistem Pack, gar von Bettlern ein übler Empfang bereitet, war er erniedrigt, geschlagen, weggestoßen worden, er aber gab sich weder mit Worten noch mit Gesten jemals zu erkennen. All das trunkene Gebaren der anderen erduldete er, verschleierte vor allen seine Schmach, ließ sich reihum verspotten und quälen, blieb bei jeder Kränkung stumm und geduldig, weil sein Vorhaben dies so verlangte. Er, allein – jene eine vielköpfige bestialische Schar. Er, noch nicht imstande, sich zu rächen – sie, übereifrig und bereit, ihn mit Schmähungen zu überwältigen. Er, der sich selbst unter größter Gefahr nicht enthüllt, nicht fortgeht trotz unerträglicher Traurigkeit und Seelenverbitterung, und sie, hier [drinnen] fröhlich und weinselig und draußen zu vielen und deshalb nahezu unüberwindlich. Also beschloss er zu erdulden und sich verstellend darauf zu warten, ob die Zeit oder die Torheit seiner Peiniger ihm Gelegenheit und Ort bieten würden, es ihnen heimzuzahlen und sich zu rächen. Allein Melantho,[420] der Penelope[421] Magd, die Odysseus mit frecher Frauenzunge gängelte, wandte er sich mit ernster Miene und solch schrecklichem Blick zu, dass sie Angst bekam.[422] Der so überaus kluge Odysseus wollte diese Belästigung nicht hinnehmen, der er abhelfen konnte, ohne sein Vorhaben zu unterlaufen. Er tat also so, wie Plutarch anmahnte, sich nicht unnötig aus freien Stücken Belästigungen und Melancholien auszuliefern.[423] Wo es hingegen angebracht ist, wird unsere Aufgabe sein, keine Gelegenheit auszuschlagen, sie sich tugendhaft dienstbar zu machen. So also handelte Odysseus. Am Ende, als die rechte Zeit kam, war jene weintriefende Bande ermattet vom Lachen, schlaff von Sattheit und Völlerei; und Odysseus bereit und nüchtern mit dem Bogen in der Hand, prüft erst die Nocken, beschaut sich die Saite und jede ihrer Fasern, bereitet sich und seine Pfeile vor auf das, was zu geschehen hat.[424] Nichts wollte er aus Nachlässigkeit oder übereiltem Rachedurst außer Acht lassen, was dazu hätte führen können, dass er sich in diesem bedeutenden Unterfangen weniger Genugtuung verschafft haben würde. Daran siehst du, mit wie viel Mannhaftigkeit er denen, die Schlechtes von ihm verdienten, den Gegendienst erweist.[425]

Ähnlich werden wir es halten. Wenn wir etwa unsere Kränkungen vollumfänglich vergelten wollten, werden wir nach reiflicher Erwägung für das Notwendige sorgen und mit Duldsamkeit die passenden Umstände abwarten, werden keinen Ingrimm, keine Übereiltheit walten lassen, sondern Mannhaftigkeit und Gemütsfestigkeit, wo und wann sich uns Ort und Zeit für unsere Genugtuung anbieten werden. Und in allen unseren Erörterungen werden wir jegliche Eile und Willensdrang unterdrücken. Die zur rechten Zeit gereifte Frucht kommt nie zu spät. Und sogar die Zapfen der

Pinie, eine so harte und spät reifende Frucht, haben ihre rechte Zeit und Reife.[426] Und mögest du hoffnungsfroh sein, wenn dein Verlangen ein redliches ist. Günstig stehen die Sterne für redliche Unternehmungen. In dieser Mitte besänftigte dich selbst und füge deinem Schmerz keinen neuen Reiz und Gram hinzu. Sondern überdenke wieder und wieder, wie notwendig es ist, dir ein solches Vorhaben in den Kopf zu setzen. Was du zu tun vermeiden und verweigern konntest, war nicht notwendig. Aber vielleicht gewichtest du diese Kränkung, wägst sie ab mit deiner Art zu leben, wiegst sie auf mit deinen Gewohnheiten. Oh wie süß wäre unser Leben, wären alle Sterblichen gut und dir gleich! Du aber argumentierst vielleicht wie folgt: Weder habe ich je so gehandelt, noch würde ich es jemals tun. Niemals würdest du Dameta[427] seinen Geißbock nehmen, so wie Dameta Aktaion[428] nicht den Hund und Aktaion Platon nicht die hochgeschätzten pythagoreischen Bücher.[429] *Jeden reißt seine Lust hin.*[430] Und viel mehr ist es die Notwendigkeit und nicht minder die Natur und unsere Lebensgewohnheiten, die unsere Seelen locken und dafür sorgen, dass wir uns zu vielerlei Bräuchen und Lebensweisen hingezogen fühlen. Aber lassen wir uns nicht weiter dazu aus. Man muss von der empfangenen Kränkung so viel abziehen, wie sich dem Kränkenden Grund oder Veranlassung bot, sie dir zuzufügen oder dich so zu behandeln. Codrus[431] war arm; deshalb stahl er von Crassus. M. Celius[432] war unvergleichlich schön;[433] deshalb gab er sich jenen Liebeleien mit Clodia[434] hin. Und vielleicht wird es dir beim Vergleichen und Zusammentragen aller dieser Berechnungen ähnlich ergehen, wird dir also die Kränkung größer vorkommen, wenn zu einem bestimmten Zeitpunkt, an einem bestimmten Ort von einem bestimmten Menschen verübt, den du geliebt hast und den du Tag für Tag zwangst, dich mit beharrlichem Guttun und Anmut zu lieben. Beharre nicht darauf, weil jede Zeit ungünstig und Unrecht zu verüben an jedem Ort unwürdig ist. Und wenn es so ist, wie sie sagen, eine Sache mithin nur so bitter ist, wie wir sie dafür halten, und deine Nachteile nicht auf der Dummheit von anderen beruhen, sondern ihren Sitz in deiner Meinung haben, gebühre die Kritik demjenigen, der sich enthemmt und unmäßig verhalten hat, nicht dein Schmerz sollte sich verstärken. Und bietet sich die Gelegenheit, dich zu rächen, welche Rache wird größer sein als die, den dazu zu bringen, zu bereuen, jemanden gekränkt zu haben, den er nicht hätte kränken sollen? Diese Rache wird sich leichter durchführen lassen, wenn du dem, der dich schändlich behandelt, Gutes tust, anstatt ihn mit Kränkungen zu überwinden. Eine hochwillkommene Guttat und ein überaus löblicher Akt wird sein, der alten Freundschaft diese neue Anmut zu schenken.[435] Und Pflicht der herrschaftswürdigen Seele wird sein, mit dieser außerordentlichen Guttat neues Wohlwollen zu begründen. Wie auch immer deine Gedanken hierzu sein mögen, erinnere ich dich daran, bei allem Planen und Festsetzen deines Vorhabens niemals dorthin zu gehen, wo dich die Erregung lockt; sondern dich wie der Steuermann, wenn der Wind von der einen Seite drückt, auf der andern eisern dagegen zu stemmen. Begünstige nicht immer die eigene Sache, sondern prüfe stets unvoreingenommen jeden Grund und Anlass desjenigen, der dir Verdruss bereitet hat. So werden die Wege deines Lebens über die Wogen und den Sturm des Daseins gleichförmig und vollkommen sicher hinweggleiten.

Wir sprachen von den Kümmernissen, die uns durch uns selbst entstehen, und sprachen von den Gemeinheiten und Kränkungen, die einem durch andere Menschen widerfahren. Nun werden wir Mittel und Wege erforschen, die Erregungen zu betäuben und zu beruhigen, welche in gewöhnlichen Zeiten, durch die Umstände und Wechselfälle unseres Lebens in uns ausgelöst werden. Vorher will ich hier aber noch etwas einschieben, das mir dazu in den Sinn kommt: Nicht allzu selten geben wir in unseren Drangsalen und Sorgen wohl diesem oder jenem Menschen die Schuld an Dingen, die ursprünglich anderswo herrühren, als wir vermuten. *Doch du*, sagte Valerius Martial, *hast bereits unter einem harten Regenten und in schlimmen Zeiten riskiert, gütig zu sein.*[436] Und welcher ganz und gar Unkundige weiß nicht, was die Zeiten und die öffentliche Raison in den Gemütern der Privatbürger anrichten kann? So kommt es vielleicht, dass du völlig pervertierte Sitten und Lebensweisen vorfindest, die voller Verstellung und Falschheit sind. Stell dir vor, du würdest an einem Ort leben, wo es so viele Hinterhalte wie Menschen gibt, so viele Lügen und Meineide, wie dortselbst Worte verwendet werden. Und unter solchen Menschen gilt es, sich der Richtung des öffentlichen Lebens zu beugen. Und was das Schicksal in uns Sterblichen kann, oh Niccola, und was in uns Sterblichen das Schicksal kann, kennst du, oh Battista, nur zu gut. Du kennst diese unsere Zeiten, weißt, wie viele gute Menschen ein elendiges Leben leben, das ihren Verdiensten unwürdig ist. Und schau dagegen jene Ungeheuer, zu welch unerhörten und unglaublichen Höhen sie dank Fortunas Gaben aufstiegen.[437] Wie sagte noch der Satirendichter Juvenal:[438] *Falls Fortuna das wünscht, wirst du vom Rhetor zum Konsul werden, und wenn sie ebendies wünscht, wirst du vom Konsul zum Rhetor werden.*[439] Und wenn es so ist, dass die himmlischen Einflüsse gar nicht so wenig in uns vermögen, wird unsere Aufgabe sein, es dem gleichzutun, der spielt: Wenn es gut für ihn läuft, möge er gewinnen; fällt ihm aber eine sinistre Partie zu, soll er sie mit bestmöglicher Abwägung abmildern. Natürlich empfiehlt es sich, wie jenes treffliche alte Sprichwort besagt, heute zu leben, wie man heute lebt.[440] Sie sagen, sich selbst gut zu beraten und sich gut zu erhalten sind glücklichste Dinge im Leben. Wohl wahr. Aber wer würde den für gut beraten halten, der über seine Schicksalsschläge klagend doch nicht erleiden möchte, was er der Notwendigkeit nach muss. Thales von Milet sagte, die Notwendigkeit obsiegt.[441] Und was sonst gibt es, das himmelsgleiche Notwendigkeit herbeiführt? Wohl gesprochen hat deshalb der Poet Manilius: *Ach, es darf doch niemand widerwilligen Göttern trauen!*[442] Und dass dem so ist, siehst du bei Vergil an jenem Priester Laokoon,[443] der aus Sorge um das Wohl seiner Heimat seinen Speer gegen jene als hölzernes Pferd getarnte Vorrichtung schleuderte,[444] das Pallas Athene[445] geweiht war und mit bewaffneten Kriegern schwanger ging. Es war der fatale Moment des Blutbads von Troja, und doch wollte ihm keiner glauben. Ich möchte nicht fehlgehen, indem ich von den himmlischen Einflüssen in allen Belangen der Sterblichen unausweichliche Notwendigkeit herleite, was so zu sein ich ganz und gar verneine. Vielleicht wie die Ärzte dem Kranken geben, was dem Gesunden schaden würde, und wie sie die Gegenzauber und Phylakterien[446] bei anderen verbieten, aber für sich selbst in Anspruch nehmen, sobald sie Schmerzen haben. So auch wir, die wir im Zustand innerer Erregung und mit unserer unzureichenden Gemütsfestigkeit nicht ohne einen gewissen Nutzen auf den hören werden, der wohl sagte, dass etwas, das gerade ist, niemals nicht gewesen sein wird, und etwas, das geschah, von der Heimarmene[447] und einer schicksalhaften Bedingtheit und Ursache abhinge und deshalb nicht nicht geschehen konnte. Und selbst wenn das eine oder andere Ding heranwächst, wird es nie länger andauern, als die himmlischen Einflüsse seines Fatums bestimmen werden, das wechselhaft und unbeständig ist. Daher werden die Dinge weder immer in einem Sein noch fortlaufend in einem Zirkel sein. Properz sagte: *Die Zeiten ändern sich, gewiß, und so ändert es sich auch in der Liebe.*[448] *Selbst ein Gott und selbst der schwere Tag kann sich wandeln.*[449]

Diese Wechselhaftigkeit sehen wir gleichermaßen in den öffentlichen Dingen wie in den privaten. Die öffentliche Fortuna der Römer war nicht immer gewogen und siegreich: Sie stießen auf Hannibal, der sie in vielerlei Hinsicht bändigte und zerstreute. Noch war das Schicksal Hannibal gegen die Römer immer wohlgesinnt: Er traf auf Marcellus,[450] der zeigte, dass die Armeen der Karthager besiegt werden konnten.[451] Wir werden es mit dem Schicksal also halten wie Laertius Diogenes[452] es von jenem Demophon[453] schreibt, dem Tafelmeister Alexanders von Makedonien, der in der Sonne fror und im Schatten in Schweiß ausbrach.[454] Wenn die Zeiten und der Lauf der Dinge schwierig erscheinen, soll man sich dem mit Rat und Klugheit widersetzen und die widrigen Anstürme vermeiden. Und wo sich dir Sinistres unvermeidlich darbietet, muss man ihm eine festungsgleiche Seele entgegensetzen und sich bereit machen, es zu erdulden, und nicht wie jene Nervenbündel bei der ersten dunklen Wolke in Traurigkeit verfallen und kummervoll ermattet verloren daliegen.[455] In dieser Hinsicht waren jene Gallo-Griechen zu tadeln, von denen Justinus[456] berichtet. Weil sie bei ihren Opferhandlungen Vorzeichen sahen, die von einem nahenden unglücklichen Schicksal kündeten und deshalb fürchteten, ihren Feinden in die Hände zu fallen, töteten sie ihre Kinder und die Mütter ihrer Kinder, vernichteten all ihren Besitz, brannten Haus, Hab und Gut und sich selbst nieder. Ungeheuerlichste Raserei, sich aus ungewissem Leid ein Leid anzutun.[457] Viele Dinge künden vorab von einem harten und schadensreichen Ausgang und finden dann entgegen jeder Erwartung ein gutes und gefälliges Ende. Besonders gefällt mir in diesem Zusammenhang, Battista, die achtundachtzigste deiner hundert Apologien, in der die Seen glaubten, dass es sich bei den Wolken um Berge handeln würde, die hoch über ihnen in der Luft schweben und jederzeit auf sie herabfallen könnten, weshalb sie, ganz bleich und trübe geworden, erschauderten. Als sie dann sahen, dass jene Wolken sich zu Regenwasser verflüssigten, atmeten sie alle auf und sprudelten vor Freude.[458] Und wie jener in Terenz' *Eunuchus* sagte, ist das Böse bisweilen Grund für viel Gutes.[459] Und nicht allzu wenigen ist es untergekommen, dass einer, der ihnen Schlechtes antun wollte, ihnen Gutes tat. Solches widerfuhr vielen anderen und unter ihnen jenem Jason von Pherai,[460] dem seine Feinde eine Wunde zufügten und der durch diese Schnittverletzung von einem Geschwür geheilt wurde, für das die Ärzte bis dahin keine Heilung gefunden hatten.[461]

Wir werden uns folglich unseren vorhersehbaren Übeln mit Umsicht und Vernunft entgegenstellen, um sie zu vermeiden und um uns darauf einzustellen, sie gut zu erdulden. Und als Erstes wird es nützlich sein, sich selbst in froher Erwartung der Dinge, die da kommen, vorzubereiten, auf dass du, wenn die Angelegenheit schlecht ausgeht, zumindest in der Zeit dazwischen ohne jene Unruhe und Seelenangst leben mögest. Wenn also die Zeiten freudig erscheinen, werden wir den Verdacht auf irgendein Unheil einschieben, fast wie zur Mäßigung so großer Freude. Und wenn deine gerechten und lobenswerten Unternehmungen von irgendeinem verhängnisvollen Hindernis durchkreuzt werden, gib dich nicht auf. Mach' es, wie die Sibylle[462] zu Äneas sagte: *Du aber weiche vor dem Unheil nicht zurück, sondern tritt ihm kühner entgegen, als es deine Lage erlaubt. Der erste Weg zu deiner Rettung wird, was du am wenigsten glaubst, von einer Griechenstadt ausgehen.*[463]

Sie sagen, es gebe keinen zuverlässigeren Ertragsbringer als die Erde. Was du ihr anvertraut hast, gibt sie gemäß Hesiods[464] Leitsatz nicht im selben Maße, sondern um ein Vielfaches zurück.[465] Noch treuere Dienste werden dir deine Betriebsamkeit und deine Gründlichkeit erweisen, besonders die, die du für rechtschaffene und würdige Dinge aufbringen wirst, wenn sich in ihnen der Himmel und jegliches Schicksal darauf verwenden, deinen Verdiensten Genüge zu tun. Niemals gab es Tugend ohne den Lohn von Lob und Gunst. Und ich bitte euch, kostet dieses Argument aus: Die Dinge hier unten werden entweder von uns Menschen oder von anderem als uns Sterblichen gelenkt. Wenn ein anderer als wir sie lenkt, lasse den dafür Sorge tragen, der sie nun schon so viele Jahre zu lenken vermag, und zwar vernünftig und gut. Wenn aber vielleicht, wie du, Battista, in einem deiner höchst erheiternden *Tischgespräche* schreibst, das Schicksal von uns Sterblichen nicht vom Himmel herrührt, sondern aus der Torheit der Menschen geboren wird,[466] empfangen wir diese gemacht von Menschen wie dir, die jeder Leidenschaft der Seele und Unbeständigkeit zugeneigt und ausgeliefert sind. Mich erheitert diese deine Einschätzung, und ich stimme ihr zu. Hätte Cäsar Oktavian nicht zu solcher Größe verholfen und hätten sich seine Kriegsgefährten Cäsar nicht unterworfen, wäre weder der eine erster Bürger noch der andere Verwalter eines derart bedeutenden Reiches geworden. Vielmehr wäre der eine dem Vater folgend vielleicht Geldwechsler geworden, der andere womöglich Ankläger vor Gericht.[467] Wenn also unsere Menschendinge gegen unseren Willen geschehen, geschehen sie gemäß dem Wollen desjenigen, der sie in dieser Weise lenkt. Und es würde fraglos eine unduldbare Überheblichkeit meinerseits darstellen, wenn ich auch noch verlangen wollte, dass alles nach meinem Ermessen verläuft und nichts von meinem Plan und Vorhaben abschweift. Viele unserer Bestrebungen haben sich anderweitig erfüllt; nun lassen wir auch andere in manch ihrem Begehr Befriedigung finden.

Weil wir nun aber bei diesem hochheiligen Glaubenstempel angelangt sind, treten wir ein, um dem Namen und Abbild Gottes unseren Gruß zu entbieten. Und ihn bitten – was mehr als alle Schriften und Mahnungen noch der umsichtigsten Schriftsteller hilft –, dass er uns nicht in harte Lebenslagen führen möge, er uns mit geistiger Gesundheit, gutem Abwägen und unerschöpflicher Standhaftigkeit unserer Glieder ausstatte und er uns ein mannhaftes und konstantes Gemüt gewähre, das jeglichen Ansturm, jegliche Beschwerlichkeit widriger Ereignisse auszuhalten und zu erleiden vermag.[468]

Drittes Buch

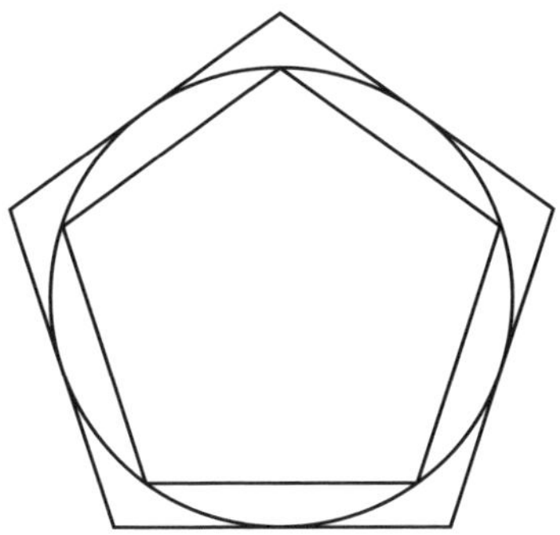

In den beiden vorangegangenen Büchern haben wir verschiedene nützliche Heilmittel untersucht, jede Form der Erregung von uns fernzuhalten. Auch sahst du nicht wenige dieser spezifischen und zügig wirkenden Mittel die linken Bewegungen der Seele wirksam betäuben, wenn diese womöglich in uns oder durch einen Fehler unsererseits, durch anderer Leute Laster, durch die Umstände der Zeiten, die Wankelmütigkeit des Schicksals oder die Härte unserer Fährnisse aufsteigen sollten. Verblieben sind nun gewisse allgemeine Mahnungen, die dazu dienen, jedwede uns innewohnende und verhärtete schwere Melancholie auszusondern – ein gewiss nützliches und würdiges Thema, das du in diesem dritten Buch von unserem Agnolo und unserem Niccola, Männern voll Bürgersinn und Erfahrung, behandelt sehen wirst.[469] Vielleicht nicht in dem Maß an Würde, das ihrer stattlichen Autorität angemessen sein dürfte, da ich, wie ich gestehe, weder die Eloquenz noch das Talent besitze, in meinen Schriften und Leitsprüchen Agnolo Pandolfinis Ernsthaftigkeit und Reife nachzuahmen, noch, wie ich feststellen muss, der Feinheit der Begabung und Flinkheit des Intellekts Ausdruck verschaffen könnte, die ich von Niccola kenne. Auch empfinde ich mich nicht als so geübt, als dass ich derart vorzügliche Lehre und wunderbare Gelehrsamkeit kunstreich und strukturiert zusammenzuführen und schlussfolgernd einzuordnen vermöchte, die jeder unserer Mitbürger bei ihnen verspürt und schon seit geraumer Zeit in allen beiden erkennen durfte. Doch werden die von ihnen gesammelten und dargelegten Schriftstücke schon für sich genommen einleuchtend sein, weshalb ich nicht daran zweifle, dass es dir Vergnügen bereiten wird, sie hier bei uns vergegenwärtigt zu finden, wie auch immer es um meine Eloquenz und Zweckmäßigkeit der Rede bestellt sein mag. Und du wirst von diesen beiden hochgelehrten Männern würdige, willkommene und überaus nützliche Dinge hören. Lies mich, wie du es bis hierhin tatest, mit Begierde und Aufmerksamkeit, und stell dir gleichsam vor, bei den Ausführungen unseres wahrhaft redlichen und klugen Agnolo der Vierte in unserem Bunde zu sein.[470]

Jener war im Anschluss an die oben ausgeführten Darlegungen, nachdem wir die Kirche verlassen und ein paar Schritte gegangen waren, stehen geblieben, hatte Niccola zur einen und mich zur anderen Seite bei der Hand genommen und mit leichtem Kopfschütteln gesagt: Ich glaubte, euch dieses Unterfangen uneingeschränkt und vorschriftsgemäß zu Ende gebracht zu haben, und meinte, dass in dieser Sache nichts weiter zu tun bliebe, als den abschließenden Epilog und eine kurze Auflistung der von uns besprochenen Dinge zu formulieren. Doch nun wird mir auf mehrfache Weise mein Fehler bewusst, und ich wünschte, nicht begonnen zu haben, was ich bis hierher nicht mit Ordnung auszuführen und in Bahnen zu lenken verstand. Noch kann ich mich hierbei so ausrichten, um es dorthin zu überführen, wohin man es aus der Ferne gesehen übersetzen müsste. Ich habe recht viele und vielleicht nicht unnütze Dinge angesprochen; aber doch erging es mir dabei wie einem, der im Weinberg auf die Spitze eines großen Felsbrockens stößt und ihn ausgraben zu können glaubt, den es dann aber um Schweiß und Zeit reut, die er damit vergeudet hat, weil dieser sich als größer herausstellt als geahnt und sich daher unmöglich bewegen und transportieren lässt.[471]

So sprach Agnolo, verfiel dann wieder in Schweigen und nahm den Spaziergang von neuem auf. Da hielt Niccola, dieser so außerordentlich scharfsinnige Mann, an mich gewandt inne und sagte: Wollen wir, Battista, Agnolo hierin stattgeben, der sagt, seine Darlegung sei bis hierher ohne Ordnung gewesen? Und von einer solchen Fülle mannigfaltiger, würdigster und seltenster Dinge, die er zusammengetragen hat, sollten wir sagen, sie seien nicht am rechten Ort vor Augen geführt und dort platziert und zurechtgelegt, wo sie sich schön und angemessen ausnehmen? Viele unserer größten lateinischen Autoren und noch viele andere unter den Griechen, Agnolo, haben über ähnliche Aspekte und Bereiche der Philosophie geschrieben. Doch sah ich in solcher Vielzahl keinen, der wohlgeordneter und strukturierter wäre als ihr. Und ich bemerkte bei eurer Argumentation und im Fortschreiten eurer Darlegung eine unglaubliche Kürze, verbunden mit einer wunderbaren Fülle und Reichhaltigkeit gewichtigster und zutreffendster Denksprüche und Leitsätze.[472] Und was mir lobenswert erscheint bei einem, der schreibt, oder einem, der wie ihr hier über die Lehren disputiert und räsonniert, die notwendig sind für die Tugendbildung und geeignet für ein gutes und glückseliges Leben, ist, Agnolo, was mir bei euch auf Anhieb wunderschön erschien. Ich weiß nicht, ob es Cypreste[473] war, von dem Vitruv[474] voll des Lobes schreibt, oder ob ein anderer Architekt der Erfinder dieser Art des Malens und figürlichen Darstellens ist, mit dem heutzutage der Fußboden gestaltet wird.[475] Wer aber auch immer der Entdecker solch liebreizender Sache gewesen sein mag, wird vielleicht an jenem prachtvoll ausgeschmückten Tempel von [Ephesos] beteiligt gewesen sein, den ganz Asien in nicht weniger als siebenhundert Jahren erbaute;[476] und jener sah dort die Wände dieses großartigen Bauwerks aus gewaltigen Spaltblöcken der Marmorberge angehäuft und emporgewachsen; sah dort zu beiden Seiten Säulen von überwältigender Höhe; und sah obenauf den Architrav gesetzt und die Bedachung aus vergoldeter Bronze; er sah innen wie außen in seinen repräsentativen Bereichen großflächige Wandvertäfelungen aus Porphyr und Jaspis angebracht, und alles bot sich ihm glanzvoll dar; und er bestaunte, wie er in allen seinen Teilen auf Glanz gebracht und mit Wunderdingen angefüllt war – nackt und vernachlässigt war nur der Rohboden unter den Füßen.[477] Um nun also auch den Fußboden mit Schmuck zu versehen und ihn von den anderen Wandflächen zu unterscheiden, nahm er die ganz kleinen, vom übrigen Bauwerk verbliebenen Bruchstücke aus Marmor, Porphyr und Jaspis und entwarf, indem er sie ihrer Farbe und Kantenform entsprechend präzise aneinanderfügte, bald dieses, bald jenes Gemälde und kleidete und verschönerte mit ihnen den gesamten Fußboden.[478] Nicht minder angenehm und entzückend war dieses Werk als die bedeutendsten am restlichen Bau. Genauso geschieht es bei den Gelehrten: Die Talente Asiens und ganz besonders die Griechen waren alle zusammen über viele Jahre die Erfinder aller Künste und Disziplinen und haben in ihren Schriften Pallas [Athene] und jener Göttin der stoischen Philosophen Pronea gleichsam einen Tempel und Wohnsitz erbaut, dessen Wände sie mit der Erforschung des Wahren und des Falschen ausgeweitet haben.[479] Sie haben darin mittels des genauen Unterscheidens und Aufzeichnens der Wirkungen und Kräfte der Natur die Säulen errichtet und darauf das Dach gesetzt, das dieses bedeutende Werk vor widrigen Stürmen verteidigt. Und dies war die durch Erfahrung erlangte Fertigkeit, das Schlechte zu fliehen und das Gute zu begehren und ihm zu folgen, das Laster zu hassen und nach der Tugend zu verlangen und sie zu lieben.[480] Aber was geschieht hier? Genau das Gegenteil von dem oben Gesagten. Jener sammelte diese winzigkleinen Überbleibsel und erschuf daraus den Fußboden. Wir fürwahr, wo ich wie der eine und jener andere meine kleine und private Behausung ausschmücken wollte, nahm von jenem öffentlichen und hochherrschaftlichen Gebäude, was mir für meine Pläne geeignet schien, unterteilte es in mehrere kleinste Parzellen, die ich verteilte, wie es mir beliebte.[481] Daher stammt also ihr Spruch: *Kein Wort ist, das nicht schon zuvor gesprochen wäre.*[482] Und diese literarischen Dinge sieht man so viele in den Mund nehmen und in so vielen ihrer Schriften benutzen und verbreiten, dass heutzutage dem, der darüber nachzusinnen wünscht, nichts anderes übrig bleibt, als sie zu sammeln und einzuordnen und sie dann etwas abgewandelt von den anderen und angepasst im eigenen Werk zusammenzustellen, fast als sei sein Vorhaben, darin nachzuahmen, wer andernorts den Fußboden schuf.[483] Und wo ich diese Dinge auf eine Weise zusammengefügt sehe, wie sie mit ihren Farben einer bestimmten vorgeschriebenen und klar umrissenen Form und Malerei angemessen sind, und wo ich zwischen ihnen keine groben Fugen, keine entstellende Leere sehe, erfreue ich mich daran und urteile, dass man mehr nicht verlangen sollte. Wer wird indes so mäklig sein, dass er nicht gutheißt und den nicht lobt, der so viel Fleiß und Sorgfalt auf ein so außerordentlich wohlgefügtes Werk verwendet hat? Und uns, Agnolo, die wir dank euch versammelt sehen, was sich bei all den anderen Autoren verstreut und stückchenweise fand, und so viele, so mannigfaltige Dinge in einem hören, wo sie, präzise zusammengesetzt, eingepasst und umrahmt, alle einem Klang entsprechen, alle einer Ebene sich angleichen, alle entlang einer Linie sich ausspannen, alle nach einem [geistigen] Entwurf sich ausformen, uns also bleibt hierin nicht nur nichts zu wünschen übrig, nicht nur billigen und loben wir euch dafür, sondern entbieten euch dafür unsere Gunst und Schuldigkeit. Nimm hinzu, dass nicht so sehr das Ineinanderweben und Verknüpfen verschiedener Sinnsprüche und gewichtvoller Leitsätze in ein Ganzes bei euch das Außerordentliche und Wunderbare war, sondern und vor allem die nahezu göttliche Idee und Beschreibung des von euch behandelten Gegenstands, wobei ihr eine Angelegenheit verstandet, die keiner der guten Alten zuvor berührt hat, und zeigtet, wie man die Melancholien zurückstößt und wie man sie ausschließt. Und ich gestehe euch, dass ihr mir mit dem Fortschreiten eures Nachdenkens über die Maßen Freude bereitet habt und mich immerzu von einem Punkt zum nächsten gespannt und höchst aufmerksam in der Schwebe hieltet und mich alles, was ihr sagtet, sehr zu überzeugen vermochte.[484] Und das erinnert mich an etwas, das sie über den Makedonen Alexander berichten, der, als man ihm eine wunderschön gearbeitete Schatulle präsentierte, nicht wusste, welches kostbare Stück er hineintun sollte, das ebenbürtig gewesen wäre, in einem solch herrlichen Kästchen verwahrt zu werden. Darum befahl er, die Bücher Homers hineinzulegen und darin aufzubewahren, die gewiss, ich streite es nicht ab, des menschlichen Lebens getreuester Spiegel sind.[485]

Was aber wollte Homer, als er in seinem Odysseus eine so unerhörte und beharrliche Geduld vortäuschte?[486] Wenn die Geduld jene [Tugend] ist, die uns dem ähnlich macht, der sich um verletzende Beleidigungen nicht im mindesten sorgt, wird dann nicht derjenige noch mehr Lob bekommen, der sich überhaupt nicht um sie sorgt und dem wir nicht nur das Urteilen und die Entschlossenheit überlassen, sondern vor allem auch die Anstrengung des Strafens und strafend den besser zu machen, der im Zusammenleben mit dir schlecht war? Und wenn die Geduld in uns diejenige des Odysseus sein wird, in der er nicht zu spüren vorgibt, was ihn zutiefst betrübt, so bin nicht ich derjenige, der dieses Vorhaben, sich zu Lebzeiten zu rächen, so sehr bejaht und vorzieht, als dass ich, um mich für eine Schmach zu rächen, Qualen über Qualen ertragen würde, die mir und meiner Würde angetan werden. Noch habe ich es je verstanden, mich so anzugleichen, dass mich die Dreistigkeit und Anmaßung anderer nicht kümmern und ich sie erdulden würde, und ich halte mich deswegen nicht für einen unterwürfigen, sich selbst missbilligenden Mann. Diese da rühmen sie und stellen sie den höchsten Tugenden voran und sagen, dass die Geduld mit ihrer höflichen Geste die Horden bewaffneter Furien besiegt.[487] Wenn Sieg bedeutet, unaufhörlich Belästigungen über sich ergehen zu lassen und sich von schwersten und unerträglichen Drangsalen niedergedrückt zu finden, dann sprechen sie wahr. Solches sehe und fühle ich in mir den ganzen Tag, dass nämlich mein Erleiden mir nichts anderes als Unrecht einbringt. Das Erleiden öffnet der Frechheit der anderen die Tore und lockt sie, dir weiter zuzusetzen – das Erleiden führt Stund um Stund zu neuen Misslichkeiten und legt dir schwere Kränkungen in den Weg. Das Erleiden war nie nützlich, es sei denn, es wäre zu gefährlich, sich frei und als Mann zu zeigen. Und wie unlieblich, lästig, schwierig und langweilig es ist, die Torheit anderer zu ertragen, darüber wird an anderer Stelle zu diskutieren sein. Dieses Verbergen unserer Wünsche, dieses Geringschätzen unserer selbst und dieses Missachten all unserer Würde – das, was ihr Geduld nennt – mag wohl im Zusammenleben und Umgang mit einer Vielzahl von Menschen früher oder später nützlich sein.[488] Doch sagt, welche Tugend wird uns aufrichten, wenn widrige Umstände und die Trümmer unserer Zeiten uns niederdrücken? Jene Weisen werden sagen: »Sorge dich nicht um deine Schmerzen«.[489] Leicht dahingesagt, der Leitspruch. Leicht gesagt! Derjenige aber, der verlor, wen er kannte, vertraute Hausangestellte, Angehörige, Freunde, und der seine Annehmlichkeiten und Ehren verlor und der sein häusliches Vermögen, seine Geltung, seine öffentliche Autorität und seine Amtswürde verlor und sich nun in der Einsamkeit wiederfindet, bedrängt von allen möglichen Bedürfnissen, verzagt, herabgesetzt, vielleicht auch geschwächt und nicht ganz heil an Nerven und Gliedern, wie wird er sich selbst helfen und für sich sorgen können? Ihr werdet ihm wohl jene allseits verbreiteten und wohlbekannten Denksprüche zugute führen: »Gräme dich nicht deiner Blindheit, die Taubheit sei dir keine Last, wenn du im Moment viele Dinge nicht siehst und nicht hörst, die dich zu betrüben pflegten; genug siehst du, wenn du die guten von den unguten Dingen, die würdigen von den unwürdigen zu unterscheiden vermagst, und genug hörst du, wenn du in jenen Dingen, die für Tugend und Lob dienlich sind, auf dich selbst hörst. Wohl birgt die Nacht ihre eigenen Vergnügungen.« Das Vermögen, der Name, der Rang und das Lebensglück, ihr werdet sagen, dass sie vergängliche und flüchtige Dinge seien. Und doch sind sie es, für die alle Sterblichen mit Feuer und Schwert unter Einsatz von Schweiß und Blut und Leben kämpfen. Und da wollt ihr, dass ich mich nicht um sie sorgte und nicht nach ihnen verlangte?[490] Und doch schmerzt es mich, Agnolo, und es schmerzt mich, sie nicht zu besitzen. Und obwohl ich mich mit meinem Gemüt so darauf einstelle und ganz entschließe, mich nicht darum zu sorgen und zu begehren, was mir verboten ist und auch vergebens, wenn ich doch zuhauf Orte und Dinge sehe, dieses und jenes höre und fühle, wenn ich mich in meinem Denken von Sache zu Sache bewege [und denke], was nicht nur Dido bei Vergil sagte: *Ich erkenne die Zeichen alter Flamme*,[491] vor allem erneuern sich mir meine traurigen Erinnerungen und flammen erneut und über alle Maßen meine Kümmernisse auf; und sage auch ich: *Ihr Gewänder, so lieb, solange das Schicksal und ein Gott es vergönnten.*[492] Und umgehend quellen meine Tränen, noch bevor ich mir, nennt es meines Fehlers, nennt es meines Schmerzes, bewusst werde. Ihr würdet sagen: »Und warum weinst du?« Darauf erwidere ich dir, was der Philosoph Solon zur Antwort gab: »Ich weine, weil ich spüre, dass ich mit Weinen nichts gegen meinen Schmerz erreiche.«[493] Doch wer wollte mich dafür tadeln? Sogar bei wilden Tieren beobachten wir das natürliche Bedürfnis, mit deutlichen Anzeichen auf Störungen ihrer Brutstätten und nahe ihrer Höhlen zu reagieren.[494] Und außerordentlich klug war der Ausspruch von Nestors Sohn[495] in unserem Homer: Ich lobe das Weinen mitnichten. Doch dass man seine Toten gar nicht beweint, scheint mir tadelnswert, ist dieses doch die einzige Ehre, die man den armseligen Sterblichen schuldet, die aus dem Leben geschieden sind.[496] Sieh, dass Priamos,[497] dieser überaus kluge König, bei der Totenfeier für seinen Hektor,[498] den Sohn mächtigster Stärke, befahl, neun ganze Tage lang um ihn zu weinen, ihn dann am zehnten Tag zu bestatten und das Trauermahl zu halten und ihm am elften Tag die ehrenvollste Grabstätte zu errichten.[499] Und bei dieser Begräbniszeremonie gab es welche, die mit ihren jammervollen Weisen und Gesängen und Lauten in denen, die zuhörten und zuschauten, Traurigkeit erregten und ihnen Klageseufzer entlockten. Gleichermaßen loben sie Marcus Fabius, der nach dem Verlust des Bruders mit dem Ehrenkranz die ehrenvollste öffentliche Auszeichnung zurückwies.[500] Wozu aber führen wir die Beispiele sterblicher Fürsten an? Woran lässt sich besser verstehen, was in diesem Punkt den Beifall der Gelehrten und hochberühmten Schriftsteller findet, als am Exempel der Göttin der Götter, die sich bei Homer in ihrem tiefen Gram und Herzeleid in einen schwarzen Schleier hüllte?[501]

Agnolo Halte es in dieser Weise, Niccola: Als der Mann, der du vor allen anderen in jeder Lebenslage stets höchst geduldig warst, folge mir nun darin, für und gegen die Geduld zu argumentieren. Wollte ich dir aufzeigen, wie überaus bequem es schon immer gewesen ist, sich darauf zu verstehen, die Ungehörigkeit des Pöbels, wie sie es nennen, herunterzuschlucken und sich den Verwegenheiten der Winde und Launen des gemeinen Volkes zu beugen, und wollte ich dir erklären, wie notwendig im Leben es ist, in den eigenen Seelen- und Willensregungen nicht sprunghaft, nicht überstürzt, nicht unbesonnen zu sein, wie sehr dies auch der Tugend geziemt und wie lohnenswert es ist, jedes Lebensalter voller Pflicht, voller Ertrag, voller Verdienst gut und glückselig zu verbringen, eines, das mitnichten beschwerlich, mitnichten unerfreulich, mitnichten unschicklich ist für denjenigen, der hinreichend gefestigt ist mit Vernunft, der zur Ehrbarkeit fest entschlossen ist und sich dem Erwerb von Lob und hoher Gunst unter den Sterblichen und Nachfahren verschrieben hat, würde ein Tag allein mir nicht genügen. So groß ist die Fülle an trefflichen Argumenten, die mir zu Gebote stünde und über mich hereinbrechen würde.[502] Vielleicht werden wir, ganz wie es dir beliebt, andernorts darüber diskutieren. Was unser Thema angeht, wird es mir einstweilen keineswegs missfallen, wenn du dir von der Notwendigkeit und den Gegebenheiten deiner Zeit Rat einholst. Wie sagst du? »Die Kränkungen schmerzen mich. Ich wünsche mir kostbare Dinge.« Worum geht es also? Und was werden wir tun? Beim ersten Ansturm werden wir es herausfinden und uns ihm gerüstet entgegenstellen. Schau nur, Niccola, wie nützlich dieser Rat ist. Du wirst sagen: »Und du, Agnolo, was hältst du davon?« Sieh', wie gutwillig und großzügig ich mich dir gegenüber zeigte. Und von diesen meinen Philosophen möchte ich lieber nicht gehört werden. Ich sage zu dir, Niccola, und zu dir, Battista, was die Leidensfähigkeit angeht, muss man entweder nichts oder zu viel von ihr haben. In den übrigen Dingen sei Mittelmaß geboten.[503] In dieser hier, in der du nicht frei schalten und walten kannst, gehorche dem, der mehr kann. Dem Dichter Euripides erschien der Ungehorsam der Massen mächtiger als das Feuer und fähiger, die Dinge zu zerstören und zu vernichten.[504] Und sie sagen, dass die Masse schon immer unüberwindlich gewesen sei.[505] Homer sagte, dass das Böse immer siegt.[506] Jedoch in welchem Maße du wem wo nachgeben musst, wird die Notwendigkeit dich lehren. Und beurteile das Nachgeben immer dann als notwendig, wo du deine Lage nachgebend nicht verschlechterst.[507] Und was man im Augenblick nicht ändern kann, es sei denn zum Schlechteren, solltest du als das Bestmögliche beurteilen. Im Übrigen gestehe ich dir zu, da, wo es dir erlaubt ist, als ein Mann aufzutreten, der nicht ganz ohne Wut im Bauch ist. Lösche, dämpfe die Überheblichkeit eines jeden, der dich im Zorn entflammen lässt. Und nicht missfallen wird mir also, wenn du dich in jedem deiner Unterfangen, in jeder Angelegenheit an der Notwendigkeit und den Verhältnissen deiner Zeit ausrichtest. Noch werde ich dich von deinen Sinnen und menschlichen Neigungen abhalten, noch dir versagen, dass es dich schmerzt, Dinge zu verlieren oder nicht zu haben, die dir lieb und teuer sind. Wohl ermahne ich dich, nicht im Selbstschmerz zu verharren oder gar noch weiterzugehen und dir selbst Schaden zuzufügen und deinen Bedürfnissen gegenüber unergiebig und unheilvoll zu handeln, und dass du begehrst und verlangst, was Sterbliche preisen und allem überordnen und wofür man Schweiß, Blut und Leben einsetzt. Lässt sich dies erwerben und wiedererlangen, indem du wie so viele klagst und weinst, nur weiter so. Lebe in andauerndem und tiefstem Schmerz, auf dass du dir selbst Genüge tust und deine Wünsche und Erwartungen erfüllst. Mach's wie jener M. Livius [Salinator],[508] in Rom ein Mann von höchsten Ehren, der das Konsulat für sich erhofft und vorausgesehen hatte, dann jedoch, vom Volk verschmäht, die an jene Bewerbung um das Konsulatsamt geknüpften Erwartungen aufgeben musste und sich, als er sich in Schimpf und Schande fallen sah, der Einsamkeit anheimgab, und die Plätze, Theater und Tempel floh und jeden öffentlichen und vielbesuchten Ort mied und aus der Heimat floh und acht Jahre lang ein gramerfülltes und trostloses Dasein auf seinem Landsitz fristete.[509] Und wenn du doch siehst, dass dein Gejammer und dein in deinem Innern um dich selbst Klagen und dein Leben in Traurigkeit und Gram dir auch nicht eines der vielen Dinge bringt, die du gern hättest, wird es da nicht Torheit von dir sein, dich nicht von dem loszusagen, was dich quält und am Boden zerstört sein lässt? Nichts ist so schwer und lästig für unsere Seelen, wie aufgrund der anderen Erregungen in Traurigkeit zu verfallen. Die Wollust trägt eine gewisse Glut in sich, die unverfrorene Fröhlichkeit etwas ungehörig Leichtes, die Angst birgt, ich weiß nicht, eine Art Misstrauen und übermäßigen Hang, sich selbst zu demütigen. Aber dieses Seelenleiden, das sie Traurigkeit nennen, dieses um sich selbst Klagen und seiner selbst überdrüssig Leben trägt noch größere darin eingenistete Übel in sich. Homer sagte, das Elend lässt uns früh altern.[510] Und so siehst du jene Gramerfüllten deformiert, darbend und überaus scheußlich in ihren Innenwelten sich gequält winden und gleich einem vieljährigen, vom Wurmfraß zersetzten Holzbalken innerlich verrotten und absterben. Welch Wahnsinn also, in dir gar noch zu nähren, was dich verführt und dich an allem Hoffen und aller Zuversicht hindert? Warum nur folgst du dorthin, wo das dich Beklagen und Traurigwerden nichts nützt und viel schadet?[511] Spürst du nicht, dass es dich, wenn du dich in Gedanken in die Nessel deiner traurigen und unliebsamen Erinnerungen stößt und in sie einhüllst, unfähig macht, zu unterscheiden und auseinanderzuhalten, was dir im Leben zum Guten gereicht, und dich unbrauchbar macht, die guten und geeigneten und brauchbaren Dinge auszuklügeln und vorauszubestimmen, um die Gefahren und Schwierigkeiten zu vermeiden und zurückzudrängen, die im Leben von vielen Seiten auf uns einstürmen und über uns hereinschlagen. Wenn diese deine Beschwerlichkeiten dich schmerzen, bist du selbst der Grund dafür, der du, dich selbst bedauernd, dich schlecht um deine Angelegenheiten kümmerst. Schmerzen dich deine verlorenen Gelüste, erkenne nur mehr die eigene Schuld, wenn du nicht alle Traurigkeit von dir jagst und dich anderen neuen Vergnügungen, Annehmlichkeiten und Genüssen hingibst. Wenn der Verlust von Ehrenzierden und Stellung dich beutelt, hör' auf, dir selbst vorsätzlich zu schaden, indem du zeigst, dass du dich nicht schon vor geraumer Zeit vermöge deiner Klugheit davon überzeugt hast, nicht anders als die anderen Sterblichen gewesen zu sein und dich [wie sie] als den mannigfachen Wechselfällen des Schicksals unterworfen und ausgesetzt spürtest und erkanntest. Und von welcher Art wird deine Gerechtigkeit sein, wenn du stur darauf beharrst, in dir eine jede der Bedingungen zu verweigern, denen verpflichtet ist, wer lebt? Und welcher Art wird der Dienst deiner Klugheit sein, wenn du dich nicht als Mensch erkennst? Und welcher Art wird deine Bescheidenheit sein, wenn du deinen Wehklagen zu gegebener Zeit weder Ende noch Grenze setzt? Und welch Lob eines großen und standhaften Gemüts wird deines sein, wenn du, zum Herrschen und Regieren anderer geboren, dich selbst nicht zu mäßigen weißt? Und wenn es in einigen Dingen der Mäßigung und Vernunft und Tugend bedarf, so bedarf es ihrer gewiss gegen den Schmerz.[512] Orestes[513] verfiel aus Schmerz in Raserei. Der Philosoph Kleobulos, wie erloschen durch seine schweren Melancholien, schied aus dem Leben.[514] Über Hekabe[515] erdichten sie, sie sei aufgrund heftigster Bisse ihres Schmerzes ein Hund und toll geworden.[516] Über Niobe[517] erdichten sie, sie habe sich in ihrem Schmerz zu Stein gewandelt. Wenn man also aus Schmerz zum rasenden Menschen, zum tollwütigen Tier, zum gefühllosen Stein wird, wer wird da nicht mit all seinem Handeln und aller Kraft dafür sorgen, diesen Selbstschmerz weit von sich zu schieben? Du aber, Niccola, sieh an, wie ich dir in meiner Argumentation nirgends verbiete, in deinen Meinungen und Willensäußerungen ein Mensch zu sein – der schon! –, wohl aber verbiete ich dir, zu verwildern und ganz und gar unmenschlich zu werden. Doch du trommelst auf diesem Punkt herum, und wie ein Steinhuhn, das man in den Käfig gesperrt hat und das nun durch das Wenige, das ihm nicht als durchgängiges Ganzes erscheint, auszubrechen sucht, möchtest vielleicht auch du in eine größere Erörterung ausbrechen und dich auf weitere Felder des Argumentierens gegen das von mir Gesagte ausdehnen. Oh! Er ist etwas Lästiges und Heftiges, der Schmerz, und er obsiegt. Es ist schwierig und hart, ihn nicht zu spüren und seinen Übeln nicht nachzugeben.[518] Wenn der Tragödiendichter Aischylos[519] einen um den anderen jene Götter auftreten lässt, die gekommen sind, den verbannten, an jenen Fels im Kaukasus gefesselten Prometheus zu trösten, sagten diese nicht: »Oh Prometheus, hege nicht deine Qualen und spüre sie nicht«, sondern sagten: »Was vom höchsten Jupiter dir auferlegt wurde, was du nicht verweigern kannst, was notwendigerweise du erleiden musst, erleide es, dich selbst so wenig in Unruhe und Zorn versetzend wie möglich.«[520] Und doch beklagte Prometheus sich wehleidig mit maßlosen Worten und sagte: »Sorgte ich doch dafür, dass die Sterblichen niemals mehr sterben werden. Ich gebot ihnen reichlich Hoffnung und reichlich blinde, und noch dazu gab ich jenes lebendige und himmlische Brennen«.[521] Hierauf erwiderte ihm Okeanos,[522] der höchste dieser Götter: »Ach, Prometheus, lass deinen Stolz und deine althergebrachte Blasiertheit fahren. Eigne dir, wenn der Himmel neuen Tyrannen dient, auch neue Sitten an und mäßige insgesamt deine Zunge und Frechheit. Der Zorn derer, die in dir vermögen, was du spürst, wird sich sehr viel mehr durch deine Unterwerfung als durch Hochnäsigkeit besänftigen lassen. Der Zorn, der in dir kocht, erlischt und heilt durch demütige Worte. Und nicht selten wird es dir nutzen, weniger weise und weniger gelehrt zu erscheinen, als wir es sind. Die ausführenden Diener der Notwendigkeit sind das dreigestaltige Fatum und die niemals vergessenden Erinnyen«.

So sprach Okeanos zu Prometheus.[523] Und bei Euripides, ebenfalls griechischer Tragödiendichter, sagte Odysseus zu Hekabe, als er ihr verkündete, das Heer der Griechen habe dem Ruhm Griechenlands zum Nutzen und Heil beschlossen, ihre Tochter den Göttern zu opfern: »Denk nicht länger an deine Nöte, Hekabe, und gib ohne widerspenstigen Trotz, was du deinen Fährnissen keinesfalls verweigern kannst.«[524] Das Handeln des Weisen war stets vom Einsatz der Verständigkeit auch in den unguten Dingen geprägt. Und was werden wir in unseren Widrigkeiten tun? Werden wir in keiner Weise auf diese vortrefflichen Mahnungen hören, die so außerordentlich würdig sind, auf ewig in Erinnerung bewahrt und befolgt zu werden? Oder vielmehr wie das Fohlen stürmisch in alle Richtungen aufbegehrend bis zur Ermattung dagegen ankämpfen, störrisch in unserer Halsstarrigkeit gegen den, der uns bewacht und lenkt?[525] Und werden wir uns nicht besänftigen, noch denjenigen unterstützen, der uns in Fesseln legt und zügeln will? Wie also werden wir, die wir bereit sind, in keiner Weise zu begehren, was unwiederbringlich ist, über denjenigen denken, dem bei jedem noch so kleinen Funken seiner schon erloschenen Erinnerungen wieder größere Sorgen in der Brust aufflammen und der seinen

Fehler übrigens allein durch die eigenen Tränen bemerkt? Was weinst du nur, weibischer Mann? – ich verlor; – besitze nicht; – wünschte. Verwöhnte Kinder lernen das Weinen durch die übertriebene Nachgiebigkeit der Mama, und bekommen sie von ihr nicht, was sie erflehen, dann nutzen sie das Weinen, um sich Befriedigung zu verschaffen.[526] Und darin sind wir noch gezierter und unverständiger als jene Kinder, wo wir uns windend und schluchzend mit einstudierten Nettigkeiten und Geplärre ausharren, obwohl wir sehen und erkennen, dass es nichts hilft. Als im Haus des Phoebus viele Götter zusammenkamen,[527] um ihm für das Los seines Sohnes Phaeton Trost zu spenden, gefiel es Phoebus, sie zu einem Gastmahl zu laden, und bereitete ihnen nach altehrwürdigem Brauch das übliche Festmahl und Lectisternium.[528] Unter jenen Gottheiten befanden sich auch Weinen und Lachen, jene aus einer Geburt hervorgegangenen Zwillingsbrüder, Söhne der Göttin Schwabbel und jenes Fauns, den sie Dummhoff nennen. Pyrtheus, der beim vorbereiteten Bankett der Tischordnung vorstand, führte die Geladenen zu ihrem Platz und wies ihnen den Sitz an. Als er zu den beiden Brüdern kam, blieb er stehen und konnte nicht anders, als verwundert zu staunen, wie ganz und gar ähnlich sie einander in Aussehen und Gesichtszügen waren, so dass er nicht das kleinste Merkmal auszumachen vermochte, an dem er den einen vom anderen hätte unterscheiden können, deren beider Gesichter auf dieselbe entstellende Weise von den anderen Göttern abwich. Du sahst sie mit dem zu beiden Seiten sich verzerrenden Mund, mit eng zusammengeschobener, gerunzelter Braue, mit glänzend feuchten Glupschaugen, die Hände, Brust und Schultern eingesunken und schlackernd. Nur einen Unterschied gab es doch: Und zwar präsentierte sich dir der eine schrecklich sabbernd und ganz verrotzt, während der andere alles in allem nicht ganz so schmutzig und unergötzlich anzusehen war. Pyrtheus bestaunte sie und sagte: »Ich wüsste nicht, wen von euch beiden ich zuerst hinsetzen soll. Wer immer von euch sich also zuerst bewegt, dem folge der andere nach.« Aber die beiden blieben wie tumb stehen und brachen bar jeder Sprache in schrecklich untaugliche und unanständige Laute und Gesten aus. Pyrtheus, der sie so unflätig und verformt sah, wunderte sich, unter dieser Versammlung vortrefflichster und höchster Götter zwei derart unflätige und überaus unergötzliche Monstren anzutreffen. Und während er noch dabei war, sich zu wundern, geschah es ihm, als er den einen von ihnen unverwandt ansah, dass er sich aus Verwunderung das Gesicht dessen anverwandelte, an dem er mit Blick und Gedanken hängengeblieben war. Und wie sehr er hierauf den anderen staunend beäugte, so ahmte er auch diesen in ähnlicher Weise nach. Von den Göttern lachten die einen über ihre Untauglichkeit, die anderen bekümmerten sich angesichts eines solchen Ausmaßes an Unschicklichkeit, und sich von ihnen absondernd sagten sie: »Du hast weder das Gesicht, einem solchen Bankett Ehre zu machen, noch das Aussehen, die Unglücklichen zu trösten.« Und so darf gewiss als sicher gelten, dass, wer sich selbst weinen sehen könnte, sich über so viel Getue entweder lustig machen oder sich angesichts der eigenen Hässlichkeit bedauern würde.[529] Du wirst sagen: Wer vermag denn in seinen Unglücken die Tränen zurückzuhalten? Es ist ein natürliches Bedürfnis. Du siehst selbst bei den Tieren der Wälder und Wüsten überdeutliche Anzeichen ihrer Raserei. Vielleicht wie in vielen anderen Dingen und zuallererst auch deshalb sind sie Tiere, wenn sie etwas begehren, das sie nirgends finden können, oder wenn sie mit ihrem Brüllen und ihrer Verbissenheit schneller und mit weniger Mühe zu bekommen glauben, was sie gerade verfolgen. Und du, Mensch, warum weinst du? Hättest du anderes zu tun, würdest du gewiss nicht weinen. Bei jenem letzten Massaker an den Bewohnern Jerusalems, durch das mehr als sechshunderttausend Juden den Hungertod starben, vergossen diese nicht nur keine Tränen, sondern vergaßen, ihre Teuren und Geliebten zu bestatten.[530] Von Odysseus berichtet Homer – und nicht ohne Genuss berufe ich mich immer wieder auf unseren Homer, insofern er auch dir als Spiegel des menschlichen Lebens gilt –, dass er, beim Essen dazu aufgefordert, von seinen Wechselfällen zu berichten, darum bat, ihn zunächst seinen Hunger und Durst stillen zu lassen, weil »der Hunger mich alle anderen Betrübnisse vergessen lässt«.[531] Und jene Gefährten des Odysseus auf der Insel des Hyperion bereiteten sich erst die Mahlzeit und weinten danach um ihre lieben verlorenen Freunde.[532] Wen wirst du finden, der nicht ständig wichtigere, notwendigere und würdigere Dinge zu tun hätte, als zu weinen? Und wenn dir dieser krankhafte Wahn des Weinens trotz allem Genuss bereitet, so entbehre er zumindest nicht irgendeiner Rechtfertigung.

Lassen wir die Dinge hinter uns, die sich unmittelbar und augenscheinlich darbieten und unseren Tränen zu gegebener Zeit zur Ehre gereichen mögen. Wer weint nicht um einen der vielen verlorenen Tage, die er müßig vergeudet oder für Laster und Schmach verausgabt hat? Und welches erscheint dir das größere Übel zu sein: zu verlieren, was niemals, ich sage nicht zurückgeholt, aber auch nicht wiederhergestellt werden kann, oder jene Dinge zu verlieren, die sowohl auf die Welt gekommen sind, um verlorenzugehen, also auch geeignet, wiedererlangt zu werden? Ich will mich nicht damit aufhalten, diesen Punkt weiter zu entwickeln und auszuschmücken. Ich sage nur so viel, dass uns schriftgetränkten Menschen dann zu weinen gestattet sein wird, wenn wir entweder Zeit verlieren oder irgendeinen Fehler begehen werden. Aber auch hierin möchte ich nicht rigide und streng gegen dich sein. Wie der allerstärkste Soldat, der sich in der Schlacht ermattet und hart bedrängt fühlt, wirst auch du ein wenig zurückweichen, *dich zu den zweiten und nicht zwischen den Reihen der Triarier*[533] zurückziehen, dir dort den Schweiß abwischen und das geronnene Blut aus der Schnittwunde entfernen, empfangen an einer Stelle, an der du nicht ausreichend gewappnet warst.[534] Auch werde ich dir nicht vorwerfen, wenn du der Gewohnheit und den Meinungen der anderen getreu ein paar von deinen Tränchen vergießen wirst, was gewissermaßen Zeichen und Bezeugung deiner Menschlichkeit ist.[535] Aber hierin höre auch du auf deinen Homer, wo Odysseus sagte: »Wir müssen unserem Tränenfluss Einhalt gebieten, damit nicht einer von diesen weibischen Weichlingen uns mit triefend nassem Gesicht sieht und womöglich für trunken halten könnte.«[536] Und ganz gewiss wird es jeder männlichen Beständigkeit zutiefst fremd sein, sich so zu verhalten, dass er entweder den weibischen Weichlingen ähnelt oder jemandem, der wenig nüchtern und beherrscht ist. Und es wird unsere Pflicht sein, und zwar unsere manneseigene, nicht mehr als allein das zu tun, was Äneas bei Vergil tat, der in seinen vielen Gefahren und ihn umlagernden Übeln nur *stöhnt[e] […] und die Hände zu den Gestirnen*[537] erhob. Tränenbäche, bitteres Weinen, weibisches Geheul und Gezeter sind dem Manne in keiner Weise würdig.

Bei dem hochgesitteten Volk der Lykier[538] verhängte ein Gesetz, dass, wer unbedingt weinen wollte, sich in das Gewand irgendeines Weibes zu kleiden habe.[539] Du aber, wolltest du deinen männlichen Klagelauten doch die eine oder andere Träne folgen lassen und sich dir manch innerlicher Seufzer entringen, halte Maß. Numa, König der Römer und ein zutiefst religiöser und frommer Mann, verbot, die Toten länger als die Anzahl Monate zu beweinen, als jene Toten an Lebensjahren zählten; auch wollte er nicht, dass man Kinder unter drei Jahren überhaupt beweinte.[540] Nach der *Niederlage bei Cannae*,[541] die äußerst bitter und von der Art war, dass ihretwegen jene ganze Generation gramerfüllt leben musste, befahl der römische Senat, jegliche Trauer in Rom zu unterdrücken und die Wehklagen nicht über den dreißigsten Tage auszudehnen.[542] *Dictator* Cäsar gebot am dritten Tag aller häuslichen und öffentlichen Trauer Einhalt, mit der man die Exequien seiner verstorbenen Tochter würdigte und ehrte.[543] So werden auch wir diesen höchst nutzlosen Narreteien so bald wie möglich ein Ende setzen.[544]

Diese weibliche Leichtigkeit des Weinens, sich die Wangen zu zerkratzen und die Haare auszureißen, stört mich jedoch nicht so sehr als mir jener krankhafte Wahn hassenswert und zu vermeiden scheint, mit dem viele aufgrund ihrer ausgedachten Melancholien den Schlaf fehlleiten, das Essen unterlassen, sich selbst verlieren, sich scheuen, andere Menschen zu sehen und von ihnen gesehen zu werden, und in ihrer Einsamkeit und Umschattung wie betäubt, fast tumb dastehen, sich bedauern und verkünden, mehr als alle anderen Sterblichen elendig und zutiefst unglücklich zu sein. Dabei säumen sie nicht, unaufhörlich weiteres Unglück und Elend auf sich zu laden, sich zu grämen und mit ihren traurigen Erinnerungen und den empfangenen Bosheiten und Ärgernissen selbst zu quälen.[545]

Aber wir sind auch höchst unbesonnen, wo wir unseren Zustand schlecht kennen. Wenn, wie Sokrates sagte, wir all unser Unglück auf einem Haufen zusammenbrächten, würde es jedem als die geringere Last erscheinen, seine dorthin gebrachten alten Bürden wieder mitzunehmen, anstatt sich ungewohnte Last und Ungemach neu aufzuladen, die ihm zufiele, würde die Summe des universalen Unglücks der Sterblichen durch das Los zu gleichen Teilen unter allen aufgeteilt.[546] Und wie viel geeigneter wäre die Bürde des Priamos, von dem man jene allzu weichherzigen und sehr heftigen Verse singt, die uns zu Mitgefühl über das Unglück anderer erregen, uns sowohl zur Selbstbeherrschung als auch zum Zurücktreten anzuhalten und uns von jeglichem unbedachten Exzess in unseren Ausführungen und unserem unmäßigem Begehren fernzuhalten: *Das war das Ende von Priamus' Leidensweg, dieser Tod ereilte ihn durch sein Verhängnis, ihn, der Troja brennen und Pergamum stürzen sah und ehedem stolz über so viele Völker und Länder herrschte.*[547] Ich werde dir nicht weiter von seinen Heimsuchungen erzählen. Glücklich wäre er, wenn ihm sein Schicksal von jener Gesamtsumme, von der Sokrates sprach, nicht mehr auferlegt hätte als nur seinen Teil.

Bei den …[548] war es üblich, dass die Kranken außerhalb der Vorhallen und Eingänge zum Tempel lagerten. Wer zum Gruß des Gottes eintrat, sah und hörte alles über den Fortgang jenes Gebrechens und sagte: »Dasselbe hat auch jenen ereilt und ist auch mir widerfahren. Ich habe dieses und jenes Heilmittel angewendet und bin dadurch genesen.«[549] Gegenteilig scheint mir unser Brauch, dass die Ärzte, von denen wir uns zu heilen lernen, in den Vorhallen unserer Glaubenstempel zu finden sind. Wie viel Erleichterung, Niccola, bringen mir jene von ihrem Schicksal und ihrer Krankheit Geplagten und Niedergedrückten, die du nackt, verwundet, vom Alter ermattet und unsäglich gebrechlich sitzen und lagern siehst, wohin du deinen Fuß setzt, und die dich um Almosen und Erbarmen anflehen. Von ihnen, Battista, von ihnen werden wir treffliche und heilkräftige Gegenmittel erhalten. Er ist arm und bittet mich; ich bin reich und gebe: er ist an allen Gliedern nackt, ich bin sogar an Händen und einem Großteil des Gesichts (Körperteile, die man eigentlich allzeit freizuhaben wünscht) bekleidet und ganz eingehüllt. Er aussätzig, leprös, schrecklich schmutzig, von Krankheiten verheert und besudelt mit stinkendem und ansteckendem Sekret, ich in properem Glanz, ganz Schmeichelei. Von all dem Garstigen und dem Gestank müsste ein Teil mir zukommen, würde alles durchs Los aufgeteilt. Und da es keine solche Aufteilung gibt, bin ich dennoch weitaus glücklicher als er. Oh ja, jener ist ein Faulenzer, ein armer Tölpel und will kein anderer Mensch sein als der, der er ist, und doch ist er aus demselben Lehm gemacht wie du.[550] Und er sollte dich umso mehr zu Mitleid bewegen und dir umso mehr dein glückliches Los und sein Unglück bewusster machen, wie seine Glieder und Geist weniger gesund als deine sind.[551] Und nun sage mir: Wie sehr hat aus deiner Sicht jener überaus edle Maecenas,[552] der von *königlichen Ahnen abstammende*,[553] in alter Zeit Freund und Nährer aller eifrigen Kunstschaffenden, angesichts solcher Nobilität seine andauernde Pein verdient? Er ertrug lange Zeit seines Lebens ein chronisches Fieber, war außerstande, auch nur den Bruchteil einer Stunde zu schlafen.[554] Zu viel, zu göttlich wäre es, kein armer Tölpel zu sein, wenn allein Männer jener Art die schlimmsten Übel hätten erleiden müssen.

Aber ich lasse mich nicht weiter dazu aus, wo allein beim Aufsagen der Sterblichen Nöte der Tag nicht reichen würde. Ich sage nur, dass der Akt, uns als Menschen zu erkennen, und der Gedanke an die Geschicke und Umstände des Menschseins, wie wir gestern sagten, nicht nur dafür sorgen, die Melancholien auszuschließen, sondern und vor allem auch dabei helfen, uns von jenem Elend zu läutern, das unsere Seele bereits erfahren und sich in ihr festgesetzt hat. Und nicht nur dieses Erkennen deiner selbst, sondern zugleich was auch immer die Erregungen zurückdrängt und von uns fernhält; und gerade dies entleert sie davon und macht unsere bereits verderbte und entartete Seele wieder gesund. Und am meisten werden jene Gemeinplätze, die du benutzen würdest, um andere zu trösten, allesamt dir selbst großen Nutzen zuführen. Vielleicht werden es folgende sein: Hat einer der Sterblichen dir eine Kränkung zugefügt – schlimme Sache, die Kränkung, weil Kränkung nie ohne Laster, Laster nie ohne Schuld gewesen ist –, verbleiben Laster und Kränkung bei ihm, sind nicht dein, sondern sein, weil er sie verübt hat. Liegt das Böse beim andern, ist es unnötig, dass du dich deshalb grämst. Und wenn die himmlischen Einflüsse und jene Diener des göttlichen Willens, die von den alten Theologen himmlische Götter genannt wurden, vielleicht diejenigen waren, die dich solcherart ins Unheil geführt haben, nimm es zum Besseren an, bekamst du doch viele Güter von ihnen, deren Natur sie immer wohltätig und freigebig sein ließ und begierig darauf, deine Lage verbessert zu sehen. Nimm hinzu, dass es immer die Pflicht der Klugen war, so auf sich zu achten, dass nichts sie unterdrücken möge. Und vergleichbar war es immer die Pflicht einer starken Seele, auszuhalten, was immer ihr an widrigen Dingen zustoßen mag. Ich will, dass du in deinen Nöten Gott um Hilfe anrufst. Aber ich will nicht, dass du dich dadurch aufgibst und selbst davon überzeugst, von dir aus und aus dir selbst heraus nicht zu können, was du kannst.[555] Unterlasse es, wenn es so weit ist, die himmlischen Götter mit deinen vielen Gelübden und Gesuchen anzuflehen. Stimuliere deine eigene tugendhafte Kraft in dir: *Ein gesunder Geist gehört in einen gesunden Körper.*[556] Unser Geist wird in dem Maße gesund sein, wie wir ihn gesund werden haben wollen. Ein günstiges Schicksal dürfen wir von den himmlischen Göttern durchaus erbitten. Aber von uns selbst gebietet es sich, Tugend zu verlangen, von uns aus, durch unser Studium, durch unsere Beflissenheit werden wir Wissen, Seelenzier und den Vorzug eines gutgebildeten Geistes erlangen. Erbitten wirst du in deinen widrigen Fährnissen von den Göttern vielleicht Weisheit und Tugend, und sogleich wird die Klugheit vor dich hintreten und dir verbieten, weiter in diesem deinem dich Beklagen zu verharren, weil du keinerlei Gewinn davon hast. Und schau, da kommt mit der Klugheit gleich auch die Besonnenheit einher, der jede deiner maßlosen, nicht gründlich ausgereiften Taten und Worte in keiner Weise gefällt. Und vorneweg die Gerechtigkeit, Licht und Glanz aller Tugenden, die dich anklagt und sich von dir verlassen erklärt, wo du wie zum Beweis die Mannhaftigkeit und eine richtige und aufrechte Haltung guter Lebensführung verkommen lässt und dabei dich selbst und deine Pflicht aufgibst. Und der Tapferkeit, der jede Form von Schwachheit in dir zuwider ist und die alles verachtet, was nicht hocherhaben und aufrecht ist, wie solltest du ihr willkommen sein, während du, dich selbst zersetzend, in Einsamkeit und Schatten darniederliegen wirst? Steh also endlich auf und hilf dir selbst und richte dich aufs Siegen ein, denn siegen wirst du dank deiner Tugend, wenn du dies willst, und hilf dir selbst, den zu besiegen, von dem du es am wenigsten glaubst.[557] Dieses dein widriges Schicksal wird dich lehren, geduldig zu sein; die Geduld wird die Mannhaftigkeit erstarken lassen, und mit Mannhaftigkeit siegt man, und in jedem Feldzug siegend wird man unglaublich stark und unbezwingbar.

Das Schicksal für sich genommen, daran zweifle nicht, war und wird sich dem, der sich ihm entgegenstellt, stets aufs Äußerste schwach und kraftlos darbieten. Du aber füge den Gegenströmungen und Strudeln des Schicksals nicht deine eigenen unheilvollen Anstürme hinzu. Auch wenn du dich gegen dich selbst und gegen deine Muße und gegen alle gebührende Seelenruhe in dir querstellst, meide es, gegen dich selbst anzukämpfen, und höre auf, dich beharrlich dort zu verletzen, wo du dich am schwächsten fühlst, wenig Vorkehrungen getroffen und dich nicht ausreichend gewappnet hast. Meide in jedem Gespräch, das du mit dir selbst führst, dir gegenüber jegliches Wort der Klage und jede Geste und Gefälligkeit, die du andernorts, im Beisein deiner Freunde und Feinde, nicht verwenden würdest. Und wie im Meer der Anker mache du in jedem Wogen deiner Seele und deines Geistes dort am Grunde fest und behaupte dich mit integrer Vernunft und Mannhaftigkeit. Und dabei wird dir zugleich behilflich sein, dich mit irgendeiner schönen Erinnerung an vergangene Dinge oder einer willkommenen Erwartung künftiger Ereignisse zu trösten, indem du deinen Unglücken alles an Gutem und Lob entgegenhältst, was deine glücklichen Geschicke dir zugetragen, deinen Gliedern mitgegeben oder in deinen Verstand eingebracht haben. Und nützen wird dir, es Äneas gleichzutun, der in seinen harten Schicksalsfällen und Irrtürmern sagte: *Ich wäge das Los gegen mein Los ab.*[558] Dem vielen Guten, das man erwartet, verdankt man *non iniuria* diese und größere Mühen. Je geringer die Zahl jener ist, die diese Härten mit ungebrochener und gleichförmig ausgewogener Seele zu erleiden vermöchten, desto größer wird mein Lob sein, diese wohl erlitten zu haben. Und wie schön hat Vergil, der treffliche Dichter, an mehreren Stellen die Einsicht dargelegt, sich im Kummer und tiefster Trauer selbst zu trösten. Diese hier sind Verse von Battista aus seinen toskanischen Dichtungen, in denen er Vergil nachgeahmt hat: *[...] die wir schon Schwereres ertragen andernorts: Auch dem hier wird die Zeit ein Ende machen.*[559] Und Äneas bei Vergil: *Vielleicht freut uns dereinst sogar die Erinnerung an diese Leiden.*[560] In ihrer so großen Raserei und letzten Grausamkeit vermochte Dido, als sie sich überstürzt dem Tod überantwortete, nicht anders, als sich selbst zu trösten: *Eine herrliche Stadt habe ich gegründet, die eigenen Mauern geschaut [...].*[561] Bei Homer tröstete sich der tödlich verwundete Hektor mit der Hoffnung auf unsterbliche Herrlichkeit und ewigwährenden Ruhm. Er sagte: »Mein Fatum habe ich erfüllt, scheide wohl zu früh aus dem Leben, doch scheide ich nicht ohne stattlichen, achtbar errungenen Ruhm, da ich Taten um Taten vollbrachte, die denkwürdig sind und in die Nachwelt eingehen werden.«[562] Und als Odysseus, der von Alkinoos,[563] König der Phaiaken, viele Schmähungen hatte erleiden müssen, sah, dass die Götter sich ihm wieder versöhnlich zeigten und die angetretene Seereise mit vorteilhaften Winden begünstigten, vergaß er alles, was ihm an widrigen Dingen widerfahren war, und tröstete sich sehr mit so viel gegenwärtigem Gutem.[564]

Es wäre uns deshalb geboten, uns einerseits mit passenden Mahnungen zu züchtigen, andererseits mit wahren, redlichsten Beweggründen zu bestärken und uns mit zuversichtlicher Hoffnung, erfreulichen Erinnerungen und süßen Seelenfreuden zu trösten. Aber für uns Untätige und Willensschwache ziemen sich vielleicht gar nicht die vielen Beweggründe und Mahnungen, die von mir bislang angeführt wurden, und die vielen Arten, Freiheit für uns einzufordern und uns unseren höchst unliebsamen Plagen zu entziehen, wir, die wir daliegend und ausgiebig stöhnend uns in unseren Unannehmlichkeiten jemanden wünschen, der uns mit irgendeinem Kunstgriff und ohne das geringste Mitwirken oder Fleiß von unserer Seite Unversehrtheit und einen gefestigten Zustand von Seele und Verstand zurückgibt. Es bräuchte bei uns hier unten jenen Arzt der Götter Paeion,[565] der Jupiter[566] nie von der Seite weicht und bei seinen Mahlzeiten regelmäßig zugegen ist.[567] Und doch weiß ich nicht, ob er in uns vermöchte, was wir aus uns selbst heraus nicht vermögen, wenn jene Helena,[568] Tochter des Jupiter, ihm bei Homer nicht jenen Trank dargereicht hätte, mit dem sie bei jedem die Vergessenheit allen Leids herbeiführt, der davon trinkt.[569] Das wäre durchaus eine nützliche Sache unter uns Sterblichen. Obschon der griechische Geschichtsschreiber Diodorus[570] sagt, es existiere eine bestimmte Arznei namens *Helena*,[571] die von der Gemahlin des Arztes Thon[572] angemischt worden sei, eine Arznei, die die Tränen zum Versiegen und den Gram zum Erlöschen bringt.[573] Aber ich will mit euch lachen, Niccola.[574] Und werde doch nichts sagen, was diesen vernünftigen Überlegungen unangemessen ist. Wenn von den Göttern, Dienern der Natur und Ausgleichern des menschlichen Daseins, vermittelt wird – wie Odysseus zu Achilles sagte –, dass es für unsere Seelennöte keinen gibt, der ihnen mit Geist oder Verband oder irgendwelchen Medikationen Abhilfe schaffen könnte,[575] überantworten wir uns jedweder Hilfe und Beistand, die uns, schwach und gramgebeugt unter unseren schädlichen Lasten, wieder aufrichten. Da lache ich. Und sie sagen, dass Bacchus[576] unter der Götterschar *Liber pater* genannt wurde, weil er die Seele von den Sorgen befreite, ihren Schmerz linderte und sie verjüngte.[577] Und er tat dies mit nichts anderem als Wein, anregende und überaus vergnügt machende Frucht des Bodens.[578] Viele beschuldigen den Lyriker Flaccus,[579] ein Trinker gewesen zu sein, eine Verleumdung, die man uns alten Männern insgesamt nachsagt. Und zu diesem Schluss gelangen sie, weil er den Wein in vielen seiner Oden lobt. Gewiss, wie sie von uns, die wir des Lebens müde geworden sind, sagen: *alte Adler*.[580] Gern würde ich aus diesem Grund in meinen Worten nicht weniger nüchtern erscheinen wollen als ich es in jedem Lebensalter gewesen bin. In dieser Sache will ich meinerseits vorab klarstellen und festhalten, dass ich in allen anderen Momenten des Lebens die Maßlosigkeit des Weingenusses verurteile. Und bei vielen ansonsten kräftigen und überaus vitalen Männern sah und konstatierte ich, wie Unmäßigkeit im Weingenuss sie zu Boden streckte, ihr Leben verkürzte und ihnen die Gesundheit raubte. Ich werde nicht weiter ausführen, auf wie viele Weisen mangelnde Nüchternheit unsere Körper mit schwersten Gebrechen niederzustrecken vermag. Aber Homer nennt den Schlaf Bändiger aller Bitterkeit und führt vor, wie zu Odysseus, als er am dritten Tag nach seinem beklagenswerten Schiffbruch das Meeresufer erreicht, die ihm in allen seinen Widrigkeiten stets beistehende Göttin Athena herbeieilte und ihn ausgestreckt auf seinem Lager fand, das er sich aus Laub und Zweigen bereitet hatte. Und womöglich traf sie ihn an, wie er, seine Unglücke in Gedanken wiederholend, die eigene Not beklagte. Dies rührte die Göttin Athena zu Mitleid, die, anders als bei seinem Schiffbruch, als ihm der Schleier oder das Gewand untergelegt wurde, damit er Brust und Glieder darauf bette, ihm allein den Schlaf schickte und ihn einschlummern ließ, um ihn so ziemlich allen Miseren zu entreißen.[581] Jenen Theologen der Antike zufolge ist Juno die Erde, Latona[582] die Nacht und der Eigenname der Nacht wiederum das Vergessen, weil die Nacht den Schlaf bringt und der Schlaf die Vergessenheit.[583] Beim Geschichtsschreiber Josephus ist es Stratonike,[584] die, als sie von den siegreichen Feinden gefangen genommen wurde, der Sklaverei zu entfliehen und sich zu töten beschloss. Doch an ihrem Sinnen und Trachten, sich mit geringstmöglichem Schmerz und größtmöglicher Würde Genugtuung zu verschaffen, wurde sie unterbrochen und vom Schlaf umfangen. Sie schlief, und im Schlaf erlosch ihre große Raserei und Grausamkeit.[585]

Zu Recht sagen sie also, dass der Schlaf ein süßer Vergessenmacher alles Schlechten ist. Ein ganz vortrefflicher zum Schlaf Verführender scheint mir auch, da stimme ich zu, Niccola, der Wein. Diomedes'[586] Rat lautet: »Trink und iss, dann wirst du schlafend Trost finden.«[587] Und so sagt Chaerea in seinen Liebesnöten bei unserem Komödiendichter: »Am Landsitz werd' ich mich bei der Arbeit verausgaben und endlich müde schlafen.«[588] Homer fand dafür neue Heilmittel, da wo er jene Thetis[589] einführt, die ihrem schmerzerfüllten Sohn rät, was ich nicht aussprechen will, weil sie, ihr wisst schon, zu ihm sagt: »Mein Sohn, vergnüg' dich heut' Nacht mit einem zärtlichen Mädchen!«[590] Und an anderer Stelle erklärt dein überaus gestrenger Homer, dass der Koitus den süßesten und unschuldigsten Schlaf schenkt.[591] Und die Griechen hießen den Kummer des Herzens *acidos*. Weshalb sie Venus[592] die *Akidalische* nannten, von der es heißt, dass sie die Sorgen des Herzens verscheuche.[593] Eusebios Pamphilos[594] zitiert diese Verse des Philosophen Solon: *Lieb ist jetzt mir das Werk der Venus, des Bakchos und der Musen, die viel Freude den Männern verleihn.*[595] Doch was werden wir über den Wein sagen? Gedenke der vielen Stellen, an denen er [Homer] den Wein einsetzt, um die traurige Schwere der Seele zu erleichtern. Juno klagte darüber, dass Jupiter ihr nicht die Zuwendung gab, die sie begehrte, woraufhin Vulkan als Mundschenk der Götter ihr Wein gab, auf dass sie mit ihm alle Traurigkeit hinfortspüle.[596] Und Laodike, die Gemahlin des Helikaon, reichte ihrem durch Waffentaten ermatteten Sohn süßen Wein und sagte: »das Trinken stellt die Kräfte wieder her und stärkt die Seele«.[597] Der Geschichtsschreiber Julius [Capitolinus] schreibt über Maximinus [Thrax],[598] einen der Nachfolger Cäsars als Statthalter des Römischen Reiches, der an einem Tag vierzig Pfund Fleisch alleine aufzuessen und eine Amphore Wein auszutrinken pflegte und die Gewohnheit besaß, seinen bei Anstrengung vergossenen Schweiß in eigens dafür vorgesehenen Bechern aufzufangen und dann häufig drei ein halbes Quart fassende Behältnisse angefüllt mit seinem Schweiß präsentierte, dass dieser, als er vom Senat zum Staatsfeind erklärt wurde, in solchem Zorn entbrannte, dass er im Furor den Kopf gegen die Wand schlug und losstürzte, dem eigenen Sohn die Augen auszureißen. Nur ein treffliches Heilmittel half gegen sein so brodelndes Gemüt: Er betrank sich.[599] Ich für meinen Teil wage nicht, dieses Mittel zu beanstanden, das durchaus helfen mag, obwohl es für mich unschön ist. Viele getane Dinge gefallen, sind jedoch nicht schön, während man sie tut.

Und auch sehe ich, dass etliche ausgezeichnete und ausgesprochen würdevolle Männer dieser Art der Verwendung von Wein nicht ganz abgeneigt waren. Solon und Arkesilaos,[600] höchst namhafte Philosophen und Staatsmänner, und Kato,[601] lebendes Abbild an Strenge und Nüchternheit in Rom, pflegten die harten, bitteren Sorgen der Seele zu lindern und mit Wein zu halbieren.[602] Somit finde an diesem Mittel Gefallen, zu dem es passen mag. Mir sagen andere Heilmittel zu, die diesen womöglich nicht unähnlich sind, dem maßvollen, zutiefst ausgeglichenen Mann aber würdiger und angemessener zu Gesicht stehen. Allen voran gefällt mir der homerische Achilles, der, um sich von seinen vielen militärischen Aufgaben zu erholen, die Seele zu besänftigen pflegte, indem er zu Plektrum und Lyra – einem musikalischen Instrument – sang.[603] Daher rührt, wie ich glaube, Vergils Einführung seines Polyphems[604] in der Höhle, *den wollige Schafe umdrängen […]; sie sind seine einzige Freude und sein Trost im Leid; um den Hals hängt ihm die Hirtenflöte.*[605]

Und sicher bin ich hierin einer Meinung mit den Pythagoräern, die behauptet haben, dass sich unsere Seele sammelt und einstimmt auf Gemütsruhe und Seelenfrieden, wenn lieblich sanfte Töne und Weisen der Musik sie einfangen und trösten. Und nicht gerade selten habe ich bei mir selbst verspürt, wie mich diese Süße und Vielfalt der Klänge und des Singens in den Ermattungen der Seele regelrecht erleichtert und wiederhergestellt haben. Ihr werdet dies selbst verspüren, sollte es euch je widerfahren. Niemals wird euch in Seele und Geist eine so sengende Sorge umtreiben, die nicht sofort erlischt, wenn ihr beharrlich weiter singt.[606] Ich weiß nicht, warum ich das Gefühl habe, dass mein Singen, wie auch immer es sein mag, mich zufriedener macht und mir mehr hilft als das Spiel irgendeines anderen, selbst des besten und geübtesten Musikers. Auch der sehr alte

Brauch, den das Konzil in Arles später unterband, war keine unpassende Einrichtung, die verlangte, dass die Totenwachen singend zugebracht wurden.[607] Ich denke, jene guten Alten taten dies, um die Seele von den traurigen Gedanken ans Sterben abzulenken. Allerdings erschien es diesen unseren zutiefst religiösen Konzilsvätern wohl förderlicher, sich daran zu erinnern, ein Mensch ähnlich jenem Toten zu sein. Und sie hielten es für die frommere Pflicht, die eigene Sterblichkeit und Stunde um Stunde die eigene Vergänglichkeit anzuerkennen, als sich irgendeiner Leichtsinnigkeit oder Zügellosigkeit hinzugeben.[608] Darüber zu streiten bringt uns hier kaum weiter. Ich behaupte nur so viel, dass alles, was wir tun werden, um uns zu erholen, ohne jemandem Unrecht zu tun, eines gelehrten Mannes nicht unwürdig sein wird. Plutarch sagt: Hierhin oder dorthin zu ziehen ist fast wie einen nachzuahmen, der flieht.[609] Und natürlich wird es helfen, an verschiedenen Orten nach immer neuem Spaß und Amüsement zu suchen: Laufen, Springen, Werfen, bei der Jagd die Pfeile zischen lassen und sich an gegebenem Ort zu passender Stunde unter die Jugend zu mischen, all das missfällt mir nicht. Genauso wenig missfallen würde mir, gemeinsam zu speisen, zu scherzen, die Nacht bei Kerzenschein durchzumachen, und mit deinen Freunden und der Jugend zu spielen und auch zum Tanz zu singen.[610] Laut rief unser Dichter: *»Das Spiel missfällt mir und ich ford're Aufschub.«*[611] Mir würde es nicht gänzlich missfallen, wenn das eine oder andere etwas anzügliche Spiel, das dazu diente, die schlechte Gesundheit seiner Seele zu vergessen, demjenigen Vergnügen bereitete. Lucius Sulla[612] sang keineswegs selten,[613] und jener hochberühmte Athener Kimon[614] hat nach dem Nachtmahl vor Laomedon[615] gesungen.[616] Scipio,[617] der nicht nur ein leuchtendes Beispiel an den Waffen und an römischem Ungestüm war, sondern zuallererst strahlendstes Licht latinischer Sittlichkeit, pflegte oft mit großer Anmut zu tanzen.[618] Und Appius Claudius,[619] der hochbetagt triumphal [in Rom] einzog, tanzte noch in seinen letzten Lebensjahren ausgesprochen gern und mit viel Freude.[620] Über Augustus, Cäsars ersten Nachfolger, der den Tempel des Janus Quirinus,[621] den man in Rom zuvor nicht mehr als ein- oder zweimal ungeöffnet gesehen hatte, dreimal verschloss, schreiben sie, dass er zu seinem Zeitvertreib mit der Angel zu fischen pflegte und des Öfteren inmitten einer Schar kleiner Knaben, die liebreizend von Angesicht und keck in der Rede waren, mit Nüssen spielte.[622] Und wurde nicht der Philosoph Heraklit auf ähnliche Weise manches Mal dabei gesehen, wie er am Diana-Tempel mit den Knaben

Wurfspiele trieb?[623] Und pflegte nicht auch Sokrates, jenes Exempel an Bescheidenheit und Ernsthaftigkeit, ganz ähnliche Kinderspiele mit den Knaben zu spielen, um sich zu zerstreuen?[624] Lelius und Scipio[625] pflegten sich in ähnlicher Weise zu vergnügen, am Ufer bei Gaeta Steinchen übers Wasser springen zu lassen und dabei wunderbarerweise wieder knabenhaft zu werden.[626] Zum Vergleich will ich euch berichten, was mir dazu in Erinnerung kommt. Um Muße zu finden, spielte der Rechtsgelehrte Publius Mucius jenes Spiel, das bei ihnen *duodecim scripta* hieß,[627] und Claudius Cäsar spielte das als *alea* bekannte Spiel, worüber er auch ein Buch geschrieben hat, und zwar nicht nur, um darzulegen, welcher Kunstgriffe es bedurfte, um zu gewinnen, sondern vielleicht noch mehr, um beim Schreiben darüber Freude zu haben.[628] Und desgleichen haben die römischen Patrizier Caius Matius[629] und Marcus Ambivius[630] laut Columella[631] die beiden Bücher *Quocum et Pistorem* [vom Koch und vom Bäcker] geschrieben, wo sie selbigen die Pflicht auferlegen, nichts anzurühren, bevor sie, von einem Stelldichein mit irgendeinem Weibsbild kommend, nicht die Hände im Fluss gewaschen hätten.[632] Dabei schrieben sie nicht, um zu lehren, wie man Brot bäckt und Speisen zubereitet, sondern allein, wie ich glaube, um es dem ausgezeichnetsten Staatsmann und Philosophen Griechenlands Solon nachzutun, der sich, wie Plutarch berichtet, zum Zwecke der Erholung von den Mühen seiner Aufgaben dem Schreiben zügelloser Verse zu widmen pflegte.[633] Bei Homer hielt Penelope sich zu ihrer Wonne Gänse, zwanzig waren's, glaub' ich, und alle blütenweiß; und solange sie sich um ihre heimische Herde und ihre kleine Familie kümmerte, schenkte ihr dies die willkommene Gnade, ihren Odysseus für einen Moment zu vergessen.[634] Von Alexander, jenem trefflichen römischen Kaiser und Feind der Diebe, der sich bisweilen mit solcher Wut im Bauch auf die räuberischen Städter stürzte, dass ihm die Galle platzte, hochkam und sich auf die Erde ergoss,[635] von ihm, der ein vortrefflicher und äußerst standhafter Regent war, von ihm sagen sie, er habe sich als Marotte scheint's zwanzigtausend Tauben zu seiner Kurzweil gehalten und ihr Futter durch den Erlös ihrer Jungvögel gedeckt. Er genoss es, sie fliegen zu sehen, und genoss es, wie jene Dichter sagen, ihrem Liebesturteln zuzuhören und wie sie ihrem wohlmeinenden Ernährer mit den Flügeln ausgelassen Beifall klatschten.[636] Der Geschichtsschreiber Sueton[637] erzählt, wie der römische Kaiser Tiberius Cäsar[638] daraus Genuss zog, im Bade inmitten immer jüngerer Jungen zu schwimmen und lachend auszurufen: »Das sind meine

Fischlein«.[639] Odysseus pflegte bei Circe[640] duftende Bäder zu nehmen.[641] Cato, der vorbildliche Römer, erholte sich von der Erschöpfung seiner Geschäfte, indem er Körbchen flocht. Ich selbst habe von Natur aus harte, reizbare und unbeugsame Männer gesehen, bei denen man, fast wie beim gebrochenen Pflock, am besten einen zweiten unversehrten hineintreibt, um ihn aus dem Loch herauszuholen, unter irgendeinem Vorwand einen Streit provozieren und sie in eine Schlägerei verwickeln musste, um ihnen den Koller auszutreiben, woraufhin sie wieder ganz sanftmütig, leutselig und in jeder Hinsicht nachgiebig waren. Der Philosoph Pyrrhon von Elis, Sohn des Pleistarchos,[642] hielt sich, wie der Historiker Laertius schreibt, zum vergnüglichen Zeitvertreib eine Sau, die er von allem Schlamm gesäubert hatte und ganz reinlich hielt und vielleicht, wie Mütter es tun, wie sein kleines Mädchen im Arm wiegte.[643] Und von dergleichen Beispielen und Arten, um die *erumna*[644] und Schwere drückender Gedanken auszusondern und geeignet uns wiederherzustellen, die unsere Vorfahren zu ihrer Erholung einzusetzen pflegten, könnte ich euch, wenn ich darüber nachdächte, noch viele anführen. Diese hier sollen aber im Moment für unsere Vorhaben ausreichen.

So wollen auch wir, wenn uns etwa traurige Erinnerungen gegenwärtig werden und turbulente Gedanken in uns aufbegehren, unser Geist in Aufruhr gerät und eine starke Anspannung uns schon heftig zu bedrängen beginnt, uns ihnen unverzüglich und noch in ihren Anfängen, und bevor die Seele überwältigt wird, widersetzen, weil die Seele sonst nicht mehr über sich selbst gebieten kann.[645] Bei den allerersten Angriffen werden wir deshalb sofort dergleichen Mittel zur Anwendung bringen. Und mit sämtlichen Kunstgriffen und aller Umsicht werden wir dafür Sorge tragen, eine ruhige und ungehemmte Freiheit der Seele und des Geistes in uns zurückzugewinnen. Und wenn eines allein nicht hilft, werden vielleicht viele davon helfen, deshalb muss man, heißt es, mehr und noch mehr von ihnen ausprobieren, bis du spürst, dass durch eines von ihnen deine Seele sich beruhigt und du im Frieden mit dir selbst bist.[646]

Es bleiben einige letzte und ausgezeichnete Ratschläge zu diesem Thema, die ich nicht außer Acht lassen will, und dies sind folgende: Wiederhole deiner Seele nicht die sinistren Erlebnisse deiner Vergangenheit. Rede mit dir selbst und mit anderen über alles andere als über deine Fährnisse und Unglücke. In Rom hatte das Standbild der Göttin Angeronia[647] einen zugebundenen und versiegelten Mund, und die Priester brachten ihr zu Ehren Opfer im Heiligtum der Göttin Volupia[648] dar. Dieses Mysterium bedeutet gemäß Macrobius'[649] Interpretation, dass die Beklemmungen der Seele, still erlitten, sich am Ende in Wohlbefinden wandeln.[650] Da wir es aber scheinbar kaum vermeiden können, über unsere Übel nachzudenken, wenn wir alleine sind, und es uns, wenn wir nicht allein sind, leichter fällt, uns mit den Ratschlägen und Mahnungen derer zu trösten, die uns zuhören, gefällt mir jene alte Regel, dass du in deinem Unglück und Elend die Einsamkeit stets fliehen sollst. Hierfür empfehlen sie, mit lieben Bekannten und Freunden ins Theater zu gehen, die Tempel aufzusuchen und Orte, an denen Feste und Spiele stattfinden, private und öffentliche. Gleichermaßen lobe ich es mir, mit der Jugend Zeit auf dem Landgut an der freien Luft, auf jenen lieblichen Hügeln inmitten anmutigster Felder und Wiesen zu verbringen.[651] Und um die Seele von jeder traurigen Erinnerung und allen schweren Gedanken wegzulenken, sage ich euch Folgendes: Nichts werdet ihr so vollkommen nützlich finden, wie die Glieder zu beschäftigen und eure Seele zu beschäftigen, mit Aufgaben unterschiedlicher Natur, einerlei ob sie angenehm oder unangenehm sind.[652] Die Anhänger des Pompeius,[653] als sie ihn tot und enthauptet am Ufer liegen sahen, widersetzten sich dem Empfinden von Trauer, solange sie auf der Flucht waren.[654] Man tut gut daran, den Raubvogel abzurichten und die Hunde für die Jagd, Netze auszubringen für die wilden Tiere und für die Fische. Nicht nutzlos wird sein, in der Causa deines Bekannten oder Nachbarn etwas zu seiner Verteidigung zu unternehmen. Solcherart wird es mit anderen ähnlichen Geschäften in höchstem Maße nützlich sein, Müßiggang und Einsamkeit ganz weit zu entfliehen. Und nicht verschweigen werde ich vor euch, was ich in mir selbst prüfend empfunden habe. Es mag euch vielleicht wie eine leichte Sache erscheinen, aber sie sorgt hervorragend und augenblicklich für Abhilfe. Nichts lenkt mich so sehr von meiner seelischen Schinderei ab, nichts erhält so sehr meinen Seelenfrieden und meine Gemütsruhe, als meine Gedanken mit irgendeiner würdigen Aufgabe zu beschäftigen und mich dem Erforschen irgendeiner überaus schwierigen und außerordentlichen Investigation zu verschreiben.[655] Ich neige dazu, manches Gedicht oder Stück trefflicher Prosa auswendig zu lernen; pflege mich auch dem Kommentieren der einen oder anderen Schaurede hinzugeben, manche Argumentation zu erweitern; und vor allem nachts, wenn meine Seelenstacheln mich in

Unruhe versetzen und wachhalten, halte ich's, um mich von meinen bitteren Sorgen und meinem traurig-angstvollen Eifer abzulenken, dann halte ich's damit, mir in meinem Geist irgendeine nie dagewesene Apparatur auszudenken und zu konstruieren, mit der sich äußerst große und unschätzbare Dinge bewegen, transportieren, festhalten und aufstellen lassen.[656] Dabei geschah es mir manches Mal, dass sich nicht nur die seelischen Unruhen in mir besänftigen ließen, sondern mir außerdem außerordentliche und höchst denkwürdige Dinge einfielen. Dann wieder, wenn mir solche Untersuchungen fehlten, entwarf und baute ich im Geiste irgendein überaus komplexes Gebäude, in welchem ich Säulen verschiedener Ordnung und Anzahl mit vielfältigen Kapitellen und ungewöhnlichen Säulenbasen verteilte und sie mit Gesimsen und der ganzen Gebälkanlage zu passender und neuartiger Anmut vereinte. Und ich beschäftigte mich selbst mit solchen und ähnlichen Überlegungen, bis der Schlaf sich meiner bemächtigte. Und sollte ich mich immer noch außerstande fühlen, mich mit diesen Mitteln wieder zurechtzurücken, nehme ich mir ein überaus feinsinniges Argument zum Erkennen und Ergründen von Ursachen und Sein von in der Natur verborgenen und versteckten Dingen vor. Und so vieles ich auch ausprobiert habe, befriedigt mich doch nichts mehr, packt und fordert mich nichts so sehr wie die mathematischen Untersuchungen und Beweisführungen, besonders wenn ich versuche, aus ihnen einen praktischen Nutzen für das Leben abzuleiten, wie es Battista hier getan hat, der seine Prinzipien der Malerei wie auch seine *Elemente* [der Malerei] aus der Mathematik bezog und daraus jene unglaublichen Hypothesen über die *motibus ponderis* [die Bewegungen der Lasten] schöpfte.[657] Ich möchte euch nicht mit einem Vortrag über die Bedeutung dieser mathematischen Künste für mich aufhalten, noch möchte ich darauf drängen, euch zu etwas zu überreden, zu dem ich euch bereits durch das oben Gesagte überredet zu haben glaube. Nur so viel versichere ich euch: Nichts eignet sich besser, alle Traurigkeit auszutreiben, als der Seele irgendeine andere Beschäftigung und einen anderen Gedanken einzugeben. Ich werde euch von mir selbst beichten, dass es mir gar nicht selten untergekommen ist, mich inmitten von neidischen, unverschämten und trunkenen Menschen wiederzufinden, von denen mehr als einer mit provozierenden Sticheleien und Worten hier meinen Zorn entfachen wollte, während sie von da Pfeile auf mich abschossen, ich jedoch einerseits derart in meine Untersuchungen vertieft war und andererseits so gewillt, mich um sie nicht mehr zu scheren, als wären sie jener Rabe, der Cäsar grüßte, oder jener Papagei, der *chere chere* [sei gegrüßt, sei gegrüßt!] krächzte, dass ich nichts hörte, nichts sah, nichts fühlte außer mir selbst. Zu mir selbst sprach ich, mir selbst wiederholte ich innerlich meine Studien und durchwachten Nächte und versprach mir einstweilen selbst die hohe Gunst und das Andenken der Nachwelt. Und dann denkt euch nur, wie es um den Geist jener bestellt sein muss, der mehr als der meine von herrlicher Investigation erfüllt ist.[658] In Syrakus befahl M. Marcellus seinen Soldaten, beim schrecklichen Blutbad in dieser so edlen Stadt jenen Archimedes[659] zu verschonen, einen Mathematiker, der seine Heimat mit Hilfe verschiedener bis dahin unbekannter Kriegsmaschinen und -gerätschaften verteidigt und damit mehr als einmal alle seine Pläne durcheinandergebracht und den Angriffssturm seines großen Belagerungsheeres gebrochen hatte.[660] Sie fanden ihn forschend über geometrische Figuren gebeugt, die er auf den Fußboden seines Hauses zeichnete, und sie fanden ihn so mit ganzer Seele vertieft und von allen anderen Sinnen so entrückt, dass nichts, weder der Lärm der Waffen noch das Stöhnen seiner Mitbürger, die ihren Wunden erlagen, noch die Schreie der Menschenmassen, die in den Flammen oder unter den einstürzenden Dächern und Tempeln umkamen, ihn irgendwie anrührte.[661] Es ist sicher erstaunlich, dass ein solcher Lärm, ein solch dichter Dunst von Rauch- und Staubschwaden ihn vom Ergründen dieses einen mathematischen Problems nicht ablenkten, das ihn dermaßen beschäftigte und fesselte.

Zweifelt also nicht: Wenn wir gute Lebensregeln für uns aufstellen, wenn wir uns lobenswerten Exerzitien widmen, wenn wir auf dem Erforschen würdiger und außerordentlicher Dinge beharren, wenn wir uns in Tugend und Beständigkeit vollenden, werden wir durch unseren inneren Frieden und durch freudvolle Gelassenheit und würdige Seelenruhe sicher aufbieten können, was wir nur wollen, um gegen Schicksalsschläge, gegen die unwillkommenen Entmutigungen und Ermüdungen, gegen den Schmerz und gegen alle Widrigkeiten und Kränkungen der Zeit und des Schicksals zu bestehen, wie auch gegen alle Arglist und Bösartigkeit eines jeden Menschen, der im Leben heimtückisch und zutiefst unrecht ist.

Kommentar

Anmerkungen zur Einleitung

[1] Die Datierungsfrage konnte bis heute nicht abschließend geklärt werden. Während Autoren wie Cecil Grayson oder Giovanni Ponte von einer Datierung um 1441 bis 1442 ausgehen, vertritt Giuliano Tanturli die Meinung, dass der Dialog wahrscheinlich von Albertis Bruder Carlo degli Alberti (um 1400 Genua – vor 1468?) in dessen Handlungszeit rückdatiert wurde und viel später entstanden sei. Der Historiker Luca Boschetto wiederum plädiert für einen längeren Entstehungszeitraum des Dialogs, der bis ins letzte Drittel der 1440er Jahre reicht. Boschetto legt in mehreren Aufsätzen überzeugend dar, dass sich Leon Battista Alberti in diesem Dialog auf einige zeitgenössische kulturelle und politische Ereignisse bezieht und die angeregte, aber auch zwiespältige Stimmung im Florenz der 1440er Jahre eindringlich einfängt. Zu nennen sind dabei eben keineswegs nur der berühmte, von Alberti organisierte Dichterwettstreit, der *certame coronario*, im Oktober 1441, sondern die insgesamt scharfe Kritik an der Florentiner Politik, zu der auch der subtile Hinweis auf eine promediceische *balìa* von 1444 zählt, die schwere Sanktionen gegen die Widersacher der Medici verhängte. Nicht zuletzt gehört dazu auch die Weigerung eines der Protagonisten, in einem derart negativen politischen Klima, in dem die *Fiorentina libertas* radikal in Frage gestellt wird, weiterhin politisch aktiv zu sein (siehe etwa Anm. 2, 30, 296, 297, 304 im Stellenkommentar). Terminus *ante quem* ist gemäß Boschetto jedoch auf jeden Fall Januar 1447, als der zentrale Dialogpartner Agnolo Pandolfini verstarb.
Bibl.: Grayson 1960–1973, Bd. II, 1966, S. 422; Ponte 1988, S. V–VI; Tanturli 1988, S. 232–235; Boschetto 2000a; Boschetto 2007.

[2] »[I]l primo libro disputa in che modo si vive senza ricevere a sè maninconia. Il secondo ti dà modo e via di purgare dell'animo tuo gli sdegni e i dispetti, quando tu gli avessi in qualche parte ricevuti a te: il terzo libro racconta più modi utili a levarsi dalla mente le offese e dolori più gravi, quando tu fossi al tutto oppresso da loro e quasi sunto.« (Übers. der Hg., Brief in: Grayson 1960–1973, Bd. II, 1966, S. 422)

[3] In der Übersetzung werden diese kursiviert wiedergegeben.

[4] Es ist nichts über die zeitgenössische Leserschaft bekannt, da der Dialog kaum zirkulierte. Vgl. Marsh 1980; Ponte 1988; Bianchi Bensimon 1998; Boschetto 2017.

[5] Vgl. hierzu etwa Hannah Arendt, Emmanuel Levinas und an ihn anschließend Jacques Derrida. Levinas formuliert dies konzise wie folgt: »Die Politik muss in der Tat immer von der Ethik aus kontrollierbar und kritisierbar bleiben.« (Levinas 1986, S. 63)

[6] Anscheinend war diese Bezeichnung des Dialogs, *Della tranquillità dell'animo*, seit dem 16. Jahrhundert geläufig: So weisen zwei Handschriften aus dem 16. und 17. Jahrhundert (BNCF, Cod. Magl. XXI.171; Cod. Magl. XXI.152) diesen Titel auf. Auch derjenige aus dem Quattrocento mit Anmerkungen Albertis (Biblioteca Laurenziana, Ashb. 494) trägt diesen wohl im 17. Jahrhundert handschriftlich hinzugefügten Titel. Schließlich wählte der erste Herausgeber der Schrift, Anicio Bonucci, 1843 *Della tranquillità dell'animo*. Zu den verschiedenen Manuskripten vgl. die Bibliographie, S. 239 und S. 240. Die vorliegende Übersetzung

beruht auf der Ausgabe von Cecil Grayson unter Berücksichtigung der Editionen von Giovanni Ponte und Anicio Bonucci.

Der diesem Dialog titelgebende lateinische Begriff des *erumna/ærumna* (*Profugiorum ab aerumna libri III*) findet in der Zeit, abgesehen von dieser Schrift und dem (lateinischen) ›Erumna‹-Dialog in Albertis *Intercenales*, eher selten Verwendung, referiert aber insbesondere auf die Schriften Ciceros und Senecas, die mit diesem einen Begriff die vielen Modifikationen und Schattierungen des Zustands des seelischen Leidens bezeichneten. Alberti reiht sich also mit dem lateinischen Titel und der hier vollzogenen direkten und erstmaligen Begriffsübertragung in die toskanische Volkssprache (»espurgare la erumna e la gravezza«, »um die *erumna* und Schwere drückender Gedanken auszusondern«, S.117) in die facettenreiche Begriffsbedeutung in der Antike ein. Aus etymologischer Sicht grenzt sich die *ærumna* einerseits als objektiv feststellbares Konkretum des Leidens, Elends, Kummers, Trübsals und der Not von der *ægrimonia*, den subjektiven Sorgen, Ängsten und Problemen ab. Andererseits lässt sich der Begriff von *ærumnula*, einem Rücken-Tragegestell ableiten, wodurch sich das semantische Feld des Beschwerens, Überladens beziehungsweise einer großen, zu tragenden Last eröffnet. Dementsprechend ist auch das *Profugiorum* in seiner Mehrdeutigkeit kaum adäquat zu übersetzen. So lässt sich beispielsweise die schutzbringende Konnotation der ›Zuflucht‹ im Deutschen nur schwer abbilden. Gerade diese scheint jedoch für Albertis Dialog von primärer Bedeutung, da sie unmittelbar auf die architektonischen Metaphern des Textes anspielt.

Bibl.: Bonucci 1843; Zimmermann 1903; Grayson 1960-1973, Bd.II, 1966, S.107–183 u. S. 419–440; Ponte 1988; WLS (»aerumna«), Bd.I, S.133.

7 Vgl. hierzu die Anm. 23 und 24 im Stellenkommentar.

8 Vgl. hierzu Anm. 1 im Stellenkommentar.

9 Landino schreibt: »Mir kommt der Stil des Battista Alberto in den Sinn, der wie ein neues Chamäleon immer diejenige Farbe annimmt, die dem Gegenstand entspricht, über den er schreibt.« »Tornami in mente lo stilo di Battista Alberto, el quale come nuovo cameleonta sempre quello colore piglia el quale è nella cosa della quale scrive.« (*Commento*, Bd.I, S.120; Übers. der Hg.)

10 Burckhardt (1860) 1955, S.94.

11 Zur *Vita* vgl. Tauber 2004 und Grafton (2000) 2002, insbes. Kapitel 1, S. 9–48.

12 Vgl. etwa Ceron 2015.

13 Die auf Hegel zurückgehende Formulierung Axel Honneths passt trotz historischer Differenzen vorzüglich. Vgl. hierzu Honneth 1994.

14 Vgl. Smith 1992; Mönig 2008; Bätschmann (2000) 2011; Schöndube 2011.

15 Vgl. Bertolini 2000; Bätschmann (2000) 2011; Scholz 2014.

16 Vgl. Boschetto 2007 und Smith 1992.

17 Diogenes Laertius, *Vitae et sententiae philosophorum*, VI, 1, 13. Bibl.: Klibansky/Panofsky/Saxl 1964 (1990); Hadot 1997; Britton 2003; Gründler 2010.

18 Bätschmann (2000) 2011, S.64–65.

19 Bulgarelli 2008, S. 104–105.

20 Boschetto 2000a.

21 Allgemein und grundlegend zu Albertis politischem Denken vgl. Hankins 2019, S.318–334.

22 Ähnlich wie bei Leonardo da Vinci ist es auch bei Alberti wenig zielführend, aus seinen vielzähligen, ein breites Themenspektrum abdeckenden Schriften ein konsistentes, strenges System ableiten zu wollen. Das bedeutet jedoch im Rückschluss keineswegs, Albertis Werk nicht in seiner Ganzheit zu betrachten. Es ist auch für Einzeldisziplinen wie

die Kunstgeschichte, Literaturwissenschaft oder Architekturtheorie äußerst fruchtbar, die häufig wiederkehrenden Motive und durchaus philosophischen Grundsatzfragen kritisch nebeneinander zu lesen, um somit der gedanklichen Komplexität und ideengeschichtlichen Vielschichtigkeit Albertis gerecht zu werden.

Zu Albertis Verwendung von und Umgang mit verschiedenen Quellen vgl. etwa Bertolini 1998; Rinaldi 2002; Borsi 2007; Mönig 2008; Schöndube 2011.

23 Vgl. hierzu Howald 1981, S. 23–26.

24 Vgl. hierzu die Studie von Schöndube 2011.

25 Vgl. Ponte 1988; Boschetto 2000a und 2000b; Schöndube 2011.

26 Alberti verfolgt in seinem *De pictura* eine ähnliche Strategie der Affizierung der Betrachtenden. Siehe hierzu etwa Anm. 502 im Stellenkommentar dieses Bandes.

27 Vgl. hierzu Anm. 529 im Stellenkommentar.

28 Seneca, *De tranquillitate animi*, 15.

29 Die Autorin dankt Giulia Baldelli für ihre Kollegialität und das großzügige Teilen ihrer Überlegungen zu diesem Themenkomplex.

Bibl.: Mönig 2008, S. 466–471; Kircher 2012, S. 6–15, S. 111–134 und S. 257–280.

30 ›Maritus‹ (*Intercenales*, S. 454–471) und ›Uxoria‹ (*Intercenales*, S. 472–515).

31 Zu Albertis Misogynie grundlegend und zu Recht kritisch Imesch 1999.

32 Wie Wolfgang Detel überzeugend darlegt, stand bereits Platon den von ihm als exzessiv eingestuften und letztlich auch nicht zielführenden Körperpraktiken etwa der Kyniker äußerst skeptisch gegenüber. Detel 1998, S. 122–123.

33 Vgl. hierzu immer noch grundlegend Klibansky/Panofsky/Saxl (1964) 1990.

34 Zu Alberti und der Melancholie vgl. etwa: Britton 2003; Gründler 2010.

35 Vgl. hierzu *Theogenius*, unter anderem S. 59 oder S. 90.

36 Vgl. hierzu Ficino, *De vita libri tres* sowie Boenke 2012.

37 Vgl. hierzu in einem allgemeinen Sinne Detel 1998, S. 116–118; Knobloch 2002; Leinkauf 2017, Bd. I, S. 159–166.

38 Auch hier dankt die Autorin Katharine Stahlbuhk und Giulia Baldelli für das großzügige Teilen ihrer grundlegenden Überlegungen zu diesem Themenkomplex.

Stellenkommentar zu den drei Büchern

[1] Niccola de' Medici (1384 Florenz – 1455 ebenda) entstammt einer Nebenlinie der Familie (er ist Sohn von Vieri di Cambio de' Medici (1323 Florenz – 1395 ebenda) und Bice di Pazzino Strozzi). Auch sein Familienzweig war im Bankgeschäft tätig, und Niccola bekleidete zudem in den 1420er und 1430er Jahren bedeutende politische Ämter. Unter anderem war er 1433 *Gonfaloniere di Compagnia* und somit Teil der Regierung, die das Exil von Cosimo il Vecchio de' Medici (1389 Florenz – 1464 ebenda) anordnete. Nach der Rückkehr desselben im Oktober 1434 nahm das politische Gewicht Niccolas ab. Letzteres ist auch durch finanzielle Probleme infolge des Bankrotts der familieneigenen Bankfilialen begründet. Auf intellektueller Ebene ist hervorzuheben, dass Niccola mit den führenden Florentiner Humanisten verkehrte: Leonardo Bruni (1370 Florenz – 1444 ebenda) war nicht nur sein Lehrer, sondern widmete Niccola 1421 auch seine Übersetzung der *Orationes* des Demostenes (384 v. Chr. Athen – 322 v. Chr. Kalavria), und Niccolò Niccoli (1364 Florenz – 1437 ebenda) ernannte Niccola zu einem seiner Testamentsvollstrecker. Die aus dem provenzalischen stammende Bezeichnung Messèr war in Mittelalter und Früher Neuzeit ein geläufiger Titel, mit dem hochrangige oder aufgrund ihres Alters ehrwürdige Persönlichkeiten bezeichnet wurden. Bibl.: Zaccaria 2007.

[2] Es handelt sich um die Florentiner Kathedrale Santa Maria del Fiore. Dass Alberti hier nicht den Begriff der Kirche, sondern denjenigen des »tempio« verwendet, also des Tempels, ist nicht erstaunlich: Er war in Mittelalter und Früher Neuzeit auch für die Bezeichnung christlicher Gotteshäuser geläufig, vorwiegend in ideeller Anlehnung an den Salomonischen Tempel. Neben der Identifikation der städtischen Kathedrale evoziert die Bezeichnung »tempio massimo« (bedeutendster Tempel) eine Parallele zu jenem Tempel des Jupiter Optimus Maximus auf dem Kapitol, dem bedeutendsten Sakralbau seiner Zeit und religiösen Zentrum des alten Rom.

Bereits in der augenscheinlich einfachen Ortsbestimmung gelingt Alberti demnach ein tiefgründiger Auftakt seines Dialogs: Der Tempel ist einerseits Metapher für den Zustand und ›Wohnort‹ der Seele, andererseits dient er in klarem Rückgriff auf das Neue Testament auch als Synonym der Gemeinschaft und als Ort und Zeichen der Gerechtigkeit. Als solches charakterisiert Alberti den Gebäudetypus ›Tempel‹ auch zu Beginn des siebten Buches seines *De re aedificatoria* (VII, 1). Das Kapitol wird dort ebenfalls evoziert, wenn Alberti wenige Seiten später schreibt: »Auf dem Kapitol sollen die Gesetze auf eherne Tafeln geschrieben gewesen sein, mit welchen sie das Reich regierten. Als der Tempel abgebrannt war, soll sie der Fürst Vespasian bis zur Zahl von dreitausend wieder haben herstellen lassen« (ebenda, VII, 10). Gemeint sind die bronzenen Gesetzestafeln, die *Lex de imperio vespasiani*. Vor diesem Hintergrund verweist die Ortsbestimmung »tempio massimo« unmittelbar auf die politische Dimension des Dialogs *Über die Seelenruhe*: Schließlich ist es das sich in jenen Jahren festigende Medici-Regime, das als einer der Auslöser des Seelenunfriedens der republikanisch gesinnten und auf die *Fiorentina libertas* eingestimmten Dialogteilnehmer anzusehen ist. Santa Maria del Fiore übernimmt demzufolge die Rolle des Palazzo Vecchio als Ort der *iustitia* und der Meinungsfreiheit. Dies wird noch deutlicher, wenn Agnolo zu Beginn des zweiten Buches, wo erneut der »tempio massimo« zum Treffpunkt wird, wehmütig vom »Ratspalast« spricht, in dem es ihm nicht mehr möglich sei, frei zu sprechen und dem Wohl der Bürger zu dienen (siehe S. 69–70). Der Bogen zurück zum Dom als Sinnbild der Seelenruhe lässt sich schließlich über Albertis *De iure* von 1437 spannen, wo er das Ziel der Gerechtigkeit in Ruhe und Frieden ansetzt.

Bibl.: Farris 1975; Rubinstein 1986; Lawson 2002; Boschetto 2007; Bulgarelli 2008, S. 104–105; Bachmann, WiBiLex (»Tempel«) 2012.

3 Mit dem Verweis auf das gemeinsame Wandeln im Dom zu Florenz deutet Alberti auf das seit der Antike immer wieder zur Sprache gebrachte Verhältnis von Gehen und Denken hin. Bereits in Platons (428/427 v. Chr. Athen oder Aigina – 348/347 v. Chr. Athen) Dialogen kommt dem *peripatein*, also dem Umherwandeln oder Spazieren, große Bedeutung zu. In der Tat erörtern Sokrates und seine Gesprächspartner viele komplexe philosophische Fragen und gesellschaftliche Probleme während ihrer gemeinsamen Spaziergänge. Dabei spielt auf inhaltlicher Ebene auch die ›Begleitlandschaft‹ der Dialoge – etwa der gemeinsame Raum der *polis* wie in der *Politeia* oder die wilde Flusslandschaft des Ilissos wie im *Phaidros* – eine aktive Rolle, da die Leser durch diese emotional und intellektuell in eine jeweils unterschiedliche Stimmung versetzt werden.

Es war jedoch vor allem in Bezug auf Aristoteles (384 v. Chr. Stageira – 322 v. Chr. Chalkis auf Euböa) und die Anhänger seiner Lehre, dass der Begriff der *peripateia* an immer größerer Bedeutung gewann. Der *peripatos* bezeichnet die Wandelhalle des Lyceums, in welcher gemäß antiken Überlieferungen der philosophische Austausch zwischen Aristoteles und seinen Schülern stattfand. Inwiefern es tatsächlich der Philosoph und Biograph Hermippos aus Smyrna (289/277 v. Chr. – 208/204 v. Chr.) war, der die Legende des während des Denkens auf und ab gehenden Aristoteles erschuf, kann nicht mit Sicherheit bestimmt werden. Fest steht, dass dieser bis heute wirkmächtige, aber auch stark umstrittene Topos im fünften, Aristoteles und seinen Schülern gewidmeten Buch in Diogenes Laertius' (um 180 – um 240) *Leben und Meinungen berühmter Philosophen* Erwähnung fand (V, 2). Laertius' Schrift, die im Florenz des 15. Jahrhunderts intensiv rezipiert wurde, war vom Kamaldulenser-Mönch und Theologen Ambrogio Traversari (1386 Portico di Romagna – 1439 Florenz) ins Lateinische übersetzt und 1433 Cosimo il Vecchio de' Medici gewidmet worden. Auch Alberti selbst, der Traversari aller Wahrscheinlichkeit nach über Papst Eugen IV. (1431–1447; Gabriele Condulmer, 1383 Venedig – 1447 Rom) kannte, besaß eine Kopie dieser berühmten lateinischen Übersetzung der *Vitae philosophorum*, die eine der Hauptquellen für die Anführung seiner antiken Exempel im vorliegenden Dialog darstellt.

Indem Alberti gleich zu Beginn seines Dialogs explizit auf das Motiv des ›bewegten‹ Denkens seiner Hauptfiguren eingeht, eröffnet er also einerseits einen komplexen Horizont an philosophischen und textuellen Verweisen und hebt andererseits sofort die Bedeutung des gemeinsamen, erörternden Reflektierens in freundschaftlicher Zugewandtheit hervor. Ferner stimmt er die Leser durch den Ort, an dem das gemeinsame Gespräch beginnt, auch auf die Thematik des Dialogs ein. Dabei sollte nicht vergessen werden, dass Kirchen im Florenz der Frühen Neuzeit eben nicht nur Orte des Gebets und der Religiosität waren, sondern auch als ›Wandelhallen‹ des weltlichen und politischen Austausches dienten.
Bibl.: Wehrli 1974; Nussbaum (1986) 2001, S. 200–234; Sharples 2003; Materazzi 2005, S. 439–440; Dorandi 2009.

4 Agnolo di Filippo Pandolfini (1363 Florenz – 1447 ebenda) entstammt einer ursprünglich aus Prato kommenden, hochangesehen Notarsfamilie. Zu Agnolos Lebenszeit befanden sich deren Häuser zwischen Florentiner Kathedrale und Regierungssitz, im Gebiet der heute nach ihnen benannten Via Pandolfini. Agnolo hatte eine humanistische Bildung genossen und war mit den bedeutendsten Gelehrten der Zeit befreundet: neben Leonardo Bruni und Leon Battista Alberti sind Matteo Palmieri (1406 Florenz – 1475 ebenda) und Vespasiano da Bisticci (1421 Rignano sull'Arno – 1498 Florenz) zu nennen, die Agnolo ebenfalls in ihre literarischen Werke aufnahmen. Die Würde und Autorität, mit der Agnolo in Albertis Dialog auftritt, spiegelt sich in den von ihm bekleideten politischen

Ämtern wider. So war er dreimal *Gonfaloniere di Giustizia*, das höchste Amt im Florentiner Regierungssystem, und figurierte bei mehreren Anlässen als Entsandter, Schlichter oder Ratgeber, unter anderem in Verhandlungen mit den Päpsten Martin V. und Eugen IV.
Bibl.: Plebani, DBI (»Pandolfini, Agnolo«), Bd. LXXX, 2014.

5 Die Einführung Agnolos als einem der »primi nostri cittadini« (ersten unserer Bürger), als *primus inter pares*, verweist hier unter anderem auf Bürger- und Herrschaftskonzeptionen des aufstrebenden Florentiner Bürgerhumanismus sowie dessen republikanisch-antike Quellen (etwa Aristoteles, *Politik*, 1274b39–1275b23 sowie 1295b25–33). Bezeichnenderweise inszenierte sich auch Cosimo il Vecchio de' Medici, der aufgrund seiner Fähigkeit, politische Entscheidungen als Resultat gemeinschaftlicher Abwägungen zu präsentieren, insbesondere in den frühen 1430er Jahren die Opposition neutralisiert hatte, als *primus inter pares*.

Alberti betont an dieser Stelle des Dialogs aber vor allem das Alter und die Klugheit Agnolos, die hier als eine durch Tugend fundierte Form der Erfahrungsklugheit zu verstehen ist. Obgleich Agnolo unter anderem mehrfach als *gonfaloniere* der Florentiner Signoria aktiv war und somit durchaus eine staatstragende Funktion hatte, umschreibt die Bezeichnung Agnolos als *primus* hier also nicht primär eine politische Funktion, sondern eine außerinstitutionelle Form des Primats, die ihn innerhalb des Dialogs als Vermittler und Ratgeber qualifiziert. Es handelt sich hierbei um ein wiederkehrendes Motiv, das sich unter anderem auch in Albertis Verweis auf die Klugheit Agamemnons oder Odysseus' zeigt (siehe etwa S. 47, S. 85 und S. 108).
Bibl.: Finley 1986; Kircher 2012; Nedermann, SEP (»Civic Humanism«).

6 Leon Battista Alberti (1404 Genua – 1472 Rom) war Architekt und Humanist und gehört aufgrund seiner wegweisenden Schriften zur Architektur- und Kunsttheorie zu den wichtigsten und zugleich schillerndsten Denkern der Renaissance. Sein vielfältiges Themenspektrum umfasste auch moralphilosophische, staatspolitische, juristische und nicht zuletzt scharfzüngige literarische Werke.
Bibl.: Grafton (2000) 2002.

7 Albertis ›Eifrigkeit‹, Santa Maria del Fiore aufzusuchen, mag auch damit in Verbindung stehen, dass 1447, also kurz nach Fertigstellung von *Über die Seelenruhe*, einem offiziellen Ersuchen Albertis an Papst Nikolaus V. (1447–1455; Tommaso Parentucelli: 1397 Sarzana – 1455 Rom) stattgegeben wurde, für einen vakanten Kanonikerposten des Kathedralkapitels kandidieren zu dürfen. Als *canonicus fiorentinus* hätte Alberti neben einem beachtlichen Einkommen endlich auch eine institutionelle Bindung an Florenz erhalten. Der besagte Posten wurde im Endeffekt keinem der Mitstreiter zugesprochen.
Bibl.: Boschetto 2007.

8 In Bezug auf Albertis »tiefe Religiosität« muss zunächst erwähnt werden, dass er seit 1431 Abbreviator der päpstlichen Kanzlei und in dieser Rolle für das Redigieren und Entwerfen päpstlicher Bullen zuständig war. Dies beinhaltet nicht nur eine juristische Tätigkeit seinerseits, sondern auch eine Beschäftigung mit komplexen theologischen Fragen. Außerdem durfte Alberti das Priorat von San Martino in Gangalandi, westlich von Florenz, sein Eigen nennen. Ob Alberti tatsächlich auch zum Priester geweiht wurde, bleibt in der Forschung umstritten.

Darüber hinaus klingt in Agnolos Ansprache nicht nur das von Alberti im Verlauf des Dialogs, sondern auch im philosophischen Diskurs der italienischen Renaissance kontrovers verhandelte Verhältnis von humanistischer Philosophie, christlicher Theologie sowie hermetischen und kabbalistischen Traditionen an. Albertis Interesse an und synkretistischer Zugang zur Hermetik, deren Spuren sich bereits in der Patristik und später insbesondere bei Albertus Magnus (? Lauingen – 1280 Köln) finden lassen und deren Tradition im Florenz

der späten 1430er Jahre intensiv kultiviert wurde, zeigt sich in vielen seiner Schriften. So taucht etwa die mythische Figur des Halbgottes Hermes Trismegistos im *De re aedificatoria* oder in der kurzen Grabrede *Canis* von 1439 auf. Dank seines Zugangs zur päpstlichen Bibliothek war Alberti offensichtlich mit einzelnen Passagen aus dem *Corpus hermeticum* wohlvertraut (siehe Anm. 72), die erst von Marsilio Ficino (1433 Figline Valdarno – 1499 Florenz) komplett übersetzt und zugänglich gemacht wurden. Wie Marco Dezzi Bardeschi überzeugend nachweisen konnte, spielen figurative *schemata* der hermetischen Tradition auch in seinem bildnerischen und architektonischen Werk eine bedeutende Rolle, so etwa in der Fassade von Santa Maria Novella. Die von Alberti hier genannte »tiefe Religiosität« orientiert sich dabei an den formalen Verfahren der *philosophia perennis* (ewigen Philosophie): Aus der schöpferischen Rekombination bereits bekannter Topoi und ihrer Kombination mit bisher unbekannten Wissensbeständen entsteht ein Verständnis ethischer Praxis, das die institutionalisierte Religion sowohl bewahrt als auch übersteigt.
Bibl.: Euler 1998, S. 206–237; Schmidt-Biggemann 1998; Dezzi Bardeschi 2007; Kircher 2013; Leinkauf 2017, Bd. II, S. 1498–1516.

9 Auch in seinem *De re aedificatoria* hebt Alberti hervor, wie wichtig es für die Seele sei, die Tempel der Götter so häufig wie möglich zu besuchen (VII, 10). Laut Giovanni Ponte soll dies wiederum auf eine Verbindung von sinnlicher und geistiger Gotteserkenntnis zurückgehen, die Cicero (106 v. Chr. Arpinum – 43 v. Chr. bei Formiae) im Rückgriff auf die griechische Tradition entwickelte und der gemäß »Achtung und Ehrfurcht vor den Göttern vor allem dann in den Herzen wohnten, wenn wir uns um die Verehrung der Götter kümmerten und so wahr das zutrifft [...], daß nämlich die Menschen glauben müßten, alles, was sie sähen, sei voller Götter; dann lebten nämlich alle Menschen in größter Reinheit, als ob sie sich an besonders heiligen Stätten aufhielten. Man ist nämlich der Meinung, daß die Gestalt der Götter in einem gewissen Sinne auch für die Augen und nicht nur für den Geist sichtbar sei.« (*De legibus*, II, 26; Ponte 1988, S. 4)

10 Die Paarung der beiden Kategorien der »grazia« (Anmut) und »maestà« (das Majestätische, Erhabene, die Hoheit) ist ein klassisches, unter anderem auf die antike Rhetorik und ihre *Genera dicendi* zurückgehendes Prinzip frühneuzeitlicher Ästhetiken, das im Kontext von Schönheits- und Erhabenheitsdiskursen gelesen werden muss. Sowohl in literatur-, kunst- als auch architekturtheoretischen Überlegungen wird hierbei stets die jeweilige Wirkung, die das Werk auf die Betrachterin ausübt, sowie die Affekte, die es auslöst, zur Sprache gebracht. Geht etwa die »grazia« mit Leichtigkeit einher, berührt die »maestà« die Rezipienten insbesondere durch eine gewisse Würde und Grandiosität, was – dies die Annahme – zu je unterschiedlichen Regungen der Seele der Betrachtenden führt. Indem Alberti dank adjektivischer Vielfalt das ganze semantische Spektrum der beiden Begriffe auslotet und etwa von »anmutiger Schlichtheit« (»gracilità vezzosa«) spricht, weist er gekonnt die Komplexität und die Überschneidungen dieser beiden Kategorien auf.

Dabei ist wichtig, dass in Albertis Kunstverständnis sowohl »grazia« als auch »maestà« stets dem ordnungsnahen *ethos* und nicht dem aufwühlenden *pathos* nahestehen, ein Aspekt, den er in seinem *De pictura* oder *De re aedificatoria* ebenfalls unterstreicht. Dadurch zeigt sich, wie sehr diese beiden Kategorien nicht im modernen Sinne als rein künstlerisch-ästhetische, sondern vielmehr als ethische, theologische und epistemische verstanden werden müssen. Bezeichnenderweise widmet Alberti der Anmut beziehungsweise anmutigen Schlichtheit und dem Majestätischen der Kirchenarchitektur in seinem *De re aedificatoria* viel Raum, wobei insbesondere die Frage der Angemessenheit und Würde der Sakralbauten und ihrer Ornamente im Fokus seiner Überlegungen steht. Im siebten Kapitel unterstreicht er, dass Tempel »die Seele wunderbar erheben und sie mit Wohlgefallen und Bewunderung

erfüllen« (VII, 3). Gemäß Alberti besteht nun ein klarer Bezug zwischen der Pflege der Frömmigkeit und der Seele sowie der Anmut und Erhabenheit der Sakralbauten, die diese Pflege durch ihre gestaltete Präsenz überhaupt erst ermöglichen (ebenda). Insbesondere das Innere des Tempels, so Alberti, sollte mit einfachen und erhabenen Ornamenten geschmückt sein, ähnlich wie die Lebensführung des Einzelnen der Leitlinie der Einfachheit und Schlichtheit folgen sollte. Indem Alberti hier vom wohlgeordneten Baukörper spricht, der sich auch durch Festigkeit (Vitruvs *firmitas*) auszeichnet, weist er subtil auf die Analogie von Architektur und Mensch hin. Thematisiert wird das Motiv der *aedificatio* somit im doppelten Sinne: Die Erbauung der Seele wird durch die realiter erbaute Architektur unterstützt, zugleich soll die Gestaltung der Seele den architektonischen Prinzipien von Ordnung, Anmut, Angemessenheit und Würde entsprechen und auf Dauer und Festigkeit ausgelegt sein. Das Haus der Seele spiegelt also im Idealfall das Haus Gottes wider.
Bibl.: Mühlmann 1981, S. 95–108; Wolf 2000, S. 183; Till 2006; Mönig 2008; Gründler 2012; Krüger 2016.

[11] Im Rahmen der hier angedeuteten Analogie von Architektur und menschlicher Seele/Körper spielt die harmonische Temperiertheit, die mit allen Sinnen wahrgenommen werden kann, eine wichtige Rolle. Indem Alberti bewusst die Launenhaftigkeit und ständigen Umschwünge der äußeren, häufig exzessiven Wetterumstände hervorhebt und den Innenraum des Domes als einen windgeschützten Ort voller Milde, Ausgewogenheit und Lieblichkeit charakterisiert, verknüpft er bezeichnenderweise zwei klassische Topoi der (antiken) Philosophie und Architekturtheorie. Erstens bedient er sich offensichtlich der seit Platon (*Nomoi*, 791a; *Symposion*, 197c) und dann insbesondere in der stoischen Philosophie gängigen meteorologischen Metaphern, die zur Beschreibung von seelischen Zuständen dienen. Das stürmische Wetter – also die *perturbatio* im wörtlichen Sinne – soll hinter sich gelassen und stattdessen der Zustand der *serenitas* – des heiteren Wetters – erlangt werden.

Alberti erweitert nun diese ›psychologische‹ Wettermetaphorik um architektonische Motive. Er bezieht sich dabei auf eine lange, bereits auf Vitruv (80 v. Chr. Formia – 15 v. Chr. ebenda) zurückgehende Tradition des Nachdenkens über das Verhältnis von Natur und Architektur. Gemäß Vitruv ist es die Architektur, die die Menschen vor den Unwägbarkeiten einer gewaltsamen Natur schützt. Sie hat es der Menschheit überhaupt erst ermöglicht, sich endgültig aus dem Zustand des Animalischen zu befreien und einen gemeinsamen Ort und somit eine Gesellschaft zu errichten (*De architectura*, II, 1). Dieses Moment der Zivilisierung und Kultivierung der Menschheit durch die Architektur, die gerade aufgrund dieser ihr eigenen Kraft sowohl für Vitruv als auch für Alberti die edelste aller Künste ist (*De re aedificatoria*, *Vorrede*, S. 9), wird von Alberti an dieser Stelle auch auf die Pflege und Erbauung der Seele übertragen. Nicht zuletzt spielt sowohl im Bereich des Meteorologischen als auch des Architektonischen die Mikro-Makrokosmos-Analogie eine Rolle, gemäß der stets eine harmonische Übereinstimmung zwischen dem universalen Ganzen und dem Einzelnen gegeben ist.
Bibl.: Reale 1994; Plotke 2012; Probst/Dierse, HWPh (»Seelenruhe«), Bd. IX, Sp. 94–105.

[12] Die unter Humanisten breit wahrgenommenen und philosophisch reflektierten griechischen Mysterien (ca. 7. Jh. v. Chr. – 4. Jh. n. Chr.) verweisen im Zusammenspiel mit dem später genannten Musiker Timotheos und den griechischen Zeilen (*versiculi greci*) auf die in Griechenland praktizierten kultischen Geheim-Feiern (Initiationsriten). Diese bestanden unter anderem aus rituellen Gesängen, zum Beispiel im Rahmen der Opfergaben, die Alberti hier mit den christlichen Traditionen der Messe, dem Singen des *Kyrie Eleison* verschränkt. Im christlichen Gottesdienst der Frühen Neuzeit gilt ein Musikverständnis, das neben biblisch-mittelalterlichen Einflüssen insbesondere pythagoreisch-platonisch geprägt

ist und kultische Musik durchaus miteinschließt. Die Musik gehört zwar zur empirischen (Sinnes-)Welt, transzendiert diese aber hin zum Ideal eines ewigen Wesens und dem einer kosmologisch-harmonischen Sphärenmusik. Sie wird bis ins 16. Jahrhundert vornehmlich als polyphone, hier von den *cantores* von Santa Maria del Fiore gesungene Vokalmusik praktiziert, was sie dahingehend dem *logos*, also dem Wort, Sinn beziehungsweise der Vernunft, zuordnet, als dass sie nicht nur auf die kosmische Ordnung, sondern auch auf das menschliche Verstehen und auf dessen Wahrnehmung und Erfahrung ausgerichtet ist.

Dem antik-mittelalterlichen Verständnis entstammt auch die Vorstellung, dass Musik die Seele berühren und in der Kombination von durch Tonarten und Intervallen vorgegebenen pythagoreischen Klangereignissen und Texten (auch jenseits des sprachlichen Verstehens) Affekte generieren und auslösen kann. Alberti greift diese pythagoreisch-platonischen Vorstellungen in seinem *concinnitas*-Konzept auf und räumt der Musik dabei bezeichnenderweise eine besondere Stellung ein: Die Harmonie der Zahlen würde »bewirken, daß jenes Ebenmaß der Stimmen erreicht wird, das den Ohren so angenehm ist, [und diese Zahlen] sind dieselben, welche es zustande bringen, daß unsere Augen und unser Inneres mit wunderbarem Wohlgefühle erfüllt werden«. (*De re aedificatoria*, IX, 5) Diese sinnliche Wahrnehmung der Musik in ihrer harmonischen Gestaltung hat nun einen direkten Einfluss auf den (tugendhaften) Zustand der Seele.
Bibl.: Wind 1987, S. 11–27; D'Accone 2006; Lawson 2013, S. 267; Krieg, TRE (»Musik und Religion IV«), Bd. XXIII, S. 460–461; Zeller, TRE (»Mysterien/Mysterienreligionen«), Bd. XXIII, S. 504–518.

13 Die Hervorhebung der wohllautenden polyphonen Gesänge, die bei der Erhebung des Kelches ertönen, eröffnet eine weitere Stufe des multisensoriellen Erlebens des (Kirchen-) Raumes und führt in die Analogien der Harmonie von Musik und Architektur ein. Das Insistieren auf deren »soavità« (Lieblichkeit) entspricht ähnlichen Beschreibungen solcher Abläufe aus Albertis Umkreis. So beendet Giannozzo Manetti (1396 Florenz – 1459 Neapel), dessen Schriften in vielerlei Hinsicht auf einen regen Austausch mit Alberti schließen lassen, seine *Oratio* der Domweihe nach einer beeindruckenden Architekturbeschreibung ebenfalls mit der Evokation der polyphonen Gesänge. Die Kraft der Musik sei während der Erhebung der Hostie im gesamten Gebäude erklungen, und die Stimmen hätten solch lieblichen Wohlklang (*suavissimis cantibus*) gehabt, als ob engelsgleiche oder sogar göttliche Gesänge auf die Erde gekommen seien. Ähnlich dem Dialog *Über die Seelenruhe* zieht auch Manetti Vergleiche zu Timotheos (siehe Anm. 14) und Orpheus und deutet durch die Korrelation der Klänge mit den Stimmen der Sirenen das Motiv der Verführung an, das auch Alberti zur Sprache bringt (siehe Anm. 26 sowie Manetti, *Oratio*, S. 3).

Der generelle Stellenwert musikalischer Begleitung von Messen wird durch die steigende Nachfrage nach professionellen Sängern für polyphone Darbietungen belegt: So wurden beispielsweise die *cantori di San Giovanni*, die sowohl im Baptisterium als auch im Dom auftraten, während des Konzils von Florenz im Jahr 1439 ins Leben gerufen. Ein bedeutender Impuls für die Wertschätzung polyphoner Gesänge mag die berühmte, 1436 komponierte Domweihmotette, das *Nuper rosarum flores*, des Guillaume Dufay (1397 Beersel – 1474 Cambrai) gewesen sein. Die These, Dufay habe sich für die Komposition seines Stücks an der Architektur des Domes orientiert (Warren 1976), wird kontrovers diskutiert. Solch eine hypothetische Analogie unterstreicht einmal mehr den Klangeindruck polyphoner Gesänge in der Florentiner Kathedrale. Alberti hat, wie Manetti auch, der Weihe selbst beigewohnt, und darüber hinaus dürften sie auch mit Dufay in direktem Kontakt gewesen sein. Eine Auseinandersetzung Albertis mit dem Text der Mottete klingt etwa in Agnolos Worten über das milde Klima im Innern des Domes nach.

Bibl.: Warren 1976; Smith 1992, S. 80–97; Wright 1994; Van Eck 1998; Trachtenberg 2001; Lawson 2002.

[14] Timotheos von Milet, Kitharode und Dichter: um 450 v. Chr. Milet – um 366 v. Chr. Makedonien

[15] Gemeinsam mit ihrem dialektischen Gegenpart, der *tranquillità* oder der *serenità d'animo*, der Seelenruhe, handelt es sich bei der »perturbazione«, also der seelischen Erregung oder Verwirrung, um eine der zentralen Kategorien des Dialogs, die eine große semantische Vielfalt und ideengeschichtliche Komplexität aufweist. Aus rhetorischer und pädagogischer Perspektive ist es bedeutsam, dass die »perturbazione d'animo« von Alberti das erste Mal in Zusammenhang mit den harmonischen, die aufgewühlte Seele beruhigenden Gesängen erwähnt wird. Indem den Lesern über die Figur Agnolos – des ältesten Dialogpartners – nämlich gleich zu Beginn die Möglichkeit aufgezeigt wird, die Seelenruhe beim Lauschen heiliger Gesänge zumindest für einen kurzen Augenblick zu erlangen, werden diese subtil dazu angeregt, den durchaus beschwerlichen Weg der Pflege des Selbst, der auf das Erreichen einer permanenten Seelenruhe ausgerichtet ist, auf sich zu nehmen.
Bibl.: Plotke 2012.

[16] Albertis »lentezza d'animo« (sanfte Verlangsamung der Seele) kann hier, in Anlehnung an den ciceronischen Begriff der *lenitas* (Sanftheit, Milde, Weichheit), als Variation der *tranquillità d'animo*, also der Gelassenheit, auch im Sinne der Hingabe an Gott (*lenitas dei*) verstanden werden. Die aus der Rhetorik stammende *lenitas* (versus *asperitas*, Rauheit, Derbheit) gehört zu den Wirkungsarten des *conciliare/delectare* beim Vortrag, bei dem der Redner mittels sanfter Stimme und milder Ausdrucksweise die Erregung sanfter Affekte beim Publikum erzielen, so dessen Wohlwollen und Gewogenheit gewinnen und dadurch Vergnügen bereiten soll. Auch Dante Alighieri (1265 Florenz – 1321 Ravenna) verwendet im *Convivio* (IV, II, 13), bezugnehmend auf die antike Rhetorik, die Begriffe *leno* und *aspra* volkssprachlich-toskanisch in seiner Dichtungstheorie. Die in diesem Zusammenhang ebenfalls relevante *vox lenis/levis* (Cicero, *De Oratore*, II, 43), die sanfte, glatte Stimme, spielt auf die die Seele besänftigende und verzaubernde Qualität der Gesänge im Dom an. Die über das Gehör sinnlich wahrgenommenen, harmonischen Wohlklänge führen eine ihnen entsprechende Seelenregung herbei, die die Seele weicher und sanfter werden lässt. Die so verstandene »lentezza« im Sinne eines Weichwerdens und Besänftigtseins der Seele ermöglicht die Hingabe an Gott und wird von Alberti offensichtlich positiv konnotiert. In seiner späteren Schrift *De iciarchia* (S. 41) wird die »lentezza d'animo« hingegen negativ als Faulheit und Verweichlichung der Seele besetzt und steht im Gegensatz zur »fermezza d'animo«, der Festigkeit der Seele.
Bibl.: Müller, Ulrich 1969, S. 36–37; Vieth 2002; Mönig 2008, S. 460–461.

[17] Alberti verweist an dieser Stelle auf den noch heute in den verschiedenen Liturgien der Christenheit gebräuchlichen Ruf *Kyrie eleison*, der einerseits die Königswürde Jesu betonen und andererseits das Erbarmen Gottes für die versammelte Gemeinde erbitten soll.

[18] Das hier verwendete Konzept der »forza« (Kraft) erweist sich als ebenso vielschichtig wie das Phänomen der Kraft an sich, die Potenz, Potenzial, Vermögen und Wirkung zugleich ist. Dies zeigt sich unter anderem an der komplexen Semantik des Kraftbegriffs, zu dem etwa *dynamis*, *energeia*, *virtus* oder *potentia* zu zählen sind. Im Bereich der italienischen Kunst-, Literatur- und Musiktheorie der Frühen Neuzeit wird die *forza* dabei meist aus produktions- und wirkungsästhetischer Perspektive untersucht. So spricht auch Alberti in seinem *Della pittura* von der »göttlichen Kraft« der Malerei, die unter anderem darauf beruhe, dass sie das Abwesende anwesend werden lässt (II, 25). Benutzt er im Italienischen den Begriff der *forza*, verwendet er in *De pictura* denjenigen der *vis*, was zunächst

die körperliche Kraft meint, aber auch mit der *vis imaginativa*, also der Einbildungskraft, verknüpft ist. Diese Spezifizierung zeigt, dass die ästhetische Dimension des Kraftbegriffs nur schwer von physikalischen, (natur)philosophischen und theologischen Überlegungen getrennt werden kann. Sowohl im Bereich des malerischen als auch des musikalischen Ausdrucks von Kraft geht es um die Schwierigkeit, etwas darzustellen, was an sich eine andere ontologische Qualität besitzt. In diesem Sinne ist die Darstellung von Kraft auf das Engste mit der Darstellung des Inneren (also des Seelenlebens) verbunden, welches sich im Äußeren konkretisiert und zugleich die Seele – in diesem Fall der Zuhörenden – berührt.
Bibl.: Leinkauf 2018; Summers 2018; Fehrenbach 2019, S. 33–38; Fehrenbach/Felfe/Leonhard 2018, S. IX–XIX.

19 Alexander der Große von Makedonien (König Alexander III.): 356 v. Chr. Pella – 323 v. Chr. Babylon.

20 »Alexander, so sagt man, habe beim Gesang des Xenophantes die Hand nach dem Schwert ausgestreckt.« (Seneca, *De ira*, II, 2; Ponte 1988, S. 5)

21 Giannozzo degli Alberti, ein Onkel Leon Battista Albertis: 1357 Florenz – 1446 ebenda.

22 Albertis *De familia*, im Deutschen unter dem Titel *Über das Hauswesen* erschienen, ist ein Werk in vier Büchern, von denen die ersten drei nach eigener Aussage Albertis zwischen 1433 und 1434, noch vor seinem dreißigsten Lebensjahr, in toskanischer Volkssprache in nur neunzig Tagen verfasst wurden (*Vita*, S. 41–43). Etwas später, 1441, fügte Alberti das vierte Buch über das Thema der Freundschaft hinzu. In den im Jahr 1421 angesetzten Dialogen des *De familia* kommen verschiedene Mitglieder der Albertifamilie zu Wort. Giannozzo degli Alberti, »der wegen seiner gebildeten Menschlichkeit und der Reinheit seiner Sitten bei allen als ein vorzüglich guter Mensch galt« (S. 201), ist Wortführer im dritten Buch, dem sogenannten *Oeconomicus*. Der Titel nimmt das gleichnamige Werk Xenophons (um 430 v. Chr. Athen – um 354 v. Chr. Korinth) auf und behandelt vorrangig den (ge)rechten Umgang mit Vermögen und das besonnene Haushalten eines verantwortungsvollen Familienoberhaupts.
Bibl.: Paoli 2013.

23 Dass Alberti Giannozzo und Agnolo zusammenführt, ist bemerkenswert, da Agnolo in den zwei Neufassungen des *Oeconomicus* die Rolle des Giannozzo als weises Familienoberhaupt einnimmt. Die Datierung und die Autorschaft besagter Neufassungen, die unter dem Titel *Trattato del governo di famiglia* erschienen sind, bleiben umstritten. Eine Niederschrift durch Agnolo Pandolfini selbst ist nicht auszuschließen. Der im Gegensatz zu Albertis Original von 1433 bis 1434 zwar einfachere Schreibstil lässt laut den neuesten Studien dennoch auf eine relativ frühe Redaktion sowie eine enge Beziehung zu Alberti schließen. Lucia Bertolini hat deshalb die erste Neufassung durch Agnolo Pandolfini auf 1439–1440 datiert. In der Zusammenführung der beiden Figuren im Dialog *Über die Seelenruhe* sowie der expliziten Nennung des *De familia* sieht sie eine Reaktion Albertis auf den bereits existierenden *Trattato*. Die Beschreibung Giannozzos als einer der »Ältesten im Senat« hat einen *terminus post quem* von *Über die Seelenruhe* auf das Jahr 1442 zur Folge, in dem Giannozzo das Amt eines Priors innehatte.
Bibl.: Pellegrini 1886; Ravenscroft 1974; Boschetto 2000a, S. 123–124; Lawson 2004, S. 86–87; Bertolini 2013.

24 Die Stilisierung des ältesten Gesprächspartners des Dialogs Agnolo zur idealen Vaterfigur muss sowohl vor dem Hintergrund humanistischer Diskurse um die Autorität des Alters als auch des verstärkten Interesses an *paideia*-Konzeptionen gelesen werden. Ausgehend von antiken Schriften hatten Erziehungstraktate im 15. Jahrhundert einen neuen

Aufschwung erlebt. Erwähnt seien hier etwa Giovanni Dominicis (1356/1357 Florenz – 1419 ebenda) *Regole del governo di cura familiare* (1400–1405) oder Matteo Palmieris *Della Vita civile* von 1438, in der bezeichnenderweise derselbe Agnolo Pandolfini wie in Albertis Dialog *Über die Seelenruhe* die Rolle der idealen Erzieher- und Vaterfigur einnimmt. In vielen dieser Traktate wird auf die Pflicht des Vaters verwiesen, sich der Erziehung seiner Kinder zu widmen, um dadurch ihre moralischen Qualitäten zu kultivieren und sie zu vorbildlichen Bürgern zu erziehen. Ein Blick auf Plutarchs (um 45 Chaironeia – um 125) *Moralia*, die in humanistischen Erziehungstraktaten der Frührenaissance besonders intensiv rezipiert wurden, verdeutlicht, dass Plutarch zufolge die gute Erziehung unerlässlich ist, da sie den Charakter des Menschen bestimmt und zum Studium anregen soll. Diese Prämissen sollen zur moralischen Exzellenz und zur Unsterblichkeit führen, da »[v]on allem, was in uns ist, Geistesbildung allein etwas Unsterbliches und Göttliches [ist].« (Plutarch, *Moralia* [*Über Kindererziehung*], 8)

Die Bedeutung, die dabei der *auctoritas*, der Autorität, zukommt, kann kaum zur Genüge betont werden. Ähnlich wie etwa in platonischen Dialogen oder in den Briefen Senecas (um 1 v. Chr. Corduba – 65 n. Chr. bei Rom) der ältere Freund und spirituelle Ratgeber seinen jüngeren Gefährten auf den mühsamen Weg der Erkenntnis und somit des tugendhaften Lebens vorbereitet, hebt auch Alberti die Rolle Agnolos als moralische Instanz hervor, deren praktisches und theoretisches Wissen die anderen Gesprächspartner zur (Selbst-) Erkenntnis leiten wird. Die Figur des idealen Vaters spielt auch in anderen Schriften Albertis wie *De familia*, *De iciarchia* oder *Theogenius* eine wichtige Rolle. Dabei weitet Alberti den Machtbereich des ›Vaters‹ vom *oikos*, also vom Hauswesen, auf die *polis* aus, auf die Gesellschaft als Ganzes. Letztlich wird die Vaterfigur somit zu einem nachahmungswürdigen, beinahe universalen Modell, in dem Erziehung, Disziplinierung und Macht gleichermaßen zusammenkommen. In diesem Zusammenhang ist es wichtig, dass Alberti explizit auf die Bedeutung des Sehens, Zuhörens und gemeinsamen Sprechens hinweist und somit unterstreicht, dass Wissen keineswegs nur passiv durch Bücher vermittelt wird, sondern es Formen der Evidenzerzeugung gibt, die stark mit der sinnlichen Erfahrung der Schüler sowie der Autorität und Präsenz des Lehrenden verknüpft sind. Für die epistemische, moralische und politische Gestaltung des Individuums spielt somit die aktive und intersubjektive Form der Wissensgenerierung und -vermittlung eine grundlegende Rolle, bei der die formbare Jugend vom vorbildhaften Charakter der Alten lernt.

Bibl.: Müller, Gregor 1969; Bianchi Bensimon 2002; Christes/Klein/Lüth 2006; Hoyer 2015.

[25] Diese Textpassage ist schwer zu deuten. Der Interpretation Franco Borsis zufolge scheint Alberti sich hier auf die hitzigen zeitgenössischen Debatten über die Laterne des Florentiner Domes zu beziehen. Filippo Brunelleschis (1377 Florenz – 1446 ebenda) Kuppel war zwar bereits 1436 fertiggestellt worden, sein Modell für die Laterne musste jedoch erneut von der Dombauhütte abgesegnet werden und konnte erst lange nach seinem Tod, 1461, fertiggestellt werden. Im Zentrum der Diskussion stand, ob die Laterne, der Meinung Brunelleschis entsprechend, eher besonders schwer sein solle, um die Kuppelstruktur verhärtend zu stärken, oder ob sie hingegen besonders leicht sein müsse, um die Gebäudestruktur nicht zu sehr zu belasten.

Bibl.: Borsi 2015.

[26] Alberti spielt hier offensichtlich auf den Mythos des antiken Sängers und Dichters Orpheus an, der mit seiner Musik selbst die wildesten Tiere zu besänftigen wusste. In Albertis Selbstbeschreibung als ›neuer‹ Orpheus schwingt auch eine leicht ironische Note mit. In seiner Autobiographie stellt er seine musikalischen Kompetenzen wie folgt dar: »Er beherrschte die Musik ohne je einen Lehrer gehabt zu haben, und seine Werke wurden von

musikkundigen Fachleuten beifällig aufgenommen; [...]. Manche Musiker lernten durch seine sachdienlichen Hinweise nicht unwesentlich dazu.« (*Vita*, S. 39; Ponte 1988, S. 5) Solch eine von heutigen Leserinnen gern belächelte Selbstdarstellung findet hingegen in zeitgenössischen Texten beeindruckende Bestätigung. Repräsentativ sei Cristoforo Landinos (1424 Florenz – 1498 Borgo alla Collina) Preisung von Albertis Versiertheit in nahezu allen Bereichen angeführt. Im Vorwort zu seinem Kommentar von Dantes *Göttlicher Komödie* schreibt Landino: »Aber wo lasse ich Battista Alberti, und in welche Generation der Gelehrten ordne ich ihn ein? [...] Er Geometer, er Arithmetiker, er Astrologe, er Musiker und in der Perspektive wundervoll, mehr als die Menschen seit vielen Jahrhunderten zu vermögen wussten.« (*Commento*, Bd. I, S. 117; Übers. der Hg.)

[27] Platon: 428/427 v. Chr. Athen oder Aigina – 348/347 v. Chr. Athen.

[28] Alberti scheint auf diese beiden Passagen in Platons *Politeia* anzuspielen, die sowohl die Seele des Einzelnen als auch die Verführung durch Musik und Dichtung in der *polis* thematisieren. »Ist nun, mein Glaukon, die Erziehung durch Musik nicht darum von entscheidender Wichtigkeit, weil Rhythmus und Harmonie am meisten in das Innere der Seele eindringen und sie am stärksten ergreifen, indem sie edle Haltung mit sich bringen und den Menschen demgemäß gestalten, wenn er richtig erzogen wird, wo nicht, das Gegenteil?« (401d) Ferner: »Und darum sind wir in unserem guten Recht, wenn wir ihn nicht aufnehmen in einen Staat, der sich einer guten Verfassung erfreuen soll. Denn er weckt und nährt diesen niedrigen Teil der Seele und verdirbt durch dessen Kräftigung ihren vernünftigen Teil, ganz so, wie wenn einer in einer Stadt die Schurken zur Macht gelangen ließe und den Staat in ihre Hände brächte, den anständigen Teil der Bürgerschaft aber zugrunde gehen ließe; ebenso läßt, wie wir nun behaupten werden, der nachahmende Dichter in der Seele jedes Einzelnen gleichsam eine schlechte Staatsverfassung zur Geltung kommen, indem er dem unvernünftigen Teile derselben huldigt, der Groß und Klein nicht voneinander zu unterscheiden weiß, sondern das Nämliche bald für groß hält, bald wieder für klein, ein bloßer Bildner von Bildern, von der Wahrheit aber fern abstehend.« (Ebenda 605b–c).

[29] Alberti nutzt die Gegenrede Niccolas, um eine Kritik an Platon anzuführen: In der *Politeia* vertritt der antike Philosoph die Überzeugung, dass dysharmonische und exzessive Formen der Musik, aber auch der Dichtung, eine destabilisierende Wirkung auf die Seele des Einzelnen sowie auf die *polis* als Ganzes ausüben können. Gemäß Platons Argumentation, in der der Analogie von Seelenlenkung und Staatsführung eine wichtige Rolle zukommt, besitzt die verführende Macht der Musik (beziehungsweise des Aisthetischen an sich) im Bereich des Gesellschaftlichen und Politischen sowohl positive als auch negative Seiten (siehe Anm. 28). Was Platon fürchtet und somit verdammt, ist niemals die Musik oder die Dichtung an sich (bekanntlich beinhaltet die ideale Erziehung auch die musikalische Harmonielehre, *Politeia*, IV), sondern eine Hingabe an die animalischen, unvernünftigen Teile der Seele (*Phaidros*, 241e, oder *Politeia*, insbesondere X, 602a–603d), die eine negative Form der *mania* (des Wahnsinns) nach sich ziehen kann. Die damit einhergehende Normüberschreitung, wie sie etwa in gewissen dionysischen Riten praktiziert wurde, birgt ganz im Sinne einer Korrelation der Struktur der Seele und der Struktur des Staates auch die Möglichkeit einer Infragestellung der Gesetze der *polis* und somit der Gerechtigkeit in sich, was um jeden Preis unterbunden werden muss. Alberti sieht die Gründe einer möglichen Pervertierung der politischen Stabilität (»pervertere una republica«) jedoch weniger in der Gefahr des Aisthetischen als vielmehr im schlechten Charakter der Menschen.
Bibl.: Gundert 1977; Nussbaum 1998; Popper (1945) 2003, Bd. 1, S. 64–89 (insbesondere S. 86–87).

[30] Niccolas deutliche Worte geben die Unzufriedenheit mit der politischen Situation in Florenz wieder. Luca Boschetto hat den Dialog deshalb auch als »Oppositionsliteratur« der Zeit eingestuft. Die ausdrückliche Stellungnahme Albertis erhält noch mehr Nachdruck, wenn man sich vor Augen führt, dass dieser Dialog *Über die Seelenruhe* sein erster ist, in dem zeitgenössische Personen zu Wort kommen. Weder wird ein allegorischer Rahmen geschaffen wie im *Theogenius*, noch erfolgt eine Rückdatierung der Ereignisse wie in *De familia*, was zwei unterschiedliche Praktiken der Distanznahme sind. Alberti und seine Dialogpartner assoziieren sich mit der Minderheit, die der immer stärker werdenden Hegemonie der Medici kritisch gegenüberstand.

Die Florentiner Staatsordnung sah vor, in Zeiten besonderer Not sogenannte *balìe* einzuberufen, außerordentliche Räte, denen legislative und exekutive Gewalt zuerkannt wurde. Eine allzu häufige Einberufung solcher Räte, währenddessen die republikanischen Statuten aussetzten, war einer der kritischsten Punkte für die *Fiorentina libertas*. Im Mai 1444 erfolgte eine besonders gewaltvolle Repression der Oppositionellen durch eine *balìa medicea*, die wesentlich zur Fundierung ihrer Machtausbreitung beitragen sollte. Die an mehreren Stellen des Dialogs *Über die Seelenruhe* auftretende Kritik an der aktuellen Situation ist somit auch ein wichtiger Punkt für die Datierung des Textes, der infolge dieser Ereignisse entstanden sein dürfte.
Bibl.: Rubinstein (1966) 1997, S. 17–22 und S. 43–59; Boschetto 2000a; Bulgarelli 2008, S. 104–105.

[31] Alberti spielt hier wohl auf eine von Aristoteles referierte Seelenvorstellung des Pythagoras an: »Auch eine andere Ansicht über die Seele ist überliefert, [...]. Sie sagen nämlich, sie sei eine Art von Harmonie. Denn die Harmonie sei Mischung und Zusammensetzung von Gegenteiligem [...].« (Aristoteles, *De anima*, 407b28–33)

[32] Der hier sprechende Niccola kritisiert Agnolos ›pythagoreische‹ Position, die von einer harmonischen Ordnung des Kosmos (des Weltganzen) ausgeht, in der Natur und Himmel durch mathematische Prinzipien, Zahlenverhältnisse und Proportionen nachgebildet und in messbarer Form und Gestalt erfasst werden können – wobei beispielsweise auch die musikalischen Konsonanzen und die dadurch entstehenden Klänge dieser Ordnung entsprechen. Dieses Konzept wurde auch zu Beginn des Dialogs in der Beschreibung der harmonischen Gebäudestruktur, die im Zusammenspiel mit den polyphonen Gesängen für eine temperierte Gesamtatmosphäre und seelisches Wohlbefinden sorgt, äußerst positiv konnotiert. Niccola bezweifelt hingegen stark, dass ein Zusammenhang oder eine förderliche Wechselwirkung zwischen einer harmonisch gestalteten Außenwelt und der Ausgeglichenheit der Seele besteht.
Bibl.: Anstey 1999, S. 191–194; Naredi-Rainer 1999, S. 13–15 und S. 23–24; Vieth 2002, S. 30–35.

[33] Dies ist die erste Stelle des Dialogs *Über die Seelenruhe*, in der Alberti das Thema der Bitterkeit und Trauer der Seele zur Sprache bringt und dabei bereits dessen semantisch breites Spektrum und inhaltliche Tiefe andeutet. Die Bitternis und Trauer der Seele spielen im Verlauf des gesamten Gesprächs und insbesondere im letzten Buch eine zentrale Rolle und werden von Alberti in all ihren Nuancen und Widersprüchlichkeiten ausgelotet. Mit der Verwendung des Begriffs der »acerbità«, also der Bitterkeit, Verbitterung oder Traurigkeit, verweist Alberti auf eine lange Tradition, in der die *acerbitas* als ein schwerwiegendes, der Ruhe und Ausgeglichenheit der Seele, Großzügigkeit des Charakters beziehungsweise Milde des Herzens entgegengesetztes Laster verstanden wurde. So schreibt Cicero im Brief an seinen Bruder Quintus, dass das Laster der *acerbitas* insbesondere im Verhältnis des Regierenden zum Regierten eine große Schwäche darstelle, da sie mit unangemessener Strenge und Härte einhergehe (Cicero, *Ad Quintum fratrem*, I, 13, 39). Im Anschluss

an Cicero definierten antike Autoren, wie etwa Ammianus Marcellinus (um 330 Antiochia? – um 395 Rom?), die Bitterkeit ebenfalls als eine der schlimmsten Charakterschwächen eines Herrschers.

Neben diesem politischen Kontext spielt die *acerbitas* auch in christlich-moraltheologischen Zusammenhängen eine wichtige Rolle. Augustinus (354 Tagaste – 430 Hippo) schreibt in seinen *Confessiones*, dass nach dem Tode seiner Mutter in seinem »Herzen die Bitterkeit der Trauer« nicht durch irdische Seelenpflege, sondern durch den alles mildernden, gottgegebenen Schlaf gelindert werden konnte (IX, 12). Dabei bewertete er die Bitterkeit und Trauer an dieser Stelle nicht negativ. Vielmehr galt sie ihm als ein natürlicher, jedoch zu überwindender Zustand. Als Bitterkeit beziehungsweise Enge des Herzens wird sie im negativen Sinne jedoch auch mit der Melancholie und dem Laster der *obduratio*, also der Verhärtung oder Hartherzigkeit, in Verbindung gesetzt, die Alberti wenige Zeilen später andeutet, indem er von der »Verhärtung der Seele« spricht. In Hildegard von Bingens (1089 Bingen am Rhein – 1179 ebenda) *Liber vitae meritorum*, das als dramatische Handlung ausgestaltet mit seinen fünfunddreißig personifizierten Tugenden und entsprechenden Lastern einen ausgesprochen ausdifferenzierten Tugendkatalog darstellt, wird die *acerbitas* der *vera largitas* (wahren Freigiebigkeit) gegenübergestellt (II, 3–4).

Vor dem Hintergrund der Hartherzigkeit ist es ferner bezeichnend, dass Alberti bewusst die ›Verkrümmung der Seele‹ beschreibt. Die Verkrümmung der Seele durch Laster ist ein Motiv, das sich unter anderem bei Augustinus und Thomas von Aquin (um 1225 Roccasecca bei Aquin – 1274 Fossanova) findet und weite Verbreitung in Predigten fand. Der *homo incurvatus in se*, also der in sich verkrümmte Mensch, gibt sich einer Form der selbstbezogenen Abwendung von seinen Mitmenschen und von Gott hin: statt teilhabend nach außen gewandt zu sein, fokussiert er sich nur noch auf sein Inneres. Wenngleich bei Alberti eine gewisse Ambivalenz mitschwingt und er auch hervorhebt, dass sich durch die vielzähligen sorgenvollen Gedanken Bitterkeit in unserer Seele festsetzt, deutet er doch die negativen Implikationen des selbstbezüglichen Brütens über den eigenen negativen Gedanken an, was er später insbesondere in Relation zur Melancholie stark kritisiert.

Bibl.: Brandt 1999, S. 150–153; Jenson 2006, S. 6–46; Godlewicz-Adamiec 2018.

34 Es ist bemerkenswert, dass Alberti hier nicht einfach das ungreifbare Abstraktum ›Leid‹ verwendet, sondern vielmehr eine breite Palette an partikulären menschlichen Nöten und Betrübnissen vor den Lesern auffächert. Niccolas Kritik artikuliert das zentrale Problem philosophischer, vor allem stoischer Theorien der Seele und Leiderfahrung also gezielt durch nuancierte Beschreibung: Obgleich ihm im Rahmen rationaler, verallgemeinerter Überlegungen klar ist, wie er leben *will* (froh, hoffnungsvoll), und er vielleicht sogar einige bestimmte Vorstellungen darüber hat, wie ein solcher Zustand zu erreichen wäre, zeigt seine individuelle Alltags- und Leiderfahrung, »aller Willensstärke zum Trotz«, dass er diesen Ansprüchen nicht gerecht werden kann. Ebendieser Vorstellung, dass man das erfahrene Leid rationalisieren und so beherrschen könnte, widerspricht Niccola hier emphatisch.

Bibl.: Inwood 2003; Cooper 2012; Sellars 2016; Baltzly, SEP (»Stoicism«); Lorenz, SEP (»Ancient Theories of Soul«).

35 Durch die Figur Niccolas lotet Alberti hier in sprachlich beeindruckender Weise den Gegensatz zwischen emotionalem Erleben und Erleiden sowie theoretischem Wissen aus und kritisiert zugleich den überheblichen Glauben der Philosophen an die Macht ihrer Worte und Schriften. Ferner deutet er durch die wiederholte Äußerung »ich weiß nicht« an, dass der richtige Umgang mit dem Leid nicht einfach abstrakt ›erkannt‹ und somit ›benannt‹ werden kann, sondern die Seelenpflege vielmehr Teil einer komplexen existentiellen Praxis ist, die sich dem Bereich des epistemisch Begreifbaren partiell entzieht und eine ihr eigene

Form der Zeitlichkeit aufweist. Aus diesem Grund verweist Giovanni Ponte an diesem Punkt auf ein Epigramm des Catull (84 v. Chr. Verona – 54 v. Chr. Rom): »Ich weiß es nicht. Doch ich fühle es geschehen und ich zermartere mich.« (*Carmina*, 85, 2; Ponte 1988, S. 8)
Bibl.: Gründler 2019, S. 150–155.

36 Es ist nicht abschließend zu klären, auf welche Person oder welche Passage Alberti hier im Spezifischen anspielt. Eine Referenz auf den Denkspruch »Nichts gibts, was Zeit nicht lindert oder bändigt« aus den *Sententiae* (*a*) (N, 45) des Publilius Syrus (um 90 v. Chr. – 40 v. Chr.) wäre möglich.

37 Der hier verwendete Begriff des Schicksals ist äußerst komplex und vielschichtig. Im griechisch-römischen Kultus ursprünglich als Göttin des Zufalls verehrt und befragt, nimmt die Fortuna in philosophischen, theologischen und künstlerischen Diskursen von der Antike bis zur Frühen Neuzeit eine zentrale Stellung als Personifikation des dem Menschen willkürlich zukommenden Schicksals ein. So beschreibt der spätantike Philosoph Boethius (um 480 – 524/526 Provinz Bergamo), der die pagane Göttin maßgeblich mit platonischen und christlichen Inhalten verschmolz, in seinem als erbauliche Trostschrift gestalteten Zwiegespräch *De consolatione philosophiae* mit der ebenfalls personifiziert auftretenden Philosophie, wie Fortuna ein »ununterbrochene[s] Spiel« (II, 30) treibt: Auf ihrem Rad werden Menschen in die Höhe gehoben und müssen wohlüberlegt entscheiden, wann der *kairós*, der rechte Augenblick, gekommen ist, um nicht in die Tiefe gerissen zu werden. Francesco Petrarca (1304 Arezzo – 1374 Arquà) arbeitete dieses Bild am Beginn der italienischen Renaissance in seiner Schrift *De remediis utriusque fortunae* aus. Alberti selbst setzte sich in mehreren Schriften und insbesondere in seinen dialogischen *Intercenales* mit Fortuna-Konzeptionen auseinander. So widmete er in letzteren unter anderem ein ganzes, ›Fatum et Fortuna‹ genanntes *Tischgespräch* (*Intercenales*, S. 42–57) der Frage nach dem aufreibenden und letztlich unbeantwortbaren Verhältnis von Leben und Schicksal, wobei er lange vor Niccolò Machiavelli (1469 Florenz – 1527 ebenda), und in offensichtlichem Rekurs auf Dantes *Purgatorium*, die Metapher des Lebens als reißender Fluss verwendet.
Bibl.: Doren 1924; Meyer-Landrut 1997; Vogel 2016; Baker 2021.

38 Alberti übernimmt sowohl in seinen lateinischen als auch in den volkssprachlichen Dialogen die Hauptmerkmale des ciceronischen Dialogs, flicht aber auch Elemente des sokratischen Gesprächs ein. Dabei aktualisiert und transformiert er diese Dialogmodelle, ähnlich wie seine Zeitgenossen Leonardo Bruni, Poggio Bracciolini (1380 Terranuova – 1459 Florenz) und anderen für die Florentiner Gegenwart. Die Standardsituation ist folgende: Der Autor trifft sich vor zeitgenössisch-relevanter Kulisse mit anderen stadtbekannten und gut situierten Männern zu einem Gespräch. Gerade die Einbeziehung historischer Figuren und Kontexte führt dazu, dass die Untersuchung praktisch-ethische Fragen des Lebens in den Fokus rückt, die sich auf den aktuellen Kontext beziehen. Dabei geht es nicht um das dogmatische Zitieren von Autoritäten, sondern um die Freiheit des akademischen Arguments und der subjektiven Meinungsäußerung, die eine Kommunikationssituation ›unter Menschen‹, eine Auffächerung verschiedener Positionen und Argumente der einzelnen Gesprächsteilnehmer eröffnet.
Bibl.: Marsh 1980, S. 1–23 und S. 78–99; Bianchi Bensimon 1998, S. 83–119; Furlan 2003, S. 69–116; Häsner 2004.

39 Xenophon, Philosoph und Politiker: um 430 v. Chr. Athen – um 354 v. Chr. Korinth.

40 Der vornehme Meder Araspas ist eine Figur in Xenophons *Kyrupädie*.

41 Kyros II., auch Kyros der Große: um 590 bis 580 v. Chr. – 530 v. Chr.

42 »Ja, mein Kyros, denn ich habe sicherlich zwei Seelen in meiner Brust. Diese philosophische Erkenntnis habe ich jetzt im Gespräch mit dem schurkischen Sophisten, dem

Eros, gewonnen. Denn eine Seele allein kann nicht gut und schlecht zugleich sein, kann nicht zugleich nach schönen und häßlichen Dingen streben und nicht zugleich dasselbe tun wollen und nicht tun wollen, sondern es ist klar, daß es zwei Seelen sind, und wenn die gute die Oberhand behält, tut man das Schöne, wenn aber die schlechte siegt, versucht man, das Häßliche zu tun. Jetzt aber, wo sie deine Unterstützung erhielt, siegt die gute Seele, und zwar auf ganzer Linie.« (Xenophon, *Kyrupädie*, VI, 1, 41)

43 Alberti bringt hier die Seelenteilung beziehungsweise einen Widerstreit zwischen den Seelenteilen zur Sprache, der zugleich auch körperlich lokalisiert wird. In der Antike wurde die linke – und linkische – Seite häufig mit dem weiblichen Geschlecht verknüpft, während die ›stärkere‹ rechte Seite mit dem männlichen Prinzip verbunden wurde. Eine besonders wirkmächtige Darlegung der Seelenteilung findet sich in Platons *Phaidros*. In diesem späten Dialog erschuf der griechische Philosoph das mythische Gleichnis des Seelenwagens, das den Kampf zwischen dem unsterblichen rationalen Teil und den irrationalen Teilen der Seele (Begierde und Gemüt) versinnbildlicht. Vor das Zweigespann werden ein störrisches, ausschließlich dem Sinnlichen und Schlechten zugewandtes, sowie ein tüchtiges, mutiges Pferd gespannt. Der minderwertige, begierige Teil der Seele muss von dem Wagenlenker, der mit der Vernunftseele gleichgesetzt wird, gewaltvoll diszipliniert werden, so dass es der Seele letztlich gelingt, die Ideen und somit das Gute zu schauen (*Phaidros*, 246a–257b).

Auch wenn Alberti den platonischen Seelenmythos an dieser Stelle nicht wiedergibt, sondern über Xenophon andere Quellen heranzieht, die das Motiv der ›zwei Seelen in einer Brust‹ und somit die Seelenteilung behandeln und den emotional-weiblichen Seelenteil herabwürdigen, dürfte er diesen jedoch gekannt haben. Der *Phaidros* war über die Schriften des Macrobius (um 385 – um 430) bekannt, den Alberti in *Über die Seelenruhe* explizit zitiert (siehe S. 120), und wurde in den *Viten* des Diogenes Laertius als ethische Schrift benannt (*Vitae et sententiae philosophorum*, III, 58). Noch bedeutsamer ist jedoch die Tatsache, dass der *Phaidros* von dem florentinischen Humanisten Leonardo Bruni bereits 1424 – also ein Jahr nachdem der Dialog in Italien nachweisbar ist – ins Lateinische übersetzt und, wenngleich durchaus kritisch, diskutiert worden war.

In explizitem Rückgriff auf diese Traditionen wird der linke Seelenteil von Alberti an dieser Stelle also als schlechter, da begieriger und unkontrollierter Teil der Seele beschrieben. Durch die Wendung, dass dieser bei der Geliebten zurückgelassen werde, wird er misogyn als weiblicher definiert, dem die Kontrolliertheit und somit Vernunft des männlichen Seelenteils bildstark gegenübergestellt wird. Allerdings betont der weise Agnolo zugleich, dass es ihm trotz seines hohen Alters noch immer nicht gelungen sei, diesen irrationalen und erregten Teil seiner Seele vollkommen zu besänftigen.

Bibl.: Viti 1999; Scheer 2011; Halfwassen, HWPh (»Seelenwagen«), Bd. IX, Sp. 111–117.

44 Je nach Datierung der Schrift ist Agnolo Pandolfini achtzig bis dreiundachtzig Jahre alt. Er stirbt 1447 im Alter von vierundachtzig Jahren.

45 An dieser Stelle beschreibt Agnolo seine Traurigkeit als einen nur schwer zu greifenden emotionalen Zustand, der ihn trotz seines hohen Alters noch immer ereilt und vor dem man sich stets zu schützen habe. Wie im weiteren Verlauf des Dialogs deutlich werden wird, entwirft Alberti ein komplexes und subtil ausdifferenziertes Bild der verschiedenen Formen der Traurigkeit und Melancholie. Aufbauend auf zahlreiche antike und mittelalterliche Quellen aus dem Bereich der Medizin und Philosophie, aber auch Moraltheologie, Dichtung und Epik entwickelt er eine diskursive und praktische ›Anleitung‹, um gegen diesen negativen Seelenzustand gefeit zu sein (siehe Einleitung). Zugleich wird in dieser Passage ein weiteres Motiv deutlich, das nicht nur in diesem Dialog grundlegend ist, sondern in vielen Werken Albertis, wie etwa den *Intercenales*, dem *Momus* sowie seiner *Vita*, eine wichtige

Rolle spielt: Es handelt sich um die Frage nach der angemessenen und gerechten Anerkennung der eigenen Lebensleistung seitens der Gesellschaft. Albertis pessimistische Weltsicht, die in so extremem Gegensatz zu Jacob Burckhardts lichter und idealisierter Beschreibung des Florentiner Humanisten steht (*Die Kultur der Renaissance*, S. 94–96), scheint immer wieder durch und findet einen starken Ausdruck in sarkastischen Beschreibungen der zutiefst korrumpierten und korrumpierbaren menschlichen Natur.
Bibl.: Burckhardt (1860) 1955; Garin 1972; Rinaldi 2002; Britton 2003; Gründler 2010.

46 Agnolos Wendung ist hier durchaus ambivalent. Indem er darauf hinweist, für sich selbst zu leben und das »Gegebene als gegeben« hinzunehmen, benennt er die anzustrebende stoische Position schlechthin. Diese wird meist als Zustand von Leidenschaftslosigkeit (*apatheia*) beziehungsweise der Abwesenheit von Lust und Unlust umschrieben und soll wiederum zur *eudaimonia* führen, zu einem glückseligen Leben. Im Zustand der *apatheia* sind die Störungen (Dreistigkeit, Ehrgeiz, mangelnde Beherrschung) der *eudaimonia* beseitigt. In dem hier eröffneten Zusammenhang kann die *apatheia* jedoch einerseits als problematisches, da in gewissem Sinne auch ›asoziales‹ Element gedeutet und andererseits durchaus auch im melancholisch-depressiven Sinne verstanden werden.
Bibl.: Spanneut 1994; Reiner/Engelmeier, HWPh (»Apathie«), Bd. I, Sp. 429–433.

47 Alberti verweist hier auf die Notwendigkeit, sich tugendhafte und tapfere Männer der Vergangenheit zum Vorbild zu nehmen und sein eigenes Verhalten an ihnen auszurichten, um sich vor den Widrigkeiten der Fortuna, des Schicksals, zu schützen. Diese *exempla* haben somit die Funktion, tradierte und zutiefst idealisierte Männlichkeitsbilder zu festigen und gesellschaftlich noch stärker zu verankern. Durch die Rede Agnolos, in der neben der »wahre[n] Mannhaftigkeit des Gemüts« insbesondere der ordnende, standhafte und vernünftige Aspekt männlicher Handlungen und Haltungen hervorgehoben wird, entwickelt sich ein semantischer ›Kriegsschauplatz‹, der den Lesenden bereits früh im Dialog darauf einstimmen soll, seine *virtus* zu üben, also seine männliche Tugend, die auch darin besteht, sich dem Schicksal zu widersetzen und Verwundungen (im realen und übertragenen Sinne) hinzunehmen. Alberti spielt in dieser Passage bewusst mit der historischen Tiefe und philosophischen Komplexität von solchen Begriffen wie »virtù« (Tugend), »constanza« (Standhaftigkeit) oder »ragione« (Vernunft). So deutet er an, dass das Motiv des ›Sich-Selbst-Besiegens‹ keineswegs nur vor dem Hintergrund einer kriegerischen Tapferkeit zu deuten ist, sondern im Sinne einer philosophischen Tapferkeit, wie sie sich etwa in der aristotelischen *andreia* findet (*Nikomachische Ethik*, 1107b1), als eine ethische Tugend der Mitte und Besonnenheit zu verstehen ist. In diesem Sinne spielt auch das christliche Verständnis der Tugend der *fortitudo* eine wesentliche Rolle, die eng mit der von Alberti bewusst erwähnten »constanza« (Standhaftigkeit) und »virilità d'animo« (wahre Mannhaftigkeit des Gemüts) zusammenhängt: Sie stellt eine geistige Stärke dar, die über die Laster siegt. Wie Thomas von Aquin unterstreicht, muss sie allerdings stets mit der Vernunft gepaart sein (*Summa theologica*, II, II, qu. 123). Alberti selbst hebt die Bedeutung der *virtù* auch in Zusammenhang mit dem guten Künstler hervor. Dieser soll niemals unbeherrscht, sondern vielmehr ein guter Mann sein, der auch in seinen Werken besonnen zu handeln weiß. Somit avanciert er zum nachahmenswerten Beispiel und wird in die *civitas* eingebunden (*De pictura*, II, 52).
Bibl.: Schönberger, HWPh (»Tugend«), Bd. X, Sp. 1135–1557; Bätschmann (2000) 2011, S. 97–101; Gaylard 2013, S. 31–63; Hankins 2019.

48 Alberti bezieht sich an dieser Stelle trotz der behelfsmäßigen Übersetzung von »ragione« als ›Vernunft‹ nicht auf ein modernes, kritisches Verständnis von ›Vernunft‹. Vielmehr spielt er hier auf ein aristotelisches Seelenmodell an, das den Menschen als Verbindung von rationalen und irrationalen Seelenteilen, die wiederum spezifische Tugenden ausbilden

(vgl. Aristoteles, *Nikomachische Ethik* 1103a), zu denken versucht. »Ragione« ist im Rahmen dieser Überlegungen wohl am ehesten als ›Klugheit‹ (*phrónesis*) zu verstehen, eine das Allgemeine mit dem Besonderen verbindende Haltung, die in verschiedensten Situationen das Gute vom Schlechten zu unterscheiden weiß: »Was ferner die Klugheit sei, können wir daraus lernen, daß wir zusehen, welche Menschen wir klug nennen. Ein kluger Mann scheint sich also darin zu zeigen, daß er wohl zu überlegen weiß, was ihm gut und nützlich ist, nicht in einer einzelnen Hinsicht, z. B. in Bezug auf Gesundheit und Kraft, sondern in Bezug auf das, was das menschliche Leben gut und glücklich macht« (ebenda, 1140a, 24–25). In der Frühen Neuzeit wird diese ›Vernunft‹ in Rekombination mit christlich-platonischen Elementen zu einem Merkmal des Menschseins ausgearbeitet und zum definitiven Charakteristikum menschlicher Würde erhoben, die »jetzt in letzter Konsequenz nicht mehr in den rationalen Akten selbst [...], sondern in den durch sie [...] bestimmten Realisierungen des Tugendpotentials« (Leinkauf 2017, Bd. I, S. 145) besteht.
Bibl.: Wiedmann/Biller HWPh (»Klugheit«), Bd. IV, Sp. 857–863; Ebert 2006; Wüschner 2016; Leinkauf 2017, Bd. I, S. 142–158.

49 Für Alberti ist der Natur-Begriff nicht nur in seinen kunst- oder architekturtheoretischen, sondern auch in seinen moralphilosophischen Schriften zentral. Im Besonderen sei auf seinen *Theogenius* verwiesen, in dem bereits die verschiedenen Nuancen und Konzepte der Natur an sich sowie die Natur des Menschen im Gegensatz zu jener der Tiere eine wichtige Rolle spielen. Als »wunderbare Bildnerin« (*De pictura*, II, 35) oder, wie er sie hier beschreibt, als ›Lenkerin der Dinge‹ wird sie als nachahmenswert bestimmt – die Menschen sollten sich ihrer Führung anvertrauen und auf sie vertrauen. Nur so würde es im ästhetisch-künstlerischen und im ethischen Bereich möglich sein, dem Exzessiven und Willkürlichen der Phantasie zu entgehen und stattdessen mit klugem Urteil und vernunftgemäß zu handeln. Das Eindämmen widernatürlicher Handlungen ist dabei mit der »virtù«, der Tugend, verbunden. Alberti beharrt bezeichnenderweise darauf, dass es im Verlaufe der menschlichen Existenz nichts gibt, dem der Mensch nicht dank der ihm von der Natur verliehenen Kräfte standhalten könnte. Alberti scheint an dieser Stelle subtil auf das stoische *secundum naturam vivere* hinzuweisen, das darin besteht, sich stets der eigenen Vernunft zu bedienen.
Bibl.: Schöndube 2011, S. 66–68; Bleek 2018.

50 Sokrates: 469 v. Chr. Alopeke, Athen – 399 v. Chr. Athen.

51 Zahlreiche antike Quellen berichten von diesen Episoden und liefern Anekdoten über Sokrates' zänkische und griesgrämige Ehefrau Xanthippe (um 440 v. Chr. Athen – ?). Ihr Name wurde somit zum Inbegriff des streitsüchtigen Weibes (unter anderem Xenophon, *Symposion*, VIII, 23; Diogenes Laertius, *Vitae et sententiae philosophorum*, II, 5; Cicero, *Tusculanae disputationes*, III, 31; sowie die Kirchenväter). Aus diesen vielzähligen Quellen konnte auch Alberti mühelos schöpfen. Es war jedoch Giannozzo Manetti, der 1440 die erste frühneuzeitliche *Vita des Sokrates* verfasste. Diese zirkulierte gemeinsam mit der zeitgleich entstandenen *Vita des Seneca* und den *Vite* über die »Drei Kronen von Florenz« (Dante, Boccaccio und Petrarca), was Manettis Werk eine kaum zu übersehende patriotische Note verlieh. In Anbetracht der bereits erwähnten Bekanntschaft der beiden (siehe Anm. 13) darf davon ausgegangen werden, dass Alberti Zugriff auf Manettis Text hatte. Diese Annahme wird auch durch das Insistieren Manettis auf den standhaften Gesichtsausdruck des Sokrates unterstützt, dem sich Albertis Beschreibung desselben bedeutend annähert: »Diese aufrechte und bewundernswerte Wesensart des Geistes war die Ursache jenes unveränderlichen Ausdrucks, von dem seine zweite Frau Xanthippe zu sagen pflegte, dass sie ihn immer sah, wenn er das Haus verließ und zurückkehrte. Jeder, der bedenkt, dass sein Ausdruck durch seine mentale Standhaftigkeit geformt wurde, sollte sich darüber nicht wundern. Wir sprechen von

einer ruhigen und gelassenen Miene, nicht von dem Gesicht eines Marcus Crassus, der wohlhabende Mann, von dem Lucilius sagt, er habe nur einmal in seinem ganzen Leben gelacht. Es war so, dass Sokrates' Gesicht Standhaftigkeit zeigte, weil sein Verstand, der das Gesicht gestaltet, standhaft war.« (*Vita Socratis*, S. 212; Übers. der Hg.) Bibl.: Ponte 1988, S. 10; Baldassari 2003. Sokrates' unveränderliche Miene wird auch in seinem in die *Intercenales* (Tischgespräche) aufgenommen Text ›Maritus‹ erwähnt (*Intercenales*, S. 211).

52 Diogenes von Sinope, Philosoph und Begründer der kynischen Schule: 412/403 v. Chr. Sinope – 324/321 v. Chr. Korinth.

53 Pyrrhon von Elis: um 365 v. Chr. Elis – um 275 v. Chr.

54 Heraklit von Ephesos, ionischer Philosoph: um 500 v. Chr.

55 Timon von Pleius, griechischer Dichter und skeptischer Philosoph: um 300 v. Chr.

56 Die von Alberti in dieser Passage erwähnten Philosophen zeichnen sich ebenso wie Sokrates alle durch eine kontinuierliche und disziplinierte Arbeit an der eigenen inneren Natur aus. Die durch diese Selbstarbeit erlangte – und eben nicht vom Himmel geschenkte – Ausgeglichenheit der Seele führt dazu, dass sie sich nicht mehr von den Widrigkeiten der äußeren Welt und der Bösartigkeit der Menschen beeinflussen lassen. Die ›Auflistung‹ der Philosophen ist dabei nicht zufällig: Indem Alberti in diese neben dem Kyniker Diogenes auch die beiden Skeptiker Pyhrron und Timon aufnimmt, kann er nicht nur die in ihrem philosophischen Denken fundamentale Kritik, ja gar Verabscheuung weltlicher Dinge und gesellschaftlicher Ränke hervorheben, sondern damit zusammenhängend den Aspekt der inneren Freiheit und der Orientierung an der Natur starkmachen. Diese manifestiert sich in einem naturgemäßen Leben. In seiner Schilderung der gemäß gesellschaftlichen Standards erbärmlichen Gestalt des Diogenes orientierte sich Alberti offensichtlich an Diogenes Laertius' *Vita des Diogenes*, in der dieser auch schreibt, Diogenes kam einmal »zu einem Gelage junger Leute und wurde, weil nur halbgeschoren, durchgeprügelt.« (*Vitae et sententiae philosophorum*, VI, 2, 33)
Bibl.: Hossenfelder 1995; Mönig 2008.

57 Perikles, athenischer Politiker: um 495/490 v. Chr. – 429 v. Chr.

58 Vgl.: »So wurde er einmal auf offenem Markt von einem unverschämten Frechling den ganzen Tag geschmäht und verlästert. Perikles hielt schweigend stand und erledigte dabei ein paar dringende Geschäfte. Gegen Abend ging er ruhig nach Hause, ständig verfolgt von dem Kerl und seinen wüsten Beschimpfungen. Als er ins Haus treten wollte – es war inzwischen ganz dunkel geworden –, befahl er einem Diener, eine Laterne zu nehmen und den Menschen sicher nach Hause zu geleiten.« (Plutarch, *Vitae parallelae*, Bd. II, *Perikles*, 5, S. 112; Ponte 1988, S. 11)

59 Quintus Caecilius Metellus Numidicus, römischer Politiker und Feldherr: stirbt um 91 v. Chr.

60 »Metellus Numidicus, von einer Partei im Volke aus dem Vaterlande vertrieben, begab sich nach Asien. Gerade befand er sich zu Tralles [wohl eher Rodi; Anm. der Hg.] im Schauspiel, als ihm ein Schreiben eingehändigt wurde, in welchem er die Nachricht erhielt, daß ihm Senat und Volk mit voller Stimmeneinheit die Rückkehr nach Rom verstattet hätten. Er verließ den Platz nicht eher, als bis das Stück zu Ende war; ja er verrieth selbst seinen Nachbarn sein Glück durch Nichts, sondern verschloß seine große Freude ganz in sich. Seine Miene blieb, wie man weiß, bei seiner Verbannung und Zurückberufung dieselbe. Es war das Werk seiner Selbstbeherrschung, daß er im Glück und im Unglück Gleichmuth und Geistesstärke behauptete.« (Valerius Maximums, *Facta et dicta memorabilia*, IV, 1, 13)

61 Diese Passage ist von Alberti um Motive aus der Welt des Theaters komponiert und bringt zugleich die trügerische Relation von Innerem und Äußerem sowie das

Problematische der ›Zurschaustellung‹ zur Sprache. Alberti spielt meisterhaft mit der Tatsache, dass auf antiken Bühnen Schauspieler Emotionen über die *persona*, die Maske, und nicht über ihr eigenes Antlitz transportierten. Die Innenwelt der Gefühle tönte also durch die gewisse standardisierte Typen repräsentierenden Masken vermittels der Stimme in die Außenwelt hinein. Indem Alberti darauf hinweist, dass Metellus Numidicus deswegen von seinen römischen Mitbürgern verjagt worden war, weil seine Tugend zu stark in ihm leuchtete – er also für sein inneres Strahlen bestraft wurde –, und er demnach schmerzhaft erlernt hatte, keinerlei Seelenregung zu offenbaren, deutet er einerseits an, dass die Zügelung der eigenen Emotionen ein grundlegender und wichtiger Teil der ethischen Selbstpraktik ist, und kritisiert andererseits aber auch die verdorbene Gesellschaft, die die wahrhaft Tugendhaften verdammt.

Dennoch wird in Hinblick auf seine spätere Kritik an der pathognomischen Veräußerlichung starker Gefühlsregungen (siehe S. 106–107 und Anm. 529) klar, wie sehr Alberti diese Form der kontrollierten Selbstdisziplin fordert und durch konkrete Anleitungen fördert. In diesem Zusammenhang muss auch auf Albertis Thematisierung der Darstellung von Affekten sowie seine Schönheitskonzeption hingewiesen werden, wie sie insbesondere in *De pictura* zu finden ist. Hier beharrt Alberti darauf, dass sich der gute Maler statt am exzessiven *pathos* stets am ordnungsnahen *ethos* orientieren solle. Durch die Darstellung gefälliger Gefühle schütze er nämlich in einer *historia* auch das Publikum vor unkontrollierten Gefühlsregungen. Es gelte, »das Störende zu mildern, unter Wahrung freilich der Ähnlichkeit. Eine solche Zurückhaltung, einen solchen Takt, gilt es, meine ich, bei einem Vorgang zu beachten«, so Alberti (*De pictura*, II, 40).
Bibl.: Battisti 1957; Reißler 1997; Weihe 2004, S. 179–189.

62 Bei Mucius Scaevola handelt es sich um eine römische Heldenfigur, deren Beiname *scaevola* (Linkhand) auf eine der bekanntesten römischen Sagen verweist. Livius (*Ab urbe condita*, II, 10) überliefert die Legende des Gaius Mucius Scaevola, römischer Bürger, der kraft seiner standhaften Geste die Belagerung Roms durch den Etruskerkönig Porsenna 508 v. Chr. beenden konnte: Nachdem Mucius in das Lager eingedrungen war, um Porsenna zu töten, ermordete er aufgrund einer Verwechslung einen seiner Sekretäre. Mucius gestand nicht nur die Tat und sein eigentliches Vorhaben, sondern richtete sich für seine falsche ›Handhabe‹ selbst, indem er seine rechte Hand freiwillig ins Opferfeuer legte. Porsenna war davon so tief beeindruckt, dass er Mucius seine Freiheit gewährte und auf die Eroberung Roms verzichtete.

Die Aufrichtigkeit vor dem feindlichen Herrscher, das Ertragen physischer Schmerzen und der positive Ausgang der Legende machen die Figur des Scaevola zum Inbegriff des tapferen, standhaften, tugendhaften Bürgers, der in Liebe zur *patria* agiert. Im 15. Jahrhundert wird die Darstellung der Episode deshalb auch zu einem beliebten Bildthema, und Mucius nimmt prominent Einzug in die Galerien von *uomini illustri* (berühmten Männern), unter anderem in jene des Domenico Ghirlandaio (1448 Florenz – 1494 ebenda) für die Sala del Giglio im Palazzo Pubblico in Florenz von 1482 bis 1484.
Bibl.: Garen 2003.

63 »Mucius Scaevola hielt seine Hand ins Feuer. Qualvoll ist es, verbrannt zu werden, doch wieviel qualvoller, wenn man sich die Qual selbst antut. Du siehst einen Menschen ohne höhere Bildung, durch keinerlei Unterweisung gegen Tod und Schmerz gerüstet, allein mit soldatischer Kraft gewappnet, der sich selbst eine Buße abverlangt für sein gescheitertes Unternehmen. Da stand er und sah zu, wie seine Rechte allmählich im Kohlebecken der Feinde verging, und zog erst dann die Hand, während das Fleisch von den blanken Knochen fiel, zurück, als ihm vom Feind das Becken entzogen wurde.« (Seneca, *Briefe an Lucilius*, I, 24, 5; Ponte 1988, S. 12)

64 Vermutlich handelt es sich bei dem hier erwähnten Pompejus um Sextus Pompeius, römischer Konsul im 1. Jahrhundert n. Chr.

65 »Auch Pompejus legte eine Probe von solchem Muthe ab. Mit einer Gesandtschaft beauftragt ward er von König Gentius aufgefangen. Dieser verlangte von ihm die Angabe der Pläne des Senats; nun hielt Pompejus einen Finger über das brennende Licht, und ließ ihn von der Flamme verzehren. Diese Schmerzverachtung benahm dem Könige jede Hoffnung, durch Peinigungen Etwas von ihm zu erfahren; dagegen erzeugte diese Handlung den lebhaften Wunsch in ihm, in freundschaftliche Verbindungen mit dem Römischen Volke zu kommen.« (Valerius Maximus, *Facta et dicta memorabilia*, III, 3, 2; Ponte 1988, S. 12)

66 Valerius Maximus, römischer Geschichtsschreiber aus dem 1. Jahrhundert n. Chr.

67 Alberti nimmt hier einen Gedanken auf, den Seneca in seinen *Briefen an Lucilius* formuliert: »Gib Dir Mühe, nie etwas widerwillig zu tun. Alles, was für einen, der sich sträubt, zwangsläufig geschieht, ist für den Willigen kein Zwang. Ich meine das so: Wer Befehle bereitwillig empfängt, entgeht dem schmerzlichsten Teil der Knechtschaft, zu tun, was er nicht will. Nicht, wer geheißen etwas tut, ist elend, sondern wer es unwillig tut. Also sollten wir uns geistig darauf einstellen, daß wir alles, was das Schicksal fordert, auch wollen« (I, 61, 3). Wer es schafft, Befehlen, widrigen Umständen oder gar Knechtschaft nicht mit Unwillen oder Nichtwollen zu begegnen, sondern diese ohne Widerstand, mit Leichtigkeit (lachend und singend), das heißt unter ›Freiwilligkeit‹ anzunehmen, erspart sich, so Alberti, viel inneres Leid und Leiden. Entscheidend bei der Vermeidung von Leid ist also nicht die widrige Situation, sondern die innere Haltung zu derselben, die als einzige (rational) beeinflussbar ist und so, nicht zuletzt über das Lachen und den Humor, eine Distanznahme zur Situation ermöglicht. So positiv die Fähigkeit zur Distanznahme ist, so problematisch wirkt aus heutiger Perspektive die implizite Aufforderung, die eigene Knechtschaft hinzunehmen.
Bibl.: Horn, HWPh (»Wille«), Bd. XII, Sp. 742–769; Fuhrer 2010, S. 86–91.

68 Ist es normalerweise die Definition des Bauelements, der zufolge die Säule dem »Erscheinungsbild de[r] verschiedenen Körperformen des Menschen nachempfunden« worden sei (*De re aedificatoria,* IX, 5; IX, 7), dreht Alberti dieses Gleichnis hier geschickt um. Nun ist es der Mensch, welcher es der Säule gleichtun soll. »[I]n Bezug auf Leistung, Kosten und Wohlgefälligkeit« gibt es laut Albertis architekturtheoretischer Schrift nämlich nichts, was »Du [...] den Säulen vorziehen könntest. [...] Hierauf sehen wir das Streben der Menschen angefacht durch den Ehrgeiz, das Höchste zu erreichen.« (Ebenda, I, 10) Der moralische Anspruch und die Angleichung an soziale Gemeinschaftsstrukturen des von Alberti den Säulen zugesprochenen Anthropomorphismus ist häufig betont worden und betitelt die dorische Ordnung als Emblem der niederen Klassen und die korinthische mit eleganteren Zügen als den höheren Gesellschaftsschichten entsprechend. Im Dialog *Über die Seelenruhe* präsentiert Alberti eine noch subtilere Art dieser bildhaften Sprache: Die Aufforderung, die Bürden des Schicksals ›aufrecht‹ zu (er)tragen, erweckt durch die explizite Nennung der Säule nahezu das Bild einer Karyatide; umso mehr, als Albertis Säulengleichnis direkt auf den Hinweis auf die niederen Diener folgt und somit die Evokation (einer Säulenstatue) eines lastentragenden Sklaven verstärkt.
Bibl.: Onians 1988, S. 147–157.

69 Womöglich weist Alberti hier auf eine frühe Form des *calcio storico fiorentino* hin. Ponte beschreibt es als einen Mannschaftssport ähnlich dem Rugby und zieht als Quelle eine Novelle des Gentile di Sermini, *Il Giuoco delle Pugna*, aus den 1420er Jahren heran (*Novelle*, S. 105–110). Eine Verbindung zum *calcio storico* erwägt Ponte nicht, diese erschließt sich jedoch aus der Definition der ersten Ausgabe des *Vocabolario della Crusca* von 1612 und der Schlussfolgerung Giulio Gandis, dass »das Spiel [des *calcio storico*] korrekterweise eigentlich

›Faustspiel‹ heißen müsste, wenn besagter Name nicht so leicht mit dem tatsächlichen Boxen verwechselt werden könnte.« (Gandi 1936, S. 8–9; Übers. der Hg.)
Bibl.: Crusca 1612 (»calcio«), S. 142; Gandi 1936; Ponte 1988, S. 13.

70 Einmal mehr scheint hier Albertis misogyne Haltung durch, die als zeitspezifisches Phänomen breite soziale Akzeptanz fand. Dabei greift Alberti auch an dieser Stelle wieder gängige Geschlechterstereotypen auf, die die undisziplinierte, impulsgeleitete Seele als weibliche und somit eben verdammenswerte charakterisieren (siehe. Anm. 43). Alberti inszeniert den Kontrast zwischen der Weichheit und Schiefheit der weiblichen – oder wie Alberti hier süffisant andeutet, verweiblichten – Seele und dem durch Disziplinierung nun aufrechten, steinharten männlichen Gemüt auch sprachlich raffiniert. Im gesamten Absatz kreist er bewusst um die Tugend der *fortitudo*: Er thematisiert auf sprachlich eindringliche Weise, wie sich die Seele durch kontinuierliche, beinahe plastische Gestaltung ihrer selbst – eine Gestaltung, die stets auch ein Abarbeiten am Wahren ist – einer aufrechten Säule angleichen soll (siehe auch Anm. 68). Bereits Alanus ab Insulis (um 1120 Lille – 1202 Cîteaux) verwendete den Ausdruck der »columna fortitudinis«, die beim Einbrechen das Gebäude der guten Taten einstürzen lasse (*Summa de arte praedicatoria*, 26, *P. L.* 210, Sp. 160). Die ›Stärke‹ wurde in Allegorien und Personifikationen, die in Florenz im Quattrocento vielen Lesern bekannt gewesen sein dürfte, häufig mit einer Säule als Attribut dargestellt. Wie weit verbreitet das Motiv in der visuellen Kultur des 15. Jahrhunderts war, zeigen etwa die um 1465 entstandenen Mantegna-Tarocchi, die die *fortitudo* beim Zerbrechen einer Säule darstellen.
Bibl.: Imesch 1999; Wenderholm 2016; Blüher, HWPh (»Tapferkeit«), Bd. X, Sp. 894–901.

71 Bis zur philologischen Widerlegung durch Isaac Casaubon (1559 Genf – 1614 London) galt der aus einer Verschmelzung des griechischen Götterboten Hermes mit dem ägyptischen Ibisgott Thot entstandene und häufig in orientalisierender Kleidung dargestellte Hermes Trismegistos als Bewahrer vorsintflutlicher Weisheit. Zur Rezeption des *Corpus hermeticum* bei Alberti siehe Anm. 8 und 72.
Bibl.: Yates 1964; Trepp/Lehmann 2001; Mulsow 2002; Ebeling 2005; Law 2018.

72 »Der Wille, Asklepios, tritt durch den Entschluß in Erscheinung« (*Corpus hermeticum*, S. 293). Alberti könnte das Zitat aus dem sogenannten ›lateinischen‹ *Asclepius*, einem Hermes Trismegistos zugeschriebenen Dialog, übernommen haben, dessen griechische Urfassung im 2. oder 3. Jahrhundert entstand (lateinische Übersetzung zu Beginn des 5. Jahrhunderts) und unter den Werken des Apuleius (um 125 n. Chr. Madaura – um 180 n. Chr. Karthago) nach Florenz gelangte. Die Möglichkeiten der Rezeption hermetischer Quellen sind auch schon vor dem Unionskonzil von Florenz (1439–1442) vorhanden: unter anderem durch Coluccio Salutati (1331 Stignano – 1406 Florenz) oder durch die Privatbibliothek Nicolò Niccolis, aus der das Manuskript in der Folge wohl in die Bibliothek von San Marco gelangte. Ganz wie in *Über die Seelenruhe* wird in den Zeilen vor dem hier wiedergegebenen Zitat weibisches, linkisches Wollen dem männlichen, der Entschlusskraft und Vernunft entspringenden Willen gegenübergestellt.
Bibl.: Grafton 1988; Ponte 1988, S. 13; Gentile/Gilly 1999, S. 29; Cardini/Bertolini/Regoliosi 2005, S. 487; Heiduk 2007, S. 73–74.

73 Alberti bedient sich an dieser Stelle der einfachen und zugleich eingängigen Metapher der vor den Schatten davonlaufenden unerfahrenen Milizen, um die Fragilität und Ängstlichkeit der ungeübten und somit wehrlosen Seele zu beschreiben, die der Unstetigkeit und Härte des Lebens in besonderem Maße ausgesetzt ist. Das sprachliche Bild besticht die Leser sowohl durch seine direkte, emotionalisierende Wirkmacht als auch durch die Vielschichtigkeit des Arguments, die ästhetische und anthropologische Aspekte

ebenso berührt wie epistemologische. Alberti bestimmt darin den Ursprung der Angst als ein sich – wenngleich nur vermeintlich – im Schatten befindlicher und verweist somit subtil auf zwei berühmte Mythen, in denen der Schatten als Ursprung von Kunst und Wissen gilt, nämlich der Butades-Mythos in Plinius' (23/24 Novum Comum – 79 bei Stabiae) *Naturalis historia* (XXXV, 43) sowie das platonische Höhlengleichnis (*Politeia*, 514a). In der Tat nehmen die Milizen, ähnlich wie die Bewohner von Platons Höhle, letztlich nicht die Dinge an sich wahr, so wie sie sind, sondern zuallererst deren Schatten. Platon hebt zudem hervor, dass die Höhlenwände nicht nur Schatten – also visuell Wahrnehmbares –, sondern auch Geräusche zurückwerfen (ebenda, 514a–516e).

Zugleich spielt Alberti aber auch raffiniert mit der Ambivalenz von Schattenkonzeptionen: Gemäß antiker Vorstellungen kann der Schatten *psyche*, Seele, und *eidolon*, also ein Trugbild oder Phantom beziehungsweise eine äußerliche Manifestation der inneren Seele sein. Letztlich betont Alberti in dieser Passage, dass die rationale Seelenbildung nicht einfach eine innere Abhärtung gegen ein unbestimmtes Außen, sondern immer auch eine rational angeleitete Wahrnehmungsfähigkeit miteinschließt. Noch wichtiger ist aber Albertis Hinweis, dass die Milizen – und somit auch wir – eigentlich lediglich den Phantasmen ihrer aufgewühlten Seele erliegen. Dies ist der Grund, weshalb er ähnlich wie in den vorherigen Passagen auf der Notwendigkeit von stärkenden Übungen zur Festigung der Seele beziehungsweise der (Lebens-)Erfahrung insistiert. Beider bedarf es, um ein vernunftgeleitetes Gemüt zu entwickeln, das es ermöglicht, richtige Entscheidungen zu treffen.
Bibl.: Schmitt 1994; Stoichita 1997, S. 42–89.

74 Vgl.: »Mit sich selbst sei mein Geist befaßt, mit seiner Vervollkommnung, er treibe nichts ihm Fremdes, nichts, was sich dem Urteil anderer aussetzt, seine Liebe gehöre einer von Sorge um Eigenes und die Gemeinschaft freien Ausgeglichenheit.« (Seneca, *De tranquillitate animi*, I, 12)

75 Niccola bringt hier das Verhältnis von Worten und darauffolgenden Taten zur Sprache. Indem er mit einem Anflug von Ironie betont, dass letztlich jeder noch so bildungsferne, aber eben mit Erfahrung und Lebensweisheit begabte Mensch Agnolos Ausführungen über die Notwendigkeit der Seelenübung zustimmen würde, deutet er eine Kritik an denjenigen Philosophen an, die glauben, die Härte des Schicksals allein durch ihre gelehrten, gewichtigen »Denksprüche« verständlich, ja gar erträglich werden lassen zu können. Vermittelt durch die kritische Position Niccolas stellt sich Alberti hier und im weiteren Verlauf der Argumentation auf die Seite derjenigen, die der Leere der Rede die Fülle der Erfahrung und Redlichkeit des eigenen Erlebens entgegenhalten, was vielleicht auch als ein leicht kritisch gefärbter Verweis auf Epikurs (um 341 v. Chr. Samos – um 270 v. Chr. Athen) Glauben an die heilende Macht der Philosophie gedeutet werden könnte. Dieser sagte bekanntlich: »leer ist die Rede jenes Philosophen, durch die keine Leidenschaften des Menschen geheilt werden« (*Fragment zur Ethik*, S. 138).

Für Albertis Philosophenkritik scheint aber auch Seneca grundlegend gewesen zu sein. Dieser schreibt etwa in seinen *Briefen an Lucilius*: »Die Philosophie ist keine Wissenschaft fürs Volk und nicht dazu bestimmt, Eindruck zu machen. Sie beweist sich nicht im Reden, sondern beim Handeln. Sie taugt auch nicht dazu, mit einigem Vergnügen die Zeit totzuschlagen und Müßiggängern die Langeweile zu vertreiben. Den Geist veredelt und bildet sie, bringt Ordnung ins Leben, bestimmt unser Handeln und zeigt, was man tun und lassen sollte. Sie sitzt am Steuer und lenkt die Fahrt derer, die durch Gefahren dahintreiben. Ohne sie kann niemand angstfrei leben, niemand sorgenfrei. Zahllose Ereignisse zu jeder einzelnen Stunde erfordern guten Rat, den man sich bei ihr holen muß.« (I, 16,3) Albertis Missbilligung dummschwätzender und selbstgefälliger Philosophen, die auch in *Über die Seelenruhe* immer wieder durchscheint, etwa in dem so treffenden Bild der »Brauen zückenden Stoiker«

(S. 42), finden sich in viel extremerem Maße in seinem *Momus*. Dort persifliert Alberti diese sophistisch agierenden Denker immer wieder und hält ihnen vor, sich in Schönrednereien zu verlieren und sich selbst dann zu äußern, wenn es andere gäbe, die das Behandelte viel besser kennen würden als sie, wobei gerade das sie gefährlich mache: »Sie seien wirklich mächtig, diese Leute, dank des Reichtums ihres Wortschatzes, dank ihrer Bildung und Erfahrung, und zwar so sehr, dass sie alles, was immer sie nur wollten, erreichen könnten [...].« (S. 179)
Bibl.: Garin 1959; Ponte 1988, S. 16; Boenke 1993; Gambino Longo 2001; Regoliosi 2005; Mönig 2008; Schöndube 2011, S. 32 und S. 75–77.

76 Hannibal, karthagischer Feldherr: um 247/246 v. Chr. – 183 v. Chr. Libyssa. Die berühmte Schlacht am Trasimenischen See, in der Hannibal zwei römische Heere vernichtend schlug, fand im Frühjahr 217 v. Chr. statt.

77 Alberti flicht an dieser Stelle ein paraphrasiertes Zitat Senecas ein. »Wer den Tod fürchtet, wird nie wie ein lebenstüchtiger Mensch handeln. Wer aber weiß, daß dies sogleich bei seiner Zeugung verabredet worden ist, der wird nach dem Grundsatz leben und zugleich mit der nämlichen Seelenstärke auch dies fertigbringen, daß für ihn von dem, was ihm zustößt, nichts überraschend ist.« (Seneca, *De tranquillitate animi*, 11, 6)

78 Vgl.: »Sooft dies einmal an uns geschieht, legt sich der ganze Sturm der Seele, weil das Lebewesen nicht imstande ist, weiterzugehen wie auf der Suche nach etwas, was ihm mangelt, und etwas anderes zu erstreben, wodurch sich das Wohlbefinden der Seele und des Körpers erfüllen würde.« (Epikur, *Epistula ad Menoeceum*, 128; Ponte 1988, S. 15). Die Vorstellung des Entfliehens aus einem Gefängnis geht auf Platon zurück (etwa *Cratylos*, 400c, oder *Phaidros*, 250c).

79 Niccolas eindrückliche Rede, die um verschiedene Formen des Sprechens und Nicht-Sprechen-Könnens orchestriert ist, beleuchtet ein grundlegendes Thema dieses Dialogs, das zugleich zu den Grundkonstanten philosophischen, aber auch poetischen Denkens zählt: nämlich die Relation von erlebtem Schmerz und den Grenzen sprachlicher Erfassung und Äußerung desselben. Indem Agnolo und die Leserin hier bewusst mit drei je verschiedenen ›Stimmen‹ und aufgrund des Alters auch unterschiedlichen Formen des Erlebens und Verarbeitens von harten Schicksalsschlägen und tiefem Schmerz konfrontiert werden, deutet Niccola an, dass die Möglichkeit einer rein abstrakten, intellektuellen Durchdringung von Schmerz nur schwer möglich ist. Zugleich geht er gerade in den Worten des Bruders noch einen bedeutsamen Schritt weiter: Dieser äußert sich zwar höchst beredt über den Unterschied des für Philosophen so selbstverständlichen Redens über Schmerzen und das eigentliche Erleiden von Schmerzen, spitzt das Ganze jedoch epistemologisch und ethisch dahingehend zu, als dass er letztlich die ›Wahrheit‹ der absoluten Emotion über die ›Wahrheit‹ des Arguments stellt und somit auch dem Nicht-Wissen und dem Unsagbaren einen wichtigen Platz einräumt. Nicht zuletzt kritisiert er somit philosophische Positionen, wie etwa diejenigen der Stoa oder des Epikureismus, die die Vernunft als absoluten Maßstab anlegen und die Fragilität der realen Existenz nicht annehmen. Der *logos*, so deutet Niccola hier an, kann nicht jedwede Erschütterung der Seele besänftigen.
Bibl.: Weigel 2004, S. 147–172; Weigel 2009; Nussbaum (1994) 2013; Gründler 2019, S. 135–180.

80 Indem Niccola hier auf die Abstraktheit der philosophischen Rede hinweist, nimmt er eine klassische Kritik der philologischen oder dogmatischen ›Schulphilosophen‹ vor, wie sie unter anderem auch von Seneca praktiziert wurde. Gerade die Wendung, dass den Zuhörern die Seele durch die großtuerischen Meinungen verdunkelt würde, zeigt, dass hier eine Sophisterei am Werk ist, die nicht die Wahrheit im Blick hat, sondern lediglich eitler Selbstzweck ist. Der Tonfall der Passage erinnert etwa an folgende Überlegung Senecas: »›Der Wahrheit Rede ist schlicht.‹ Darum darf man sie nicht verwirrend

vorbringen, denn nichts steht weniger als diese trickreiche Schläue Geistern an, die sich an Großem versuchen.« (*Briefe an Lucilius*, I, 49, 12)
Bibl.: Schöndube 2011.

[81] Die Antike kennt verschiedene Versionen und Urheber dieser Orakelsprüche. So nennt etwa Diogenes Laertius Thales von Milet: »Vom ihm stammt das ›Erkenne dich selbst‹ her [...].« (*Vitae et sententiae philosophorum*, I, 1, 40)

[82] Krates von Theben, kynischer Philosoph, Schüler des Diogenes: 368/365 v. Chr. – 288/285 v. Chr.

[83] Alberti verwechselt hier wohl Krates von Theben mit dem der platonischen Akademie zugehörigen Arkesilaos (315 v. Chr. – 241/240 v. Chr. Athen). Von ihm wird etwa bei Diogenes Laertius folgende Anekdote überliefert: »Freigiebig und nichts weniger als am Gelde hängend, fand er sich doch als erster bei Schaustellungen von Silber und Gold, wie man sie beim Archekrates und bei Kallikrates sehen konnte. Vielen stand er mit seinen Geldmitteln zu Diensten und unterstützte sie. Und als einmal einer silberne Gefäße von ihm geliehen hatte zur Bewirtung von Freunden und sie bei sich behielt, soll er sie ihm absichtlich zum Gebrauch überlassen und sie ihm, als er sie zurückgeben wollte, mit Rücksicht auf seine Bedürftigkeit zum Geschenk gemacht haben.« (*Vitae et sententiae philosophorum*, IV, 4, 38)

[84] Aristippos von Kyrene, Schüler des Sokrates und Begründer der kyrenaischen Schule: um 435 v. Chr. – um 366 v. Chr.

[85] »Einst soll er ein Rebhuhn für fünfzig Drachmen gekauft haben; und als ihm einer dies vorrückte, antwortete er: ›Du aber, hättest du es nicht für einen Obolos gekauft?‹ und als jener ja sagte, erwiderte er: ›Das ist für dich gerade soviel, wie für mich fünfzig Drachmen.‹« (Diogenes Laertius, *Vitae et sententiae philosophorum*, II, 8, 66; Ponte 1988, S. 17)

[86] Xenokrates von Chalkedon, akademischer Philosoph, Schüler Platons: 396/395 v. Chr. – 314/313 v. Chr.

[87] Dionysios I., berüchtigter Tyrann in Syrakus: um 430 v. Chr. – 367 v. Chr.

[88] »So soll er auch, beim Becherwettkampf an dem jährlichen Choenfest, mit einem goldenen Kranze geehrt, beim Herausgehen diesen Kranz an der dort stehenden Hermesstatue niedergelegt haben, wie er auch die Blumenkränze niederzulegen pflegte.« (Diogenes Laertius, *Vitae et sententiae philosophorum*, IV, 2, 8; Ponte 1988, S. 17)

[89] Lakydes von Kyrene, akademischer Philosoph: um 300 v. Chr.

[90] »Er starb an Lähmung infolge zu starken Weingenusses.« (Diogenes Laertius, *Vitae et sententiae philosophorum*, IV, 8, 61; Ponte 1988, S. 17)

[91] Bion von Borysthenes: um 335 v. Chr. – um 245 v. Chr.

[92] »Gefragt, bei welcher Tätigkeit der Mensch Freude empfände, sagte er, ›wenn er Gewinn hat‹.« (Diogenes Laertius, *Vitae et sententiae philosophorum*, I, 5, 87; Ponte 1988, S. 17)

[93] Aristoteles: 384 v. Chr. Stageira – 322 v. Chr. Chalkis auf Euböa.

[94] »[...] wie Lykon behauptet, pflegte er sich in einer Wanne heißen Öles zu baden und das Öl dann zu verkaufen.« (Diogenes Laertius, *Vitae et sententiae philosophorum*, V, 1, 16; Ponte 1988, S. 17). Auch in seinem *Canis* kritisiert Alberti Aristoteles für seine Geldgier und Ruhmessucht. »Er war nicht gierig nach Ruhm, wie man es Aristoteles nachsagte«. (S. 371; Übers. der Hg.)
Bibl.: Dezzi Bardeschi 1994, S. 27.

[95] Zenon von Kition, Begründer der stoischen Schule: um 334 v. Chr. in Kition – um 262/261 v. Chr. Athen.

[96] Antigonos, makedonischer König, Patron Zenons: 277 v. Chr. – 239 v. Chr.

[97] Die hier von Alberti referierte Anekdote bezieht sich ursprünglich nicht auf Zenon von Kition, sondern auf dessen Schüler Persaios von Kition (um 305 v. Chr. Kition – um

243 v. Chr. Akrokorinth): »Ihn wollte Antigonos einst auf die Probe stellen; er ließ ihm die erdichtete Nachricht überbringen, seine Landgüter seien von den Feinden weggenommen worden; und als Persaios dabei finster die Stirn runzelte, sagte Antigonos: Siehst du wohl? Der Reichtum ist doch nichts ganz Gleichgültiges.« (Diogenes Laertius, *Vitae et sententiae philosophorum*, VII, 1, 36; Ponte 1988, S. 17)

98 Lucius Annaeus Seneca der Ältere, genannt Seneca: geboren etwa um das Jahr null in Corduba – 65 n. Chr. in der Nähe Roms.

99 Cornelius Nepos, Historiker und Biograph: um 100 v. Chr. – um 28 v. Chr.

100 Nero Claudius Caesar Augustus Germanicus, der letzte Kaiser der julisch-claudischen Dynastie: 37 Antium – 68 bei Rom.

101 Es lässt sich nicht zweifelsfrei klären, aus welchem Werk des Cornelius Nepos Alberti diese Anekdote übernimmt. In Gänze findet sich diese bei Tacitus: »Einige berichteten, es sei ihm von einem seiner Freigelassenen namens Cleonicus auf Neros Befehl Gift gereicht worden. Seneca sei aber dem Anschlag entgangen, entweder durch eine Warnung des Freigelassenen oder durch seine eigene ängstliche Vorsicht. Er fristete nämlich sein Leben mit der einfachsten Kost mit Feldobst (im Gegensatz zum Edelobst) und gegen den Durst mit fließendem Wasser.« (*Annales*, XV, 45; Ponte 1988, S. 18)

102 Nachdem er eine Vielzahl von konkreten Beispielen philosophischer Lebensformen der Antike angeführt hat, distanziert sich Niccola hier und im Folgenden bewusst von ihnen und zeigt auf, dass es einen großen Unterschied zwischen der jeweiligen philosophischen Lehre und dem eigenen Leben, kurz gesagt zwischen Theorie und Praxis gibt. Ferner stellt er den Wahrheitsgehalt solcher Leitsätze in Frage, die er eher als »fabelhaft« denn als »wahr« einschätzt. Mit der rhetorischen Frage, weshalb man noch weitere solche Beispiele anführen sollte, sowie dem Dreischritt von Hören, Urteilen und Sagen macht Alberti über die Figur Niccolas deutlich, dass dieser sich durchaus auf seine Wahrnehmungsfähigkeit und Urteilskraft verlässt und sich bewusst von tradiertem Wissen sowie solchen der Festigung der eigenen Tugend dienenden historischen *exempla* distanziert.

Bemerkenswert ist, dass Alberti der Disziplin der Geschichtsschreibung eine wichtige Rolle in diesem Prozess der Objektivierung zuschreibt, was sicherlich damit zusammenhängt, dass die Geschichte als humanistische Praxis in den 1440er Jahren immer bedeutsamer wurde. Aufgrund der zahlreichen, zum Teil auch unbekannten *Historiae* des *Über die Seelenruhe*, mit denen die damaligen Leser erstmalig dank dieses Dialogs in Kontakt getreten sein dürften, reiht sich die Schrift Albertis in diese historisch-philologische Bewegung der Quellenkritik ein.

Bibl.: Keßler 1982; Regoliosi 1991; Doni Garfagnini 2002; Pfisterer 2003; Kaldewey 2013; Leinkauf 2017, Bd. I, S. 951–1007.

103 Die mythische Figur Dido gilt als Gründerin der Stadt Karthago. Um die Stadt vor dem Untergang und sich selbst vor ungewollter Heirat zu retten, verbrannte sie sich selbst: »Sprach's, und noch bei diesen Worten sehen ihre Frauen sie, vom Stahl getroffen, zusammenbrechen, sehen bluttriefend das Schwert, blutbespritzt ihre Hände. Wehgeschrei erfüllt den hohen Palast; durch die erschütterte Stadt rast die Kunde. Von Jammern und Stöhnen und Heulen der Frauen gellen die Häuser, es widerhallt vom lauten Klagen der Himmel, nicht anders, als wenn der Feind einbräche und ganz Karthago zugrunde ginge oder das altehrwürdige Tyrus, und als wenn überall rasende Flammen aufloderten aus Häusern der Menschen und Götter.« (Vergil, *Aeneis*, IV, 663–671)

104 Niccola offenbart hier einmal mehr seine Feinfühligkeit, indem er auf der Notwendigkeit der Emotionen insistiert. Er nimmt dabei eine rhetorische Demontage der von Agnolo zuvor dargebrachten Exempel stoischen Duldens vor. Besonders deutlich wird dies

in der erneuten Nennung des Mucius Scaevola. War jene Episode um das Verbrennen seiner Hand zuvor von Agnolo als exemplarisch und zumindest konzeptuell als nachahmungswürdig angeführt worden, so konnotiert sich selbige innerhalb Niccolas Rede zu etwas Bizarrem, Unmenschlichem. Vor diesem Hintergrund ist diese Passage ein gutes Beispiel für Albertis abwägende Haltung gegenüber der im Kynismus, im Epikureismus sowie in der Stoa angestrebten Emotionslosigkeit. Obgleich er in diesem Dialog für eine Abhärtung der Seele plädiert, beharrt er durchaus im positiven Sinne darauf, dass es die Emotionen seien, die die Menschen zu Menschen machen würden. Der Hinweis, nur die Götter könnten ohne Gefühle sein, offenbart Albertis Kenntnis antiker philosophischer Diskurse über die Natur der Götter. Es war Platon, der in harscher Kritik der homerischen Mythen die Idee der absoluten Güte und Unveränderbarkeit der Welt der Götter vertrat, in der Emotionen keinerlei Rolle spielten (»So laßt uns denn den Grund erörtern, der den Werkmeister veranlaßte, dies Weltgebäude, diese Stätte des Werdens, zusammenzufügen. Er war voller Güte; wer aber gut ist, für den gibt es niemals und nirgends einen Grund zum Neide: völlig unberührt von ihm wollte er, daß alles ihm selbst so ähnlich wie möglich sei. Darin also nach der Lehre einsichtiger Männer den eigentlichen und am meisten durchschlagenden Grund des Werdens und des Weltalls zu erkennen dürfte wohl das Richtigste sein.« *Timaios*, 29d–e).

Neben Plotin (205–270) nahm auch Epikur dieses Denken auf und schrieb in seinem ersten Satz der *Kyriai doxai*, dass »das glückselige und unvergängliche Wesen (die Gottheit) weder selbst Schwierigkeiten [kennt], noch [es] sie einem anderen bereitet; daher hegt es weder Zorn noch Wohlwollen« (I, S. 63). Diogenes wiederum betonte die Notwendigkeit asketischer Übungen, um bedürfnislos zu werden und somit den Zustand höchster Glückseligkeit zu erreichen, der den Menschen den Göttern annähert, denn »es sei göttlich, nichts zu bedürfen, und gottähnlich, nur wenig nötig zu haben« (*Vitae et sententiae philosophorum*, VI, 9, 105). Eine hermeneutisch interessante und kritische Position vertritt Sextus Empiricus (um 160 – um 210), der in seiner *Pyrrhonischen Skepsis* eine klare Differenz zwischen dem philosophischen und dem dichterischen Verständnis der Emotionslosigkeit der Götter aufzeigt: »Und wir sind es gewöhnt, die Götter als gut und unempfindlich gegen Übel zu verehren, die Dichter dagegen lassen sie verwundet werden und gegeneinander mißgünstig sein.« (I, 154) Bibl.: Döring 1985, S. 26; Bordt 2006; Graver 2008, S. 85–108; Van der Horst 2010.

105 Es scheint sich hier um eine Namensverwechslung zu handeln. Gemäß Seneca ist an dieser Stelle nicht Dion (griechischer Politiker und Freund Platons: 409 v. Chr. – 354 v. Chr. Syrakus) gemeint, sondern Bion.

106 »Bion bemerkt treffend, es sei für Glatzköpfige nicht weniger lästig, sich Haare ausreißen zu lassen, als für Langhaarige.« (Seneca, *De tranquillitate animi*, 8, 3; Ponte 1988, S. 19)

107 »Senatoren! Alle Menschen, die über strittige Fälle beraten, sollten frei sein von Haß und Zuneigung, Zorn und Mitleid.« (Sallust, *De Catilinae coniuratio*, 51, 1; Ponte 1988, S. 19).

108 Quintus Ennius, früher Epiker und Dramatiker: 239 v. Chr. Rudiae – 169 v. Chr. Rom; »[...] und wie Ennius sagt: ›Eine kranke Seele irrt immer, kann nicht aushalten und überdauern und hört nie auf zu begehren.‹« (Cicero, *Tusculanae disputationes*, III, 5; Ponte 1988, S. 19)

109 Alberti rekurriert hier auf das klassische Motiv des Hafens der Philosophie, das sich in der Frühen Neuzeit großer Beliebtheit erfreute. Die Quellen, auf die sich Niccola an dieser Stelle wohl konkret bezieht, sind Cicero (*Epistulae ad familiares*, VII, 30) und Augustinus, der den Topos christlich überformte und auf das Verhältnis des einzelnen Menschen zu Gott und seinem durch Gott zugeteilten Schicksal ausrichten sollte (*De vita beata*, 1, 1). Allerdings findet sich bei Alberti eine deutlich kritische Färbung, da es seines Erachtens

eben gerade nicht ausreicht, über den sicheren Hafen nur zu theoretisieren, vielmehr sollten konkrete, lebenspraktische Anweisungen für das Erlangen der Muße aufgezeigt werden.
Bibl.: Blumenberg 1997, S. 9–30; Adolf 2013.

110 Niccola steht den Philosophen und ihren Versprechungen erneut skeptisch gegenüber. Indem er sie als »Verarzter« und »Lenker« von Geist und Seele beschreibt, verweist er zwar auf eine lange Tradition, in der die Philosophie als Seelentherapie verstanden wurde, deutet zugleich aber auch an, dass er den Philosophen und ihren Künsten, die seines Erachtens häufig nicht mehr als leere Worte sind, nicht wirklich vertraut (siehe Anm. 75). Die Vorstellung, dass sich die Philosophen analog zu den sich um den Körper kümmernden Medizinern um die menschliche Seele zu sorgen haben, findet sich bereits bei Platon, der in einer berühmten Passage des *Phaidros* (270b–d) eine Analogie zwischen der Kunst der Medizin und der philosophischen Rhetorik herstellt (siehe Anm. 317). Während sich Erstere um den Körper kümmert und diesem mit den richtigen Instrumenten und Heilmitteln zur Gesundheit verhilft, sorgt sich Letztere um die Gesundheit der Seele, die durch ein philosophisches Leben erreicht werden kann. Mit Hilfe des gemeinsamen Dialogs und weiterer Übungen und Regeln soll nach dem Guten und Wahren gestrebt werden.

Diese Vorstellung, dass die Ethik eine Therapie der Seele sei, wurde unter anderem auch von Demokrit (460/459 v. Chr. Abdera – um 370 v. Chr.) oder Aristoteles vertreten und war dann insbesondere in der hellenistisch-römischen Philosophie weit verbreitet. So verstanden sich stoische Philosophen wie Seneca als Seelenärzte, die die Menschen von falschen Vorstellungen und Hoffnungen heilten und ihnen auf der Basis der *ratio* zu einem glückseligen Leben verhalfen. In seinen *Briefen an Lucilius*, aber auch in anderen Schriften wie etwa *De tranquillitate animi*, finden sich viele Passagen, in denen Seneca darauf hinweist, dass seine Schriften gesundheitliche Ratschläge enthalten, so als seien sie medizinische Rezepte (*Briefe an Lucilius*, I, 8, 2). Zugleich betont er Folgendes: »Die Alten fügten gewöhnlich, wie man es bis auf meine Zeit noch tat, den ersten Worten eines Briefs die Formel hinzu: ›Wenn Du gesund bist, ist's gut; ich bin gesund.‹ Wir müssen schreiben: ›Wenn Du philosophierst, ist es gut.‹ Das nämlich bedeutet erst ›gesund sein‹. Ohne diese Betätigung bleibt der Geist krank, und auch der Leib ist, selbst wenn er über große Kräfte verfügt, nur so ›gesund‹ wie der eines Verrückten. Bemühe Dich also hauptsächlich um geistige Gesundheit, sodann auch um die des Leibes. Sie kostet Dich nicht viel, wenn Du nichts weiter als gesund sein willst. Es ist nämlich eine törichte und für einen gebildeten Menschen ganz unangemessene Zeitverschwendung, den Bizeps zu trainieren, auf einen breiten Nacken hinzuarbeiten und den Körper zu kräftigen. Auch wenn Du Dich erfolgreich herausfütterst und Deine Muskelpakete zunehmen, erreichst Du doch nie die Kräfte und das Gewicht eines feisten Ochsen. Bedenke zudem, daß die größere Last des Leibes den Geist beschwert und dieser weniger beweglich wird. Beschränke darum nach Möglichkeit Dein Gewicht und mache mehr Platz für den Geist.« (Ebenda, 15, 1–2) Es ist bemerkenswert, dass an dieser, aber auch an anderen Stellen des Dialogs, Albertis Fokus ganz auf antiken Konzeptionen der Seelenpflege liegt. Die christliche Sorge um die Seele, also die *Cura animarum*, wird von ihm hingegen kaum angedeutet, und dies obgleich die Vorstellung des *Christus Medicus*, der sowohl den Leib als auch die Seele der Gläubigen heilt, im Quattrocento weit verbreitet war.
Bibl.: Honecker 1986; Reale 1994; Detel 1998, S. 120–150; Van der Eijk 2005; Henderson 2014.

111 Alberti beschreibt hier die *dialektiké téchne*, also die Kunst der Unterredung oder Gesprächsführung, die in der Frühen Neuzeit im Rückgriff auf Antike und Scholastik als eine Disziplin beziehungsweise Methode der Wissensaneignung und -prüfung verstanden wurde. Grundlegend war dabei die direkte Gesprächssituation, in der vermittels des Fragens und Antwortens die jeweiligen Sachverhalte geprüft wurden, um so zur Wahrheit

zu gelangen. Eine erste ausführliche Darlegung der *dialektiké téchne* findet sich im zweiten Teil von Platons *Phaidros*, in der die Dialektik jedoch nicht nur als eine argumentative, der Wahrheitsfindung dienende Technik, sondern vielmehr als Philosophie *selbst* bestimmt wird (*Phaidros*, 244a–279c). Im Anschluss an Aristoteles, der in seiner *Topik* verschiedene argumentative Werkzeuge erörterte, sowie an die stoische Dialektik, deren Hauptziel die Unterscheidung von wahren und falschen Meinungen war, spielte die Kunst des Argumentierens, die Alberti hier explizit erwähnt, insbesondere in der Scholastik eine grundlegende Rolle. In den berühmten *disputationes*, also Streitgesprächen, vertraten die Gelehrten jeweils zwei entgegengesetzte Positionen für und wider eine Auffassung und versuchten qua argumentativer Widerlegung des Opponenten zur Lösung des eigentlichen Problems zu gelangen.
Bibl.: Marsh 1980; Bianchi Bensimon 1998, S. 83–124; Fried 1997; Holz 2011.

112 Alberti verfasste sein *Della pittura* in toskanischer Volkssprache 1435, kurz darauf folgte die lateinische Version, *De pictura*. Sein *De statua* ist wohl später entstanden, eine genaue Datierung liegt nicht vor und wird in der Forschung kontrovers diskutiert. Seine eigenen Fähigkeiten im kunstschaffenden Bereich, sei es in der Malerei oder in der Plastik, rühmt Alberti auch in seiner *Vita*, wo er unter anderem über sich selbst schreibt: »Er lud Freunde zu sich ein, mit denen er sich dann ununterbrochen über die Wissenschaften und die Gelehrsamkeit austauschte, [...] und zeichnete dabei ihr Porträt oder formte es in Wachs.« (S. 51; seine »Freude« und »Lust« am Malen betont Alberti ebenfalls in *De pictura*, II, 29). Zeitgenossen Albertis, wie etwa Cristoforo Landino, bestätigen, dass er nicht nur kunsttheoretische Schriften verfasste, sondern auch »di mano propria«, also mit eigener Hand, Werke mit dem Pinsel, Meißel, der Radiernadel und sogar aus Bronze gegossen herzustellen wusste (Landino, *Commento*, Bd. I, S. 174). Sich mit Sorgfalt, Disziplin und Freude den ›schönen Künsten‹ hinzugeben entspricht Albertis Auffassung eines tugendhaften Daseins: »ja, vornehmste und hervorragendste Bürger, Philosophen und Könige fanden größtes Vergnügen nicht nur an gemalten Gegenständen, sondern sogar auch daran, diese selbst zu malen.« (*De pictura*, II, 27) Zugleich nobilitiert Alberti sich selbst und die Künstler im Allgemeinen, da er sich in diese Liste *Berühmter Männer* einreiht.

Im spezifischen Kontext dieser Stelle diente der Hinweis auf Albertis technische Fähigkeiten in der Kunstproduktion einerseits dazu, das ihm von der Natur geschenkte Talent zu loben, und andererseits dazu, auf seinen Fleiß und die stetige Übung auf diesem Gebiet anzuspielen (siehe Agnolos Worte am Ende des Absatzes). Die Auflistung der hypothetisch von Alberti mit Leichtigkeit nachzubildenden Werke – Herkules, Faun, Nymphe –, allesamt mythologische Wesen, bewirkt darüber hinaus eine Assoziation mit geistiger Schöpfungskraft, da eine rein mimetische Naturwiedergabe nicht möglich ist. Der außerordentliche Maler, respektive Bildhauer, ahmt durch sein *ingenium* die Natur nicht nur bestens nach, sondern vollendet beziehungsweise übersteigt sie noch.
Bibl.: Ponte 1988, S. 20; Bertolini 2000; Bätschmann (2000) 2011, S. 26–36, 72–77, 97–101.

113 »Er übte sich im Ballspiel, im Speerwurf, im Laufen, Springen und Ringen und hatte ganz besondere Freude am scharfen Anstieg im Gebirge – alles Beschäftigungen, denen er sich mehr aus Gesundheitsgründen denn aus Spieltrieb oder zum Lustgewinn hingab. Als Jugendlicher zeichnete er sich bei den Waffenübungen aus: Mit einem Satz sprang er mit geschlossenen Füßen über die Schultern stehender Männer; beim Sprung mit der Lanze kam ihm niemand gleich; ein aus seiner Hand geschleuderter Pfeil durchstach das eiserne Bruststück eines Harnisches, wie stark dieses auch sein mochte.« (Alberti, *Vita*, S. 37; Ponte 1988, S. 20)

114 Milon von Kroton, einer der berühmtesten Ringer der griechischen Antike: um 600 v. Chr.

[115] Auf Milons Stärke verweist Plinius der Ältere: »Den Athleten Milon brachte niemand, wenn er einmal fest stand, von der Stelle, und niemand bog ihm, wenn er einen Apfel hielt, auch nur einen Finger gerade.« (*Naturalis historia*, VII, 19, 83; Ponte 1988, S. 20)

[116] Möglicherweise verwechselt Alberti hier Aulus Terentius Varro Murena (römischer General und Politiker sowie enger Freund Octavians; stirbt 24 v. Chr.) mit dem von Plinius dem Älteren zitierten Vinnius Valens: »Vinnius Valens aber, ein Centurio aus der Leibwache des göttlichen Augustus, pflegte Wagen mit einer Ladung voller Weinschläuche so lange in die Höhe zu halten, bis sie leergelaufen waren, Reisewagen mit einer Hand im Laufe aufzuhalten, indem er sich den ziehenden Pferden entgegenstemmte, und noch andere Wunderdinge zu verrichten [...].« (*Naturalis historia*, VII, 19, 82; Ponte 1988, S. 20)

[117] Es handelt sich um Gaius Octavius (Octavian), der nach seiner Adoption durch Julius Cäsar dessen Familiennamen annahm und ab diesem Zeitpunkt ›Gaius Julius Caesar‹ hieß. Auf dem Höhepunkt seiner Macht trug er die Ehrentitel ›Imperator Caesar divi filius Augustus‹, wird aber meist, auch um ihn von seinem Adoptivvater zu differenzieren, ›Octavian‹ genannt: 63 v. Chr. Rom – 14 n. Chr. Nola.

[118] Gemäß Giovanni Ponte verwechselt Alberti an dieser Stelle Atamante mit Athanatus. Bei Athanatus handelt es sich um einen bei Plinius erwähnten Theaterschauspieler: »Auch wir haben einen Mann, der den verheißungsvoll prahlenden Namen *Athánatos* (der Unsterbliche) führte, mit einem fünfhundert Pfund schweren bleiernen Brustpanzer und mit ebenso schweren Kothurnen angetan auf der Theaterbühne umhergehen sehen.« (*Naturalis historia*, VII, 19, 83; Ponte 1988, S. 20)

[119] Gaius Plinius Secundus der Ältere, römischer Rhetor und Historiker: 23/24 Novum Comum – 79 bei Stabiae.

[120] Das anekdotenhafte Einflechten antiker Quellen in die eigene Rede war in Mittelalter und Früher Neuzeit gängige Praxis und zeigt sich in *Über die Seelenruhe* beispielhaft. In der verschriftlichten Dialogsituation wird die mündliche Debattenkultur und rhetorische Expertise der griechischen und römischen Akademien sowie auch die der vielen Florentiner Gelehrtenzirkel aufgenommen und vorgeführt. Wissen und Positionen sollen präsentiert, das Argument von allen Seiten und mittels verschiedener Techniken beleuchtet und durch anekdotische Beispiele aus Literatur (*fabula*), Geschichte (*exemplum*), Mythologie und Alltagserfahrung (*parabula*) untermauert werden. Gerade die Lebensnähe soll die Überzeugungskraft des Arguments vor dem Publikum oder den Gesprächsteilnehmern untermauern. Die Verwendung von Anekdoten im mündlichen Vortrag besitzt auch eine erweiterte ethisch-moralische Funktion und war etwa für die Predigt charakteristisch, deren Einfluss und Rezeption für Alberti ebenfalls eine große Rolle gespielt haben. Durch teilweise erstmalige Darlegung und Nacherzählung anekdotenhafter Beispiele überhaupt beziehungsweise in der Volkssprache kommt Alberti eine wichtige Vermittlerrolle zu: Er macht antike Konzepte und Wissen einem breiteren Publikum zugänglich und findet, trotz der formellen Reflexion der Techniken antiker Rhetorik, einen ganz eigenen, semantisch und metaphorologisch komplex verknüpften Sprachschatz, um dieses Wissen zu präsentieren. Er kann darin zudem das Wissen disziplinübergreifend verbinden und für ethische, epistemische, architektur- und kunsttheoretische wie auch alltägliche Kontexte fruchtbar machen.
Bibl.: Smith 1992, S. 133–149; Mack 2005; Daxelmüller 2015; Zymner, HWRh (»Parabel«), Bd. VII, Bd. VI, Sp. 502–514; Tanturli 2017, S. 504–507.

[121] Marcus Tullius Cicero, römischer Politiker und Philosoph: 106 v. Chr. Arpinum – 43 v. Chr. bei Formiae.

[122] Publius Clodius Pulcher, römischer Politiker: um 93 v. Chr. – 52 v. Chr. bei Bovillae.

[123] Albertis Verweis auf die den Philosophen eigene Neugier gegenüber den vergänglichen Dingen weist eine ambivalente Note auf. Sowohl in der Antike und im Mittelalter als auch in der Frühen Neuzeit besaß die *curiositas* (Neugier) einen negativen Einschlag, der nicht zuletzt vor dem Hintergrund einer langen, auf Ciceros Thematisierung der *res obscuras*, der dunklen Dinge, zurückgehenden Tradition gelesen werden sollte und zugleich auch mit Augustinus' Verurteilung der *concupiscentia oculorum* (Augenlust) zusammenhängt. In seinem *De officiis* betont Cicero, »dass manche Leute viel zu großen Eifer und zu viel Mühe mit dunklen und schwierigen Fragen verbringen, die dazu noch unnötig sind« (I, 19), dass also diese Art der Neugierde dringlichst vermieden werden sollte. Wie Hans Blumenberg in seinen Überlegungen zur theoretischen Neugierde in der Frühen Neuzeit prägnant dargelegt hat, muss der *ardor studii* (Wissensdrang) gemäß Cicero angemessen sein und darf niemals dazu führen, dass der Einzelne seine Pflichten als Mensch und Bürger vernachlässigt. Die theoretische Neugierde sollte also moralischen und politischen Grundsätzen unterworfen und durch diese gezügelt werden. Wissbegierde an sich wird in diesem Sinne zwar nicht primär negativ gedeutet, aber ihr muss im richtigen Maß nachgegeben werden.
Bibl.: Blumenberg 1988; Bös 1995; Daston 2001; Gründler 2019, S. 76–90.

[124] Obgleich Alberti hier keine spezifischen Philosophen nennt, verweist er offensichtlich auf Diogenes von Sinope, dessen Unkonventionalität gemäß verschiedenen antiken Überlieferungen im damaligen Athen auf Unverständnis stieß. Die recht detaillierte Beschreibung seines Lebensstils, zu dem eben auch das von Alberti explizit erwähnte Hausen in einer Tonne zählte, zeigt, dass jener mit der von Diogenes Laertius verfassten *Vita* des Kynikers wohlvertraut war (*Vitae et sententiae philosophorum*, VI, 2, 23 und 105) (siehe auch Anm. 230–231).

[125] Tacitus, *Annales*, XV, 45 (siehe die zitierte Quelle in Anm. 101).

[126] Bei Agamemnon handelt es sich um eine Sagengestalt der frühgriechischen Epik. Als König der Argeier führt er das griechische Herr gegen Troja, um die Entführung seiner Schwägerin Helena zu rächen: »Denn nicht zu verargen ist es, dem Unheil zu entfliehen, auch nicht bei Nacht.« (Homer, *Ilias*, XIV, 80; Ponte 1988, S. 22) Wie Lucia Bertolini belegen konnte, las Alberti Homer in der lateinischen Übersetzung des Leontius Pilatus (um 1310 Seminara – 1365 Seefahrt Adria) – was auch für alle folgenden Homer-Zitate gilt.
Bibl.: Bertolini 1998.

[127] Dieses Gleichnis übernimmt Alberti von Plinius dem Älteren: »Auch die Palme ist ein starker Baum, sie biegt sich nämlich in die entgegengesetzte Richtung; alle anderen Bäume biegen sich nach unten, die Palme hingegen in Gestalt eines Bogens nach oben.« (*Naturalis historia*, XVI, 81, 223; Ponte 1988, S. 22)

[128] Innerhalb des Redebeitrags Agnolos folgt nun eine erste (systematischere) Darlegung unterschiedlicher Aspekte antiker wie frühneuzeitlicher Theorien der Seele sowie der Rolle der Seele innerhalb des komplexen Gefüges menschlicher Entscheidungs-, Verstandes- und Empfindungs- beziehungsweise Wahrnehmungsprozesse. Als Ausgangspunkt von Agnolos Gedankengang dient die platonische Seelenlehre, deren Kerncharakteristiken der »Ewigkeit«, Einfachheit (»simplici«, »nulla composti«) und Selbstbewegtheit (»non da altri mossi che da sé stessi«) dem Abschnitt vorangestellt sind. Die Vorstellung, dass die Seele ewig sei, war zwar im antiken Griechenland keineswegs unumstritten, was sich auch in den platonischen Dialogen niederschlägt (siehe zum Beispiel die Reaktion Glaukons auf Sokrates' Behauptung, die Seele sei unsterblich und ewig, in: *Politeia*, 608d, oder *Phaidon*, 70a), gewinnt aber vor allem im Rahmen christlicher Platon-Lektüren eine Zentralstellung. Die Unteilbarkeit der Seele ist die platonische Bedingung für deren Ewigkeit, denn was teilbar ist, wurde zusammengefügt, und was zusammengefügt wurde, kann nicht ewig sein (*Phaidon*, 78b). Die ebenfalls und insbesondere im Quattrocento von Platon beeinflusste

christliche Vorstellung der immateriellen, unvergänglichen Seele ist dort jedoch entscheidend durch den Aufstieg und die Hinwendung zu Gott, dem Ewigen, geprägt. Der Aspekt der Selbstbewegtheit der Seele rückt darin in den Hintergrund.
Bibl.: Burnet 1916; Bremmer 1983; Annas 1992; Lorenz, SEP (»Ancient Theories of Soul«).

129 Nach dem vorherigen, stark platonisch aufgeladenen Satz lässt Alberti Agnolo einige bekannte – gemäß seiner Formulierung »bewiesene« – Grundsatzannahmen über Wesen und Ursprung von Leben und Seele referieren. Indem er die Bewegung als unabdingbar für alles Lebendige bestimmt, vereint er synkretistisch vorsokratische Lehren, aber auch die Ansichten von Platon und Aristoteles. Die vorsokratischen Beschreibungen der bewegenden Seele waren über Aristoteles' *De anima* (»die einen erklärten, sie [die Seele] sei das, was vornehmlich Bewegung verursacht« [409b20–21]) und die Überlieferungen des Diogenes Laertius (»der Anfang der Bewegung ist Geist« [*Vitae et sententiae philosophorum*, II, 3, 7]) auch im frühen Quattrocento bekannt.

Albertis Aussage, er wolle sich an dieser Stelle nicht über die »Bewegungen der Seele« an sich auslassen, zeigt, dass er und damit wohl auch seine potentielle Leserschaft mit Aristoteles' *De anima* und der darin skizzierten Wissenschaft vom Lebendigen insgesamt gut vertraut war. Denn der antike Philosoph unterzieht bekanntlich im ersten Teil seiner Schrift nicht nur die Seelentheorien der früheren Philosophien einer scharfen methodisch-systematischen und inhaltlichen Kritik, sondern erweitert die Diskussion über die Bewegungen der Seele, also mentaler Episoden oder Emotionen wie etwa Schmerz oder Freude, um seine eigenen Überlegungen (*De anima*, 408b). Dabei definiert er die Seele als das Prinzip, das den Körper qua Form belebt und somit sein Lebendig-Sein verursacht, ohne dabei ein ontologisch anderes Wesen aufzuweisen (ebenda, 412a–413a). »Es ist also notwendig, dass die Seele Substanz im Sinne der Form eines natürlichen Körpers ist, der dem Vermögen nach Leben hat.« (Ebenda, 412a20)
Bibl.: Nussbaum/Oksenberg Rorty 1992; Corcilius 2017.

130 Über das poetische Bild der stets bewegten Seele, der wogenden Gedanken und der Schläge in der Brust scheint Alberti in seinen Überlegungen zur Seelenlehre zumindest ansatzweise eine Frage zu umkreisen, die in allen Kulturen und somit auch in der klassischen griechischen Antike und im Christentum kontrovers diskutiert wurde, nämlich diejenige nach der Lokalisierung der Seele. Dabei finden sich sowohl in philosophischen, theologischen als auch medizinischen Kontexten je unterschiedliche Auslegungen der Relation von Körper und Seele. Abhängig vom Grundverständnis, also zum Beispiel biologisch-materialistisch oder idealistisch-immateriell, zogen diese wiederum verschiedene Erklärungsmodelle für die Verortung der Seele in den Körperteilen nach sich. Häufig wurden dabei das Herz beziehungsweise das Gehirn als Sitz der Seele bestimmt, aber auch das Pneuma oder das Blut wurden genannt. Platon wiederum hatte aufgrund seiner Dreiteilung der Seele den vegetativen, sensitiven und rationalen und somit unsterblichen Seelenteil respektive in der Leber, der Brust oder im Gehirn verortet (*Timaios*, 69a–e). Diese Vorstellung war äußerst wirkmächtig und wurde unter anderem auch von Galen (128/131 Pergamon – 199/216 Rom) in seinen medizinischen Schriften weiterverfolgt. Obgleich Alberti das Problem des Seelensitzes an dieser Stelle nicht direkt benennt, ist es doch bemerkenswert, dass er zumindest metaphorisch einen in der Brust befindlichen Raum der Seele umschreibt.
Bibl.: Hankinson 1991; Van der Eijk 2005, S. 119–128; Frede/Reis 2009.

131 Alberti bedient sich an dieser Stelle der in der Frühen Neuzeit geläufigen Vorstellung, dass die Seele durch die Meinung zu falschen Urteilen verführt wird. Bezeichnenderweise wird das Urteil selbst in der frühneuzeitlichen Fakultätenpsychologie als ein

ambivalentes, zwischen den Sinnen und dem Intellekt angesiedeltes Vermögen verstanden, das stark durch einen sinnlichen Überschuss und durch äußere Faktoren beeinflusst werden kann. In der Tat kann Albertis Verweis auf die offensichtlich stärker triebgesteuerten Individuen, die nicht aus sich selbst heraus und rationale Kriterien befolgend urteilen, vor diesem Hintergrund gelesen werden. Das Urteilen als intersubjektive Handlung ist nur dann sinnvoll, wenn es ein normatives und vor allem rationales Regelwerk gibt, dem man folgt. Urteilt man hingegen lediglich, um anderen zu gefallen, verrät man sich selbst. Insbesondere in seinem *De re aedificatoria* hebt Alberti wiederholt hervor, dass das *iudicium* (das Urteil) auf das Engste mit der intellektuellen Tugend der *prudentia* (der Besonnenheit, Klugheit) verknüpft sein sollte und auch nur dann dienlich ist. »Einen hohen Geist, unermüdlichen Fleiß, höchste Gelehrsamkeit und größte Erfahrung muß jener besitzen und vor allem eine ernste und gründliche Urteilskraft und Einsicht haben, der es wagt, sich Architekt zu nennen.« (*De re aedificatoria*, IX, 9)
Bibl.: Michel 1930, S. 334–347; Summers 1987, insb. S. 133–137.

132 Wenngleich Alberti hier die Einflussnahme der Affekte auf die Seele recht ungewöhnlich durch meteorologische Metaphern einführt, vertritt die sprechende Figur des Agnolo klassisches stoisches Gedankengut: In der Stoa wird davon ausgegangen, dass allen Menschen ein göttlicher und somit vernünftiger Seelenfunke innewohnt. Für die Herausbildung eines tugendhaften Verhaltens und die dazugehörige Kontrolle der Affekte ist die Auseinandersetzung mit schädlichen und widrigen Einflüssen aus der Umwelt (zum Beispiel durch Mitmenschen, Eltern, Verwandte und Erzieher oder die politische Situation), Schicksalsschläge und eigenes Fehlverhalten von zentraler Bedeutung. Der Mensch ist Teil der natürlichen Welt, eines gesellschaftlichen Zusammenhangs, aus dem zwangsläufige Widrigkeiten entstehen und von denen er sich, zur Vermeidung von Leid, im Selbstbezug und Handeln möglichst distanzieren soll. Grundvoraussetzung dafür ist, dass sich der Mensch in der ihm gegebenen Welt und sich selbst gemäß einrichtet (*oikeiosis*), das heißt, mit den (äußerlichen) Gegebenheiten vernunftbasiert und intelligent umgeht und seine Handlungen entsprechend danach ausrichtet. Die dafür notwendigen Urteilskriterien muss er dabei aus sich selbst heraus gewinnen. Für diese Art von Umgang mit den Affekten und deren Einfluss, oder das von Agnolo genannte »dulden«, sind zwei Überlegungen notwendig: Zunächst, ob die ausgelöste Emotion zum Nutzen oder Nachteil führt, also gut oder schlecht ist, und zweitens, ob eine durch die Emotion ausgelöste Reaktion und die daraus folgende Handlung angemessen ist (siehe Anm. 332).
Bibl.: Sorabji 2000, S. 29–54; Hadot 2014, S. 142–176; Zak 2014.

133 Alberti bedient sich an dieser Stelle einer wirkmächtigen Analogie, um die Notwendigkeit des Schutzes der Seele vor den widrigen äußeren Umständen zu verdeutlichen. Ähnlich dem Körper solle sie im warmen Inneren eines Hauses vor den schrecklichen Stürmen Zuflucht suchen. Auch in seinem *De re aedificatoria* bezeichnet Alberti in offensichtlichem Rückgriff auf Vitruv (*De architectura*, II, 1, sowie IV, 1) den Schutz als eine der wesentlichen Funktionen der Architektur (*Vorrede*, S. 10). Wie in der Einleitung hervorgehoben, sind Albertis Seelen-Architektur-Analogien nicht ausschließlich durch wehrhaft-militaristische Metaphern gekennzeichnet. Verwandter sind seine Analogien schon eher mittelalterlichen Quellen aus dem christlichen Kontext der *aedificatio animae*, wie zum Beispiel Hugo de Folieto (um 1100 in Fouilloy bei Amiens – 1174 Saint-Laurent-en-Bois), der in seinem *De claustro animae* (III, 6) den Bau der Arche mit der *aedificatio* der Seele vergleicht.
Bibl.: Gallinaro 1999; Eriksen 2001, S. 50–77.

134 Die Idee des inneren Seelenfeuers hängt nach stoischer Lehre mit der Vorstellung der Verbundenheit der Seele mit dem Urfeuer (oder Aether) zusammen, das als Ursubstanz,

als primäres Element der Natur, alles Seiende, den gesamten lebenden Kosmos, umfasst und entstehen lässt. Dieses als göttliches zu verstehende Urfeuer beinhaltet die passive Materie und die aktiv-kreative Naturkraft (*logos*). Der sogenannte Feuerfunke oder die kleine Flamme (*igniculus*) wird bei Cicero in *De legibus* erwähnt. Alberti übernimmt die dort ausgeführte Idee des Naturgesetzes, in dem das Gute, das Tugendhafte und damit die Vernunft allen Menschen eingepflanzt wurde – und zwar im Bild eines Samens (*spermatikos logos*) oder Funkens (*igniculus*). Dieser im Menschen bei der Geburt entzündete ewige Funke der göttlichen Vernunft und Tugend verbindet die menschliche Seele mit dem göttlichen Feuer. Das entzündete Flämmchen wärmt und scheint als solches aus dem Inneren des Menschen heraus, wobei es durch das tugendhafte Verhalten stärker entfacht und durch Laster, schlechte Erziehung und Gewohnheiten zum Erlöschen gebracht werden kann. Auch im *Momus* erwähnt Alberti das Heilige Feuer in Form des »Feuerflämmchens«, das die Götter als Zeichen und Beweis ihrer Göttlichkeit ständig bei sich tragen (*Momus*, S. 265). Die Idee der inneren Flamme und des Seelenfunkens wird auch in der christlich-mystischen Tradition, zum Beispiel von Meister Eckhart (um 1260 Hochheim/Tambach – 1328 Avignon), prominent aufgenommen.
Bibl.: Horowitz 1974, S. 15–16; Mulsow 1998; Agamben 2012, S. 147–164; Gourinat 2020, S. 167–168.

135 Indem Alberti betont, dass man sich selbst sowie das Wesen der Dinge nur dann wirklich erkennen könne, wenn man nicht vom »Fehler der Meinung, sondern von der Wahrheit und der Gewissheit der Vernunft« geleitet werde, verweist er auf die seit der Antike diskutierte Unterscheidung zwischen *doxa*, Meinung, sowie *aletheia*/*episteme*, Wahrheit beziehungsweise Wissen. Die Differenzierung zwischen der Meinung, die nicht auf der Vernunft basiert und eine Form von unzulänglichem Wissen darstellt, und dem wahren Wissen beziehungsweise der Wahrheit, die stets auf das Wesen des Seienden konzentriert ist, findet sich in rudimentärer Form bereits in den Fragmenten *Über die Natur* des Parmenides (um 520/515 v. Chr. – um 460/455 v. Chr.). Grundsätzlich wird die Meinung als ein mangelhafter Modus des Erkennens verstanden, der sich auf die sinnlich wahrgenommenen, vielfältigen und, wie auch Alberti schreibt, veränderlichen Dinge beschränkt, ein Aspekt, den Platon im fünften Buch seiner *Politeia* zur Sprache bringt und zugleich betont, dass das wahre Wissen, nach dem die Weisheitsliebenden streben, sich stets auf die unveränderlichen Ideen bezieht (*Politeia*, 475a–476b).
Bibl.: Detel 1993, S. 289–334; Shields 2003, S. 100–117 und S. 151–162; Diemer, HWPh (»Meinen, Meinung«), Bd. V, Sp. 1017–1023.

136 Thales von Milet, Philosoph, einer der sieben Weisen Griechenlands: um 600 v. Chr. Zur Quelle siehe Diogenes Laertius, *Vitae et sententiae philosophorum*, I, 1, 40 (vgl. Anm. 81).

137 Es handelt sich um den Redner und Schriftsteller Apuleius von Madaura: um 125 – nach 170 Karthago. Seine *Metamorphoseon libri* X, die in Augustinus' *De civitate Dei* erwähnt werden, wurden von Giovanni Boccaccio (1313 Certaldo – 1375 ebenda) um 1338 vollständig kopiert und dann im 15. Jahrhundert intensiv rezipiert, nicht zuletzt da sie von Matteo Maria Boiardo (1441 Scandiano – 1494 Reggio Emilia) erstmalig ins *volgare* übersetzt wurden. Lucia Bertolini hat überzeugend herausgearbeitet, dass sich diese gesamte Passage über den elenden Zustand der Menschheit, die ursprünglich aus Apuleius' *De deo Socrate* (IV) stammt und von Augustinus in seinem *De civitate Dei* (IX, 8) übernommen wurde, ebenfalls in Carlo Marsuppinis (1398 Genua – 1453 Florenz) *Consolatoria* (368–379) von 1433 nachweisen lasse.
Bibl.: Fumagalli 1988; Bertolini 1998, S. 99.

138 An dieser Stelle wird deutlich, dass für Alberti Fragen nach Selbsterkenntnis, dem Sinn des Lebens sowie damit zusammenhängend der Form, die der eigenen Existenz zu

geben sei, nur vor dem gemeinsamen Horizont religiöser und philosophischer Überlegungen und Praktiken zu beantworten sind. Folglich kann für Alberti auch nur ihre gemeinsame Betrachtung, die Lektüre und Kompilation antiker Texte, paganer Quellen und christlicher Motive, Antworten auf die zuvor genannten Fragen liefern. Wie eng bei ihm antikes und christliches Gedankengut verwoben sind, kristallisiert sich in der Betonung der Unsterblichkeit der von Gott gegebenen Seelenvermögen. Diese enge Verflechtung verschiedenster Wissensformen zeigt wiederum auf, dass das kulturelle Modell »Renaissance-Humanismus«, das erst im 19. Jahrhundert durch Jacob Burckhardt als Epochenbezeichnung aufgebracht und später durch Ernst Cassirer oder Hans Blumenberg weiter konsolidiert wurde, kritisch zu betrachten ist, da es die zutiefst religiös geprägte Lebenswelt verkennt, was in der jüngeren Literatur zu Recht problematisiert wird.
Bibl.: Burckhardt (1860) 1955; Cassirer 1927; Blumenberg 1996; Blum 2001; Stowell 2015.

139 »Zwei Dinge hat ihm Gott gegeben, die ihn, den Schwachen, besonders stark machten, Vernunft und Gesellung; deshalb ist er, der keinem gewachsen sein könnte, Herr der Welt.« (Seneca, *De beneficiis*, IV, XVIII, 2; Ponte 1988, S. 25)

140 Der ganze Abschnitt greift die pessimistisch konnotierte *conditio humana* (›menschliche Situation‹) nach dem Sündenfall und die in jenem Zusammenhang verfasste *contemptus mundi*-Literatur auf. Die Unreinheit der gefallenen Menschheit und die Verkrustung ihrer Sünden und Laster, denen Alberti durch die Materialanalogie des rostigen Eisens geschickt Alterungs- beziehungsweise Vergänglichkeitskonzepte beimischt, dürfte hauptsächlich durch Lotario di Segnis (1161 Gavignano – 1216 Perugia; ab 1198 Innozenz III.) *De miseria humanae conditionis* von um 1195 beeinflusst worden sein. Dieses aszetisch-moralische Traktat über das Elend des menschlichen Daseins hat bis spät in die Renaissance gewirkt und wird beispielsweise in Giannozzo Manettis *De dignitate et excellentia hominis* von 1452 punktuell aufgenommen. Bereits Innozenz III. hatte ursprünglich vor, seinem Text zur Misere einen weiteren zur Würde des Menschen an die Seite zu stellen. Einen wichtigen Schritt in diese Richtung verfolgte Francesco Petrarca in seinem *De remediis utriusque fortunae*, dessen Kapitel von der ›Traurigkeit und Trübseligkeit‹ ebenfalls einen wesentlichen Einfluss auf Alberti ausgeübt haben dürfte. Letzteres vor allem im Hinblick darauf, dass für Petrarca die »Unsauberkeit der Entstehung« (II, 93–117) nicht zwingend in Kontrast mit der Würde des menschlichen Daseins steht. Notwendig ist die Anwendung der Vernunft, das Arbeiten am Selbst und eine kluge Tugendhaftigkeit, wie sie auch Alberti fordert. In ähnlicher Form findet sich dieses Konzept bereits in Albertis etwas früherem, wohl zwischen 1438 und 1441 entstandenem Dialog in Volkssprache, dem *Theogenius*, in dem ebenfalls die an- oder besser eingeborene ›Misere‹ des Menschen, Feind seiner selbst, in negativer Abgrenzung zur restlichen Schöpfung zur Sprache kommt (S. 90). Ganz dem Dialog *Über die Seelenruhe* entsprechend führt die Auseinandersetzung mit der *conditio humana* auch im *Theogenius* im Endeffekt nicht zu einer definitiven Verachtung des Menschen, sondern hinterfragt den Platz des Einzelnen in der Gemeinschaft und den tugendhaften Umgang mit dem Naturgegebenen und dem Schicksal.
Bibl.: Buck 1990; Boschetto 1993; Kiening/Eichberger 1994, S. 409–411; Vasoli 1999; Tateo 2007.

141 Anaxagoras, griechischer Naturphilosoph: um 500 v. Chr., lehrte ab ca. 431 v. Chr. in Athen.

142 »Und befragt, wozu er auf die Welt gekommen sei, sagte er: ›Zur Beobachtung von Sonne, Mond und Himmel.‹« (Diogenes Laertius, *Vitae et sententiae philosophorum*, II, 3, 10; Ponte 1988, S. 26)

143 Lactantius (Laktanz), christlicher Theologe und Apologet: um 250 Africa (römische Provinz) – 325 Gallien.

144 »Gott zu dienen bedeutet aber nichts anderes, als die Güte seiner Werke zu betrachten und die Gerechtigkeit zu bewahren.« (Laktanz, *Divinae Institutiones*, III, 9; Ponte 1988, S. 26, Übers. der Hg.) Albertis Rekurs auf den Kirchenvater Laktanz und Anaxagoras' Bestimmung des Menschen verweisen auf einen engen Zusammenhang von Mathematik, Astronomie und Schöpfung, der bereits im biblischen Buch der Weisheit aufgebracht wird: »Aber du hast alles nach Maß, Zahl und Gewicht geordnet.« (*Weisheit* 11, 20) Gott wird als mathematisch begabter Schöpfer eines auf Harmonie beruhenden Kosmos beschrieben. Die Kontemplation dieses harmonisch eingerichteten Kosmos ermöglicht es wiederum den Betrachtern, die göttliche Ordnung unmittelbar zu schauen, Gott zu erkennen, ihr Selbst – wie Alberti betont – der kosmischen Harmonie gemäß auszurichten und sich somit gut und gerecht, also gottgemäß zu verhalten.
Bibl.: Funkenstein 1986.

145 Das hier von Alberti ausgelotete semantische Feld der »levità« (Leichtsinnigkeit), das Leichtfertigkeit, Geringfügigkeit und Ähnliches miteinschließt, steht in Gegenposition zu jenem der *gravitas*, in dem Fundiertheit, würdevolle Strenge und Ernsthaftigkeit ihren Platz haben. Bereits Isidor von Sevilla (? Cartagena – 636 Sevilla) definierte wie folgt: »*Gravis* [...] ist ein ehrwürdiger, weshalb wir auch die Verachtenswerten als *leves* (Leichte) bezeichnen. *Gravis* sagte man für Klugheit und Beständigkeit, weil jemand nicht in leichter Bewegung hin- und herspringt, sondern in sicherer Würde der Standhaftigkeit feststeht.« (*Enzyklopädie*, S. 386) Vom Laster der Leichtsinnigkeit sprechen beispielsweise Dante (*Convivio*, IV, 15) oder der heilige Bernhard von Clairvaux (Brief 147). Laut dem *Vocabolario della Crusca* steht die *levità* bildlich für das mangelnde Befolgen guter Vorsätze, Unbeständigkeit, wenig Verstand im Urteilen und Selbstgefälligkeit.
Bibl.: Crusca (»levità«), Bd. IX, S. 301; DWb (»Leichtsinnigkeit«).

146 Lysias, attischer Gerichtsredner: 445 v. Chr. – um 380 v. Chr.

147 »[...] dass es ein Zeichen von Freiheit ist, wenn man nichts gegen seinen Willen tut [...].« (Lysias, *Reden*, II, 14)

148 Ariston von Chios, Stoiker, Schüler Zenons: um 250 v. Chr.

149 Es ist unklar, auf welche Anekdote aus dem Leben des Ariston Alberti hier anspielt. Während sich in der kurzen Vita bei Diogenes Laertius kein Beleg finden lässt, vermutet Cecil Grayson einen Zusammenhang mit folgender Stelle aus der aristotelischen *Topik*: »Auch die Dinge aus dem Überfluss sind besser als die notwendigen, manchmal aber auch wählenswerter.« (118a)
Bibl.: Grayson 1960–1973, Bd. II, 1966, S. 432.

150 Pythagoras war ein Philosoph und Begründer der pythagoreischen Schule: um 600 v. Chr.

151 »Nichts dürfe man für sein Eigentum halten.« (Diogenes Laertius, *Vitae et sententiae philosophorum*, VIII, 1, 23; Ponte 1988, S. 27)

152 Überraschenderweise führt Alberti an dieser Stelle Argumente gegen einen zentralen biblischen Grundsatz an, gemäß dem der Mensch als *conservator mundi* gelten kann, als bewahrender Statthalter Gottes auf Erden: »Und Gott der HERR nahm den Menschen und setzte ihn in den Garten Eden, dass er ihn bebaute und bewahrte.« (*Genesis* 2, 15) Im Gegenteil wird gar mit Berufung auf Pythagoras und im Anschluss an Manilius (siehe Anm. 154) eine Ethik der Enthaltung in Aussicht gestellt, die vor allem die ›niedere Stellung‹ des nicht von der Natur begünstigten Menschen betont und dessen Rückzug auf das Selbst fordert.

153 Nestor ist eine Heldenfigur der griechischen Mythologie. In der Sage des trojanischen Kriegs tritt er als gealterter Held auf, dessen Erfahrung, Weisheit und Beredtheit ihn als Ratgeber und Schlichter auszeichnet (Homer, *Ilias*, IX, 52–78; Ponte 1988, S. 27).

[154] Es handelt sich um den Dichter Marcus Manilius, über den bis auf seinen Namen nur wenig bekannt ist. Vermutlich lebte er im 1. Jahrhundert n. Chr.

[155] Im Original fügt Alberti hier das lateinische Zitat ein: »[...] labor ingenium miseris dedit et sua quemque advigilare sibi iussit fortuna premendo.« (Manilius, *Astronomica*, I; Ponte 1988, S. 27)

[156] Chrysipp, stoischer Philosoph und drittes Oberhaupt der stoischen Schule von Athen: um 300 v. Chr.

[157] Alberti verweist an dieser Stelle nicht auf ein direktes Zitat des Chrysipp, sondern scheint die von Cicero überlieferten Lobesworte für die wiederum dem Euripides (485 v. Chr. Salamia – 406 v. Chr. Pella) zugeschriebenen Verse wiederzugeben (*Tusculanae disputationes*, III, 61; Ponte 1988, S. 27). Die von Alberti referierte Passage Chrysipps findet sich bereits in Marsuppinis *Consolatoria* (701–706), wie Lucia Bertolini aufzeigen konnte. Bibl.: Bertolini 1998, S. 101.

[158] Livia Drusilla (nach ihrer Adoption in die Familie der Iulier bekannt als ›Iulia Augusta‹), Mutter des Princeps Tiberius und Frau des Kaisers Octavian (auch Kaiser Augustus): 58 v. Chr. – 29 n. Chr. Rom.

[159] »Bleibe die Große, erhebe dich über deine Betrübnis; ungeschwächt bewahr immer, du kannst es, den Geist.« (Nero, *Consolatio ad Liviam*, 353–354; Ponte 1988, S. 28)

[160] Laut Giovanni Ponte scheint Alberti hier kein Zitat des Bion, sondern wohl eher diese von Seneca Demetrius zugeschriebene Aussage zu referieren: »›Nur deshalb‹, sprach er, ›kann ich mich über euch, ihr unsterblichen Götter, beklagen, daß ihr mir nicht schon eher euren Willen bekannt gemacht habt. Ich wäre dann nämlich früher zu dem Ziel gelangt, an dem ich nun, herbeigerufen, stehe. Ihr wollt meine Kinder nehmen? Euch habe ich sie großgezogen. Ihr wollt einen Teil meines Leibes? Nehmt ihn! Nichts Großes verspreche ich: Bald lasse ich ihn euch ganz. Ihr wollt meine Seele? Warum sollte ich irgendwelche Umstände machen, damit ihr nicht zurückbekommt, was ihr mir gabt? Bereitwillig werdet ihr von mir alles erhalten, was ihr verlangt. [...]. Zu nichts werde ich gezwungen, nichts erdulde ich widerstrebend, ich schicke mich nicht in Gottes Willen, sondern stimme ihm bei, und zwar umso mehr, als ich weiß, daß alles nach einem unabänderlichen, für alle Ewigkeit erlassenen Gesetz seinen Gang geht.‹« (*De providentia*, 5)

Als weitere mögliche Referenz gibt Ponte folgende Passage aus Aulus Gellius an: »In den Werken der Schriftsteller, welche das Leben und die Thaten berühmter Männer unserm Andenken überliefert haben, findet sich über einen (Mann), der unter die wohlbekannte Zahl der (7) Weisen gerechnet wird, über den Lacedämonier Chilo, die Nachricht, dass dieser Chilo bei seinem Lebensende, in eben dem Augenblicke, als bereits schon der Tod seine Hand nach ihm ausstreckte, zu seinen umstehenden Freunden folgendermaßen gesprochen habe. ›Dass ich‹, sprach er, ›meist Alles, was ich auf meinem langen Lebenswege gesagt und gethan habe, nicht zu bereuen brauche, könnt ihr mir möglicher Weise noch bezeugen. Ja, ich habe sogar in diesem Augenblicke die feste Überzeugung, durchaus keine That vollbracht zu haben, deren Bewusstsein (mein Gewissen beunruhigen und) mir Kummer und Vorwürfe zuziehen könnte, wenn nicht etwa gar jener einzige Fall in Betracht kommen soll, der einzige Fall, bei welchem ich selbst noch nicht ganz im Klaren bin, ob ich recht oder unrecht gehandelt habe.‹« (*Noctes atticae*, I, 3, 1–3)
Bibl.: Ponte 1988, S. 28.

[161] In diesem Absatz bringt Alberti verschiedene Exerzitien zur Sprache, die die Seele darauf vorbereiten beziehungsweise sie derart gestalten sollen, dass sie sich in idealer Weise vor allen Widrigkeiten des Lebens zu schützen weiß. Dabei evoziert Alberti über die Figur des Bion von Borysthenes antike Traditionen der Pflege des Selbst, in denen

körperliche und geistige Abhärtungen und Disziplinierungen Teil komplexer spiritueller Praktiken waren. Diese Übungen wurden als grundlegende Voraussetzung für die Möglichkeit der Loslösung von äußeren und inneren Zwängen und somit die Erlangung von Freiheit und Glückseligkeit verstanden. Nicht zuletzt zählte hierzu auch das von Alberti explizit erwähnte »premeditare«, also das Vorausschauen des Todes oder des Übels. Dieses Prinzip der *praemeditatio futuri mali* findet sich etwa bei den Stoikern (Cicero, *Tusculanae disputationes*, III, 29, und Seneca, *Briefe an Lucilius*, II, 98) und besagt, dass die geistige Vorwegnahme eines möglichen zukünftigen Unglücks dazu führe, dass dieses an Kraft einbüße, falls es tatsächlich eintritt.
Bibl.: Manning 1976; Döring 1985; Hadot 1995, S. 79–126; Döring 1998.

162 Alberti verweist in diesen konzisen und zugleich poetischen Sätzen auf das stoische Ideal der *apatheia*. Dieses gründet in der Vorstellung, dass jegliche Arten von Gemütsbewegungen (*páthi*) – seien sie positiv, wie Freude, Begeisterung, Liebe, oder negativ, wie die Begierde, der Zorn oder die Furcht – seelische Erleidnisse darstellen. Im Zustand der *apatheia* (der Abwesenheit von *páthi*), also der Gleichmut, wird der Mensch hingegen nicht von diesen Gemütsbewegungen überkommen.
Bibl.: Spanneut 1994; Newmark 2008, S. 52–63.

163 Vermutlich handelt es sich hierbei um den mythischen Teucer (auch Teukros), Sohn des Telamon und der Hesione, der nach seiner Rückkehr aus dem trojanischen Krieg von seinem Vater verstoßen wird, da er den Tod seines Halbbruders (Ajax) nicht gerächt hat, und daraufhin die Stadt Salamis auf Kypros gründet.

164 Alberti spielt hier auf die kosmopolitische Stoa an. Auf die Frage, woher er denn komme, erwidert Diogenes, er sei ein Bürger der Welt (referiert von Diogenes Laertius, *Vitae et sententiae philosophorum*, VI, 2, 63). Seine Antwort legte das Fundament des philosophischen Kosmopolitismus. Dieser bildete sich in der Antike unter den Kynikern und Stoikern und wurde später unter anderem von Cicero (*De natura deorum*, II, 154) und Seneca weitergeführt: »Deshalb haben wir uns dank unserer Seelengröße nicht innerhalb der Mauern einer Stadt eingeschlossen, sondern haben als Vaterstadt für uns das Weltall beansprucht, damit es möglich sei, der Tugend ein weites Feld einzuräumen.« (*De tranquillitate animi* (*b*), 4, 4). Das von Alberti in diesem Abschnitt thematisierte Weltbürgertum steht in enger Verbindung mit der im 15. Jahrhundert neu ausgehandelten Debatte um die Menschenwürde.
Bibl.: Long 2008; Nussbaum (2019) 2020.

165 Neben allgemein auf die Stoa zurückgehenden Konzepten ist bei diesen wehmütig klingenden Aussagen auch Albertis persönliche (Familien-)Situation zu beachten. Alle männlichen Mitglieder der Alberti waren zwischen 1401 und 1428 aus Florenz verbannt worden. Battistas ›Heimatlosigkeit‹ als 1404 im Exil und dazu auch noch unehelich Geborener, der zeit seines Lebens nach Anerkennung und einer effektiven Anbindung an Florenz strebt, ist zu einem Topos geworden. Dieser wurde unlängst von Francesco Furlan relativiert, der sich mit der Bedeutung des Wortes *patria* in Albertis Schriften beschäftigt hat. Vor allem dessen Namensgebung – sein Taufname Battista und sein selbstgewählter Zuname Leon – ist gemäß Furlan eher mit Genua und Venedig als mit der Arnostadt verbunden. Ganz im Sinne des stoischen Kosmopolitismus sei Alberti wahrhaftig ein Weltbürger gewesen. Trotz dieser überzeugenden Überlegungen bleibt die fehlende Zuneigung und Unterstützung vonseiten seiner Familienmitglieder ein Motiv, das sich in vielen seiner Schriften findet und nicht nur als ein literarischer Kunstgriff, sondern als Ausdruck einer existentiellen Erfahrung verstanden werden sollte. Christine Tauber hat die unvermeidbare Konfrontation mit »unverschuldetermaßen […] bedrängenden Situationen« in ihrer Einleitung in seine Autobiographie eindringlich als eine »Grunderfahrung« Albertis beschrieben (Tauber

2004, S. 7). In aller Deutlichkeit bringt Alberti sein Befinden beispielsweise in eben jener *Vita* zum Ausdruck, wenn er von der Schmach berichtet, die ihn überfiel, als seine Verwandten sein *De familia* nicht zu schätzen wussten: »er konnte seinen Ärger nicht unterdrücken, als er sah, daß einige seiner Verwandten öffentlich das Werk in Gänze und zugleich die Absichten seines Autors als höchst töricht verspotteten.« (*Vita*, S. 49)
Bibl.: Baxendale 1991; Tauber 2004; Furlan 2019.

166 Lucius Licinius Crassus, auf den Cicero in *Brutus* verweist: 140 v. Chr. – 91 v. Chr.

167 Auch hier verweist Alberti auf kein konkretes Zitat des Crassus, sondern auf einschlägige Stellen bei Cicero, die Crassus als hervorragenden Redner ausweisen (Cicero, *Brutus*, 43, 158).
Bibl.: Ponte 1988, S. 29.

168 Ovid (Publius Ovidius Naso), römischer Dichter: 43 v. Chr. Sulmo – 17 n. Chr. Tomis.

169 An dieser Stelle fügt Alberti im Original das lateinische Zitat ein: »[...] et capiunt vitium, ni moveantur, aquae.« (Ovid, *Briefe aus der Verbannung*, I, 5; Ponte 1988, S. 29) Alberti verwendet dasselbe Zitat Ovids in seinem *De re aedificatoria* (I, 3).

170 »Denn da ist nichts Hündischeres außer dem bösen Magen, der da treibt, daß man seiner notgedrungen gedenke, und wenn man noch so sehr erschöpft ist und Jammer im Herzen hat. So habe auch ich Jammer im Herzen, doch der treibt immerzu, zu essen und zu trinken, und alles läßt er mich vergessen, was ich gelitten, und heischt nur immer, daß er sich fülle.« (Homer, *Odyssee*, VII, 216–221; Ponte 1988, S. 30)

171 Alberti bringt in dieser Passage die seit der klassischen Antike sowohl in der Medizin als auch in der Philosophie intensiv diskutierte Frage nach der Relation von Pflege des Körpers und Pflege der Seele zur Sprache. Dem lag ein holistisches Verständnis von Körper und Seele zugrunde, in dem beide voneinander abhängig waren und somit auch die Pflege des einen nicht ohne die Pflege des anderen gedacht werden konnte. Hierbei spielten die auch von Alberti erwähnten »Übungen« eine grundlegende Rolle. Sie waren integraler Teil dieser prophylaktischen Diätetiken, also Lehren von der gesunden Lebensführung, oder Selbstpraktiken, die die Regulierung und Disziplinierung des eigenen Lebens und nicht zuletzt die Ausgewogenheit der Seele zum Ziel hatten (siehe auch Anm. 237). Allerdings muss an dieser Stelle darauf hingewiesen werden, dass sowohl Platon als auch Aristoteles exzessiven Formen asketischer Selbstkontrolle kritisch gegenüberstanden, zumal diese als selbstsüchtig, als der wahren ethischen Pflege des Selbst und politischen Sorge für die Gemeinschaft entgegengesetzte Haltung verstanden wurden (Platon, *Politeia*, 407c; Aristoteles, *Politik*, 1335b). Alberti lotet zwar verschiedene Modelle der Selbstpflege aus, scheint im Verlauf des Dialogs aber für eine ausgeglichene Position zu plädieren, in der eine geregelte und einfache Lebensweise zur körperlichen und seelischen Gesundheit führt, die es dem Einzelnen wiederum ermöglicht, einen positiven Beitrag zum Wohle der Gemeinschaft zu leisten.
Bibl.: Foucault 1986b; Hadot 1995; Detel 1998; Van der Eijk 2005, S. 119–128.

172 »Als er einst auf dem Markte Onanie trieb, sagte er: ›Könnte man doch den Bauch auch ebenso reiben, um den Hunger loszuwerden.‹« (Diogenes Laertius, *Vitae et sententiae philosophorum*, VI, 2, 46; Ponte 1988, S. 30)

173 »[...] abgesehen davon, daß meine Schönheit nur mäßig ist, nimmt auch die angestrengte wissenschaftliche Arbeit dem Körper alle Anmut, macht meine Gestalt mager, saugt mir den Saft aus, läßt die Farbe schwinden und schwächt meine Kraft.« (Apuleius, *Apologia*, 4, 5; Ponte 1988, S. 30)

174 Der hier von Alberti angegebenen Tetrade, also Vierzahl, kam in der antiken medizinischen Tradition etwa bei Hippokrates (um 460 v. Chr. Kos – um 370 Larisa) oder

Galen eine zentrale Rolle in der Diskussion über die physische und somit auch psychische Gesundheit des Individuums zu. Ausgehend von vier meist unterschiedlich gefassten Grundelementen oder Körpersäften entstand im Kontext der Humoralpathologie und in einer Verknüpfung von Makro- und Mikrokosmos über Jahrhunderte eine komplexe medizinische Wissensordnung, die die Ätiologie, also die Lehre von den Ursachen der Krankheiten, genauso im Blick hatte wie die Therapeutik, Diätetik und Hygienik. Das Viererschema wurde dabei unter anderem auch auf den Krankheitsverlauf (Galen, *De crisibus*, K9, 550, 8) oder den Ablauf des athletischen Trainings bezogen. Alberti geht an dieser Stelle insbesondere auf die vier Hauptursachen der Faktoren ein, welche die physische und somit psychische Ausgewogenheit und Gesundheit angreifen, zu denen klassischerweise der Schlafmangel gezählt wird, und hebt dann die richtige, das heißt ausgewogene, Relation von Übung und Ruhe hervor. Gleich zu Beginn von Lukians (um 120 Samosata – 180/200 Alexandria?) *Verae historiae* findet sich bemerkenswerterweise eine Analogie zwischen den athletischen und den intellektuellen Tätigkeiten und Übungen, zu denen auch das Ausruhen gezählt wird: »Athleten und solche Menschen, die sich mit der Pflege ihrer Körper beschäftigen, denken nicht nur an das eigene Wohlergehen oder an Leibesübungen, sondern auch an die Erholung zur rechten Zeit als den ihrer Meinung nach wichtigsten Teil der Wettkampfvorbereitung. Ich glaube, dass auch diejenigen, die sich mit Literatur befassen, nach ausgiebigem Studium ernster Werke Entspannung suchen und ihren Geist auf künftige Anstrengungen vorbereiten sollten« (1, 1).
Bibl.: Temkin 1973; Keil, EM (»Humoralpathologie«), S. 641–643; Stocking 2016.

175 Alberti vertieft an dieser Stelle seine Überlegungen und betont, wie eng körperliches und seelisches Wohlbefinden voneinander abhängen und wie wichtig für diese ein gesunder Lebenswandel sei. Ganz im Sinne antiker und mittelalterlicher Diätetiken beziehungsweise Anleitungen zum gesunden Leben (*regimina sanitatis*) beharrt er darauf, dass jegliche Form von exzessivem Verhalten vermieden werden müsse. Die Überzeugung, dass eine Ausgewogenheit zwischen körperlichen und seelischen Kräften und Aktivitäten erstrebenswert sei, findet sich etwa in der Hippokrates zugeschriebenen *De prisca medicina*, in der das Ziel einer geglückten medizinischen Therapie eine Balance zwischen Exzess und Defizit der Körpersäfte ist (*De prisca medicina*, 9). Dieses Ideal der Eukrasie war auch in der Frühen Neuzeit hoch aktuell, wie zum Beispiel Marsilio Ficinos diätetische Schrift *De vita libri tres* zeigt. So sollten sich etwa die Gelehrten davor hüten, dem Studieneifer unkontrolliert zu verfallen, da sie sonst die schädlichen Auswirkungen dieser Maßlosigkeit am eigenen Leibe erfahren würden. Ein Aspekt, den auch Alberti betont, wenn er schreibt, dass man die »Beharrlichkeit unserer Studien ruhen lassen« sollte. In seiner *Vita* erwähnt er sodann explizit eine »schwere körperliche Krankheit«, die er sich aufgrund der »Anstrengung des Studiums« zugezogen hatte (S. 39–41). Nach eigener Angabe war es jene Krankheit, die ihn dazu veranlasste, sein *De commodis litterarum atque incommodis* zu verfassen. Gerade die verschiedenen körperlichen und geistigen Übungen spielen eine wichtige Rolle, um diese dem Gelehrtendasein innewohnenden Gefahren bewusst zu vermeiden.
Bibl.: Kümmel 1984; Detel 1998; Van der Eijk 2005; Boenke 2012; Gründler 2019, S. 135–180.

176 Asinius Pollio, römischer Geschichtsschreiber und Politiker: 76 v. Chr. – 5 n. Chr.

177 »So erinnern wir uns an den großen Redner Asinius Pollio, den keine Aufgabe über die zehnte Stunde hinaus in Anspruch nahm. Nicht einmal Briefe las er nach dieser Stunde, damit nicht eine neue Verpflichtung entstünde; nein, die Erschöpfung des ganzen Tages legte er in jenen zwei Stunden ab.« (Seneca, *De tranquillitate animi*, 17, 7; Ponte 1988, S. 31)

178 Alberti verweist auf das *otium*, die Muße, als Gegensatz zum *negotium*, den Amtsgeschäften. Während er an dieser Stelle vor allem den belebenden, erneuernden Charakter

der Muße hervorhebt, konnotiert er dies an anderen Stellen von *Über die Seelenruhe* weit ambivalenter (siehe S. 52). Dabei orientiert er sich an in der römischen Antike geläufigen Überlegungen: So kann ein Übermaß an Muße auch auf den Verfall des öffentlichen Lebens oder als Befindlichkeit in einem möglichen Exil auf die prekäre Stellung der ›Müßiggänger‹ hindeuten.

Insgesamt wird die seit Aristoteles diskutierte Gegenüberstellung von Praxis und Theorie (*Nikomachische Ethik*, 1095a14–1096a11) als Frage nach dem Verhältnis zwischen dem praktisch-tätigen Leben (*vita activa – negotium*) und dem theoretisch-geistigen Leben (*vita contemplativa – otium*) auch im Florenz des frühen 15. Jahrhunderts auf etho-politischer Ebene intensiv verhandelt, wobei trotz Bemühungen um eine Ausgeglichenheit und Synthese zwischen den beiden Lebensweisen eine gewisse Neigung zur *vita activa* festzustellen ist. Ausgehend von Petrarca und seinem Plädoyer für das einsam-kontemplative Leben (*De vita solitaria*, 1346–1356) widmen sich neben Alberti (hauptsächlich in *De familia*) insbesondere Salutati, Bruni (*Cicero novus*), Palmieri (*Della Vita civile*, 1438), aber auch Ficino und Landino dieser Frage der *vita civilis*. Treibende Kraft war dabei vor allem die Lektüre von Ciceros *De officiis*, in dem das gute und tugendhafte Leben statt über den Rückzug in die innerliche und private Selbstsorgepraxis vielmehr über die aktive Partizipation am gesellschaftlichen Zusammenleben und öffentlichen Ämtern zu erreichen sei. Teil des ciceronischen Arguments, das auch in Florenz auf fruchtbaren Boden fiel, war die Wichtigkeit der Durchmischung von Gelehrtenzirkeln und Gesellschaft sowie die Beseitigung der Trennung zwischen Gelehrten und Staatsmännern.
Bibl.: Gehrke, NP (»Muße«), Bd. VIII, Sp. 554–557; Baron (1988) 2014a; Baron (1988) 2014b; Eickhoff 2021a; Trottmann, HWPh (»Vita activa / vita contemplativa«), Bd. XI, Sp. 1071–1075.

179 Vermutlich handelt es sich um Antiochos I., König des Seleukidenreiches. Dieser übernahm von ca. 281 v. Chr. bis zu seinem Tod (261 v. Chr.) die Herrschaft über dieses Reich.

180 »Antiochus, welcher von Lucius Scipio auf das jenseitige Gebiet des Taurus mit seiner Herrschaft beschränkt worden war, und die Provinz Asien, so wie die benachbarten Länder, eingebüßt hatte, war im Stande, dem Römischen Volke aufrichtigen Dank zu sagen, daß er von einer zu ausgedehnten Verwaltung befreit sey, und sich nun eines angemessenen Umfanges seiner Herrschaft erfreue.« (Valerius Maximus, *Facta et dicta memorabilia*, IV, 1, Auswärtige 9; Ponte 1988, S. 31)

181 Properz (Sextus Aurelius Propertius): ungefähr Mitte des 1. Jh. v. Chr. Asisium – spätestens im Jahr 1 n. Chr.

182 Im italienischen Original steht hier das lateinische Zitat: »[...] rursus puerum quaerendo audita fatigat | quem, quae scire timet, quaerere plura jubet.« (Properz, *Elegiae*, XII, 49–59; Ponte 1988, S. 31)

183 »Krieg muß man um des Friedens willen wählen, die Unrast von Beschäftigung wählen, um in Muße leben zu können [...].« (Aristoteles, *Politik*, 1333a15; Ponte 1988, S. 31)

184 Die gesamte Passage, in der Alberti auf einen ausgewogenen Mittelweg zwischen Müßiggang und Eifer – also zwischen *vita contemplativa* und *vita pratica / activa* – beharrt, offenbart seine gute Kenntnis der aristotelischen *Politeia*, deren oberstes Ziel die Glückseligkeit der Einzelnen in der *polis* ist. Diese grundlegende staatsphilosophische Schrift des Aristoteles war von Leonardo Bruni um 1420 nach humanistischen Kriterien aus dem Griechischen ins Lateinische übersetzt worden und wurde in Florenz intensiv rezipiert. Alberti besaß die *Politeia* ebenso wie andere Bücher des *Corpus Aristotelicum* in seiner Bibliothek und hatte sie auch aufmerksam studiert. Albertis spöttische Beschreibung des Übereifers der Beamten zeigt, wie kritisch er der damaligen Florentiner Gesellschaft mit ihren politischen Intrigen gegenüberstand. Anstatt sich um das Wohl der Gemeinschaft zu bemühen und

eine politische Basis für das ›gute Leben‹ zu schaffen, sind die »magistrati«, die Beamten, selbstbezüglich und lasterhaft. Indem Alberti diesen politischen Würdenträgern einerseits die *prudentia*, also die Besonnenheit, abspricht, die für Aristoteles bekanntlich zu den grundlegenden ›politischen‹ Tugenden gehört und im frühen Quattrocento als eine zentrale ethische und politische Instanz verstanden wurde, und er andererseits darauf beharrt, dass lediglich derjenige, der selbstgenügsam ist, auch ein glückliches Leben führen kann, unterstreicht Alberti bewusst die Notwendigkeit eines Gleichgewichts zwischen *negotium* und *otium* (siehe Anm. 178).
Bibl.: Baron 1955; Bertolini 2005; Leinkauf 2017, Bd. I, S. 846–885; Refini 2020.

185 Servius Sulpicius Galba: 3 v. Chr. bei Tarracina – 69 Rom.

186 Die zwölf römischen Kaiser, auf die Alberti hier anspielt, sind vermutlich: Julius Cäsar, Octavian (Augustus), Tiberius, Caligula, Claudius, Nero, Galba, Otho, Vitellius, Vespasian, Titus und Domitian. Es handelt sich also um die römischen Kaiser bis einschließlich der flavischen Dynastie und ohne die sogenannten Gegenkaiser (Usurpatoren).

187 »Allmählich wurde er nachlässiger und träger, um Nero nicht irgendeine Handhabe gegen ihn zu geben und, wie er zu sagen pflegte, weil niemand wegen seines Nichtstuns zur Rechenschaft gezogen werden könne.« (Sueton, *Kaiserviten* [*Galba*], VII, 9; Ponte 1988, S. 32)

188 Epikur, griechischer Philosoph und Begründer des Epikureismus: um 342/341 v. Chr. auf Samos – 271/270 v. Chr. Athen

189 Im Gegensatz zu seiner Verurteilung im frühen Christentum und dem Mittelalter wird der Epikureismus und seine oberste Maxime des hedonistischen Lustprinzips ab dem 14. Jahrhundert teilweise neu und positiver beurteilt. Dies hängt auch mit der vermehrt auf das Diesseits bezogenen Weltsicht und dem verstärkten Fokus auf den inneren Selbstbezug des Menschen zusammen. Die Epikurrezeption etwa von Petrarca, Poggio Bracciolini, Cosma Raimondi (1400 Cremona – 1435 Avignon) oder Cristoforo Landino erfolgte zunächst über die Lektüre von Cicero und Seneca und erweiterte sich dann mit der Übersetzung des zehnten Buches zu Epikur der *Leben und Meinungen berühmter Philosophen* von Diogenes Laertius durch Ambrogio Traversari Anfang der 1430er Jahre. Mit der Herausgabe dieses schwer übersetzbaren zehnten Buches erfuhr die epikureische Lehre in der Folge eine breite Rezeption im italienischen Frühhumanismus.

Alberti, der die epkureischen Ratschläge für eine gute Lebensführung bereits in *De familia* eingearbeitet hatte, hebt hier, in Referenz auf den *Menoikeus-Brief* Epikurs (X, 122–135), die göttliche Dimension der Lehre hervor: Die aus Atomen bestehenden, menschengestaltigen und ähnlichen Götter des Polytheisten Epikur können sich – im Gegensatz zu den Menschen – in ihrer vollständig selbstgenügsamen Lebensweise, (ethischen) Vollkommenheit und Unerschütterlichkeit (*ataraxia*) ausschließlich der Kontemplation ihrer selbst widmen. Gemäß Albertis Argumentation sind die Menschen den Göttern in der epikureischen Vorstellung sehr ähnlich und sollen sich diese zum Vorbild nehmen. Durch ihre Unvollkommenheit und Eingebundenheit in die ›Banalitäten‹ des privaten und öffentlichen Lebens sind sie jedoch zwangsläufig gefangen im ständigen Gegensatz zwischen der *vita activa* und der *vita contemplativa*, was wiederum ein feines Austarieren eines tätigen und ›ehrlichen‹ Müßiggangs erfordert.
Bibl.: Merlan 1967; Kimmich 1993; Zintzen 2000; Kaiser 2019, S. 225–317.

190 »›Mir scheint nämlich der nicht frei zu sein, der nicht zuweilen nichts tut.‹« (Cicero, *De oratore*, II, 24; Ponte 1988, S. 32)

191 »Denke dir nämlich folgenden Vorgang, mag er sich nun mit vielen oder mit einem Schiffe ereignen: Einen Schiffsherrn [...].« (Platon, *Politeia*, 488a; Ponte 1988, S. 32)

[192] Diese Passage dreht sich in mehrfacher Hinsicht um die Frage nach dem ›guten Herrscher‹, die in Antike und Mittelalter aus moralphilosophischer, politischer und auch theologischer Perspektive erörtert wurde. Debatten über die ›richtige‹ Staatsform und deren ›Lenker‹ waren im Florenz des 15. Jahrhunderts an der Tagesordnung: Der auch ideologische Antagonismus zwischen dem republikanischen Florenz und dem Herzogtum Mailand bildet die Grundlage von Hans Barons weit reichenden Theorien zum Florentiner Bürgerhumanismus. In Albertis Arbeitsumfeld, der Kurie, wurde in denselben Jahren – im Kontext des Konziliarismus – in ganz ähnlicher Form über die Führung des Kirchenstaates sowie der gesamten Christenheit diskutiert. Einerseits geht es um die Beherrschung seiner selbst, andererseits um die Befähigung zum gerechten Herrschen über andere. Die Tugend der Selbstkontrolle ist dabei unabdingbare Voraussetzung für jede Form politischen Handelns und Regierens, ein Aspekt, auf den auch Alberti beharrt, wenn er die rhetorische Frage stellt, wie der Tollkühne, der sich selbst nicht unter Kontrolle habe, andere zu lenken glauben könne. Durch diesen kritischen Hinweis auf den »temerario« (Tollkühnen) offenbart Alberti seine Kenntnis der aristotelischen *Nikomachischen Ethik*, die im Anschluss an die 1417 entstandene lateinische Übersetzung von Leonardo Bruni im Florenz der 1430er und 1440er Jahre erneut intensiv rezipiert und kontrovers diskutiert wurde. Alberti besaß nicht nur eine Kopie in seiner Bibliothek, sondern hatte sie auch ausgiebig studiert. In der *Nikomachischen Ethik* erörtert der antike Philosoph bekanntlich im zweiten Buch die Wesenheit der Laster und Tugenden, die stets als Mitte zwischen Übermaß und Mangel definiert werden, und umschreibt die Tollkühnheit als eine Form der Tapferkeit ohne Vernunft (1107a–1009a, 19). Bibl.: Baron 1955; Bertolini 2005, S. 101–103; Taddei 2005; Ricklin 2011; Rizzi 2016; Leinkauf 2017, Bd. I, S. 846–885; Hankins 2019, besonders S. 63–102.

[193] Alberti fügt hier einen lateinischen Teilvers ein, wobei das »atqui« von ihm selbst stammt: »[Atqui] amat victoria curam.« Der gesamte Vers lautet: »iure igitur vincemur; amat victoria curam.« [»Mit Recht werden wir darum besiegt werden; der Sieg liebt die Mühe.«] (Catull, *Carmina*, 62, 16; Ponte 1988, S. 33)

[194] Valerius Catull, römischer Dichter des 1. Jh. v. Chr. aus Verona.

[195] Aegles von Samos, ein der Überlieferung nach stummer griechischer Athlet.

[196] »Aegles, ein Samischer Fechter, war stumm. Man enthielt ihm Ehre und Belohnung vor, als er einen Sieg errungen hatte. Ingrimm ergriff ihn, und mit einemmal konnte er sprechen.« (Valerius Maximus, *Facta et dicta memorabilia*, I, 8, Auswärtige 4; Ponte 1988, S. 33)

[197] Kleopatra, letzte Ptolemaierkönigin, Mutter des Cesarion 79/69 v. Chr. – 30 v. Chr. (durch Selbstmord).

[198] Vgl.: »Denn dein Besitz steht auf dem Spiel, wenn die Nachbarwand brennt, und Feuers Macht pflegt, wo man achtlos blieb, sich auszubreiten.« (Horaz, *Briefe*, I, 18, 84)

[199] Durch die Aufzählung negativer Verhaltensweisen wie der Empörung, dem Klagen oder Lästern über andere flicht Alberti stoische Konzeptionen lasterhaften Verhaltens ein. Das Laster (*vitium*) ist in der Stoa das Prinzip des Schlechten, Unvernünftigen, Mangelhaften sowie des sittlichen Verfalls und kann in dessen Analyse bei sich selbst und anderen als guter Anhaltspunkt dienen, ein entstandenes Ungleichgewicht festzustellen und zu korrigieren. Die Hauptlaster der Unbesonnenheit, Zügellosigkeit, Ungerechtigkeit und Feigheit stehen in Opposition zu den vier Kardinaltugenden und decken sich teilweise auch mit dem christlichen Lasterkatalog. Insbesondere psychische und charakterliche Dispositionen, einseitige Neigungen und Fehlentwicklungen können das Entstehen von Lastern und somit das Krankwerden der Seele befördern. Alberti erwähnt in diesem Dialog die »levità« (Leichtsinnigkeit), die »volontà« (Begierde), die »ira« (Zorn) die »indignazione« (Empörung), die »sdegni« (Verachtungen), die »ambizione« (Ehrgeiz) sowie die »invidia« (Neid),

die im engeren oder weitesten Sinne Auswüchse der vier Grundaffekte sind und somit als Ursache der erhitzten, aufgerührten Seele zu unerwünschten Verhaltensweisen und Reaktionen führen, die im gesellschaftlichen Zusammenhang auch zum sittlichen Verfall beitragen. Bibl.: Hauser, HWPh (»Laster«), Bd. V, Sp. 35–37; Newmark 2008; Hadot 2014.

200 In dieser Passage warnt Alberti die Leser vor der Böswilligkeit der Menschen und lotet verschiedene Formen des Urteilens und Fehlurteilens aus, die er raffiniert mit dem Konzept der Liebe verknüpft, die er bereits als zu besänftigende bestimmt hat (S. 52). Somit kann er auf einen Topos anspielen, der seit der Antike nicht nur in Mythologie und Poesie, sondern auch in der Philosophie intensiv diskutiert wurde: Gemeint ist die Vorstellung, dass die Liebe die Urteilskraft trübe und Begehrlichkeiten fördere. Eine besonders wirkmächtige Deutung der Liebe und ihrer positiven, aber eben auch negativen Folgen findet sich in Platons *Phaidros*. In seiner Rede beschreibt Phaidros die Schattenseiten der Liebe, die jedoch als rein körperliche und irrationale verstanden wird. Diese verleite den Liebenden, der auch als Kranker definiert wird, dazu, das Unwahre zu sagen (*Phaidros*, 230e–234c). Übermannt von den eigenen Emotionen und Begierden könne man letztlich keine vernunftbasierten Entscheidungen mehr treffen und würde zu Fehleinschätzungen neigen. Dieser Aspekt wurde nicht zuletzt in medizinischen Abhandlungen über das Liebesleiden auf körperliche Dysfunktionen zurückgeführt. Gemäß Avicenna (980 Afschana – 1037 Hamadan) kann im Zustand der Verliebtheit die *vis aestimativa*, also die Urteilskraft, überstimuliert werden, was wiederum zur Erzeugung von negativen Wunschbildern (*phantasmata*) und einem Verlust des ausgeglichenen Urteils führe (*Canon medicinae*, I, I, VI, 5; *Liber de anima*, I.v, IV.i–iii).

Alberti dreht in dieser Passage die Problematik aber rhetorisch geschickt um und zeigt auf, dass diejenigen, die nicht lieben, von Heimtücke und anderen negativen Emotionen zerfressen keine gute Urteilskraft mehr besitzen, was somit auch für dieses Streben selbst gilt. Wer hingegen nach dem Guten strebt und dies auch den Mitmenschen zuschreibt, ist letztlich besonnen. Den hiesigen durch Agnolo geäußerten Aussagen ist darüber hinaus Albertis folgende sinnverwandt: »Auf seinen Lebenswandel legte er tagaus, tagein allergrößten Wert, um ihn nicht auch nur auf Verdacht hin dem geringsten Tadel von irgendjemandem auszusetzen. Und er war der Ansicht, daß Verleumder das größte Übel im Menschenleben seien, weil sie gelernt hätten, mit Schabernack und Scherz ebenso wie durch Entrüstung und Zornesausbrüche den Ruf rechtschaffener Leute zu schädigen – und es gebe keine Arznei, die in der Lage sei, die Narbe der von ihrer Perfidie geschlagenen Wunde verschwinden zu lassen. Daher wollte er in seiner ganzen Lebensführung, mit jedem Gestus und mit jeder Äußerung, der Wertschätzung der ehrenwerten Männer würdig sein und nach außen hin erscheinen.« (*Vita*, S. 43–45)
Bibl.: Price 1989; Haage 1990; Nussbaum (1990) 1992, S. 106–124; Kaiser 2021.

201 Alberti scheint hier eine Bibel-Stelle im Buch *Jesus Sirach* anzudeuten: »Hörst du gerne zu, so wirst du sie empfangen, und neigst du deine Ohren, so wirst du weise werden.« (*Jesus Sirach* 6, 33; Ponte 1988, S. 33)

202 Alberti spielt hier auf verschiedene Mythen beziehungsweise Praktiken der Abwendung der Sinne von der sie im negativen Sinne verführenden Außenwelt an. Zu den bekanntesten Beispielen zählt hierbei sicherlich das im zwölften Gesang von Homers *Odyssee* erwähnte: Hier rät Kirke Odysseus, seinen Gefährten die Ohren mit Bienenwachs zu verschließen, um sie nicht dem betörenden und letztlich tödlichen Gesang der Sirenen auszusetzen: »Du aber steuere vorbei und streiche über die Ohren der Gefährten Wachs, honigsüßes, nachdem du es geknetet, daß keiner von den anderen höre […].« (XII, 47–54) Odysseus selbst solle sich an einen Mast binden lassen, um dem Gesang zwar aus der

Distanz lauschen zu können, aber ohne ihm zu verfallen. Dies ist als eine erste Form des ›Sieges‹ der disziplinierenden Vernunft über die leidenschaftlichen Sinne und das Irrationale gedeutet worden. Praktiken der Abwendung, Abrichtung, ja gar willentlichen Zerstörung der Sinnesorgane sind auch aus Anekdoten antiker Philosophen überliefert – Alberti erwähnt diese ebenfalls (siehe die folgende Anmerkung) –, waren jedoch auch in christlichen Kontexten fester Bestandteil gängiger monastischer Praktiken. Die Zähmung der als verführerisch geltenden äußeren Sinneseinflüsse wurde dabei als wichtiger Schritt hin zur spirituellen Reinigung und Festigung verstanden. Die von Alberti hier angedeutete Vorstellung, dass durch Ohren und Augen im Spezifischen, und die Sinne im Allgemeinen, einerseits Weisheit, bei mangelnder Kontrolle andererseits aber auch Aufruhr in die menschliche Seele gelangen kann, findet sich in dieser Form bereits bei Origenes (185 Alexandria – um 254 Tyros; *Homiliae in Canticum Canticorum*, 2, 9). Auch Augustinus schreibt, dass »die Augen […] Glieder am Leibe und doch Fenster der Seele […]« sind (*Psalmen*, 41).
Bibl.: Duby 1991; Adorno/Horkheimer (1969) 2006, S. 50–87; Fürst/Strutwolf 2016, S. 34; Scheerer, HWPh (»Sinne«), Bd. IX, Sp. 824–824.

203 Es handelt sich um Demokrit von Abdera, der sich der Legende nach selbst blendete, indem er die Reflexe heller Lichtstrahlen in einem Spiegel oder in einem Schild fixierte. Der Mehrheit der Überlieferungen zufolge tat er dies, um in seinem Nachdenken und Meditieren nicht von der äußeren Augenlust und den insgesamt fehlbaren Sinnen abgelenkt zu werden, sondern vielmehr seinen inneren Blick zu schärfen und somit ins Unendliche schauen zu können.

Alberti scheint sich in seiner Erzählung der Philosophenlegende an Ciceros (*Tusculanae disputationes*, V, 114) und Plutarchs (*Moralia* [*Über den Vorwitz*], XII, 521D) Auslegung orientiert zu haben. Beide antiken Autoren unterschlagen jedoch die selbst herbeigeführte und gewaltvolle Erblindung beziehungsweise betiteln sie als falsche Überlieferung, da solch eine extreme Form der Weltflucht nicht ihrem Idealbild eines Philosophen entspricht, der in der Gesellschaft zu leben und zu agieren habe. Auch wird dadurch die Vorstellung untergraben, dass der weise Philosoph jener sei, der seine Sinne zu kontrollieren wisse, sie dank seiner Vernunft dominiere und ihnen somit nicht durch drastische physische Gesten entfliehen müsse. Neben diesen antiken Autoren ist vor allem Vincent von Beauvais (1184/1194 Boran-sur-Oise – 1264 Beauvais) zu nennen, der unter Berufung auf Aulus Gellius (*Noctes atticae*, X, 17, 1) in seinem *Speculum doctrinale* (IV, 176: *De vitiis oculorum*) verschiedene Varianten der Demokrit-Legende wiedergibt. Durch ihn wurde die Legende einem breiteren christlichen Publikum zugänglich, was nicht zuletzt mit der Übersetzung in die Volkssprache zusammenhängt. Im Kontext des Dialogs zur *Seelenruhe* sind außerdem die *Novelle* 198 des Franco Sacchetti (1335 Ragusa – 1400 San Miniato; *Trecentonovelle*, S. 567–573, hier S. 573) oder Petrarcas *De vita solitaria* (II, 12) als zeitlich nahe Quellen zu nennen.
Bibl.: Ponte 1988, S. 33; Delle Donne 1996.

204 Es handelt sich vermutlich um Kotys I. von Thrakien, einen bedeutenden König der Odrysai: um 383/382 v. Chr. – 360/359 v. Chr.

205 Plutarch (Plutarchos), Schriftsteller aus Chaironea: 45 – um 125 n. Chr.

206 »Da ihm nun ein Fremder dünne und zerbrechliche Gefäße aus Thon, die aber sehr künstlich verfertiget, und mit allerhand Figuren geschmückt waren, überbrachte, so beschenkte er den Fremdling, und warf sogleich alle die Gefäße auf die Erde. – ›Damit ich‹, sagte er, ›diejenigen, die sie zerbrechen, nicht zu hart bestrafe.‹« (Plutarch, *Maximen von Königen und Feldherren*, Bd. II, S. 176; Ponte 1988, S. 34)

207 Das konkrete Beispiel der unabhängigen, da geheimen Urteilsfindung in Venedig konnte bisher nicht durch präzise Prozessordnungen oder weitere Zeugenberichte bestimmt

werden. Es ist jedoch anzunehmen, dass Alberti sich hier auf eine ihm bekannte und für die Lagunenstadt typische Praxis bezieht. Alberti hat schließlich lange Zeit in Venetien gelebt und studiert. Seine enge Bindung an Venedig ist zuletzt von Furlan betont worden.
Bibl.: Furlan 2019.

208 Die Frage, wie der Prozess der Urteilsfindung und Meinungsbildung auf einer subjektiven und intersubjektiven Ebene funktioniert und wie in diesem das Verhältnis zwischen Individuum und Gesellschaft beschaffen ist – ob sich der Einzelne also mehr auf sein eigenes, vernunftbasiertes Urteil verlassen oder sich im Gespräch mit Experten eine Meinung bilden soll –, lotet Alberti in seinem Werk wiederholt aus, wobei er sich unterschiedlicher Anekdoten, Bilder und Analogien bedient. So rekurriert er etwa in *De pictura* auf die berühmte, von Plinius in seiner *Naturalis historia* geschilderte Anekdote, gemäß der sich Apelles (375/370 v. Chr. Kolphon? – Ende 4. Jh. v. Chr. Kos?) hinter seinen Leinwänden zu verstecken pflegte, um dem Urteil des Volkes über seine Werke zu lauschen (*Naturalis historia*, XXXV, 85; *De pictura*, III, 62). An dieser Stelle scheint Alberti die Szene und das Verhältnis von Laien und Experten in gewissem Sinne umzukehren: Durch die Tafel geschützt, fällt die Entscheidung der Richter anonymisiert. Alberti spiegelt diese Situation im Anschluss als Lesender: Der Rückzug hinter ein Buch, die Ruhe und das Abwenden von den alltäglichen Bedingungen und dem Blick des öffentlichen Lebens ermöglicht auch hier erst gewisse Denk- und in der Konsequenz vielleicht auch Schreibfreiheiten.

209 Hippokrates von Kos, berühmter griechischer Arzt: um 460 v. Chr. Kos – um 370 v. Chr. Larisa.

210 »[D]as Schweigen hingegen bleibt in allen Fällen ungestraft, und es ist nicht bloß, wie Hippokrates sagt, für den Durst gut.« (Plutarch, *Moralia* [*Nutzen der Feinde*], S. 293; Ponte 1988, S. 34)

211 Erneut rät Alberti den Lesern dazu, sich die Natur zum Vorbild zu nehmen (siehe Anm. 49). Der Verweis, dass man sich in der Benutzung seiner Sinnesorgane naturgemäß zu verhalten habe, zeigt, wie eng hier die Relation von physischer Veranlagung, Wahrnehmung und aktivem Ausdruck zu verstehen ist. Alberti unterstreicht dabei die begrenzende und korrigierende Funktion der Natur und regt bewusst dazu an, sich beim Sprechen nicht ›naturwidrig‹ zu verhalten, sondern diese natürliche Prädisposition zur Sprache, die seit der Antike als *differentia specifica* des Menschen gilt, angemessen und gut zu nutzen und in Einklang mit seiner *ratio* zu bringen. Zugleich spielt er damit subtil auf die Natürlichkeitsideale der Rhetorik an, in denen physiologische Eigenheiten wie etwa die Zungenfertigkeit bei Cicero zwar als »Gaben der Natur« bestimmt, aber dennoch trainiert werden können (*De oratore*, I, 114). Alberti wählt durch die Landschaftsanalogie der »Täler und Hecken« eine bukolischere Variante des durch Homer (*Ilias*, IV, 350) auf Aulus Gellius überkommenen Sprachbildes der »Zähneverschantzung […] zur Beschränkung voreiliger, unüberlegter Worte« (*Noctes atticae*, I, 15, 3). Nicht zuletzt offenbaren die vorherigen Sätze eben auch, dass das Schweigen hier als eine Kunst der Selbstkontrolle bestimmt wird, die man zu üben habe, wenn man innere, aber auch äußere Ausgewogenheit erreichen möchte: »Es ist eine große Sache, Stimme und Schweigen richtig zu mischen« [»Magna res est vocis et silentii temperamentum.«] (Publilius Syrus, *Sententiae* (*b*), S. 142; Übers. d. Hg.)
Bibl.: Ponte 1988, S. 34; Pompe, HWRh (»Natürlichkeitsideal«), Bd. VI, Sp. 183–193.

212 »Ein großer Teil der Verfehlungen wird verhindert, wenn bei denen, die sich verfehlen wollen, ein Zeuge steht.« (Seneca, *Briefe an Lucilius*, XI, 9; Ponte 1988, S. 35)

213 »Nicht erhält umsonst, wer, weil er gebeten hat, bekommt, da ja – wie unsere Vorfahren, außerordentlich strenge Männer, meinten – kein Hof teurer zu stehen kommt als einer, der mit Bitten gekauft worden ist.« (Seneca, *De beneficiis*, II, I, 4; Ponte 1988, S. 35)

[214] Terenz (Publius Terentius Afer): 195/184 v. Chr. Karthago – 159/158 v. Chr. in Griechenland während einer Seefahrt. Er war Komödiendichter und wird als erster afrikanischer Dichter lateinischer Sprache bezeichnet.

[215] In den Manuskripten findet sich hier eine Leerstelle. Giovanni Ponte konnte die Figur des Chremes aus Terenz' Komödie *Phormio* identifizieren, deren Rede Alberti hier nur ungenau wiedergibt (V, I, 744–776).
Bibl.: Ponte 1988, S. 35.

[216] »So ist nichts Schrecklicheres sonst noch Hündischeres als ein Weib [...].« (Homer, *Odyssee*, XI, 427–428; Ponte 1988, S. 36)

[217] Albertis abschätzige Gleichsetzung von Tier und Frau war für die damalige Zeit nicht unüblich. Wie in der Einleitung bereits angerissen, stellt die in Antike und Mittelalter sowohl in philosophischen als auch theologischen Diskursen verbreitete Überzeugung, dass Frauen ähnlich wie Tiere gar nicht beziehungsweise weniger vernunftbegabt seien als Männer und somit viel stärker von ihren Trieben und Affekten gesteuert würden, einen wichtigen Faktor für diese misogyne Haltung dar. Der christliche Schöpfungsmythos – die Erschaffung Adams und die ihm von Gott geschenkte Sprachfähigkeit sowie die Erschaffung Evas aus der Rippe Adams – hat maßgeblich zur niederen Stellung der Frau in der christlichen Welt beigetragen. In Albertis Auflistung weiblicher ›negativer‹ Charaktereigenschaften finden sich einige Parallelen zum neunten Buch von Aristoteles' *Historia animalium*. Hier schreibt dieser: »Das weibliche Geschlecht ist auch weniger leicht in Wut zu bringen als das männliche und verzweifelt leichter, außerdem ist es unverschämter und verlogener, es ist zum Täuschen veranlagt und hat ein besseres Gedächtnis, zudem ist das weibliche Geschlecht wachsamer und zögerlicher, überhaupt ist es passiver als das männliche und bedarf weniger Nahrung. Das männliche Geschlecht ist hilfsbereiter, wie schon gesagt wurde, und mutiger als das weibliche [...].« (608b4–16) Dieser in der Antike weit verbreiteten geschlechterspezifischen Abwertung, die im Mittelalter unter anderem prominent von herausragenden Theologen wie Thomas von Aquin in einem Aristoteles verwandten Ton und Inhalt weitergeführt wurde, liegt ein anthropologischer, zugleich aber auch ontologisch-metaphysischer Dualismus von Form und Materie, Ordnung und Chaos, Vernunft und Sinnlichkeit zugrunde, in dem das Männliche stets mit dem als positiv definierten Rationalen und das Weibliche mit dem negativ konnotierten Irrationalen assoziiert wurde. Aristoteles beschreibt die Frau an anderer Stelle auch als ein »verkrüppeltes Männchen« (*De generatione animalium*, 737a), also als ein Mängelwesen. Diese negative Charakterisierung, die zunächst physiologischer Art war und auf den Samenmangel bei der Frau zurückgeführt wurde, sollte sich in Rückgriff auf den antiken Philosophen lange halten, wurde dann aber verstärkt auf das Weibliche an sich ausgeweitet.

Bibl.: Bloch 1987; Imesch 1999; Scheer 2011.

[218] Im Anschluss an die zutiefst misogyne Passage, in der Frauen *ex negativo* jegliche tugendhafte Haltung abgesprochen wird, folgt die Konstruktion eines idealisierten Männlichkeitsbildes (siehe Einleitung).

[219] Bereits Johannes Cassianus (um 360 Dobrudscha – um 435 Marseille) schreibt in seinen *Collationes*, dass alle Laster von der Seele herrühren und dass der Mensch sich dieser kriegerischen Attacke zu widersetzen habe. Der Kampf zwischen Tugend und Laster (*Psychomachia*) wird von Alberti in seine architektonische Verbildlichung der Seelenruhe umgeformt: Nehmen die Laster überhand, droht das Seelengebäude in eine Ruine zu zerfallen. Von einer Ruine in Zusammenhang mit Lastern spricht auch Dante im fünften Gesang des *Infernos*, wo er seine Begegnung mit den Seelen der Wollüstigen und unglücklich Liebenden beschreibt. Die Seelen jener Sündigen befinden sich in einem strudelartigen Sturm,

und jedes Mal, wenn sie an einer Ruine vorbeigeweht werden, ergehen sie sich in Klagelauten und Gotteslästerungen. Ähnlich der Zeile in *Über die Seelenruhe* verbildlicht Dantes Gesang die tragische Wucht des Lasters und führt durch das Bild der Ruine das zerstörerische Ausmaß eines sündhaften Lebens vor Augen. Bezeichnenderweise fügt Alberti den Verweis auf die durch das Laster hervorgerufenen Ruinen zwischen seine bösartige Warnung vor den schändlichen Frauen und die Mahnung ein, seine Begierden zu mäßigen.
Bibl.: Mineo, ED (»ruina«) 1970; Cassata 1971; Vecchio 2002.

220 Im Anschluss an mittelalterliche Kritiken der *concupiscentia oculorum* (Augenlust), die etwa von Augustinus als nichtige Begierde der sinnlichen Erfahrung definiert wurde (siehe Anm. 123), wertet Alberti an dieser Stelle die Schaulust des gemeinen Volkes äußerst negativ. Obgleich Alberti den Sehsinn in vielen seiner Schriften als den höchsten und edelsten beschreibt (*De pictura*, III, 55), der den Menschen tiefe Einsicht in die Natur der Dinge und somit wahre Erkenntnis ermögliche (siehe hierzu auch *Vita*, S. 41), vertritt er zugleich die Meinung, dass die visuellen Reize nur bei Beachtung angemessener Regeln Wohlgefallen auslösen. Werden die Grenzen des Angemessenen hingegen überschritten, entwickelt sich eine Form der negativ besetzten Unmäßigkeit und *voluptas*, also des rein sinnlichen Genusses (*De pictura*, II, 44, 46–48). Genau diesen Punkt betont Alberti hier offensichtlich, zumal er von einer lasterhaften Wollust des Sehens schreibt. Dieser Verführung durch äußerliche Spektakel setzt er bewusst das Studium sowie den Rückzug in sein Inneres entgegen – ›asketische‹ Selbstübungen, die ihn vor den negativen äußeren Einflüssen bewahren sollen.
Bibl.: Liebenwein 1993; Bätschmann (2000) 2011, S. 95.

221 Amasis II., ägyptischer König der 26. Dynastie. Regierte von 570 bis 526 v. Chr.

222 Herodot, berühmter Geschichtsschreiber der Antike: um 485 v. Chr. – 424 v. Chr.

223 Polykrates von Samos, griechischer Tyrann, dessen Herrschaft von ca. 540 bis 522 v. Chr. andauerte.

224 »Amasis spricht zu Polykrates folgendes: ›Es ist zwar erfreulich zu erfahren, daß es einem lieben Gastfreund gut geht. Mir aber gefällt dein großes Glück gar nicht; denn ich weiß, daß die Gottheit neidisch ist. Ich sehe es lieber, daß ich selbst und meine Freunde einmal in ihrem Unternehmen Glück, ein andermal aber Mißerfolg haben, und daß es uns so in unserem Leben abwechselnd geht, als daß ich in allem erfolgreich bin. Noch kenne ich vom Hörensagen keinen, der nicht zuletzt ein ganz klägliches Ende nahm, wenn er in allem Glück hatte. Du also gehorche mir jetzt und tue gegen zuviel Glück folgendes: Überlege dir, was du unter allen deinen Gütern wohl für das wertvollste hältst und über dessen Verlust du am traurigsten wärest! Das wirf weg, damit es nicht mehr in Menschenhände kommen kann. Und wenn dir von nun an nicht abwechselnd Glück und Unglück zustößt, dann hilf auf die Weise nach, die ich dir eben vorgeschlagen habe.‹« (Herodot, *Historien*, III, 40; Ponte 1988, S. 37)

225 Die Szene greift eine alltägliche Situation tanzender und musizierender Jugendlicher und junger Erwachsener auf, die im Alter zwischen dreizehn bis vierundzwanzig Jahren als sogenannte *confratelli* in zahlreichen Florentiner Bruderschaften organisiert waren. In Zusammenarbeit mit Kirchenschulen wurden die männlichen Jugendlichen in diesen Verbünden zu sakralen Vorführungen angeleitet, sie nahmen an religiösen Festen und Prozessionen sowie den *sacre rappresentazioni* teil, die unter anderem auch vor Santa Maria del Fiore stattfanden. Diese Gruppenaktivitäten und die Teilnahme an sozioreligiösen Ritualen dienten der persönlichen und sozialen Tugendbildung und waren Teil eines größeren Programms der humanistischen Erziehung, Bildung und Eingliederung in die Gesellschaft, wie sie Alberti auch im ersten Buch von *De familia* beschreibt. Besonders die Betonung der rhythmischen Bewegung verweist auf das kontinuierliche Maßhalten,

das durch frühe Übung und Einübung bis ins Erwachsenenleben nach und nach verbessert werden kann. Das Motiv erinnert zudem stark an die zehn Marmorreliefs von Luca della Robbias (1400 Florenz – 1482 ebenda) *Cantoria*, die er zwischen 1430 und 1438 für Santa Maria del Fiore anfertigte. In diesen wahrscheinlich an den biblischen Psalm 150 angelehnten Darstellungen sind singende, musizierende und tanzende Jugendliche zu sehen. Insgesamt finden sich in *Über die Seelenruhe* immer wieder ekphrastische Evokationen von zu Albertis Zeit wohlbekannten Werken der bildenden Kunst oder Architektur.
Bibl.: Trexler 1980, S. 368–399; Mode 1986; Taddei 2001, S. 207–238; Radke 2014.

226 Lucius Cornelius Cinna, römischer Politiker: 2. Jh. v. Chr. – 84 v. Chr. bei Ancona.

227 Silla (auch: Cornelius Sulla), römischer Politiker und Feldherr: 138 v. Chr. – 78 v. Chr.

228 Mario, römischer Politiker und Feldherr, Vertrauter Lucius Cornelius Cinnas: ca. 2./1. Jh. v. Chr.

229 Alberti bringt hier den Gegensatz zwischen natürlicher Veranlagung und kritischer Selbstarbeit zur Sprache, die eine notwendige Bedingung für die moralische Verbesserung des Einzelnen ist. Indem er zunächst negative Charaktereigenschaften beziehungsweise Laster wie Jähzorn auflistet, kann er in einem zweiten Schritt aufzeigen, dass die Neugestaltung und Konstituierung des tugendhaften Selbst Zeit und praktische Übungen, kurz Gewöhnung braucht. In der *Nikomachischen Ethik*, mit der Alberti wohlvertraut war und auf die er in dieser Passage offensichtlich anspielt, führt Aristoteles das vielschichtige Konzept der *hexis* ein. Diese ist das Ergebnis einer langwierigen Kultivierung der eigenen Haltung und meint so viel wie eine andauernde, angeeignete Gewohnheit. Zugleich betont der antike Philosoph dort auch, dass »Rede und Belehrung aber kaum bei allen Menschen Wirkung [haben]; vielmehr muss die Seele des Hörers zuvor durch Gewöhnung bearbeitet worden sein [...]« (*Nikomachische Ethik*, 1179b23–25). Albertis Forderung, durch Erziehung und Habitualisierung eine »andere Natur in sich aufzubauen«, erinnert in ihrer Formulierung zudem stark an Cicero, der geschrieben hat, »daß in der Tat am Anfang nur die Lust erstrebt werde, später aber durch die Gewöhnung gewissermaßen eine zweite Natur entstehe, die die Menschen zu vielen Handlungen veranlasse, die nichts mit der Lust zu tun hätten.« (*De finibus*, V, 74)
Bibl.: Detel 1998, S. 112–115; Holder 2014.

230 »Einmal bettelte er [Diogenes von Sinope] eine Bildsäule an (um eine milde Gabe).« (Diogenes Laertius, *Vitae et sententiae philosophorum*, VI, 2, 49; Ponte 1988, S. 38)

231 »Gegen die Dirnen erging er sich absichtlich in Schmähungen, denn er wollte sich dadurch zugleich auch im Ertragen von Verleumdungen üben.« (Diogenes Laertius, *Vitae et sententiae philosophorum*, VI, 5, 90; Ponte 1988, S. 38)

232 Epameinondas, thebanischer Feldherr: um 480 v. Chr. Theben – 362 v. Chr. Mantineia.

233 »Einst grollten dem Epaminondas seine Mitbürger; da trugen sie Demselben, um ihn zu beschimpfen, die Besorgung eines Straßenbaues in ihrer Stadt auf, ein Geschäft, welches daselbst für sehr erniedrigend galt. Er nahm den Auftrag ohne Zögern mit der Versicherung an, er werde dafür sorgen, daß diese Beschäftigung in Kurzem als die ehrenvollste angesehen werde.« (Valerius Maximus, *Facta et acta memorabilia*, III, 7, Auswärtige 5; Ponte 1988, S. 38)

234 Es handelt sich vermutlich um Tigranes I., König von Armenien: um 120 v. Chr.–95 v. Chr.

235 Es könnte sich um Archelaos handeln, einen hohen Offizier Mithradates' VI.: ca. 1. Jahrhundert v. Chr.

236 »Er stammte als Urenkel des Königs Archelaus aus cappadocischem Königsgeschlecht, war aber, weil er lange als Geisel in Rom geweilt hatte, zu knechtischer Unterwürfigkeit herabgesunken.« (Tacitus, *Annales*, XIV, 26; Ponte 1988, S. 38)

237 Die gesamte Passage vertieft durch verschiedene Beispiele die Diskussion darüber, inwiefern sich der Einzelne durch strenge Übungen von den eigenen Begierden und Hoffnungen befreien kann. Dabei spielt das Statuen-Motiv gleich in zweifacher Hinsicht eine wichtige Rolle: Zunächst weist Alberti auf die legendäre Geschichte des Diogenes hin, der sich durch die Anrede von leblosen Statuen an der höchstmöglichen Indifferenz übte und somit durch die Verweigerung seiner Triebe und Wünsche die vollkommene Bedürfnislosigkeit zu erlangen hoffte. In einem zweiten Schritt dreht Alberti die Analogie aber um und fordert letztlich die Leser auf, selbst zu Statuen zu werden. Sie sollen vermittels praktischer Übungen verschiedene Stufen der Selbstdisziplinierung durchlaufen und somit zu vollkommener innerer Stabilität gelangen. Alberti kreist dabei immer wieder um Konzepte der Simulation und Dissimulation, also der Vortäuschung und Verbergung, ein Thema, das ihn auch in anderen Schriften wie etwa dem *Momus* umtreibt. Während die schauspielerische Vortäuschung einen durchaus ambivalenten Charakter aufweist, kommt dem klugen Verbergen und Verschweigen im Kontext der ethischen Selbstpraktiken, aber auch des politischen Handelns eine gewichtigere Rolle zu: Es muss als integraler Bestandteil der poietischen Neugestaltung des moralischen Subjekts verstanden werden. In diesem Sinne steht diese Stelle in *Über die Seelenruhe* auch in klarem Gegensatz zu der berühmten Passage im *Momus*, in der Charon den Philosophen Gelastus mit folgenden scharfen Worten konfrontiert: »Ich hasse einfach diese ewigen Verstellungen und Maskeraden von Euch Sterblichen.« (S. 367) Bibl.: Jarzombek 1999; Weihe 2004, S. 41–77; Košenina, HWPh (»Verstellung«), Bd. XI, Sp. 938–942.

238 »Tobt der Zorn in der Brust/So hüte dich vor der Zunge vergeblichem Bellen.« (Plutarch, *Moralia [Von der Bezähmung des Zorns]*, 7; Ponte 1988, S. 39)

239 »Daher müssten sie für ihre leicht hingeworfenen Worte, wie Platon sagt, schwer büßen, indem man sie für Feinde, Verleumder und boshafte Gesellen hält.« (Plutarch, *Moralia [Von der Bezähmung des Zorns]*, 6; Ponte 1988, S. 39)

240 Marcus Aemilius Scaurus der Ältere: um 163 v. Chr. – 88 v. Chr.

241 Alberti verwechselt hier wohl Scaurus mit dem eigentlichen Ankläger Domitius: »Wir gehen zu einem andern nicht minder glänzenden Erweis dieser Gesinnung über. Der Volkstribun Knejus Domitius lud den Ersten der Bürger, Markus Scaurus, vor das Volksgericht, und hoffte an eigenem Ansehen zu gewinnen, sey es, daß er, vom Glücke begünstigt, den Scaurus stürzte, oder den großen Mann wenigstens verunglimpfte. Während er mit dem größten Eifer an dem Verderben jenes Mannes arbeitete, erschien Nachts bei ihm ein Sklave des Scaurus, und erbot sich, seine Anklage durch viele und bedeutende Beschuldigungen seines Herrn zu unterstützen. Das Bild des Gegners und des Herrn ließ ihm die schändliche Eröffnung in verschiedenem Lichte erscheinen: aber die Rechtlichkeit siegte über den Haß. Sofort verschloß er sein Ohr, und stopfte dem Angeber den Mund: zugleich ließ er ihn an Scaurus ausliefern. Ein solcher Ankläger mußte selbst dem Beklagten, wo nicht liebenswürdig, doch achtungswerth erscheinen; das Volk aber erhob den Domitius in Betracht seiner übrigen Vorzüge insbesondre mit Rücksicht auf diese Handlung, zum Konsul, Censor und Pontifex Maximus.« (Valerius Maximus, *Facta et dicta memorabilia*, VI, 5, 5; Ponte 1988, S. 39)

242 Philipp II. von Makedonien, Vater Alexander des Großen: um 382 v. Chr. Pella – 336 v. Chr. Aigiai.

243 Vgl.: »Auch sah man einmal, während Olympias schlief, wie eine Schlange sich neben ihrem Leibe ausstreckte, und dies, so sagt man, kühlte besonders die Liebe und

Zuneigung Philipps ab, so dass er nicht mehr oft zu ihr ging, um an ihrer Seite zu ruhen, sei es dass er daraufhin irgendwelche Behexung und Bezauberung von der Frau fürchtete oder dass er sich vor dem Verkehr mit ihr scheute, weil sie mit einem Mächtigeren verbunden sei.« (Plutarch, *Vitae parallelae*, Bd. V, *Alexander*, 2, S. 8; Ponte 1988, S. 39)

244 Vermutlich handelt es sich hier um Marcus Calpurnius Bibulus, römischer Politiker: um 103 v. Chr. – 48 v. Chr.

245 Bei den Gabinianern handelt es sich um eine Einheit des römischen Heeres in Alexandrien. Der Name geht zurück auf den römischen Statthalter Syriens, Aulus Gabinius (gestorben 47 v. Chr.).

246 Die Quelle, auf die sich Alberti hier bezieht, konnte nicht identifiziert werden.

247 Der gesamte Absatz dreht sich um das komplexe Verhältnis von Übung und Tugend, Praxis und Mühe und nicht zuletzt um die Frage nach dem Ruhm in der Nachwelt, der gemäß Alberti weniger vom Namen als von der Qualität der eigenen Werke abhängt. Bezeichnend ist an dieser Stelle, wie Alberti einerseits auf die Prozessualität des Schreibens und Malens insistiert, die von ihm somit als prinzipiell nicht abzuschließende Tätigkeiten definiert werden, und andererseits zugleich die geistige Dimension des schöpferischen Aktes betont (»unermüdlich einüben, dabei nachdenken, erforschen, sammeln [...]«). Auch in *De pictura* und *De re aedificatoria* beharrt er darauf, dass Übung und Praxis grundlegende Bedingung jeglicher künstlerischen Tätigkeit seien. Allerdings hebt er ähnlich wie hier die Notwendigkeit der allumfassenden Bildung des Künstlers oder Architekten hervor, womit er diese bewusst nobilitiert und vom reinen Handwerk abgrenzt (*De pictura*, II, 28–29; *De re aedificatoria*, *Vorrede*, S. 9–10). Es war Vitruv, der der Architektur den Rang einer Wissenschaft zugesprochen hatte, da diese »aus Handwerk (*fabrica*) und geistiger Arbeit (*ratiocinatio*)« entstehe (*De architectura*, I, 1, 1). In offensichtlichem Rekurs auf dessen *De architectura*, aber auch auf Ciceros *De oratore* (I, 5) vertritt Alberti die Meinung, dass einzig die Verknüpfung von praktischer Schulung, theoretischem Wissen und tugendhaftem Verhalten und Mühe zum Ruhm führen. Dass Alberti dabei die individuelle Leistung hervorhebt, zeigt, wie sehr die »virtù« im Quattrocento bereits als etwas verstanden wird, das mit der Natur des Einzelnen und mit seinem Verdienst zusammenhängt und somit unabhängig vom gesellschaftlichen Status zu bewerten ist.
Bibl.: Kusch-Arnhold 2006; Scholz 2014.

248 Dies ist eine der Stellen des Dialogs, in denen Alberti über die Figur des Agnolo selbst zu sprechen scheint. Zeitlebens war für Alberti die tägliche, mühselige Arbeit zur Perfektionierung der eigenen Fähigkeiten ein grundlegender Baustein zur Erlangung des erhofften postmortalen Ruhms. Bereits Boccaccio hatte betont, dass das Erlangen des Ruhms keine Frage der Abstammung, sondern vielmehr der persönlichen Leistung sei: »Mehr durch Verdienst als durch reinsten Blutadel verdient er ewigen Ruhm« (*Dekameron*, 5, 9, 2). Zugleich zeugt die Passage aber auch von dem im Tre- und Quattrocento allgemein weit verbreiteten Geschichtsbewusstsein: Beeinflusst von Ciceros Leitspruch *historia magistra vitae* (*De oratore*, II, 9, 36) zeigt sich Letzteres sowohl in Stadtchroniken als auch in zahlreichen Kompendien von Heiligenviten, wie der *Legenda aurea* des Jacobus de Voragine (1228/1229 Varazze – 1298 Genua). Für Albertis engeren Kontext sei insbesondere Leonardo Brunis *Historia Florentini populi* erwähnt. Ferner fand eine Zuspitzung des Genres der Geschichtsschreibung hin zu Debatten um Geschichtskonstruktion statt, wie sie beispielsweise in Giovanni Gherardis (1360/1367 Prato – vor 1466) Dialog *Paradiso degli Alberti* in der Diskussion über die Stadtgründung von Florenz nachvollziehbar ist.

Albertis Verwendung antiker *exempla*, die sich durch alle drei Bücher von *Über die Seelenruhe* zieht, ist Teil dieses historiographischen Bewusstseins. Im Besonderen sind sie mit den

Viten-Sammlungen und -Darstellungen der *uomini famosi* (berühmten Männer) verwandt, die durch Francesco Petrarcas *De viris illustribus* begründet wurden. Neben solchen Darstellungen meist antiker Persönlichkeiten wurden sodann vermehrt auch zeitgenössische Lebensbeschreibungen verfasst. Dies bezeugen die hohe Anzahl von *ricordi*, eine Mischung aus Tagebuch und Memoiren, sowie die ausführlichen *necrologi* (Nachrufe) der Ordensbrüder. Ihnen wohnt, ganz ähnlich wie dieser Textpassage, die Hoffnung inne, nicht lediglich ein Name oder eine Nummer (»Inschrift auf unserem Grabstein«), sondern eines Tages Teil der ›glorreichen Vergangenheit‹ zu sein. Alberti äußerte diesen Anspruch bereits ganz explizit am Ende von *De pictura*, wo er schreibt: »[Ich] fordere [...] als Lohn für meine Mühen in erster Linie, sie möchten mein Antlitz in ihren Vorgängen wiedergeben, um so der Nachwelt kundzutun, dass sie sich meiner Wohltat bewusst und dafür dankbar sind [...].« (III, 63)
Bibl.: Cochrane 1981; Doni Garfagnini 2002; Fubini 2003.

249 Ennius, früher Epiker und Dramatiker: ca. 3./2. Jh. v. Chr.

250 Alberti übernimmt dieses Zitat offensichtlich von Cicero: »Doch wollen nicht auch die Dichter nach ihrem Tod berühmt werden? Was sagt denn dies? ›Sehet hier, ihr Bürger, das Bild des greisen Ennius, der die großen Taten eurer Väter besang‹? Er verlangt den Lohn des Ruhms von jenen, deren Väter er mit Ruhm bedeckt hatte. Derselbe ist es, der sagt: ›Keiner soll mich mit Tränen [betrauern] – warum? Fliege ich doch lebend durch den Mund der Männer.‹« (*Tusculanae disputationes*, I, 34; Ponte 1988, S. 40)

251 Plautus, bedeutender römischer Komödiendichter: ca. 3./2. Jh. v. Chr.

252 Alberti verwechselt hier Plautus mit dem zuvor genannten Dichter Ennius, in dessen Tragödie *Iphigenia* sich laut Gellius dieses Zitat finden soll: »Wer die Muse nicht zu brauchen weiss, der hat viel härtre Müh', als wenn ihn dränget Müh' um Müh'.« (Aulus Gellius, *Noctes atticae*, XIX, 10, 12; Ponte 1988, S. 40)

253 Agnolos Aussage, es sich zum Ziel gesetzt zu haben, alle Schriften des Aristoteles zu lesen, bezeugt seinen Wunsch, als philosophisch geschulter Humanist wahrgenommen zu werden. Das Lesen der Schriften antiker Philosophen gehörte in den 1440er Jahren zum humanistischen Bildungskanon. In der Tat machten sich nach der reichen und komplexen Überlieferungs- und Übersetzungsgeschichte des *Corpus Aristotelicum* in der Scholastik zu Beginn des 15. Jahrhunderts viele namhafte Humanisten an die lateinische Übersetzung der Werke aus dem Griechischen. Zu ihnen gehören unter anderem Leonardo Bruni, Giannozzo Manetti, Francesco Filelfo (1398 Tolentino – 1481 Florenz) oder Giorgio Valla (1447 Piacenza – 1500 Venedig). Alberti, oder der hier sprechende Agnolo, dürften wahrscheinlich über die Bibliothek in Santa Maria Novella oder die vatikanischen Bibliotheken einen guten Zugang zu zahlreichen aristotelischen und pseudo-aristotelischen Schriften gehabt haben – nicht zuletzt auch aufgrund von Albertis Tätigkeit als Sekretär in der päpstlichen Kurie. Zu den im Katalog aufgelisteten aristotelischen Werken, die Alberti in seiner Bibliothek besessen hatte, gehören: *De caelo*, *De anima*, *Ethica Eudemia*, *Ethica Nicomachea*, *De generatione animalium*, *De generatione et corruptione*, *De partibus animalium*, *Historia animalium*, *Magna moralia*, *Physica*, *Politeia*, *Problemata*, *Rhetorica*, *Metaphysica*, *Meteorologica* sowie die pseudo-aristotelischen Schriften *Oeconomicus* und *De plantis*.
Bibl.: Orlandi 1952, S. 41–46; Bertolini 2005, S. 101–103; Taddei 2005; Ricklin 2011; Refini 2020.

254 Am Ende des 14. Jahrhunderts setzt europaweit eine Entwicklung ein, die zur Formierung humanistischer Gelehrtenzirkel und schließlich zur Gründung zahlreicher Akademien führt. In der ersten Hälfte des 15. Jahrhunderts gab es in Florenz viele solcher Zusammenkünfte, in denen durch Gedankenaustausch philosophische, literarische oder auch theologische Fragen erörtert wurden. Das Disputieren, unterstützt durch freundschaftlichen

Umgang, förderte die Wissensgeneration jener Zeit ungemein. Zu nennen sind die Zirkel um den Augustiner Luigi Marsili (1342 Florenz – 1394 ebenda), an denen unter anderem Coluccio Salutati teilnahm, sowie jener um den Kamaldulenser-Mönch Ambrogio Traversari. In einem Kreis um Roberto de Rossi (um 1355 Florenz – 1417 ebenda) wurden in den 1420er Jahren besonders die Schriften des Aristoteles diskutiert; wohl in ganz ähnlicher Form, wie es Agnolo im Text *Über die Seelenruhe* andeutet.
Bibl.: Della Torre 1902; Lentzen 1996.

255 Gaius Iulius Solinus, spätantiker Grammatiker und Buntschriftsteller: ca. 3./4. Jh. v. Chr.

256 Ähnliche Überlegungen finden sich bei Plinius dem Älteren: »Ihre Jungen üben sie alsbald im Laufen und lehren sie, an die Flucht zu denken, führen sie an steile Hänge und machen ihnen das Springen vor.« (*Naturalis historia*, VIII, 50, 113; Ponte 1988, S. 40)

257 Bei Julius Capitulinus handelt es sich vermutlich um einen der Autoren der *Historia Augusta*, über den insgesamt wenig bekannt ist.

258 Marcus Aurelius, römischer Kaiser (von 161–180) und Philosoph: 121 Rom – 181 Sirmium.

259 »Der Philosophie ergab er sich leidenschaftlich, und zwar schon als er noch ein Knabe war. Trug er sich doch nach dem Eintritt in sein zwölftes Jahr wie ein Philosoph und übte in der Folge auch die entsprechende Askese, indem er im Mantel studierte und auf dem Fußboden nächtigte und nur schwer von seiner Mutter dazu zu bewegen war, auf einem mit Fellen belegten Lager zu schlafen.« (*Historia Augusta* [*Marcus Antoninus*], 2, 6; Ponte 1988, S. 41)

260 »Im Sommer pflegte er sich auf dem glühend heißen Sande umherzuwälzen, im Winter die schneebedeckten Bildsäulen mit seinen Armen zu umfangen, nichts verabsäumend, um sich widerstandsfähig zu machen.« (Diogenes Laertius, *Vitae et sententiae philosophorum*, VI, 2, 23; Ponte 1988, S. 41)

261 Silius Italicus, Epiker des 1. Jh. n. Chr.

262 Vermutlich handelt es sich bei Regulus und Serrano nicht um historische, sondern um fiktive Figuren in Silius' Werk.

263 An dieser Stelle steht im italienischen Original das lateinische Zitat: »Illuviem atque inopes mensas durumque cubile et certare malis urgentibus hoste putabat devicto maius; nec tam fugisse cavendo adversa egregium, quam perdomuisse ferendo.« (Silius Italicus, *Punica*, VI, 373–374)

264 Möglicherweise handelt es sich um Tiberius Iulius Viator, Angehöriger des römischen Ritterstandes: ca. 1. Jh. n. Chr.

265 Alberti beleuchtet hier verschiedene Praktiken der Abhärtung von Leib und Seele und bringt in diesem Zusammenhang auch die Gewohnheit zur Sprache (siehe Anm. 229). Er scheint eine kynische Position einzunehmen, zumal er seine eigenen, zivilisationsbedingten ›Verzärtelungen‹ und Bequemlichkeiten kritisch betrachtet und sich rühmt, diese negativen Gewohnheiten, die letztlich zu Zwängen werden, durch disziplinierte Selbstzucht überwunden zu haben. Die stetige Abhärtung seiner selbst ist ein Grundsatz kynischer Lebensform, die bereits Diogenes vermutlicher Lehrer Antisthenes predigte. Wie Xenophon überlieferte, führe gemäß Antisthenes einzig die harte Selbstertüchtigung, die eben mit einem beschwerlichen Training einhergeht, zum erstrebenswerten Zustand der Bedürfnislosigkeit (*Symposion*, IV, 37–41). Nach zahlreichen Legenden, mit denen Alberti unter anderem über Diogenes Laertius' *Vita des Diogenes* wohlvertraut war, neigte Diogenes selbst zu extremen asketischen Übungen – Alberti erwähnt das Umarmen von schneebedeckten Statuen (S. 62) –, die ihn von allen Gewohnheiten und Zwängen befreien und es ihm ermöglichen sollten, zu wahrer

Freiheit zu gelangen. Mit der Erwähnung seiner selbst an dieser Stelle schafft er eine Form von literarischem Selbstporträt, das in radikalem Gegensatz zu seinem Gelehrtendasein steht und arbeitet sich an den zutiefst militaristischen Männlichkeitsidealen ab, die in der damaligen Gesellschaft weit verbreitet waren.
Bibl.: Döring 1985, S. 22–24 ; Laqueur 1990; Milligan 2003; Koos 2006, S. 101–122.

266 »Dem Diogenes dagegen entfloh sein einziger Sklave und wenngleich man ihm sein Versteck mitteilte, hielt er es nicht der Mühe wert, ihn zurückbringen zu lassen. ›Eine Schande wäre es‹, meinte er, ›daß Manes ohne Diogenes leben kann, nicht aber Diogenes ohne Manes‹.« (Seneca, *De tranquillitate animi*, 8, 7; Ponte 1988, S. 42)

267 Marcus Terrentius Varro: 116 v. Chr. Reate oder Rom – 27 v. Chr.

268 Das hier angeführte ›Zieren‹ seiner selbst (»adornare se stessi«), also das sich selbst beziehungsweise die eigene Seele Schmücken, greift den aus der Rhetorik stammenden *ornatus*-Begriff auf, der die kunstvolle Gestaltung eines Textes oder einer Rede meint, und erweitert ihn um die Komponente des tugendhaften Handelns: Der Seelenschmuck ist hier nicht als unnötige, aufgesetzte Verzierung (*ornamentum*) oder gar eitles Gebaren zu verstehen. Vielmehr handelt es sich um den aktiven Versuch, zu einer Wohlgeformtheit und Wohlgeordnetheit der Seele zu gelangen. Diesem Zieren seiner selbst sollte vor allem anderen Priorität eingeräumt werden, damit die daraus resultierenden Handlungen nicht in einer verfehlten, sondern moralisch-angemessenen Lebensführung münden (Cicero, *De officiis*, I, 93–94).
Bibl.: Scheel 1907, S. 57; Knape/Till, HWRh (»Ornatus«), Bd. VI, Sp. 432–440; Raulet, HWRh (»Ornament«), Bd. VI, Sp. 423–432.

269 Alberti gibt hier eine Passage aus Gellius wieder: »›Wenn du von all der vielen Mühe, die du darauf verwendest, dass dein Bäcker dir gutes Brot bereitet, auch nur den zwölften Teil (dem Studium) der Philosophie widmen wolltest, so würdest Du selbst schon lange (gut und) rechtschaffen geworden sein. Alle, die nun jenen (d.h. deinen Bäcker und seine Vorzüge) kennen lernen, zeigen (sofort) Lust, (sich) Hunderttausende zu kaufen; dich, wer dich (nur erst) kennengelernt hat, keiner für 100 Heller.‹« (*Noctes atticae*, XV, 19, 2; Ponte 1988, S. 42)

270 Es lässt sich nicht abschließend klären, auf welches Zitat des Solon Alberti hier verweist. Ein Bezug zur solonischen Maxime »Nimmer zu sehr!« (Diogenes Laertius, *Vitae et sententiae philosophorum*, I, 63) liegt allerdings nicht fern.

271 In Agnolos Kritik an der angeblichen Verweichlichung der jungen Menschen durch die allzu milde Erziehung der Eltern sowie die begüterten Lebensumstände klingt im Hintergrund auch Albertis Missgunst gegenüber denjenigen an, die im Gegensatz zu ihm in glücklichen und wohlbehüteten Familienverhältnissen aufwachsen (vgl. hierzu seine *Vita*, S. 45–47). Anweisungen zu den richtigen, das heißt rigorosen Erziehungsmaßnahmen, um im späteren Leben mit der hier angesprochenen Lebensstrenge zurechtzukommen, thematisiert Alberti ebenfalls in seinem *De familia*, und bezeichnenderweise trägt die Figur des Agnolo hierüber ausführlich in Matteo Palmieris *Della Vita civile* (Buch I) vor. In dieser Passage spielt Alberti sprachlich und konzeptuell gekonnt mit dem Kontrast zwischen der »amplitudine« (Fülle) und der »austerità del vivere«, der Strenge des Lebens: Erstere kann als eine Form der einfachen Lustbefriedigung gedeutet werden, während Letztere eine erstrebenswerte und selbstgenügsame Tugend darstellt. Bezeichnenderweise wird die »austerità« in Albertis *De re aedificatoria* auf das Engste mit der »maestà«, also mit der Größe oder Erhabenheit (des Charakters), verbunden (VII, 19–20), wodurch klar wird, dass die Strenge oder Einfachheit für Alberti eine hochkomplexe ästhetische, ethische, ja gar politische Kategorie ist (siehe Anm. 10).
Bibl.: Graver 2008; Schwemmer, EPW (»Rigorismus«), Bd. VII, S. 151.

[272] Im antiken Sparta waren Ephoren Aufsichtsbeamte, fünf an der Zahl, die jährlich neu gewählt wurden.

[273] Chilon, spartanischer Politiker, der aufgrund seiner Lebensweise und seiner elegischen Dichtung zu den Sieben Weisen des archaischen Griechenlands gerechnet wurde: ca. 6. Jh. v. Chr.

[274] »Und zu seinem Bruder, der sich nicht darein finden konnte, daß er nicht wie Chilon auch Ephor wurde, sagte er: ›Ich weiß mich darein zu fügen, wenn mir unrecht geschieht, du aber nicht.‹« (Diogenes Laertius, *Vitae et sententiae philosophorum*, I, 3, 68; Ponte 1988, S. 43)

[275] Octavia, Frau Neros: um 40 – 62 Pandateria.

[276] Tiberius Claudius Caesar Germanicus oder (nach der Eroberung Britanniens durch seinen Vater) Britannicus: 41 Lugdunum (Lyon) – 55 Rom.

[277] Cornelius Tacitus, lateinischer Historiograph: um 55 – um 120 n. Chr.

[278] Tacitus beschreibt die von Alberti angedeuteten Tugenden und das schwere Schicksal der Octavia näher: »Als es Nero erblickte, – ich will des Fürsten eigene Worte anführen – ›Warum‹, sagte er, ›Nero‹, und schickt sich an, als er dieser Sorge ledig war, seine wegen solcher Schreckgespenster lange aufgeschobene Vermählung mit Poppaea eilig zu vollziehen und seine Gattin Octavia zu verstoßen, weil sie ihm, so bescheiden sie sich auch führte, wegen ihres Vaters (Claudius) und ihrer Beliebtheit beim Volke lästig war.« (*Annales*, XIV, 59; Ponte 1988, S. 43)

[279] Curzius (Quintus Curtius Rufus), Verfasser der einzigen Alexanderbiographie in lateinischer Sprache: vermutlich 1. Jh.

[280] »Die Gegenden zwischen dem Tigris und dem Euphrat haben so reichen und fetten Boden, dass, wie man sagt, das Vieh von der Weide weggejagt wird, um sich nicht durch Übersättigung den Tod zu holen.« (Curtius Rufus, *Geschichte Alexanders des Großen*, Bd. I, V, 1, 12; Ponte 1988, S. 44)

[281] In der Rede, auf die sich Alberti hier bezieht, bringt Cäsar die Frage der Freiheit unter verschiedenen Gesichtspunkten zur Sprache und betont, dass nicht allen Männern dieselbe Freiheit der Handlung zustehe: »Welche aber, mit großer Machtfülle ausgestattet, ein Leben in hoher Stellung führen, deren Handlungen kennen alle Menschen.« (Sallust, *De Catilinae coniuratio*, 51, 3; Ponte 1988, S. 44)

[282] Die Herkunft dieses Zitats lässt sich nicht zweifelsfrei klären. Im berühmten, von Herodot überlieferten Gespräch mit dem lydischen König Kroisos erörtert Solon dieses Thema aber ausführlicher: »›Der unglückliche Reiche hat nur in zwei Stücken etwas dem Glücklichen voraus, dieser aber vieles vor dem Reichen und Unglücklichen. Der Reiche kann seine Gelüste leichter befriedigen und schwere Schicksalsschläge einfacher tragen. Der andere aber hat folgendes mehr als jener: zwar wird er, eben weil er nicht reich ist, mit seinen Wünschen und Schicksalsschlägen nicht in gleicher Weise fertig wie jener. Aber sein guter Stern hält sie von ihm fern.‹« (Herodot, *Historien*, I, 32)

[283] Antisthenes, griechischer Philosoph und Sokrates-Schüler: um 446 v. Chr. – um 366 v. Chr.

[284] Vgl. hierzu: »Er neigt nicht zur Bewunderung, da für ihn nichts groß ist. Ebenso wenig ist er nachtragend; denn es entspricht nicht der Art des Stolzen, Erinnerungen zu speichern, schon gar nicht an Schlechtes, sondern es vielmehr zu übersehen.« (Aristoteles, *Nikomachische Ethik*, 1125a1–5)

[285] Themistokles, bedeutender Politiker zur Zeit der Perserkriege: 525 v. Chr. – 459 v. Chr. Kleinasien.

[286] Simonides, griechischer Lyriker: 556/553 v. Chr. Iulius auf Keos – 468/465 v. Chr. vermutlich Akragas (Sizilien).

287 »[...] ›ich habe nicht eine solche Begabung wie Themistokles, dass ich eine Lehre des Vergessens derjenigen, wie man sich etwas einprägt, vorzöge; dankbar bin ich dem Simonides aus Keos, der, wie überliefert wird, als Erster die Mnemotechnik öffentlich bekannt gemacht hat [...].‹« (Cicero, *De oratore*, II, 351; Ponte 1988, S. 45)

288 In Albertis Anreihung Duldsamkeit, Stärke, Abwägung, Vernunft, Gerechtigkeit und Menschlichkeit, klingen nicht nur Gedanken des Aristoteles, sondern auch der Stoa an, in der die Tugend ebenfalls eine der Vernunft entsprechende Form des Strebens ist. Interessant gestaltet sich außerdem ein vergleichender Blick auf eines von Albertis *Tischgesprächen*, ›Picture‹ (*Intercenales*, S. 168–179), in dem er in einer beeindruckenden Ekphrasis einen an Giottos (um 1267 Vicchio – 1337 Florenz) *Tugenden und Laster* in Padua (1303–1305) erinnernden Bilderzyklus beschreibt und in dessen Tugendkanon der Menschlichkeit (*umanitas*) eine ähnlich prominente Rolle zukommt.
Bibl.: Keßler 2002; Kircher 2012, S. 165–186.

289 Dieses Zitat kann nicht zweifelsfrei identifiziert werden. Wahrscheinlich handelt es sich um eine abgewandelte Passage aus der aristotelischen *Politik*: »Wer arbeitet, müht sich ja um eines Zweckes willen ab, der noch nicht erfüllt ist; Glück ist dagegen das Ziel selber [...].« (1338a24–26; Ponte 1988, S. 45)

290 »Seine Tageseinteilung hatte er so geordnet: Vom frühen Morgen bis zur Mittagsstunde erfüllte er die anfallenden Arbeiten mit großem Eifer; von da ab aber zechte er, scherzte mit seinen Tischgenossen, war leichtfertig und lustig. Seine Freunde ärgerten sich darüber; sie wollten ihm den Kopf zurechtsetzen und sagten: ›König, du hältst dich nicht wie du sollst, wenn du dich arger Leichtfertigkeit hingibst. Du müßtest ernst auf erhabenem Thron sitzen und den ganzen Tag über schaffen. Dann würden die Ägypter merken, daß ein wirklich großer Mann über sie herrscht, und du stündest in besserem Ruf. So aber lebst du durchaus nicht wie ein König.‹ Darauf antwortete Amasis: ›Den Bogen spannt man nur, wenn man ihn braucht; hat man ihn benutzt, entspannt man ihn wieder. Hielte man ihn dauernd in Spannung, würde er zerbrechen; und wenn man ihn brauchte, wäre er nutzlos. So ist es auch mit des Menschen Art. Wenn er immer nur ernst und fleißig ist und Scherz und Spaß keinen Raum gönnt, dann wird er, ohne es zu merken, ganz toll oder völlig erschöpft. Weil ich das weiß, lasse ich jedem seinen Teil zukommen.‹ Diese Antwort gab er seinen Freunden.« (Herodot, *Historien*, II, 173)
Bibl.: Paoli 2016, S. 86.

291 Der Topos des Siegelringabdrucks im weichgewordenen Wachsblock als Bild für die Gedächtnisfunktion geht unter anderem auf eine berühmte Stelle in Platons *Theaitetos* (191c–d) zurück. Hier wird geschildert, dass die Seele eine in Größe und Konsistenz individuelle Wachstafel enthalte. Diese kann sinnlich Wahrgenommenes sowie Gedachtes als Abdrücke, ähnlich denen eines Siegelrings, aufnehmen und sie, solange das Abbild gut geprägt und vorhanden ist, dort als Erinnerungen aufbewahren. Analog und in doppelter Übertragung vergleicht Alberti hier die Gedächtnisfunktion des überlieferten und somit material eingeprägten Schrifttums, der abruf- und konsultierbaren Sammlung kollektiven Wissens einerseits mit der *memoria*-Funktion des Abdrucks auf der Wachstafel der Seele. In einem zweiten Schritt dient aber gerade die Kombination und der Abgleich des bereits zur Verfügung stehenden, schriftlich festgehaltenen Buchwissens mit der eigenen emotionalen sowie soziopolitischen ›Prägung‹ und Erfahrungswelt als Grundstein für die bestmögliche Tugendbildung.
Bibl.: Harth 1991.

292 An dieser Stelle kommt dem Begriff der »geistigen Vorwegnahme« (*praemeditatio*) eine prominente Bedeutung zu (siehe Anm. 161). In diesem bewussten Akt geht es

auch um ein Bedachthaben und eine Kenntnis möglicher Schwierigkeiten und Faktoren, die in diesem Fall zu einem Ungleichgewicht der Seele beitragen. In diesem Sinne wäre auch die hier erwähnte Lektüre des ersten Buches eine solche *praemeditatio*. Diese Vorwegnahme steht im Gegensatz zum reaktiven, affektbasierten Handeln, das schlechtes und falsches Urteilen nach sich zieht.
Bibl.: Manning 1976.

293 Im Übergang zum zweiten Buch wechselt die Perspektive von dem sich im Stadtraum abspielenden, interaktiv gestalteten Dialog zwischen den Gesprächsteilnehmern zu einer direkten Leseransprache (im Du) durch den Erzähler. Somit spannt sich neben dem Dialog zwischen den Figuren auch einer zwischen Erzähler und Lesenden auf. Dies verweist nicht nur auf das bisher Gelesene als verschriftlichten Dialog, der der Leserin eine Übersicht über gewisse Wissensinhalte vermittelt haben sollte, sondern auch auf den Leseakt und das Buch als Vermittlungsmedium. Die Leserin folgt nun nicht mehr nur passiv dem Gespräch der Figuren, sondern wird über den Rezeptionsakt des Lesens dazu angehalten, die vorgeführte und als Buch präsentierte Sammlung von Wissen, Argumenten und Positionen der Ideengeschichte der Seelenruhe aktiv als Quelle der Belehrung, Anleitung und Unterweisung für das eigene Leben zu verstehen. Auf diese Leseransprache folgt eine auf den nächsten Morgen verlegte und über den Erzähler vermittelte indirekte Wiedergabe des Dialogs mittels Außenperspektive auf die Figuren und Einbezugnahme des kontextualisierenden Außenraums, die dann fast unmerklich wieder in der direkten dialogischen Rede mündet – auch diese Zeit- und Szenensprünge sind typisch für den Dialog der Renaissance. Die Grenze zwischen Text und Welt wird in dieser hybriden Dialogform dadurch in mehrfacher Hinsicht zur Darstellung gebracht und immer wieder gebrochen.
Bibl.: Marsh 1980; Häsner 2004; Hösle 2006, S. 30–78 und S. 210–234.

294 Wie schon zu Beginn des ersten Buches treffen sich die drei Protagonisten im Dom erneut während der Eucharistie. Einerseits spielt der tägliche Ritus des Messopfers auf die *concordia* (Eintracht) der Gemeinschaft an – sowohl der christlichen Gemeinde während der Anbetung als auch der städtischen Gesellschaft, die sich zu diesem Anlass ›trifft‹. Andererseits sind es eindeutig die heilsbringenden Konnotationen der Transsubstantiation (Verwandlung) und der *elevatio* (Erhebung) des Kelches, die Alberti die Unterhaltung an zwei aufeinanderfolgenden Tagen während des Messopfers beginnen lassen. Wie unter anderem der Kirchenvater Ambrosius (339/340 Trier – 397 Mailand) mit seinem »verbum tuum medicina est« (*Enarrationes*, D, S. 187) unterstreicht, rückt hier das Konzept des *Christus medicus* in den Vordergrund. Im Kontext dieses Dialogs ist hinsichtlich der Mittel und Wege zur Erlangung der Seelenruhe außerdem Ignatius von Antiochien (lebte im 2. Jh.) von zentraler Bedeutung, der in seiner Beschreibung der Eucharistie als *pharmacum* und *antidotum* (*Epheserbrief*, 20, 2) explizit medizinisches, auf Galen und ältere Quellen zurückgehendes Vokabular gebrauchte.
Bibl.: Wehr 1987; Stöhr 2005.

295 Der Ratspalast, zu dem Agnolo gerufen wird, ist der Palazzo Vecchio auf der Piazza della Signoria, in dem seit Beginn des 14. Jahrhunderts die Florentiner Regierung tagt. Florenz war bereits im 12. Jahrhundert unter kommunaler Herrschaft, und die Staatsordnung sollte sich, trotz aller Entwicklungen und Änderungen, bis zur Gründung des Herzogtums im 16. Jahrhundert nicht wesentlich ändern. Nichtsdestotrotz war die Republik Florenz in den 1440er Jahren *de facto* nicht mehr oligarchisch, sondern zeigte klare Anzeichen für die Ausbildung der alleinigen Herrschaft der Medici-Familie. Dieser Entwicklung stand Agnolo kritisch gegenüber (siehe Einleitung sowie etwa Anm. 2, 30 und die hier folgenden 296 und 297), weshalb er das Gespräch mit seinen Freunden Niccola und Battista der beratenden Tätigkeit im Palazzo vorzieht.

Die hier erwähnten »messi« (Amtsdiener) waren laut der zeitgenössischen Beschreibung Gregorio Datis (1362 Florenz – 1425 ebenda) Adjutanten beziehungsweise Boten der Regierung und wurden auch *mazzieri della Signoria* genannt. Es gab zwölf an der Zahl, »gebildete, praktisch veranlagte Männer, allesamt Florentiner und stets rot gekleidet. Als Zeichen der Comune tragen sie einen geflügelten, silbernen Stock.« (Pratesi 1902, S. 145; Übers. der Hg.) Bibl.: Pratesi 1902; Raith 1979, S. 49–53; Guidi 1981, Bd. I; Rubinstein (1966) 1997.

296 Der Dichter, auf den Agnolo sich hier beruft, ist Horaz (65 v. Chr. Venusia – 8 v. Chr.), der in einer seiner *Satiren* schreibt: »[...] wie wenn du dich bemühst, mit Maß und mit Vernunft verrückt zu sein.« (II, 3, 271; Ponte 1988, S. 48) Alberti knüpft somit an Furor- beziehungsweise Mania-Konzeptionen der klassischen Antike an, gemäß derer der Poet, ähnlich wie der Liebende, in einen Zustand des Wahnsinns verfällt, wenn er dichtet. Eine besonders wirkmächtige Auseinandersetzung mit der Frage nach der Relation von *mania* und Dichtertum beziehungsweise Philosophie findet sich bei Platon, der diese sowohl in seinem frühen Dialog *Ion* – einem Gespräch zwischen dem Rhapsoden Ion und Sokrates – als auch in seinem späten *Phaidros* behandelt hatte. Im *Ion* findet sich die berühmte und vielzitierte Formulierung, dass der Dichter jemand sei, der »geflügelt und heilig und nicht eher vermögend zu dichten, bis er begeistert worden ist und bewusstlos und die Vernunft nicht mehr in ihm wohnt« (*Ion*, 534b). Im *Phaidros* klassifiziert Platon hingegen vier Formen der *mania*. Dabei beschreibt er in der ersten Rede des Sokrates auch den negativen Wahnsinn, der den Menschen zu einem vollkommen irrationalen, rasenden und triebgesteuerten Wesen mache (*Phaidros*, 249–251). Bemerkenswert ist, dass Alberti in dieser kurzen Stelle das ganze ambivalente und komplexe Spektrum der Furor- und Mania-Konzeptionen andeutet: zum einen die Raserei der Tiere, die allerdings eine natürliche und somit nicht zu verdammende ist, wie Alberti bereits in seinem *Theogenius* in ganz ähnlicher Form und in klarer Abgrenzung zum Menschen schreibt, der als einziges Geschöpf »sich widerwärtig seiner Böswilligkeit erfreue« (S. 59; Übers. der Hg.). Zum anderen sind es die göttlich-inspirierten der platonischen (Dichtungs-)Theorien, mit denen Alberti über Leonardo Brunis erstmalige *Phaidros*-Übersetzung von 1424 vertraut gewesen sein dürfte, aber auch die negativ konnotierten der Stoiker, die jeglicher Form von Furor abweisend gegenüberstanden und eine klare Grenze zwischen dem Wahnsinn der Narren und der Besonnenheit der Herrschenden ziehen. Alberti nimmt an dieser Stelle eine Umkehrung dieser Vorstellung der vor dem Wahnsinn gefeiten Regierenden vor und offenbart über die Figur des Agnolo seine düstere Vision der Florentiner Politik.
Bibl.: Clark 1997; Moffitt 2005; Boschetto 2007; Dierse/Hole, HWPh (»Manie«), Bd. V, Sp. 717–724.

297 Die konkrete Rahmensituation des Textes, eine in den Augen der Dialogpartner politisch stürmische, widrige Zeit, wird von Alberti gekonnt mit einem allgemeinen Nachdenken über den schwer zu lösenden Konflikt hinsichtlich des tugendhaften Staats- oder Gemeinschaftsdienstes unter derartigen Zuständen verknüpft. In dieser Textpassage hebt Alberti hervor, dass falls ein guter Mensch – also Agnolo – nicht von Nutzen sein kann, es sich um schlechte Zeiten handelt. In solchen muss die stoische Maxime, zum Wohle der Mitmenschen im öffentlichen Leben zu handeln, gelockert und kann ein Rückzug in die private Muße und das philosophische Studium verteidigt werden. Neben klaren Referenzen aus Seneca (*De tranquillitate animi* und *De otio*) und Cicero (*Tusculanae disputationes*) ist Petrarcas *De vita solitaria* anzuführen. Wie James Hankins hervorgehoben hat, ist dort unter anderem (II, 10, 7) eine vielsagende Umformulierung von Aristoteles' berühmter Beschreibung des Menschen als »politischem Tier« (*Politik*, 1253a, 1278b) zu finden: Petrarca spricht nämlich von einem »sozialen Tier«, wodurch der zeitweilige Rückzug aus

dem politischen Leben nicht in Kontrast mit seinem Wirken für das Gemeinwohl tritt, eben weil der Austritt aus der Öffentlichkeit keine eremitische Selbstbezogenheit darstellt, sondern ein Nachdenken und Argumentieren mit Freunden einschließt, was wiederum der Gemeinschaft beziehungsweise der Menschheit zugute kommt.

Eine derartige Deutung der antiken Schriften ist Albertis Text sehr nah. Der Mensch-Tier-Vergleich in diesem spezifisch politischen Kontext ist auch bei Seneca anzutreffen, wenngleich mit einer leicht anderen Färbung (dort werden sie angeführt, um auf die Hinterlistigkeit der Menschen anzuspielen; *De tranquillitate animi*, 3, 2). Das unterschiedlich auslegbare Konzept des ›Nützlich-Sein‹ im Kontext der *otium-negotium*-Debatte greift Alberti beispielsweise auch in seinem *De iciarchia* oder in *De familia* auf und rekurriert damit unter anderem auf Gedanken Ciceros (beispielsweise *De oratore*), der in Verbindung mit seinem erzwungenen Rückzug aus dem politischen Leben und der Hinwendung zum Studium zum Wohle anderer bedeutende Vorlagen lieferte.
Bibl.: Vickers 1990; Boschetto 2000a; Griffin 2003; Vitullo 2014; Hankins 2017.

298 Alberti spielt hier subtil auf den klassischen, bereits bei Pseudo-Longinos oder Cicero zu findenden Topos des *locus amoenus* an, des lieblichen Ortes, der die Rezipienten durch seine friedvolle Atmosphäre in einen Zustand angenehmer Ruhe versetzt (Pseudo-Longinos, *Vom Erhabenen*, S. 32–35 und S. 86–89; und Vergils *Bucolica* oder Ciceros *Eclogae*). Über den Begriff des »prospetto« (Ausblick oder Ansicht), der eng mit der *prospettiva* verbunden ist, also der von Alberti in seinem *De pictura* intensiv erörterten Perspektive, verknüpft er die poetologische Ebene zugleich mit der kunsttheoretischen, evoziert gekonnt ein vielschichtiges Bild vor dem inneren Auge der Leserin und verstärkt somit die visuelle Kraft seiner Argumentation.
Bibl.: Schönbeck 1962, S. 15–62; Curtius 1993; Gründler 2012; Dressen 2016; Eickhoff 2021b.

299 Alberti bestückt sein *Über die Seelenruhe* hier und da mit persönlichen Anekdoten, wie diese Anspielung auf die Zerstreuungen der beiden Freunde mit ihren Hunden in ländlicher Umgebung, die dem Dialog eine belebende, realitätsnahe und auf die damalige Aktualität anspielende Note hinzufügen. Die Gemeinde von Gangalandi befindet sich auf den Hügeln westlich von Florenz und war zu Albertis Zeiten ein wichtiger Verkehrsknotenpunkt in Richtung Pisa sowie ein beliebter Erholungsort der Florentiner. Die Familie Agnolos hatte dort bedeutende Besitztümer und darf als eine der einflussreichsten Familien in dieser Region bezeichnet werden. Wegen ihrer geographischen Position an einer der wichtigsten Einfallsstraßen von Florenz war Agnolos Villa ebenfalls oft Ort für Zwischenhalte hoher Gäste. Beispielsweise weilte dort auch Papst Eugen IV. auf seinem Weg von Pisa nach Florenz infolge seiner Flucht aus Rom im Jahr 1434, wie Vespasiano da Bisticci in seiner *Vita di Agnolo* (S. 137) berichtet.

Nach seinem Rückzug aus dem politischen Leben und im Zusammenhang mit finanziellen Schwierigkeiten verbrachte Agnolo seine letzten Jahre hauptsächlich in Gangalandi und wurde nach seinem Tod im Jahr 1447, gemäß seinem bereits in den 1420er Jahren geäußerten Wunsch, in der bedeutendsten Kirche der Gemeinde, San Martino in Gangalandi, beigesetzt. Die marmorne Grabplatte ist heute noch in der Kirche erhalten. Bereits 1432 waren Alberti die Pfründe eben jener Kirche von San Martino zugesprochen worden, die ihm aufgrund der zugehörigen Wälder und Ländereien eine bedeutende Einkommensquelle boten. Obwohl Albertis tatsächliche Administration der Pfründe wohl eher gering ausfiel, zeigt sich die tiefe Verbundenheit zu diesem Ort in seinem Testament, das er 1472 kurz vor seinem Tod in Rom verfasste und in dem er veranlasste, dass die von ihm entworfene Apsis der Kirche fertiggestellt werden solle. Gangalandi ist somit auch eine der wenigen mit Sicherheit Alberti zuzuschreibenden Architekturen.

Bibl.: Spallanzani 1975; Boschetto 2000b, S. 104–118; Plebani, DBI [»Pandolfini, Agnolo«] Bd. LXXX, 2014.

300 Der Weg der Dialogpartner durch den Florentiner Stadtraum ist kein zufälliger (siehe Einleitung, S. 16–17). Neben dem Servitenkonvent von SS. Annunziata ist gerade der hier erwähnte Dominikanerkonvent von San Marco von Bedeutung. Jener wurde just in den Jahren, in denen Alberti *Über die Seelenruhe* verfasste, durch die großzügige Finanzierung von Cosimo de' Medici umgebaut und um eine öffentliche, nach den Plänen von Michelozzo (1396 Florenz – 1472 ebenda) errichtete Bibliothek erweitert, deren Grundstock vierhundert Bände des Florentiner Humanisten und Politikers Nicolò Niccoli bildeten. Dieser pflegte unter anderem einen regen intellektuellen Austausch mit Poggio Bracciolini, Leonardo Bruni, dem er auch bei der Transkription des platonischen *Gorgias* half, sowie mit Ambrogio Traversari, mit dem Alberti ebenfalls befreundet war. Albertis Beziehung zu Niccoli war hingegen eher ambivalent. So karikiert Alberti Niccoli und seinen Buchwahn in seinen *Intercenales* in der Figur des Libripeta.

Bibl.: Ullman 1972; Bulgarelli 2008, S. 104–105; Field 2017; Bianca, DBI (»Nicolò Niccoli«) 2013.

301 Man vergleiche hierzu eine Passage aus seiner *Vita*, siehe Anm. 113.

302 Die von Niccola evozierte häufige Besteigung des Monte alle Croci zur Benediktinerabtei von San Miniato ist gesäumt von stadtspezifischen Bedeutungen und literarischen Topoi um reinigende Aspekte des Besteigens von Bergen. Von seiner Gepflogenheit, die Kirche von San Miniato al Monte aufzusuchen, berichtet Alberti ebenfalls zu Beginn seines späteren Dialogs *De iciarchia*: »Ich kam vom Tempel hoch oben des heiligen Miniatus, wo, teils um der Religion zu genügen, teils um der Gesundheit hilfreich zu sein, mich nicht selten meine Gewohnheit hinaufführte, um mich zu ertüchtigen.« (S. 187; Übers. der Hg.)

San Miniato hatte fünzig bis sechzig Jahre vor der Niederschrift des Dialogs *Über die Seelenruhe* eine bedeutende Stiftung von Benedetto degli Alberti (um 1320 Florenz – 1388 Rodi), Großvater Leon Battistas, erhalten. Dieser veranlasste 1387 testamentarisch aus seinem Exil in Genua, die Sakristei mit einem Freskenzyklus des *Lebens des Heiligen Benedikt* durch Spinello Aretino (1350 Arezzo – 1410 ebenda) auszustatten. San Miniato al Monte war außerdem die einzige Kirche der Stadt, die in jener Zeit eine monumentale Marmorfassade aufwies, welche die in den 1460ern nach einem Projekt Albertis begonnene für Santa Maria Novella maßgeblich beeinflussen sollte.

Literarische Vorbilder für die Erwähnung von Albertis Besteigung des Florentiner Hügels sind selbstverständlich Petrarcas Aufstieg zum Mont Vertoux und, vor allem aufgrund der Ortsanalogie, der zwölfte Gesang des *Purgatoriums*, wo Dante die Begehung der Treppe, die ihn aus dem Kreis der Hochmütigen führt, mit dem Aufstieg nach San Miniato al Monte vergleicht.

Bibl.: Dezzi Bardeschi 1974; Loughman 2003.

303 Die von Alberti hier beschriebene »villa«, das Landgut oder -haus, war weitaus mehr als ein Bautypus: Vielmehr stand es in der Frühen Neuzeit für einen spezifischen Lebensstil der Oberschicht und stellte einen idealisierten Ort für den Rückzug von dem anstrengenden städtischen Leben dar, in dem man sich den Geschäften und der Politik zu widmen hatte. Bereits in der Antike wurde die Villa als Ort des *otiums* beschrieben, wo sich die Besitzer vom regen Treiben und dem *negotium* erholen und sich der körperlichen Ertüchtigung und dem Studieren zuwenden beziehungsweise der ästhetischen Betrachtung der Landschaft oder dem Nichtstun hingeben konnten (vgl. hierzu etwa Plinius der Jüngere, *Briefe*, IX, 7). Alberti selbst widmete sich den Landhäusern im Anschluss an Vitruvs Überlegungen zur Villa (*De architectura*, VI) in seinem *De re aedificatoria* ausführlich, wobei er

zwischen stadtnahen Landhäusern (also der antiken *Villa suburbana*) und Landgütern differenzierte und hervorhob, dass die Landhäuser etwa in ihrem Schmuck viel anmutiger und liebreizender sein können als Stadthäuser, die aufgrund ihrer Position im urbanen Gefüge Ernsthaftigkeit auszustrahlen haben (IX, 2). Auf Martial (38/41 Bilbilis – um 104 ebenda) verweisend, der die Vorzüge des Landlebens preist, geht Alberti ferner auf die Funktion des Landhauses ein, das er bewusst als einen Ort der Rekreation beschreibt, der mit einer eigenen Form der Freiheit einhergeht, da man sich trotz der Nähe zur Stadt in sicherer Entfernung von ihren sozialen und politischen Zwängen befindet. »Sicherlich ist die Nähe der Stadt von Vorteil und ein leicht erreichbarer Schlupfwinkel, wo man nach Belieben tun kann, was man will« (IX, 2). Ebenfalls bedeutsam für die vorliegende Passage ist Albertis kurzer Text zur *Villa*, in dem er in offensichtlicher Anlehnung an Hesiods *Werke und Tage* insbesondere auch hygienisch-medizinische, landwirtschaftliche und den *oikos*, also die ganze Haus- und Wirtschaftsgemeinschaft betreffende Fragen zur Sprache bringt.
Bibl.: Beyer 1997; Frommel 2007; Blum 2008; Gibson/Morello 2012; Eickhoff 2021b.

304 Hier wird nochmals die aktuelle politische Situation in Florenz hervorgehoben, die den hochbetagten, ›weisen‹ und stets um das Gemeinwohl bemühten Agnolo dazu bringt, sich zeitweise aus dem öffentlichen Leben zurückziehen zu wollen und das Gespräch mit seinen Freunden der beratenden Tätigkeit im Ratspalast vorzuziehen. Alberti vertritt hier einmal mehr die Sichtweise, sich unter bestimmten Umständen, in besonders widrigen Zeiten, vom *negotium* des Staatsdienstes frei zu machen.

305 Es lässt sich nicht zweifelsfrei klären, auf welchen Ausspruch des Chrysipp Alberti hier verweist.

306 Hier wird deutlich, dass Alberti im Laufe des Dialogs nicht nur eine die rein leibliche Heilung überschreitende Seelenmedizin darlegt, sondern auch eine *restitutio ad integrum*, eine Heilung des aufgrund seiner Sünde der Herrschaft von Krankheit und Tod anheimgefallenen Adam (vgl. beispielsweise *Römer* 5, 12) anstrebt. Diese von ihm erhoffte ›natürliche Unversehrtheit‹ verweist ferner auf die sowohl geistlich als auch leiblich wirksame Heilkraft Jesu, der unter anderem einen Blindgeborenen wieder sehend machte (vgl. *Johannes* 9, 1–41) und deshalb häufig mit dem Namen ›Christus medicus‹ angerufen wurde.
Bibl.: Fichtner 1982; Bendemann 2009.

307 An dieser Stelle befindet sich im italienischen Original ein lateinisches Zitat des Terenz, das Alberti jedoch verändert wiedergibt. Das Original lautet: »nullumst iam dictum quod non dictum sit prius« [»Rein nichts, was nicht schon früher einmal wurde gesagt«] (Terenz, *Eunuchus*, Prolog, 41; Ponte 1988, S. 50) Alberti hingegen schreibt: »nihil dictum quin prius dictum.«

308 Insbesondere im zweiten Buch dieses Dialogs verwendet Alberti wiederholt den Begriff der »insania«, des Wahns oder des Wahnsinns. Inhaltlich setzt er ihn – Ciceros Unterscheidung folgend (*Tusculanae disputationes*, III, 10–11) – bewusst vom »furore« ab, der je nach Kontext eben als eine positive Form der inspirierten dichterischen oder philosophischen Manie gelten kann, die die Menschen zwar die Grenzen des rational Greifbaren überschreiten lässt, sie aber gerade deswegen zu Außergewöhnlichem anregt (siehe Anm. 296). Die »insania« hingegen meint insbesondere in Zusammenhang mit der Melancholie stets einen negativen Wahn, in dem der Verlust der Vernunft als ein defizitäres, da krankhaftes Moment zu deuten ist. Die medizinische Einschätzung der »insania« als Raserei oder Tobsucht, kurz als pathologischer Erregungszustand, findet sich ansatzweise bereits in den sogenannten *Problemata physica* des Pseudo-Aristoteles und wurde danach im *Corpus Hippocraticum* festgeschrieben (Hippokrates, *Die Heilige Krankheit*, V, 18).
Bibl.: Klibansky/Panofsky/Saxl (1964) 1990, S. 55–124; Van der Eijk 2005, S. 139–168.

[309] Bias von Priene, Philosoph, einer der sieben Weisen Griechenlands: ca. 6. Jahrhundert v. Chr.: »Eine Krankheit der Seele sei es, sich in das Unmögliche zu verlieben [...].« (Diogenes Laertius, *Vitae et sententiae philosophorum*, I, 5, 86) Alberti scheint diese Passage aus Marsuppinis *Consolatoria* (734–736) übernommen zu haben.
Bibl.: Ponte 1988, S. 51; Bertolini 1998, S. 101.

[310] Der Silen ist eine Figur der griechischen Mythologie aus dem Gefolge des Dionysos, der aufgrund seiner Weisheit und zur regelmäßigen Befragung von König Midas als Gefangener gehalten wird.

[311] Midas, mythischer König von Phrygien.

[312] »Viele weise Männer nicht nur jetzt, sondern schon in der Vorzeit, haben, wie Krantor sagt, das Menschenschicksal beklagt und gemeint, das Leben sei nur ein Zustand der Buße und der Eintritt in dies Menschenleben das größte Unglück. Eben das, behauptet Aristoteles, soll auch der gefangene Silen dem Midas erklärt haben.« (Plutarch, *Trostschreiben an Apollonius*, 27) Alberti zitiert hier wohl aus der *Consolatoria* (1010–1013) des Marsuppini, über die er, laut den Studien Bertolinis, auf dieses pseudo-plutarchische Gedankengut zugreifen konnte.
Bibl.: Ponte 1988, S. 51; Bertolini 1998, S. 103.

[313] Möglicherweise referiert Alberti hier folgende Sentenz des Plutarch, der Platon allerdings erst später nennt. »Gleicht aber der Tod einer Reise, so ist er auch dann kein Übel, vielleicht sogar im Gegenteil ein Gut.« (Plutarch, *Trostschreiben an Apollonius*, 13; Ponte 1988, S. 51)

[314] Dareios III., letzter persischer König des Achämenidenreichs: um 380 v. Chr. – 330 v. Chr.

[315] Wie Giovanni Ponte schreibt, schildert Curtius Rufus die Flucht des Perserkönigs Dareios' III. vor Alexander dem Großen ausführlich im fünften Buch seiner *Historiae Alexandri Magni*. Die hier genannten Edelsteine greift Alberti später als anekdotische Referenz auf eine Stelle in der *Naturalis historia* von Plinius dem Älteren wieder auf, wo Alexander dem Darius ebensolche als Beute wieder abnimmt (vgl. Anm. 485).
Bibl.: Ponte 1988, S. 52.

[316] In der Art, wie Alberti über seine Figuren Niccola und Agnolo die Argumentationsführung und Einteilung der Rede beschreibt, werden zwei komplementäre Strategien der Wahrheitsfindung offengelegt. So weckt der Austausch der Argumente im Dialog bei der Leserin den Eindruck, dass sie einer strategischen Dialektik und einem geplanten Redeaufbau folgt. Zugleich wird aber auch betont, dass eine durch Leichtigkeit, Humor und gegenseitige freundschaftliche Zugewandtheit erzeugte Konversation gepaart mit Gottvertrauen einen Rede- und Argumentationsfluss erschafft, der wie zufällig kleine Goldstücke der Erkenntnis hinterlässt. Diese führen zwar zu Ablenkung und Umwegen, erzielen aber gerade dadurch eine vertiefte Wirkung.
Bibl.: Spranzi 2011; Leinkauf 2017, Bd. I, S. 329–345; Bénatouïl 2019; Uhlmann 2019.

[317] An dieser Stelle verknüpft Alberti Überlegungen zur Methode der Gesprächsführung mit verschiedenen Heilmethoden und -mitteln. Damit schließt er an eine lange philosophische Tradition an, die die *téchne dialektiké* als eine Form der zur Wahrheit geleitenden Seelentherapie versteht, ein Aspekt, den Platon im zweiten Teil seines *Phaidros* ausführlich erörtert, in dem er auch hervorhebt, dass der gute – also philosophische – Redner die Seele seines Dialogpartners so gut zu kennen habe wie der Arzt den Körper seines Patienten (*Phaidros*, 270b–278b). Auch für Aristoteles ist die dialektische Methode, die uns hilft, jedes Problem sauber zu erörtern, und uns somit lehrt, das Wahre vom Falschen zu unterscheiden, grundlegende Bedingung für ein gesundes und gutes Leben. In Agnolos

Rede klingt aber auch deutlich die Stimme Senecas an, der in seinen *Briefen an Lucilius* immer wieder darauf beharrt, dass die Philosophie als Medizin und Therapie der Seele die verschiedenen Krankheiten und Therapien zu kennen habe: »Denk Dir, man habe uns Mittel hinterlassen, um Augenerkrankungen zu heilen. [...] Für den Geist haben die Alten Heilmittel gefunden; wie man sie aber anwendet oder wann, das zu ermitteln ist unsere Aufgabe.« (*Briefe an Lucilius*, I, 8, 64)
Bibl.: Detel 1998, S. 99; Nussbaum (1986) 2001; Bénatouïl 2019.

318 Hier und im Folgenden ruft Alberti der Leserin erneut sowohl die Fragwürdigkeit als auch die Flüchtigkeit eines auf Äußerlichkeiten oder materiellen Gütern beruhenden Glücks ins Gedächtnis. Der Einzelne wird zwar in vielen Augenblicken seines Lebens von der Fortuna begünstigt, muss aber stets darauf gefasst sein, »das Tiefste mit dem Höchsten, das Höchste mit dem Tiefsten zu tauschen« (Boethius, *De consolatione philosophiae*, II, 31–33) und die unbändige Willkür des Schicksals anzunehmen.

319 In sarkastischem Ton äußert Alberti durch das Sprachrohr Agnolo eine den Kynikern nahe Weltsicht. Diese kommentieren die im Gesellschaftsgefüge geltenden Werte- und Glücksvorstellungen häufig mit Herablassung. Alberti selbst kritisiert die Vorstellung, ein Leben in Überfluss sei erstrebenswert, ein Aspekt, der unterschiedlich gefärbt auch in anderen seiner Dialoge in italienischer Sprache, *Theogenius* und *De iciarchia*, zentral ist und neben antiken Autoren vor allem von Petrarca beeinflusst wurde.
Bibl.: Dudley 1937; Tateo 2005; Piercing, IEP (»Cynics«).

320 Alberti paraphrasiert ein Zitat des Seneca: »Folgendes sagte Sokrates zu einem, der dasselbe beklagte: ›Was wunderst du dich, daß dir deine Reisen nichts bringen, wenn du dich mit herumschleppst? Dich drückt das gleiche Problem, das dich fortgetrieben hat.‹« (Seneca, *Briefe an Lucilius*, I, 28, 2; Ponte 1988, S. 53)

321 Agnolo fasst an dieser Stelle einige der Hauptmerkmale der stoischen Lehre konzise zusammen und bringt sie den Lesern eingängig näher. Neben der Affektkontrolle und der Kultivierung beziehungsweise dem Einsatz der eigenen kognitiven Vermögen zählt dazu auch die richtige Einschätzung der menschlichen Natur, die meist triebgesteuert und nicht frei von Interessen ist. Gerade das von Alberti verwendete Beispiel der kurzlebigen, beinahe parasitären Freundschaft zeigt, wie kritisch er instrumentalistischen Haltungen im Zwischenmenschlichen gegenüberstand. Stattdessen sprach er sich in diesem und in anderen Dialogen für einen intellektuellen Austausch unter Gleichgesinnten aus, wozu auch das freundschaftliche Schüler-Lehrer-Verhältnis zählt. Alberti charakterisiert Agnolo im Verlauf des Dialogs bezeichnenderweise immer wieder als guten und weisen Lehrer, der auch komplexe und abstrakte Inhalte klar wiedergeben kann, und setzt ihn von den von ihm im Verlaufe dieses Dialogs, aber auch in anderen Schriften, immer wieder verspotteten Berufsphilosophen ab, die sich in selbstverliebten Wortspielereien verlieren. Damit knüpft er offensichtlich an Seneca an, der zeit seines Lebens darauf beharrte, dass man sich von den Sophistereien der Philosophie fernzuhalten habe, und stattdessen sagte: »Klares und Einfaches ziemt dem Redlichen.« (*Briefe an Lucilius*, I, 48, 12)
Bibl.: Hadot 1995; Sorabji 2000; Graver 2008; Schöndube 2011; Long 2013.

322 Hier wird der pessimistische, beinahe kynische Unterton nochmals verschärft und ins Extreme geführt: Das, was allgemein als glückliches und ›richtiges‹ Leben gilt, wird umgekehrt in einen Aufruf, nicht nur den weltlichen, vergänglichen Gütern zu entsagen, sondern sogar die menschlichen Beziehungen – seien es familiäre oder freundschaftliche Bande – nicht zu sehr wertzuschätzen, da auch sie dem Wankelmut Fortunas ausgesetzt sind. Die in diesen wenigen Zeilen verhandelte Frage, welches das ›glücklichere‹ Leben sei, jenes des zurückgezogen lebenden Weisen oder jenes des in der Gemeinschaft

agierenden Familienvaters und engagierten Bürgers, steht auch im Zentrum von Albertis *Theogenius*.
Bibl.: Tateo 2005.

323 Der römische Dichter Martial (Marcus Valerius Martialis): 38/41 Bilbilis – um 104 ebenda.

324 An dieser Stelle findet sich im Original das von Alberti leicht veränderte lateinische Zitat: »nulli te facias nimis sodalem: gaudebis minus et minus dolebis« [»dann werde niemandem zu sehr zum Freund: Du wirst weniger Freude empfinden und weniger Schmerz.«] (Martial, *Epigramme*, XII, 34; Ponte 1988, S. 55) Alberti ändert wie folgt: »Nemini feceris te nimium sodalem: amabis minus, dolebis etiam minus.«

325 Publius Catienus Philotimus ist als Figur nur bei Plinius dem Älteren verbürgt.

326 »P. Catienus Philotimus liebte seinen Herrn so sehr, daß er sich, obgleich zum Erben aller Güter eingesetzt, auf dessen Scheiterhaufen stürzte.« (Plinius der Ältere, *Naturalis historia*, VII, 36, 122; Ponte 1988, S. 55)

327 Vgl. hierzu Anm. 296 und 308.

328 Alberti führt den Topos des Maßhaltens, der die folgenden Abschnitte bestimmen wird, anhand eines spezifisch mathematisch-merkantilen Vokabulars ein. Die Vorstellung, dass das Leben oder das menschliche Glück einer Gleichung entspricht, dass es berechnet, summiert und kalkuliert wird, bindet die folgende Auseinandersetzung mit antiken und mittelalterlichen Perspektiven auf die Frage des göttlichen Maßes auch sprachlich an Albertis familiäre und zeitgenössische Lebenswelt zurück, in der das Merkantile eine wichtige Rolle spielte. Wie Alberti in seiner *Vita* schreibt, hatte er nach seinem Studium der Rechtswissenschaft auch Mathematik studiert (S. 41). Zudem verband ihn ein freundschaftliches Verhältnis mit dem berühmten Mathematiker Paolo dal Pozzo Toscanelli (1397 Florenz – 1482 ebenda). Dieses lebenslange Interesse für die Mathematik und deren tiefe Kenntnis zeigt sich etwa in seinen zeitgleich mit *De re aedificatoria* entstandenen *Ludi rerum mathematicarum* von 1450 bis 1452.
Bibl.: Mahn-Lot, DBI (»Dal Pozzo Toscanelli, Paolo«), Bd. XXXII, 1986; Knobloch 2005; Schöndube 2011, S. 99–101.

329 Der Dichter Vergil, Publius Vergilius Maro: 70 v. Chr. bei Mantua – 19 v. Chr. Brindisi.

330 Äneas (auch Aineias), Anführer der Dardaner im Ilias-Mythos und sagenhafter Stammvater Roms.

331 Im italienischen Original zitiert Alberti hier Vergils *Aeneis* auf Latein: »et me, quem dudum non ulla iniecta movebant tela neque adverso glomerati examine Grai, nunc omnes terrent aurae, sonus excitat omnis suspensum et pariter comitique onerique timentem.« (II, 726–729; Ponte 1988, S. 55)

332 Agnolo scheint hier stoisches und insbesondere ciceronisches Gedankengut wiederzugeben, wobei er dieses zugleich seinen Bedürfnissen anpasst und feinsinnig umdeutet. Für den antiken Autor gehören die Mäßigung oder Bescheidenheit (*modestia*) sowie die Zurückhaltung beziehungsweise Gemäßigtheit (*temperantia*), neben der Beruhigung der Leidenschaften, zu den Grundpfeilern eines gepflegten Lebensstils und dem dazugehörigen taktvollen Verhalten (Cicero, *De officiis*, I, 93–96). Beide Tugenden sind für die Anwendung des rechten Maßes in allen Dingen grundlegend. Diese ist wiederum mit der übergeordneten Angemessenheit (*decorum*) und dem daraus resultierenden moralisch richtigen Handeln verknüpft. Für Alberti steht die Frage der *modestia* in Kombination mit dem Bewegungsausdruck (*motus*) insbesondere auch in seinen kunsttheoretischen Überlegungen zur zurückhaltenden Darstellung von Gemütsbewegungen und als Korrektiv des künstlerischen

Temperaments im Vordergrund, wobei er dort ethische mit ästhetischen Kriterien verknüpft. Damit positioniert er sich in einem regen zeitgenössischen Diskurs zur Moderation der Affekte und ihrer (künstlerischen) Darstellung, der unter anderem auch von Matteo Palmieri in *Della Vita civile* (1438) mitgestaltet wurde.
Bibl.: Poeschke 2002; Schöndube 2011.

333 »Jedem ist sein eigener Fehler zu eigen; aber wir sehen nicht den Sack auf unserem Rücken.« (Catull, *Carmina*, 22, 20–21; Ponte 1988, S. 56).

334 Der von Alberti hier durch die Unbescheidenheit angedeutete Hochmut (*superbia*) im Sinne einer Arroganz beziehungsweise eines Eigendünkels meint eine maßlose Selbstüberschätzung im Vergleich mit anderen, die sich aus dem eigenen Status als Geschöpf Gottes speist und darin auch der *hybris*, dem der Gottheit gegenüber anmaßenden Verhalten, verwandt ist. Zentral dafür ist der christliche Kontext des Hochmuts als Todsünde: Der von Augustinus in den Mittelpunkt gerückte Aspekt der falschen Selbstüberhöhung, die Gott nicht als höchstes Prinzip und Ordnung anerkennt, sowie Thomas von Aquins Bestimmung der *superbia* als Ursprung aller Sünden, der eine Abkehr von Gott, eine Überheblichkeit und eine verächtliche Gesinnung innewohnt, spielen für Alberti hier eine zentrale Rolle. Auch in der heidnischen Antike ist die *superbia* dahingehend relevant: Der göttliche Status des Menschen entspringt der stoischen Idee eines in jeden Menschen gestreuten göttlichen Samens, der eingepflanzten *divina ratio*, die bei entsprechender Pflege und Sorge gedeiht und wächst und dabei nicht nur für eine gute Gesinnung im Menschen sorgt, sondern auch Grundlage für dessen positives Schicksal (*fatum*) ist (Seneca, *Briefe an Lucilius*, I, 66, 12). Ein Vergleich mit anderen wäre also als irrationale Handlung zu werten, wobei es auch Teil des stoischen *humanitas*-Verständnisses ist, im direkten Umgang anderen Menschen gegenüber nicht hochmütig zu sein (ebenda, II, 88, 30). Neben seiner ausführlichen Behandlung des Hochmuts in den Gesängen zehn bis zwölf des *Purgatoriums* bezichtigt Dante über die Figur des Ciacco insbesondere die Florentiner, im Herzen von der *superbia*, von Neid (*invidia*) und Geiz (*avarizia*) beherrscht zu sein – was auch eine Anspielung auf die desolaten gesellschaftlichen und politischen Verhältnisse in Florenz ist.
Bibl.: Fürst 2006; Fuchs/Weier, HWPh (»Hochmut«), Bd. III, Sp. 1150–1156; Klinkert 2015.

335 An dieser Textstelle findet sich im Original das lateinische Zitat, wobei Alberti Properz' »peritum« (Erfahrung) mit »disertum« (Beredtheit) ersetzt. »Me dolor et lacrimae merito fecere peritum.« [»Schmerzlichen Tränen verdanke ich meine Erfahrung.«] (Properz, *Elegiae*, I, 9, 7)

336 Alberti beharrt in dieser Passage auf der Notwendigkeit der Selbstbildung, die nicht ohne Rückschläge und vor allem den Willen zur kontinuierlichen Verbesserung vonstattengehen kann. Durch Begriffe wie »Beharrlichkeit«, »Sorgfalt« und »Studium« zeigt Alberti auf, dass die Tugend nicht von Natur aus gegeben ist, sondern vielmehr eingeübt werden muss. Es wird somit offensichtlich, dass die *paideia*, also die Erziehung und Bildung, eine grundlegende Rolle für die moralische Konstituierung des Einzelnen spielt. Alberti insistiert auch in seinem *De pictura* und *De re aedificatoria* wiederholt darauf, dass sich der gute Künstler und Architekt nicht ausschließlich auf sein Talent und seine Begabung verlassen dürfe, sondern für vollkommene Werke stets auch Studium und Sorgfalt von Nöten seien. Einmal mehr wird somit deutlich, dass seine Schriften mit kunsttheoretischem Charakter stets vor dem Hintergrund seiner moralischen und politischen Überlegungen gelesen werden müssen und *vice versa*.
Bibl.: Müller, Gregor 1969; Wanninger 1999.

337 Aelius Spartianus war vermutlich einer der sechs Verfasser der *Historia Augusta*, über den sonst wenig bekannt ist.

[338] Der römische Kaiser Hadrian (Publius Aelius Hadrianus): 76 Rom – 138 Baiae.

[339] »[...] als er in diesem Amt einen Antrag des Kaisers im Senat nicht ganz akzentfrei vortrug und deshalb ausgelacht wurde, bemühte er sich um das Latein bis zur völligen sachlichen und sprachlichen Beherrschung.« (*Historia Augusta* [*Hadrianus*], 3, 1; Ponte 1988, S. 56)

[340] Publius Clodius Thrasea Paetus, römischer Senator und Stoiker: vermutlich in Patavium oder Rom geboren (Datum unbekannt) – 66 Rom.

[341] »›Senatoren, es ist durch Erfahrung bewiesen, daß treffliche Gesetze, gute Beispiele tüchtiger Männer aus den Verfehlungen anderer hervorgehen.‹« (Tacitus, *Annales*, XV, 20; Ponte 1988, S. 56)

[342] Hier weist das ursprüngliche Manuskript eine Leerstelle auf. Möglicherweise handelt es sich bei der gemeinten Person um Simo, eine Figur aus Terenz' Komödie *Andria*.
Bibl.: Ponte 1988, S. 56.

[343] »In der Tat genug erprobt sei er, so glaubt ich, und ein Musterbild der Mäßigung; denn wer mit solcherart Naturen hat zu tun und doch auf diesem Felde nicht ins Wanken kommt, da weiß man, der hat selbst schon seines Lebens Maß.« (Terenz, *Andria*, I, 1, 90–95; Ponte 1988, S. 56)

[344] Alberti hebt an dieser Stelle das gemeinsame dialogische Denken als Werkzeug zur Erlernung und Übung einer selbstkritischen Haltung hervor. Diese soll den Menschen davor bewahren, sich falschen Urteilen und Selbsttäuschungen hinzugeben: Die Darlegung der verschiedenen Gedanken und Perspektiven durch die Diskutanten nimmt keine rigide, das heißt Unfehlbarkeit suggerierende Anordnung der Argumente vor. Vielmehr wird ein anekdotenhaftes, unsicheres und teilweise widersprüchliches Wissen vorgeführt, dessen Wahrheitsgehalt mit Hilfe der gelernten dialektischen Strategien durch die Rezipientin kritisch geprüft werden muss. Zugleich deutet Alberti auch die stoische Vorstellung an, dass der erwachsene Mensch im Laufe seines Lebens durch Verantwortlichkeit und Beständigkeit gekennzeichnete Verfahren rationaler Auswahl (*selectio*) und Abwahl (*reiectio*) finden muss, die ihn Dinge und Situationen als wahr und gut beziehungsweise falsch und schlecht beurteilen lassen. Der Mensch kann durch sein eigenes Tun in (affektiver) Reaktion auf seine Umwelt den rationalen Prozess der Selbstaneignung weiter vollenden oder ihn durch Irrtümer und falsche Urteile verfehlen, was es nicht zuletzt mit sich bringt, das eigene Verhalten anpassen und Verantwortung (für sich selbst) übernehmen zu müssen.
Bibl.: Marsh 1980; Forschner 2008.

[345] Leonardo Dati, florentinischer Dichter und Humanist: 1408 Florenz – 1472 Rom.

[346] Neben den Dialogpartnern und Albertis Onkel Giannozzo ist der enge Freund Albertis Leonardo Dati der einzige Zeitgenosse, der im Text *Über die Seelenruhe* namentlich genannt wird. Selbiges gilt für die Erwähnung seiner Tragödie *Hiensal*, der somit eine Sonderstellung innerhalb der breitgefächerten Aufführung ansonsten meist antiker Schriftstücke zukommt.

Der um 1442 verfasste *Hiensal* beruht auf Gaio Sallustio Crispos (86 v. Chr. Armiternum – 34 v. Chr. Rom) *De bello Iughurtino* über den Krieg der Römer gegen die Numiden. Bei Dati ist Hiensal, Sohn des kürzlich verstorbenen Numidenkönigs Massinissa, empört über die Entscheidung seines Vaters, das Reich nicht nur ihm und seinem Bruder, sondern ebenfalls dessen für seine Tapferkeit bekannten Verwandten Jugurta zu hinterlassen. Das zentrale Thema des Neids führt schließlich dazu, dass Hiensal von den Handlangern Jugurtas ermordet wird. Gerahmt wird die lateinische Tragödie durch zwei allegorische Szenen, die ein weiteres Mal explizit den Neid in den Vordergrund stellen. Neben dieser Textstelle

nennt Dati im Prolog des *Hiensal* den geplanten zweiten Dichterwettstreit zum Thema ›Neid‹ als Impuls für die Niederschrift seines Werkes.
Bibl.: Gorni 1972; Berrigan 1976; Beyer 2008.

347 Am Sonntag, den 22. Oktober 1441, fand in der Florentiner Kathedrale der von Alberti organisierte *certame coronario* statt, eine frühneuzeitliche Form des Dichterwettstreits. Finanziert wurde die publikumswirksame Veranstaltung durch Piero de' Medici (1416 Florenz – 1469 ebenda). Dabei trugen sieben Kontrahenten Gedichte in lateinischer Sprache und in toskanischer Volkssprache vor. Ein Richtergremium, zusammengesetzt aus zehn apostolischen Sekretären der Kurie Eugens IV., war dazu aufgerufen, den Gewinner mit der eigens für diesen Zweck gestifteten silbernen Krone zu küren. Thema der am Wettstreit teilnehmenden Gedichte war die Freundschaft. Ziel und Anspruch war es, die toskanische Sprache als der lateinischen ebenbürtig und literarisch-theatralisch gleichberechtigt zu etablieren. Alberti selbst verfasste hierfür ein sechzehn Zeilen langes Gedicht *Amicitia*, welches von einigen als das erste volkssprachliche in Hexametern angesehen wird. Ob er hiermit als Kontrahent am Wettstreit teilnahm oder ob es als einführende oder eher abschließende Darstellung des vorgegebenen Themas rezitiert wurde, ist nicht abschließend geklärt. Für eine den eigentlichen Wettstreit begleitende Darbietung spricht unter anderem der im Gedicht enthaltene Aufruf, Albertis Anweisungen zur Freundschaft in seinem vierten Buch von *De familia* zu lesen (»Leggerete i miei monimenti«), welches er im Zusammenhang mit dem *certame* offiziell den Bürgern der Stadt übergab.

Wie Lucia Bertolini aufzeigen konnte, ist der *certame* als ein Ereignis zu verstehen, mit dem Alberti bewusst auf die griechische (nicht römische) Antike rekurrierte und an dortige Wettkämpfe unter Dichtern anzuknüpfen dachte. Selbstverständlich verneint die Wiederbelebung des griechischen Agons keineswegs die ebenso bewusste Bezugnahme auf die volkssprachigen Autoren des vorangehenden Jahrhunderts – man denke unter anderem an die von Dante erhoffte Dichterkrönung im Florentiner Baptisterium im fünfundzwanzigsten Gesang des *Paradieses*. Albertis exaltierte Wendung »Oh Licht unserer Zeit! Zierde der toskanischen Sprache!« verrät, wie sehr er sich aufgrund der Ausrichtung des *certame* als Förderer der toskanischen Sprache inszeniert und sich zugleich in die ehrbare Tradition der toskanischen Dichtung und Erneuerung der toskanischen Sprache einzuschreiben versucht. Aus diesem Grund wählt er im folgenden Satz auch das lokal gefärbte Verb »fioriva« (erblühte) in Bezug auf *florentia*, Florenz.

Es gibt vielerlei Gründe, weshalb die Florentiner Kathedrale für diese eher weltliche Veranstaltung ausgewählt wurde. Die Kuppel des Domes vermochte laut Alberti nicht nur allegorisch alle *popoli toscani* beschützend zu beschatten (*Della pittura*, Prolog, S. 65). In der Kathedrale (wie auch in vielen anderen Kirchen der Stadt) wurden ferner häufig öffentliche Lesungen gehalten, unter anderem von Dantes *Göttlicher Komödie*, dies ebenfalls an Sonntagen. Nicht zu vergessen ist außerdem das 1396 gefasste Vorhaben, die Gebeine Dantes, Petrarcas und Boccaccios in den Dom zu überführen, um mit reich dekorierten Grabmälern eine Art Pantheon zu errichten. Der *certame* fügt sich somit einerseits in ein größeres Bild der Selbstdarstellung und Stadtidentifikation ein und propagiert andererseits ein pädagogisches Anliegen mit einer inklusiveren Auffassung der *studia humanitatis*. Solch ein soziopolitischer Anspruch schlägt sich auch in einigen zeitgenössischen Kommentaren nieder. So ist bei einem Chronisten zu lesen, dass der *certame* »zum Trost der betrübten Seelen« der Florentiner abgehalten wurde (zitiert bei Altamura 1952, S. 20; Übers. der Hg.).

Der Ausgang des Wettstreits wird als eine Niederlage Albertis interpretiert, da das Richtergremium denselben für unentschieden erklärte und die silberne Siegeskrone dem Altar der Jungfrau Maria übergab. Eine anonyme, von der Forschung meist Alberti zugeschriebene

Protestschrift folgte auf das Ereignis. Sie rügt die Entscheidung der Richter und klagt sie des Neides und des Unverständnisses an. Der geplante zweite Agon, eben zum Thema des Neides, auf den Agnolo in dieser Textstelle rekurriert, wurde nicht mehr ausgetragen.
Bibl.: Altamura 1952; Gorni 1972; Bertolini 1993; Oy-Marra 1994, S. 13–20; Boschetto 1996; Bertolini 2003; Baader 2007; Kircher 2012.

348 Durch die von Agnolo evozierten »Nachteile des Schrifttums« (»incommodi quali sono in le lettere«) spielt Alberti geschickt auf den Titel seines *De commodis litterarum atque incommodis* (um 1430) an. Jene im Stil einer *oratio* verfasste und seinem Bruder Carlo gewidmete Schrift behandelt die negativen Seiten des Literatendaseins (prekäre wirtschaftliche Lage, feindliche Gesinnung der Ungelehrten und eine nicht auf den Erwerb von Wissen, sondern von Geld ausgerichtete Öffentlichkeit). Die hier, direkt nach der Nennung des *certame*, verwobene Anspielung in Agnolos Ausführungen erscheint auch deshalb sinnvoll, weil Alberti sich im dritten Teil von *De commodis* über das Ansehen und die Stellung der Literaten in Florenz auslässt, die erst hinter den Kriegsherren und den reichen Bürgern angesiedelt sind.
Bibl.: Boschetto 2000b, S. 83–94.

349 Der Neid ist ein vielschichtiges Konzept, das mehrere Bedeutungsebenen besitzt. Neben einer psychologisch-anthropologischen Dimension (Neid als Gefühl oder Emotion, Neid als wesentlicher Aspekt des Menschen) gibt es eine ethisch-religiöse (Neid als Fehlverhalten oder Todsünde und spezifischer Begriff des Christentums) sowie eine sozialpolitische (Neid als Verhältnis zwischen Individuen innerhalb einer Gemeinschaft, als Verhältnis innerhalb sozialer Beziehungen). Zuletzt ließe sich noch eine vierte, historisch-epische Dimension identifizieren, die aufgrund der Vielzahl antiker Zitate Albertis bedeutsam ist: Der epische Neidbegriff generiert sich vor allem aus dem Neid der Götter. Der göttliche Neid ist dabei aber nicht als eine ethische oder emotionale Kategorie zu verstehen, sondern eher als eine Naturkraft, die das Gleichgewicht der Welt wiederherstellt, wenn ein Individuum oder eine Personengruppe das ihnen zugesprochene Maß an Glück überschreitet oder wenn ein Individuum übermäßige Ansprüche (*hybris*) stellt. Albertis Neidkonzeption berührt all diese Aspekte, richtet die einzelnen Überlegungen, Zitate und Bilder aber auf den Neid als Erregung der Seele (*perturbazione*) auf individueller Ebene aus. Hervorzuheben ist hier zudem das reflexive Moment des Dialogs: Während Agnolo unterschiedliche Aspekte des Neidbegriffs aufwirft, wendet er sich direkt an seine Gesprächspartner und weist darauf hin, dass deren Mühen aufgrund des Neides anderer keine Zuneigung hervorrufen werden. Es obliege vielmehr denen, die »nach uns« kommen, sie zu lieben. Alberti scheint hier mittels Agnolos Beitrag erstens auf die Abwesenheit von Neid (Neid hier auch als Gegenbegriff zu Freundschaft) als Bedingung für den gelungenen philosophischen Dialog hinzuweisen, ein Topos, der bereits im platonischen *Gorgias* (487a) zentral ist, und den eigenen Text zweitens bereits als historischen, in seiner Zeit unverstandenen und noch auf seine Erschließung durch geeignete Leser wartenden zu rahmen.
Bibl.: Steinlein 1941; Brown 2001; Beyer 2008; Kircher 2013.

350 Neben dem wärmenden inneren Feuer als göttlichem Funken (*igniculus*, Anm. 134) und der Flamme des Feuerbringers Prometheus (Anm. 523) greift Alberti hier mit der auflodernden Fackel des Neides auf eine in der Antike beliebte und insbesondere auch bei Augustinus (*De sermone domini*, 22) genannte Metapher für Seelenregungen und Affekte (auch der Liebe und des Zorns) zurück. In seiner *Vita* schreibt Alberti zudem, dass der Neid als »unsichtbare Seuche und die tückischste von allen« die Seele »mit unsichtbaren Flammen« versenge (S. 57). Auch Dante fächert das Bild der glühenden und aufflackernden Regungen und Laster des Neides, Geizes und Hochmuts in der *Göttlichen Kommödie* an mehreren Stellen auf. Die eine Fackel umgreifende allegorische Figur der *invidia* findet sich

zudem in der von Lukian von Samosata beschriebenen und von Alberti in *De pictura* (III, 53) prominent aufgegriffenen *Verleumdung des Apelles*, die in der Folge durch die Darstellungen etwa von Sandro Botticelli (1445 Florenz – 1510 ebenda), Andrea Mantegna (1431 Isola di Carturo – 1506 Mantua) und Raffael (1483 Urbino – 1520 Rom) große Berühmtheit erlangte. Bibl.: Gärnter, AL (»Ignis«), Bd. III, S. 483–487; Furley 1981; Dressen 2017.

351 Alberti weist hier und in der vorhergehenden Passage auf die Diskrepanz zwischen ungezügeltem Verlangen und vernunftgeleitetem Handeln hin. Ersteres ist der Grund, weshalb das Erlangen der Glückseligkeit vereitelt wird. Durch das Beharren auf dem wollüstigen Charakter der Menschen, der von Alberti bewusst mit dem Sinistren assoziiert wird, scheint er hier an antike Seelenkonzeptionen anzuknüpfen, in denen der linke Teil als der schlechte, da irrationale gilt (siehe Anm. 43). Indem Alberti ferner schreibt, dass diese Menschen, statt sich auf das Gute und Vernünftige zu konzentrieren, ihre ganze Kraft ausschließlich auf das Lasterhafte und Maßlose richten, evoziert er sowohl kynische als auch stoische Kritiken an Lust und mangelnder Affektkontrolle. Gerade die triebhafte Lustbefriedigung, aber auch andere Formen der *hedoné*, der Freude oder des Genusses, wurden etwa von Antisthenes und Diogenes als der auf Bedürfnislosigkeit beruhenden Glückseligkeit entgegengesetzt verstanden (Diogenes Laertius, *Vitae et sententiae philosophorum*, VI, 1, 15). Diese Kritik am sinnlich Maßlosen findet sich auch in den kunsttheoretischen Schriften Albertis, in denen der Begriff der *voluptas* (sinnlicher Genuss) durchaus ambivalent konnotiert ist. Bezeichnenderweise schreibt Alberti etwa in *De pictura*, dass sich der Künstler in der Darstellung exzessiver Affekte zurückhalten und sich auf das Angemessene konzentrieren solle, um die Seele der Betrachtenden nicht negativ zu berühren (II, 42–43).
Bibl.: Liebenwein 1993; Hadot 1995, S. 206–207; Schofield 2003; Graver 2008.

352 Es handelt sich hier um Pheidippides, einen athenischen Boten (Meldeläufer), der nach der Landung der Perser auf dem griechischen Festland zu den Lakedaimonen (den Spartanern) entsandt wurde, um diese um Unterstützung zu ersuchen. Er wird fälschlicherweise häufig mit dem Marathonläufer identifiziert, der den Sieg bei Marathon nach der Schlacht in Athen verkündet und vor Erschöpfung stirbt.

353 Philonides war ein *Bematistai* (Schrittmesser, Geodät) im Heer Alexanders.

354 »Daß Pheidippides die 1140 Stadien lange Strecke von Athen nach Sparta in zwei Tagen zurücklegte, wurde für etwas Großes gehalten, bis der spartanische Läufer Anystis und Philonides, ein Läufer Alexanders des Großen, den 1305 Stadien langen Weg von Sikyon nach Elis in einem Tag bewältigten.« (Plinius der Ältere, *Naturalis historia*, VII, 20, 84; Ponte 1988, S. 57)

355 Strabon, griechischer Geschichtsschreiber und Geograph: um 63 v. Chr. Amaseia in Pontos – um 20 n. Chr. vermutlich Alexandria.

356 Bei Valerius Maximus findet sich folgende Passage: »Es hatte Jemand ein so scharfes Gesicht, dass er von Lilybäum [ein Vorgebirg in Sicilien] aus die Flotte sah, welche eben den Hafen von Karthago verließ. Dieses sind wahrlich Augen von wunderbarer Beschaffenheit.« (Valerius Maximus, *Facta et dicta memorabilia*, I, 8, Auswärtige 14; Ponte 1988, S. 57) Alberti fügt dieselbe Episode ebenfalls in seine *Musca* ein: »Und wenn sie sagen, dass ein Mann, dessen Augen nichts als der zwanzigste Teil seines Kopfes sind, von dem Piräus die Flotte aus dem Hafen von Karthago hat auslaufen sehen, was sieht dann nicht die Fliege mit ihren überaus großen Augen, was kann ihrer Neugier entfliehen?« (S. 54; Übers. der Hg.)

357 Gemäß Giovanni Ponte handelt es sich bei der Nennung des Herodes entweder um einen Transkriptionsfehler, gemeint wäre in dem Fall Herkules (siehe folgende Anmerkung), oder aber um eine Figur der *Aeneis*, ein gewisser Orodes oder der Jäger Orione, beide aus dem zehnten Buch (X, 732–737; 763–767; Ponte 1988, S. 59–60).

358 Sofern Herkules gemeint sein sollte, führt Ponte folgendes Zitat an: »Varro meint im vierten Buch seiner *Göttlichen Altertümer*, dass Hercules als Sieger bezeichnet wurde, weil er jede Art von Tieren besiegte. In Rom aber gibt es zwei Tempel des Siegreichen Hercules, einen bei der Porta Trigemina [Dreibogentor], den anderen am Forum Boarium [Rindermarkt].« (Macrobius, *Saturnalia*, III, 6, 10; Ponte 1988, S. 59–60)

359 Ikarus (auch Ikaros) ist eine griechische Sagengestalt. Auf Kreta von Minos festgehalten, baut Daidalos für sich und seinen Sohn Ikarus Flügel, mit denen sie der Gefangenschaft auf der Insel entkommen wollen. Trotz der Warnungen des Vaters nähert sich Ikaros der Sonne, das Wachs seiner Flügel schmilzt und er stürzt ins Meer und stirbt.

360 Bei der mythologischen Figur der Penthesilea handelt es sich um eine trojanische Kriegerin, in die sich Achilles verliebt, während sie stirbt. Vermutlich verwechselt Alberti sie an dieser Stelle mit Camilla, einer volskischen Heerführerin in Vergils *Aeneis*: »Sie liefe wohl gar wie im Flug hoch über die Halme junger Saat dahin und hätte bei solchem Lauf keine der zarten Grannen geknickt [...]!« (VII, 808–809; Ponte 1988, S. 60)

361 In dieser für den Gesamttenor des Dialogs ungewöhnlichen Passage tritt die lebendig gewordene, personifizierte Natur in direkter Ansprache als allegorische Figur auf und befragt das fordernde, mit seinem Schicksal hadernde Individuum. Als universelle »Verwalterin der Dinge« stellt sie den allgemeinen Standpunkt der perfekten Ordnung und Gegebenheit der natürlichen Welt dar, zu der nicht nur alle Tiere, sondern auch der Mensch mit seinem vollendet gestalteten Körper sowie der darin befindlichen gottgegebenen Vernunftbegabung gehört. Statt dass sich der Mensch unnötigerweise dieser natürlich-harmonischen Ordnung entgegenstemmt, fordert die Natur diesen auf, sie mit Schicksalsergebenheit und sich selbst bejahendem, das heißt tugendhaftem Verhalten und Handeln anzunehmen und dadurch mit ihr im Einklang zu leben.
Bibl.: Paoli 1999.

362 Alberti bringt durch die Vorstellung des ›Sich-selbst-Ordnens‹ ein bereits im antiken und auch christlich-mittelalterlichen Denken ausführlich abgehandeltes Thema zur Sprache, nämlich dass Selbsterkenntnis und Selbstveränderung in enger Verbindung gedacht werden müssen und auch nur so in die Praxis umgesetzt werden können. Erst wenn im Zuge der Selbsterforschung falsche Meinungen als solche erkannt werden und das Selbst zum Gegenstand der Sorge gemacht wird, ist eine Neuordnung möglich. Insbesondere im monastischen Kontext wurde im unabschließbaren Prozess der Selbstgestaltung eine Vielzahl festgeschriebener spiritueller Exerzitien genutzt. Dabei waren diese Techniken (oder mit Michel Foucault Hermeneutiken) des Selbst, die auch einen normativen Charakter besaßen, stets in komplexe gesellschaftliche Praktiken eingebettet.
Bibl.: Hadot 1995, S. 47–71; Foucault 2007; Kerscher/Krieger 2010.

363 In dieser Passage zeigt sich Albertis Fähigkeit, die persönliche und intersubjektive Ebene einer Gesprächssituation raffiniert in breitere philosophische Sinnzusammenhänge einzubetten. Neben der Aufforderung, stets eine ehrliche Fehleranalyse und kritische Selbstreflexion zu betreiben, scheint Alberti an dieser Stelle auf die antike parrhesiastische Praxis hinzuweisen, die darin besteht, das Wahre zu sprechen. Dabei ist die Relation des Sprechenden zur Wahrheit keine rhetorische, sondern eine ethische, die auch dann aufrechterhalten wird, wenn das Aussprechen der Wahrheit Mut erfordert. Ziel des parrhesiastischen Aktes ist eine moralische Veränderung jener Menschen, die die Wahrheit annehmen.
Bibl.: Gehring/Gelhard 2012; Hoppmann, HWRh (»Redefreiheit«), Bd X, Sp. 1021–1029.

364 Euripides, attischer Tragiker: 485/480 v. Chr. auf Salamis – 406 v. Chr. (kurz vor den Großen Dionysien) Pella.

365 »Nein, da du zu tun gewagt hast, was nicht schön ist, ertrage auch, was dir nicht lieb ist!« (Euripides, *Hekabe*, 1250; Ponte 1988, S. 61)

366 Insbesondere in seiner Betonung des menschlichen Wunsches, allen zu gefallen, spielt Alberti unter anderem auf Ciceros Ausführungen im zweiten Buch seiner *Tusculanae disputationes* sowie auf die ersten Kapitel von Senecas Schrift *De vita beata* an, in denen dieser die Krankheit des Konformismus harsch kritisiert und als dem Seelenwohl und glücklichen Leben abträglich beschreibt.

367 Das im Stadtraum und bestimmten intellektuellen und politischen, aber auch familiären Kreisen zirkulierende Geschwätz, sich ausbreitende Gerüchte und das öffentliche oder persönliche Be- und Verurteiltwerden durch andere ist ein sich durchziehender Topos in Albertis Werk und Biographie, was sich etwa in *De familia* oder auch in seiner *Vita* zeigt. Gerade die stoische Philosophie hält verschiedene Strategien und Heilmittel bereit, um sich dem Zwang der Mehrheitsmeinung (*consensus populi*) zu erwehren: Zunächst gilt es, eine klare Unterscheidung vorzunehmen zwischen objektiven Tatsachen, zu denen neben materiellen Gütern und schicksalsgegebenen Umständen auch die Meinungen und Gewohnheiten anderer zählen, und subjektiv beeinflussbaren Umständen, auf die durch tugendhaftes Verhalten eingewirkt werden kann. Neben dem Verlust des vernunftbasierten und selbstbestimmten Handelns kann der Umstand, sich von etwas beeinflussen und verleiten zu lassen, zudem zu einer völlig falschen Vorstellung von Tugend führen. Vertraut man, beispielsweise aus Ruhm- und Beifallssucht, dem Urteil anderer beziehungsweise der Menge mehr als dem eigenen, hält man, wie etwa Cicero ausführt, leicht für gut und ehrenhaft, »was von den Meisten gelobt wird« (*Tusculanae disputationes*, II, 63).
Bibl.: Kuehn 2018; Horodowich 2005.

368 Die Vorstellung, dass das Bewusstsein einer Bühne gleiche, zählt insbesondere im Anschluss an David Humes (1711 Edinburgh – 1776 ebenda) *Traktat über die menschliche Natur* bis heute zu den wirkmächtigsten Metaphern der Philosophie des Geistes. In seiner Schrift analogisiert Hume den menschlichen Geist mit einem ›inneren Theater‹, in dem alle Perzeptionen auftreten. Inwiefern die Bühnenmetapher des Geistes allerdings tatsächlich bereits in der Antike nachweisbar ist, bleibt in der Forschung umstritten. Denn obgleich Platon in seinem berühmten, argumentativ gerne herangezogenen Höhlengleichnis das Verhältnis von trügerischen Wahrnehmungen und der wahren Erkenntnis der Ideen durch die rationale Seele zur Sprache bringt, wird der Geist bei ihm selbst ebenso wenig als innere Bühne verstanden, wie dies später bei Aristoteles der Fall war. In diesem Sinne ist Albertis Wendung, dass »dem weisen Mann […] das eigene Bewusstsein eine große, hochgefeierte Theaterbühne« sei, durchaus bemerkenswert und ungewöhnlich.

Im Gesamtkontext von *Über die Seelenruhe* zeigt sich aber, dass Alberti an dieser Stelle vor allem die Unabhängigkeit des Weisen vom *Theatrum mundi*, der Welt als Theater, und den bösartigen Ränken und Verstellungen der Menschen im Sinn hat. Obgleich ein jeder seine Rolle zu spielen hat, richten sich die Weisen kraft ihrer Tugend im Spiel des Lebens nicht nach der Meinung oder eben dem Applaus des verlogenen Publikums, sondern nach dem eigenen Gewissen, das eine unabhängige, selbstbewusste Haltung (also *ethos*) verlangt. Die doppelte Bedeutung der »coscienza«, der *conscientia*, im Sinne des moralischen Gewissens und des Bewusstseins als eines inneren, die mentalen Vorgänge begleitenden Wissens, wie es etwa bei Seneca und Cicero zu finden ist, kommt hier also offensichtlich zum Tragen. Zugleich hebt Alberti aber auch die ›theaterhafte Natur des Selbst‹ hervor. Die Metapher des *Theatrum mundi* war bei den Stoikern sehr verbreitet und wirkte über das Mittelalter bis weit in die Frühe Neuzeit hinein. So insistierte etwa Epiktet darauf, dass der Einzelne zwar ein Schauspieler in einem Theaterstück sei, er aber dann frei sei, wenn er gut spiele:

»Erinnere dich, dass du ein Schauspieler in einem Drama bist; deine Rolle verdankst du dem Schauspieldirektor. Spiele sie, ob sie nun kurz oder lang ist. Wenn er verlangt, dass du einen Bettler darstellst, so spiele auch diesen angemessen; ein Gleiches gilt für einen Krüppel, einen Herrscher oder einen Durchschnittsmenschen. Denn das allein ist deine Aufgabe: Die dir zugeteilte Rolle gut zu spielen [...].« (*Encheiridion*, 17) Alberti scheint diese stoische Haltung mit späteren christlichen Vorstellungen zu verknüpfen, in denen der Heilige oder Weise das Treiben auf der weltlichen Theaterbühne distanziert von der Höhe seiner Tugend betrachtet (vgl. hierzu etwa Johannes von Salisbury, *Policraticus* (1159, III, 9; Migne, *Patrologia Latina*, 199, 493).
Bibl.: Rorty 1979, S. 3–13; Baars 1997, S. 5–7; Garcia-Konersmann, HWPh (»Theatrum mundi«), Bd. X, Sp. 1051–1054; Caston 2021.

369 Laut Ponte hat sich Alberti hier in der Zuschreibung geirrt. Die Anspielung findet sich nicht im Leben des Bion, sondern in dem des Kleanthes: »Als der Dichter Sositheos im Theater an ihn [Kleanthes], den Anwesenden, die Worte richtete: ›Kleanthes' Torheit treibt das Vieh zur Weide aus‹, blieb er ruhig sitzen, ohne eine Miene zu verziehen; davon gerührt und zur Bewunderung hingerissen, klatschten ihm die Zuhörer Beifall, während sie den Sositheos aus dem Theater hinauswiesen.« (Diogenes Laertius, *Vitae et sententiae philosophorum*, VII, 5, 173; Ponte 1988, S. 61)

370 Titus Maccius Plautus, Komödiendichter: um 245 v. Chr. Sarsina – um 184 v. Chr.

371 Vgl.: »Dem Menschen ist der Mensch ein Wolf, nicht Mensch, wenn er ihm fremd ist.« (Plautus, *Asinaria*, III, 4; Ponte 1988, S. 62)

372 Publius Cornelius Dolabella, Politiker, Feldherr und Schwiegersohn Ciceros: wahrscheinlich 70/69 v. Chr. – 43 v. Chr. Laodikeia.

373 Alberti paraphrasiert an dieser Stelle Ciceros ursprüngliche Formulierung: »Du sei nur klug und tapfer, damit deine maßvolle, würdige Haltung das Unrecht andrer in Verruf bringt.« (Cicero, *Epistulae ad familiares*, IX, 12; Ponte 1988, S. 62)

374 Lucius Munatius Plancus, Feldherr, Konsul und Zensor: um 87 v. Chr. Tibur – um 15 v. Chr.

375 Vgl.: »Dabei habe ich jedenfalls die Genugtuung, daß der Fehlschlag sie um so mehr ärgert, je mehr sie es auf mich abgesehen hatten.« (Cicero, *Epistulae ad familiares*, X, 23, 5; Ponte 1988, S. 62)

376 Alberti spielt hier auf die satirische Kritik des Aristophanes an Sokrates und seiner Philosophie an. Allerdings lässt sich nicht zweifelsfrei klären, ob es sich im Folgenden tatsächlich um ein Zitat des Sokrates handelt. Bei Diogenes Laertius findet sich nur diese Bemerkung: »Er [Sokrates] vertrat auch die Meinung, man müsse sich den Komikern recht geflissentlich preisgeben; denn wenn sie auf wirklich uns anhaftende Fehler hinweisen, so werden sie dadurch auf unsere Besserung hinwirken; wo nicht, so geht uns die Sache nichts an.« (Diogenes Laertius, *Vitae et sententiae philosophorum*, II, 5, 36; Ponte 1988, S. 62)

377 Vermutlich handelt es sich hier um Marcus Antonius, einen römischen Politiker und Redner sowie Protagonist in Ciceros *De oratore*: 143 v. Chr. – 87 v. Chr.

378 »Antonius nahm regelmäßig alles zur Sache Gehörige wahr, und alles wurde an seinem rechten Ort, wo es am meisten nutzen und wirken konnte, wie vom Feldherrn die Reiter, Fußsoldaten und Leichtbewaffneten, so von ihm auch an den bestgeeigneten Stellen einer Rede eingesetzt.« (Cicero, *Brutus*, 37, 139)

379 Marcus Octavius, Volkstribun des 2. Jahrhunderts v. Chr., Freund und später politischer Widersacher Gracchus', welcher Octavius letztlich durch eine Volksversammlung als Tribun absetzen lässt.

380 Tiberius Sempronius Gracchus, römischer Politiker: 162 v. Chr. – 133 v. Chr.: »Fast täglich hielt er [Tiberius] nun auf dem Forum Kampfreden gegen Octavius. Obschon sich die beiden Gegner dabei leidenschaftlich und erbittert befehdeten, soll es nie zu häßlichen Anwürfen gekommen sein, und auch im Zorn fiel zwischen ihnen kein unziemliches Wort.« (Plutarch, *Vitae parallelae*, Bd. VI, *Tiberius Gracchus*, 10, S. 246–247.; Ponte 1988, S. 63)

381 Flavius Josephus, jüdisch-hellenistischer Geschichtsschreiber: 37/38 Jerusalem – 100 vermutlich Rom.

382 Herodes Agrippa I. (eigentlich Marcus Iulius Agrippa), König von Judäa und Samaria: 10 v. Chr. – 44 n. Chr.

383 »Gewiss hat jüngst der Tyrannei nichts grösseren Vorschub geleistet als die Feigheit derer, die gegen den Willen des Machthabers auch nicht den leisesten Widerspruch zu erheben wagten.« (Flavius Josephus, *Jüdische Altertümer*, XIX, 2, 2; Ponte 1988, S. 63)

384 Numa Pompilius, laut der antiken Überlieferung der zweite König von Rom nach Romulus: um 754 v. Chr. – um 673 v. Chr. vermutlich Rom.

385 »Nachdem er so die Königswürde erlangt hatte, machte er sich daran, die junge Stadt, die auf Waffengewalt gegründet war, durch Recht, Gesetze und Sitten erneut zu gründen.« (Livius, *Ab urbe condita*, I, 19; Ponte 1988, S. 63)

386 Julius Capitolinus war vermutlich einer der sechs Verfasser der *Historia Augusta*, über den sonst wenig bekannt ist.

387 Titus Aelius Hadrianus Antoninus Augustus Pius (auch Antoninus Pius) war ein römischer Kaiser und der Begründer der antoninischen Dynastie: 86 bei Lanuvium – 161 ebenda.

388 Alberti paraphrasiert hier folgenden Satz: »Als Marcus seinen verstorbenen Erzieher beweinte und die Hofschranzen ihn von diesem offenen Gefühlsausbruch abbringen wollten, erklärte Antoninus: ›Verwehrt ihm nicht, sich menschlich zu gebärden. Denn weder die philosophische Lehre noch die Nähe des Throns erstickt die Regungen des Herzens.‹« (*Historia Augusta* [*Antoninus Pius*], 10, 5)

389 Die Herkunft dieses Sprichworts lässt sich nicht zweifelsfrei klären.

390 Titus Livius, römischer Geschichtsschreiber: um 59 v. Chr. Padua – um 17 n. Chr. ebenda.

391 »Gesetze dagegen hätten kein offenes Ohr, seien unerbittlich, mehr zum Nutzen und Vorteil der Armen als der Mächtigen; sie kennten keine Nachsicht und keine Gnade, wenn man das Maß überschritten habe; es sei gefährlich, bei so vielen menschlichen Schwächen allein auf strenge Gesetzlichkeit gestützt leben zu wollen.« (Livius, *Ab urbe condita*, II, 3; Ponte 1988, S. 64)

392 Vermutlich handelt es sich bei Laberio um Laberius Durus, einen römischen Ritter und berühmten Mimendichter: um 106 v. Chr. – 43 v. Chr.

393 Alberti paraphrasiert hier ein Zitat, das Publilius Syrus zugeschrieben und von Gellius überliefert wird: »Zu oft beleidigte Geduld wird Wuth«. (Aulus Gellius, *Noctes atticae*, XVII, 14, 4; Ponte 1988, S. 64)

394 »Wenn wir siegen – darauf ist nämlich unser ganzes Sinnen und Trachten gerichtet –, dann sind zweifellos unsere Feinde und alle ihre Habe der Lohn unseres Sieges. Wenn wir aber besiegt werden, dann fällt ebenso alles, was den Besiegten gehört, wie üblich den Siegern als Preis zu.« (Xenophon, *Kyrupädie*, II, 2; Ponte 1988, S. 64)

395 An dieser Stelle findet sich im Manuskript eine Auslassung. Laut Giovanni Ponte könnte es sich um Kallikles aus Platons *Gorgias* handeln. Lucia Bertolini ist es jedoch gelungen, die hier behandelte Figur als Polo aus demselben Werk Platons zu identifizieren. Bibl.: Ponte 1988, S. 64; Bertolini 2012.

396 Es handelt sich um ein freies, womöglich durch Leonardo Brunis lateinische Übersetzung beeinflusstes Zitat aus Platons *Gorgias* (466a). Wie Lucia Bertolini überzeugend dargelegt hat, verwendet Alberti an dieser Stelle (ähnlich dem Text Brunis) Lokaladverbien – also »qui quivi«, von »hier bis dahin« – ähnlich wie Temporaladverbien und mischt dem ursprünglichen Text Platons somit einen ironischen Unterton bei.
Bibl.: Bertolini 2012.

397 Alberti verweist hier auf Ciceros Prozessrede gegen den römischen Politiker Publius Vatinius, in der er diesen durch drastische Äußerungen über dessen Person und dessen Taten in ein schlechtes Licht zu rücken versucht (Cicero, *Vatinium testem*).

398 Durch die Wendung, dass der Zorn eine kurze Form von Wahn sei, spielt Alberti auf Senecas berühmte Schrift *Über den Zorn* an, in der der antike Autor gleich zu Beginn die Formulierung der »brevis insania« verwendet und auf Horaz hinweist, der geschrieben hat: »Zorn ist ein Anfall von Wahnsinn [...].« (Horaz, *Briefe*, I, 2; Ponte 1988, S. 65)

399 »Als letzte begannen die Sabiner den Krieg, und das war bei weitem der schwerste; denn sie ließen sich weder von Zorn und Leidenschaft hinreißen noch kündeten sie den Krieg vor seinem Beginn an. Zu dem planmäßigen Vorgehen kam noch eine List.« (Livius, *Ab urbe condita*, I, 11; Ponte 1988, S. 65)

400 Die römische Göttin Juno wird meist mit der griechischen Götterfigur Hera gleichgesetzt. Entsprechend gilt Juno (auch Iuno) ebenfalls als Schutzgöttin der Ehe und junger Krieger.

401 An dieser Stelle flicht Alberti im italienischen Original das lateinische Zitat ein: »eternum sub pectore vulnus«, wobei er dieses jedoch nicht vollständig wiedergibt. Korrekt lautet es »Cum Iuno aeternum servans sub pectore volnus haec secum«. »[...] als Juno, die den unstillbaren Schmerz tief in der Brust bewahrte, so zu sich selber sprach [...].« (Vergil, *Aeneis*, I, 36–37; Ponte 1988, S. 66)

402 Es handelt sich hier um Phoinix, den Sohn des mythischen Königs Amyntor.

403 »Aber, Achilleus! Bezwinge den großen Mut! Mußt du doch nicht ein mitleidloses Herz haben! Nachgiebig sind auch die Götter selber, denen doch noch größer die Kraft ist, die Ehre und die Gewalt.« (Homer, *Ilias*, IX, 496–498; Ponte 1988, S. 66)

404 Iulia Agrippina die Jüngere, die Mutter Neros: 15 in Oppidum Ubiorum (Köln)–59 Baiae.

405 Albertis Beschreibung des Geschehens weicht deutlich von dem von Tacitus geschilderten ab. »Agrippina, die sich ruhig verhielt und deshalb nicht recht erkannt wurde – dennoch erhielt sie eine Wunde an der Schulter –, gelangte zunächst schwimmend und dann mit Hilfe entgegenkommender Barken in den Lukriner Golf und wird in ihr Landhaus heimgebracht.« (Tacitus, *Annales*, XIV, 5; Ponte 1988, S. 66)

406 Quintus Curtius Rufus, Historiker und Verfasser einer Monographie über Alexander den Großen in zehn Büchern, die *Historiae Alexandri Magni*, der gemäß der jüngeren Forschung im 1. Jahrhundert gelebt hat.

407 Curtius Rufus erwähnt in der Alexander-Monographie den Soldaten Euktemon als einen von viertausend von den Persern verstümmelten Soldaten, die durch Alexander den Großen befreit wurden (Curtius Rufus, *Geschichte Alexanders des Großen*, Bd. I, V, 5, 5–10; Ponte 1988, S. 66).

408 Alberti paraphrasiert an dieser Stelle Curtius: »Nun aber erträgt der sein Elend am besten, der es verbirgt, und es gibt für den Unglücklichen keine bessere Heimat als die Einsamkeit und das Vergessen seines früheren Daseins. Denn wer viel auf das Mitleid der Seinen baut, der weiß nicht, wie schnell Tränen vertrocknen. Niemand liebt treu den, vor dem es ihn ekelt; denn einerseits ist das Unglück zum Klagen, andererseits das Glück zum

Hochmut geneigt. So lässt sich jedermann von seiner eigenen Lage leiten, wenn er über die eines anderen urteilt. Wären wir nicht allesamt elend, so hätten auch wir einmal einer dem anderen zum Ekel werden können: Ist es denn ein Wunder, wenn die Glücklichen immer ihresgleichen suchen?« (Curtius Rufus, *Geschichte Alexanders des Großen*, Bd. I, V, 5, 11–12; Ponte 1988, S. 66)

409 Silius Italicus (auch Tiberius Catius Asconius Silius I.), römischer Epiker und Politiker: um 25 – um 101.

410 An dieser Stelle gibt Alberti im italienischen Text diese Wehklage des Hannibal aus Silius' *Punica* wieder, wobei er minimale Änderungen am Original vornimmt. So lässt er den Namen des Poenus aus, schreibt »vincitque« anstatt »minuitque«, »longo« anstatt »dignas« und »immurmurat« anstatt »commurmurat«. Das Originalzitat lautet: »compressit lacrimas Poenus minuitque ferendo constanter mala et inferias in tempore dignas missurum fratri clauso commurmurat ore.« »Hannibal hört es; er wehrt den entquellenden Thränen, und mindert muthig es duldend, das Leid. Für sich und im Stillen gelobt er aber, dereinst ein würdiges Fest zu der Ehre des Todten.« (*Punica*, XIV, 819–820; Ponte 1988, S. 67)

411 Albius Tibullus, römischer Elegiendichter: 60/50 v. Chr. – 19/17 v. Chr.

412 Im Original findet sich hier der lateinische Worlaut: »Non ego fimus in hoc, non haec patientia nostro ingenio. Frangit fortia corda dolor.« »Ich bin zu schwach für solches Geschick, zum Dulden nicht fähig, härtere Herzen als meins bricht der gewaltige Schmerz.« (Tibull, *Elegiae*, III, 2; Ponte 1988, S. 67)

413 Odysseus ist eine zentrale Figur der griechischen Mythologie und Protagonist des Odyssee-Epos. Er hebt sich von anderen Gestalten der griechischen Mythologie vor allem durch seine Klugheit und Listigkeit ab.

414 Obgleich der Dichter Homer als Inbegriff überragender poetischer Qualität in der Renaissance durchaus bekannt war und sich einzelne Figuren und Themen seiner Epen in verschiedenen volkssprachlichen Werken identifizieren lassen, blieben die *Ilias* und die *Odyssee* lange unübersetzt. Mit der einflussreichen *Ilias latina* aus dem 1. Jahrhundert lag zwar eine lateinische Version des Epos vor, doch handelte es sich hierbei lediglich um eine römisch-antik gefärbte Zusammenfassung. Eine lateinische, zeilengenaue Übersetzung der Epen gab es erst, nachdem Francesco Petrarca vermutlich 1353 oder 1354 in den Besitz einer griechischen Ausgabe der homerischen Werke gelangte und Leonzius Pilatus mit deren Übersetzung betraute. Diese wurde im Herbst 1363 fertiggestellt und befand sich auch in Albertis Bibliothek. Es muss also davon ausgegangen werden, dass die homerischen Epen zum Entstehungszeitpunkt des vorliegenden Textes in den frühen 1440er Jahren nicht volkssprachlich vorlagen. Die zahlreichen von Alberti aus dem Lateinischen ins *volgare* übertragenen Anekdoten können also durchaus als Erstübersetzungen und als Versuch einer volkssprachlichen Verbreitung dieser antiken Wissensbestände verstanden werden.
Bibl.: Marsh 1980; King, Katherine 1994; Bertolini 1998; Young 2003, Cardini/Bertolini/Regoliosi 2005.

415 »Doch jetzt will ich zuerst meinen Namen nennen, damit auch ihr ihn wißt und ich alsdann, entronnen vor dem erbarmungslosen Tage, euch Gastfreund bin, und wenn ich auch fernab die Häuser bewohne. Ich bin Odysseus, Laertes' Sohn [...].« (Homer, *Odyssee*, IX, 16–19)

416 Ausgangs- und Fluchtpunkt antiker und frühneuzeitlicher Debatten über Leiderfahrung und Willensstärke ist der homerische Odysseus als prototypische Figur des Erleidenden. Odysseus, der viele Schmerzen erlitt (*Odyssee*, I, 4), wird dabei aber immer auch als durch dieses Leid erfahren und wandlungsreich beschrieben. Die von Alberti erwähnte und

paraphrasierte Passage stellt diese Stärke des Charakters paradigmatisch dar und hebt sie als nachahmenswert hervor: »Halte aus, Herz! Einst hast Du noch Hündischeres ausgehalten an dem Tage, als mir der Kyklop, der Unbändige in seinem Ungestüm, die trefflichen Gefährten verzehrte.« (*Odyssee*, XX, 17) Odysseus' Appell an die eigene Willensstärke ist in dieser Szene jedoch nur aufgrund Athenes göttlicher Intervention erfolgreich, die letztlich Schlaf über die Augen des sich quälenden Rückkehrers gießt. Bezeichnenderweise sieht bereits Platon (*Politeia*, 441b) in Odysseus' Zwiegespräch einen Aushandlungsprozess rationaler und irrationaler Seelenteile, die auf die erfahrene Kränkung unterschiedlich reagieren. Auf diesen Aspekt geht auch Alberti im Verlauf der Nacherzählung ein, betont jedoch im Anschluss an stoische Vorstellungen und frühneuzeitliche Männlichkeitsideale die virile Standfestigkeit und Indifferenz des Odysseus und somit die Vorherrschaft der rationalen, kontrollierten Teile der Seele.
Bibl.: Brommer 1983; Neiman 2009.

417 Iros (Maskulinum von Iris, der Götterbotin) ist der Spottname des Bettlers Arnaios, der im achtzehnten Gesang der *Odyssee* (*Odyssee*, XVIII, 1–116) mit dem heimgekehrten (und noch als Bettler verkleideten) Odysseus um den Bettelplatz zwischen den Freiern streitet.

418 Ktesippos ist einer der Freier Penelopes. Nicht zu verwechseln mit dem Sokratiker Ktesippos der platonischen Dialoge.

419 »So sprach er und warf einen Kuhfuß mit der derben Hand, den er aus dem Korbe nahm, in dem er lag. Doch Odysseus wich aus, indem er leicht den Kopf zur Seite neigte, und lächelte gar ingrimmig in dem Gemüte.« (Homer, *Odyssee*, XX, 299–302; Ponte 1988, S. 69)

420 Eine der Mägde Penelopes und zugleich Geliebte des Freiers Eurymachos. Nachdem Odysseus die Freier getötet hat, wird Melantho, als Strafe für die Schmähung des Odysseus und die Unterstützung der Freier, mit den anderen untreuen Bediensteten im Innenhof des Hauses erhängt.

421 Penelope ist im antiken Epos die treue Gattin des Odysseus, auf dessen Heimkehr sie wartet.

422 Alberti bezieht sich hier auf folgende Passage in Homers *Odyssee*: »Da blickte der vielkluge Odysseus sie zürnend an und sagte zu ihr: ›Gleich werde ich dort hingehen und dem Telemachos, Hündin! sagen, wie du redest, daß er dich auf der Stelle Glied für Glied in Stücke schneide!‹« (XVIII, 336–338, leicht abweichende Übersetzung durch die Hg.). Obgleich an dieser Stelle nicht der unter anderem von Plutarch theoretisierte böse Blick zur Sprache gebracht wird (*Moralia* [*Tischreden*], V, 7), der eine tödliche Wirkung entfalten kann und der als Gegenstand des Aberglaubens weit über Mittelalter und Frühe Neuzeit Verbreitung fand (und findet), gibt die Paraphrase Alberti die Möglichkeit, die Macht des (männlichen) Blicks zu erörtern. Dieser wird hier in seiner stummen und strengen Ausdrucksstärke als angsteinflößend, ja »schrecklich« beschrieben und bewusst zum positiven Gegenstück des lauten Geschwätzes der Dienerin stilisiert. Die Gewalt des Blicks darf an dieser Stelle nicht unterschätzt werden. Dieser ist Vorbote der Bestrafung der Dienerin, die jedoch erst im zweiundzwanzigsten Gesang der *Odyssee* vollzogen wird. Albertis Homer-Aneignung ist somit ein gutes Beispiel für den bewussten Einsatz visueller Metaphern und verschiedener Semantiken des Sehens innerhalb des Dialogs, die zugleich geschlechts- als auch klassenspezifische Machtkonstellationen und Regelüberschreitungen beleuchten. Die Wirkmacht des dunklen Blicks beschwört Alberti durch das in diesem Dialog einzig an dieser Stelle gebrauchte Wort »terribile« (schrecklich). Ist dessen Gebrauch heutzutage recht inflationär, so gilt dies für Albertis Zeit nicht. Auch Dante verwendet

diesen Terminus äußerst selten – in der *Göttlichen Komödie* lediglich zweimal– und nur, um ihn zutiefst beeindruckenden Schrecken auszudrücken.
Bibl.: Mariani, ED (»terribile«) 1970; Holoka 1983; Dickie 1991; Grethlein 2018.

423 Die Quelle dieses von Alberti Plutarch zugeschriebenen Zitats lässt sich nicht zweifelsfrei klären. Allerdings gibt es eine Nähe zu folgender Formulierung Plutarchs: »Das ist nun etwas, das sich störend auf den Zustand der Gemütsruhe auswirkt. Und da gibt es etwas anderes, das noch störender ist: So wie die Fliegen auf den glatten Flächen von Spiegeln abrutschen, aber Halt finden auf einer rauheren und von Kratzern durchzogenen Oberfläche, so lassen sich die Menschen hinwegtreiben von heiteren und angenehmen Erinnerungen und verstricken sich in die unangenehmen.« (*De tranquillitate animi*, S. 35–36)

424 »Doch der vielkluge Odysseus, sobald er den großen Bogen betastet und von allen Seiten betrachtet hatte – wie wenn ein Mann, kundig der Leier und des Gesanges, leicht eine Saite spannt um einen neuen Wirbel und faßt an beiden Seiten den gutgedrehten Darm des Schafes: so ohne Mühe spannte den großen Bogen Odysseus.« (Homer, *Odyssee*, XXI, 404–409)

425 Einer langen, sich auf Homer beziehenden stoischen Tradition folgend, gilt Odysseus auch in diesem Dialog als Inbegriff der *sapientia*, die neben Klugheit (und der schlauen Anwendung derselben) moralische Weisheit, Urteilskraft und vorausschauende Intelligenz miteinschließt. Alberti stellt dabei die trieb- und lasterhafte Trunkenheit der Meute dem abwartenden und nüchternen »Handeln« des Odysseus gegenüber. Letzteres steht somit beispielhaft für das Erlangen der Seelenruhe, die nur möglich ist, sofern man das Erdulden erlernt, der Melancholie fernbleibt und sich durchgehend tugendhaft verhält (Siehe Anm. 416).
Bibl.: Setaioli 2004; Graziani 2011.

426 Alberti bringt in dieser Passage das Verhältnis von Selbstbeherrschung und dem Abwarten des richtigen Moments konzise auf den Punkt. Das Thema der Selbstbeherrschung zieht sich wie ein roter Faden durch den Dialog *Über die Seelenruhe*, wird von Alberti aber im Sinne der maßvollen (Selbst-)Gestaltung unter je unterschiedlichen Voraussetzungen auch in seinen Schriften mit kunst- und architekturtheoretischem Fokus ausgelotet. Dabei spielt nicht zuletzt das Verhältnis von Affektkontrolle, Urteilsfähigkeit und Ausgewogenheit des Künstlers, aber auch des Publikums eine Rolle. Dies zeigt, dass bei Alberti Fragen des Ästhetischen nicht unabhängig von gesellschaftlichen und politischen Fragen betrachtet werden können. In diesem Zusammenhang ist es wichtig, dass die Selbstbeherrschung in der antiken Philosophie eine zentrale Komponente jeder Ethik ist und darin nicht nur ein Mittel zur individuellen Vervollkommnung darstellt, sondern auch unabdingbarer Teil des familiären und gesellschaftlichen Zusammenlebens ist: Sie erweist sich als entscheidend für die Erziehung zum ehrenhaften und standhaften Menschen und geht Hand in Hand mit der sozialen Lebenspraxis. Insbesondere in der Stoa steht die Selbstbeherrschung für einen verlässlichen und stabilen Zustand der Vernunft, das heißt ein starkes Urteilsvermögen und eine Affektunempfindlichkeit.
Bibl.: Hadot, HWPh (»Selbstbeherrschung«), Bd. VIIII, Sp. 324–330.

427 Es handelt sich um Dameta, den Hirten aus dem Aktaion-Mythos, der unter anderem in Theokrits *Eidyllia* (Buch VI) sowie im dritten Buch von Vergils *Eclogae* (zunächst bekannt unter dem Titel *Bucolica*) auftritt, wo er einen Gesangswettstreit mit Menaclas austrägt.

428 Bei Aktaion handelt es sich um einen Heros der griechischen Mythologie, der als besonders talentierter Jäger bekannt und immer in Begleitung seiner Jagdhunde anzutreffen

war. In einer der vielen überlieferten Versionen seiner Geschichte wird Aktaion in einen Hirsch verwandelt und von seinen eigenen Hunden zerfleischt, die ihn daraufhin rastlos suchen.

429 »Als er [Aristipp] von Dionysios Geld erhielt, während Platon ein Buch bekam, sagte er zu einem, der ihm dies aufmutzte: ›Nun, ich bedarf eben des Geldes, Platon dagegen der Bücher.‹« (Diogenes Laertius, *Vitae et sententiae philosophorum*, II, 8, 81; Ponte 1988, S. 70)

430 An dieser Stelle findet sich im italienischen Text das lateinische Zitat: »trahit sua quemque voluptas«. (Vergil, *Bucolica*, II, 65; Ponte 1988, S. 70)

431 Bei Codrus handelt es sich um eine Figur, die bei dem römischen Satirendichter Juvenal Erwähnung findet, die aber historisch nicht belegt ist: »Nichts hatte Codrus – wer würde das denn leugnen? Und doch hat der Unglückliche dieses ganze Nichts verloren.« (Juvenal, *Satiren*, I, 3; Ponte 1988, S. 71)

432 Marcus Caelius Rufus, römischer Politiker, Freund und Schüler Ciceros: um 88 v. Chr. – 48 v. Chr. bei Thurioi.

433 Von seiner Schönheit berichtet Aulus Gellius: »Denn da die Gegner und Widersacher des M. Caelius, weil er sich durch körperliche Schönheit auszeichnete, seine Gestalt und sein Äusseres zu schamloser Verdächtigung mit aller Gewalt herbeizogen.« (*Noctes atticae*, XVII, 1, 11; Ponte 1988, S. 71)

434 Clodia (um 90 v. Chr. – nach 44 v. Chr.) war die Ehefrau von Quintus Caecilius Metellus Celer. Sie war eine der Zeuginnen im Prozess gegen ihren einstigen Geliebten Marcus Caelius Rufus, und ihr gelten die anklagenden Worte Ciceros in seiner Rede *Pro Caelio* (insbesondere 13, 31–32), die ihren lasziven Lebensstil und das Handeln aus Rache thematisierte.

435 Das Thema der Freundschaft in all seinen Facetten ist nicht nur für Alberti von Bedeutung. Die Natur, der Nutzen und die verschiedenen Formen der Freundschaft sind eine spezifisch humanistische Thematik, die unter Berufung auf Werke antiker Autoren – allen voran Aristoteles' *Nikomachische Ethik* und Ciceros *De amicitia* – in den Schriften der Frühen Neuzeit eingehend diskutiert wurde. In Zusammenhang mit Albertis Aussagen zur Freundschaft in *Über die Seelenruhe* ist es hilfreich, Matteo Palmieris *Della Vita civile* (1438) heranzuziehen. In diesem stark von Cicero geprägten Dialog ist Agnolo Pandolfini ebenfalls wortführender Dialogpartner. Abgesehen von der *auctoritas* der Figur Agnolos zeigen diese ungefähr zeitgleich entstandenen Werke auf, wie intensiv die Beschäftigung mit den gesellschaftlichen Implikationen der Freundschaft in jenen Jahren war.

In dieser spezifischen Passage geht es Alberti um die tugendhafte Handlung zum Wohle der Freundschaft, die das Verzeihen und Vergeben eines durch einen ›Freund‹ erlittenen Unrechts betrifft. Keine Rache soll walten, sondern durch das Streben nach der Tugend und der Gewährung von Vergebung gelingt es – wie Alberti schreibt –, der einstigen Freundschaft, sprich einer gestörten interpersonellen Beziehung, wieder neue Anmut zu verleihen. In diesem Sinne ist das Streben nach Freundschaft ein Streben nach einem harmonischen Zusammenleben in der Gesellschaft. Der Mensch muss also über den natürlichen Affekt der Rache (Aristoteles, *Nikomachische Ethik*, 1126a30) hinauswachsen. Die Begründung der Nachsicht liegt, wie schon bei Diogenes Laertius (*Vitae et sententiae philosophorum*, I, 91), im Selbstinteresse des Geschädigten. Sie ist somit eng mit der Vernunft verbunden, was die Freundschaft als Beziehung zwischen zwei nicht blutsverwandten Individuen in ihrer Konnotation als Zweckgemeinschaft charakterisiert. Die bewusste Evokation der ›anmutigen Freundschaft‹ ist in dieser Textpassage eben auf die Seelenruhe und Tugendzierde des Ich bezogen, nicht auf die eher christlich konnotierte Vergebung oder Nächstenliebe. Das Unterlassen einer von Zorn und Rache ausgelösten

Reaktion vermeidet inneren Aufruhr und weitere Störung. Die hier verhandelte Freundschaft entspricht demnach einer Selbsterziehung zum eigenen Vorteil, zur Tugend. Bibl.: Mantovani 2007; Corcilius 2011; Kircher 2012, S. 187–223; Marsico 2012; Herzberg 2014; Baader 2015, S. 87–127.

436 An dieser Stelle befindet sich im italienischen Original das lateinische Zitat »sub principe duro, temporibusque malis ausus es esse bonus«. (Martial, *Epigramme*, XII, 6; Ponte 1988, S. 72)

437 Durch die bitteren Worte Agnolos bringt Alberti das Verhältnis zwischen der *res publica*, der inneren und äußeren Verfassung des Volkes/Staates und seiner Interessen, sowie der *res privata*, also dem Partikularinteresse der einzelnen Bürger, als Unterdrückungsverhältnis zur Sprache. Eine staatsähnliche Gemeinschaft aufrufend, deren Ordnung und Zusammenhalt durch die Pervertierung der Sitten (»costumi perversissimi«) bereits bedroht sind, scheint Alberti zu fragen, welchen Handlungsspielraum das Individuum in einem aus den Fugen geratenen Staat überhaupt hat. Damit spielt er, wie so häufig in diesem Dialog, auch auf seine eigene Lebenssituation an. Anstatt aber eine bestimmte ethische Haltung nahezulegen, die gegen die Pervertierung aufbegehrt oder sich ihr zumindest verweigert, empfiehlt Agnolo Niccola, sich der Richtung des öffentlichen Lebens zu beugen und nicht dort Widerstand zu leisten, wo die Kosten für das Individuum gegebenenfalls zu hoch sind. Bibl.: Mager, HWPh (»Republik«), Bd. VIII, Sp. 858–578; Leinkauf 2017, Bd. I, S. 854–880.

438 Decimus Iunius Iuvenalis (auch Juvenal), römischer Satirendichter: um 67 wohl im kampanischen Aquinum. Das Todesdatum, angeblich starb er in hohem Alter, ist unbekannt.

439 An dieser Stelle befindet sich im italienischen Text das vom Original leicht abweichende lateinische Zitat: »si Fortuna volet, fies de rhetore consul, si volet haec eadem, fiet de consule rhetor.« (Juvenal, *Satiren*, III, 7; Ponte 1988, S. 73) Alberti schreibt »fies« anstatt »fiet«.

440 Dieses von Alberti auf Italienisch paraphrasierte Sprichwort geht auf Seneca zurück, der in seiner *Trostschrift an Marcia* schreibt »vive ergo ut convenit.« (*Consolatione ad Marciam*, 18, 8; Ponte 1988, S. 73)

441 »[...] das stärkste die Notwendigkeit, die alles beherrschende [...].« (Diogenes Laertius, *Vitae et sententiae philosophorum*, I, 1, 35; Ponte 1988, S. 73)

442 Erneut zitiert hier Alberti auf Latein, wobei er den Satz fälschlicherweise dem bereits erwähnten Dichter Manilius und nicht Vergil zuschreibt. »Heu nihil invitis fas quemquam fidere divis!« (Vergil, *Aeneis*, II, 402; Ponte 1988, S. 73)

443 Bei Laokoon handelt es sich in der griechischen Mythologie und Epik um einen Priester Trojas, der entweder im Tempel des Apollon oder Poseidon dient.

444 »So sprach er und schleuderte mit jugendlicher Kraft eine gewaltige Lanze in die Flanke und gegen die Fugen im hohlen Leib des Ungetüms.« (Vergil, *Aeneis*, II, 50–52; Ponte 1988, S. 73)

445 Pallas Athene ist eine der zentralen Polisgottheiten der griechischen Tradition. In der *Ilias* und *Odyssee* tritt sie vor allem als Schutzgöttin des Krieges sowie als kluge Helferin des listigen Odysseus auf.

446 Phylakterien sind die ebenfalls als Tefillin bekannten kleinen Behältnisse aus Leder, in denen Verse der Torah aufbewahrt werden und die während des jüdischen Gebets an Lederbändern am linken Arm und auf dem Kopf getragen werden. Im Kontext dieser Textstelle sind sie aber wohl eher als Synonym von Amulett zu deuten. Etymologisch betrachtet bedeutet das griechischstämmige Wort dementsprechend auch so viel wie beschützen, verteidigen und bewahren. Der Gebrauch dieser Bezeichnung für Objekte,

denen apotropäische Kräfte zugeschrieben werden, ist bereits seit der Spätantike belegt und im Christentum weitestgehend beibehalten worden. Die Position der Kirche ihnen gegenüber ist selten eindeutig gewesen, da je nach Kontext auch Kreuze und Reliquien als Phylakterien bezeichnet werden konnten. Allerdings bot ein solcher, einigen Objekten zugesprochener Agens aufgrund des fließenden Übergangs zur Magie häufig Motivation für eine Anklage der Häresie. Wie weit verbreitet der Einsatz beziehungsweise der Glaube an die Wirkmacht von Amuletten im Florenz des 15. Jahrhunderts war, zeigen unter anderem Marsilio Ficinos *De vita libri tres*, in denen im dritten Buch solche schutzbringenden Objekte thematisiert werden (siehe unter anderem III, 12–13).
Bibl.: Karlsson, EdAM (»Filatterio«) 1995.

447 Die *Heimarmene* ist, anders als Fortuna, der durchaus Wankelmut und Zufall eigen sind, die Verkörperung des unausweichlichen Schicksals. Alberti scheint sich hier direkt auf Cicero (*De divinatione*, I, 125; Ponte 1988, S. 74) zu beziehen: »Daß nun alles durch das Schicksal bestimmt ist, dies einzugestehen zwingen uns Denken und Vernunft. Mit ›Schicksal‹ aber meine ich das, was die Griechen mit dem Begriff *heimarmine* erfassen, d. h. die Reihung und Verkettung der Ursachen, da eine Ursache, mit der andern verknüpft, je eine Wirkung aus sich hervorgehen läßt. Das ist die aus aller Ewigkeit fließende wesenhafte Notwendigkeit, die kein Ende kennt. Weil dies sich so verhält, gibt es nichts, das nicht als Zukünftiges vorher schon bestanden hätte, und ebenso wird es nichts geben, dessen Ursachen, die eben auf die betreffende Wirkung angelegt sind, die Natur nicht schon enthielte.«

Das Konzept der *Heimarmene* ist bereits bei Heraklit (um 520 v. Chr. Ephesos – um 460 v. Chr. ebenda) von zentraler Bedeutung und entfaltet seine Komplexität sodann in der stoischen Schicksalstheorie, weil die Annahme einer alles regelnden Entität die Rolle der Willensfreiheit und somit das verantwortliche Handeln des Menschen theoretisch unmöglich macht. Chrysipp (*Physik*, VI) gelingt es, die augenscheinlichen Antipoden – unabwendbares Schicksal einerseits und frei agierender Mensch andererseits – dahingehend zu versöhnen, dass er die Willensfreiheit als Bestandteil derselben *Heimarmene* definiert und die Moral des weise Handelnden als die wahre Freiheit beschreibt.
Bibl.: Sambursky 1959; Pötscher, KP (»Heimarmene«), Bd. II, Sp. 972–973; Maggio 2003; Weidemann 2019.

448 An dieser Stelle befindet sich im italienischen Original wieder ein lateinisches Zitat. Alberti tauscht allerdings »omnia« gegen »tempora«: »omnia vertuntur. certe vertuntur amores: vinceris a victis, haec in amore rota est.« (Properz, *Elegiae*, II, 8; Ponte 1988, S. 74)

449 »Et deus et durus vertitur ipse dies.« (Properz, *Elegiae*, II, 28; Ponte 1988, S. 74)

450 Marcus Claudius Marcellus, römischer Feldherr: um 268 v. Chr. – 208 v. Chr. bei Venusia.

451 Marcellus und Hannibal sind sich in mehreren bedeutenden Schlachten begegnet, die sich über einen langen Zeitraum und an unterschiedlichen Orten zugetragen haben. Aus einigen ist Marcellus – aufgrund des Rückzugs Hannibals – als Sieger hervorgegangen. Hannibal ließ Marcellus schließlich durch einen Hinterhalt seiner Handlanger ermorden. Obgleich sich die Quelle dieser Erzählung nicht zweifelsfrei klären lässt, gibt Ponte folgendes Zitat an: »Der Verlust dieser Reiterschwadron war für Hannibal bedeutend empfindlicher als der von Salapia. Danach war der Punier niemals mehr an Reiterei überlegen, in der eigentlich seine Hauptstärke gelegen hatte.« (Livius, *Ab urbe condita*, XXVI, 38, 14; Ponte 1988, S. 74)

452 Diogenes Laertius lebte im 3. Jahrhundert nach Christus.

453 Demophon war im Gefolge von Alexander dem Großen. Er wird bei Diogenes Laertius als Tafelmeister, an anderer Stelle aber auch als Seher eingeführt. (Diogenes Laertius, *Vitae et sententiae philosophorum*, IX, 11, 80; Ponte 1988, S. 74)

[454] »So wurde Demophon, der Tafelmeister Alexanders, im Schatten warm, während er in der Sonne fror.« (Diogenes Laertius, *Vitae et sententiae philosophorum*, IX, 11, 80; Ponte 1988, S. 74)

[455] Das von Alberti erwähnte Motiv der »festungsgleichen Seele« findet sich bereits bei den Kynikern. So schreibt Diogenes Laertius Antisthenes folgenden Spruch zu: »Schaffe dir in dir selbst ein Bollwerk durch die Unfehlbarkeit deiner Berechnungen.« (*Vitae et sententiae philosophorum*, VI, 1, 13). Das Bild dieser männlichen Wehrhaftigkeit steht im Gegensatz zu den als »Nervenbündel« betitelten, sich der Traurigkeit hingebenden Melancholikern (siehe Einleitung, S. 23-26).
Bibl.: Klibansky/Panofsky/Saxl (1964) 1990; Hadot 1997.

[456] Es handelt sich um Marcus Junian(i)us Justinus (bisweilen auch Iunianus Iustinus), einen römischen Geschichtsschreiber des 3. Jahrhunderts.

[457] »Die Gallier erfuhren davon, und während sie sich selbst auf das Gefecht vorbereiteten, schlachteten sie Opfertiere, um Vorzeichen für den Kampf einzuholen. Als nun aus den Eingeweiden dieser Opfertiere ein großes Blutbad und der Untergang aller prophezeit wurden, verfielen die Gallier nicht in Furcht, sondern in Wahnsinn. Und weil sie hofften, die Drohungen der Götter durch die Ermordung ihrer eigenen Angehörigen sühnen zu können, schlachteten sie ihre Ehefrauen und Kinder ab und begannen so den Krieg mit Verwandtenmord.« (Justinus, *Epitome*, Bd. II, S. 95; Ponte 1988, S. 75)

[458] Es handelt sich um eine der wenigen Stellen des Dialogs, in denen Alberti einen direkten intertextuellen und selbstreferentiellen Verweis vornimmt: »Als die Wolken von den Bergen zum Himmel aufstiegen und über ihn kamen, wurde der See blass, weil er sie für Berge hielt und befürchtete, dass sie auf ihn stürzen würden. Als die Wolken sich in Regen verwandelten und so die Wassermenge des Sees verstärkten, rief er aus: ›Wie töricht war ich, mich vor etwas zu fürchten, das mir so viel Gutes tun würde.‹« (Alberti, *Apologhi*, LXXXVIII [Übers. der Hg.]; Ponte 1988, S. 75)

[459] »Oft wurde aus solcherlei Affäre / Und bösem Anfang herzliche Verbundenheit / Geschaffen« (Terenz, *Eunuchus*, V, 2, 873–875; Ponte 1988, S. 76)

[460] Jason (auch Iason) von Pherai: Tyrann von Pherai in Thessalien im 4. Jahrhundert v. Chr.

[461] »Iason aus Pherai hingegen, der wegen eines Geschwürs von den Ärzten bereits aufgegeben war und seinen Tod in der Schlacht suchte, fand seine Heilung durch eine vom Feind erlittene Wunde in der Brust.« (Plinius der Ältere, *Naturalis historia*, VII, 166; Ponte 1988, S. 76)

[462] Es handelt sich um die Sibylle von Cumae (bei Neapel), eine der Überlieferung nach aus Babylon stammende Priesterin, die unter anderem in Vergils *Aeneis* Erwähnung findet.

[463] An dieser Stelle zitiert Alberti wieder das lateinische Original, schreibt aber statt »reris« »credis«: »tu ne cede malis, sed contra audentior ito, quam tua te fortuna sinet. via prima salutis, quod minime reris, Graia pandetur ab urbe.« (Vergil, *Aeneis*, VI, 95–97; Ponte 1988, S. 76)

[464] Hesiod, griechischer Versdichter des 7. Jahrhunderts v. Chr.

[465] Alberti verweist an dieser Stelle auf folgende Zeilen aus Hesiods epischem Lehrgedicht *Werke und Tage*: »Frucht bescherte die nahrungspendende Erde. Immer von selber, unendlich und vielfach.« (V, 117)

[466] Es war nicht möglich, der hier vorgebrachten Anmerkung Agnolos ein spezifisches Zitat aus Albertis *Intercenales* zuzuordnen. Dennoch sei darauf hingewiesen, dass das gesamte Werk der *Tischgespräche* sich in häufig ironischer Weise mit dem menschlichen

Schicksal auseinandersetzt. Der hier kommentierten Textpassage konzeptuell verwandt sind unter anderem die *Intercenales* ›Religio‹ (S. 22–31) und ›Erumna‹ (S. 298-323) sowie auch ›Defunctus‹ (S. 354-441).

467 Sueton schreibt in seinen *Kaiserviten* zu Oktavian, dass »sein Urgroßvater ein Freigelassener, ein Seiler aus dem Dorf Thurii gewesen sei, sein Großvater ein Geldwechsler (*avum argentarium*).« (*Kaiserviten* [*Augustus*], 2) Die hier von Agnolo Cäsar zugeschriebene alternative Karriere als »causidico« (Ankläger vor Gericht) hängt wohlmöglich mit dessen Aktivität als »Prätor« (Sueton, *Kaiserviten* [*Iulius Caesar*], 14) zusammen. Laut Livius bezeichnete man den Richter zunächst nicht als *consul*, sondern als *praetor* (*Ab urbe condita*, 3, 55, 12).
Bibl.: Ponte 1988, S. 77.

468 Nachdem Alberti bereits zu Beginn des Dialogs durch seinen Bezug auf das *Kyrie eleison* sein Vorhaben unter göttlichen Schutz gestellt hatte, kommt er am Ende des zweiten Buches noch einmal auf die Notwendigkeit göttlichen Beistandes zurück. Wichtig sind dabei die Motive der Bewegung und Steigerung: Der Spaziergang von San Marco zurück zum Dom steht auch für einen spirituellen Weg, der bezeichnenderweise mit einem Gebet vor dem Bild Gottes endet. Zugleich findet sich eine argumentative Steigerung, die von der Beschreibung natürlicher und moralischer Ordnungen sowie des Schicksals in den vorherigen Passagen zur göttlichen Ordnung und Vorsehung führt und ihren Höhepunkt in der Nennung des Namens Gottes findet.

469 Alberti wendet sich zu Beginn des dritten Buches direkt an die Leser, fasst die Hauptpunkte der vorangegangenen Bücher konzise zusammen und stimmt auf die noch abzuhandelnden Themen ein. Dass sich Alberti dabei als nur mittelmäßiger Autor charakterisiert, der die sprachliche Brillanz und intellektuelle Durchdringung der Themen seitens seiner Dialogpartner nur ansatzweise wiederzugeben weiß, ist ein klassischer rhetorischer Topos, der Bescheidenheit suggerieren soll. Dem diametral entgegengesetzt ist sein versteckt formulierter Anspruch, dass das Buch mit seinen darin aufgeführten Mitteln und Mahnungen zu einem Heilmittel gegen die Melancholie werden kann. Damit stellt er sich unmissverständlich in eine lange biblische, aber auch philosophische Tradition: So hat etwa Seneca darauf gepocht, dass er sich »mit den Problemen der Nachwelt [befasse]. Für sie schreibe [er] allerlei auf, was ihr vielleicht zugute kommen kann. Hilfreiche Ratschläge, sozusagen Rezepte für nützliche Medikamente, notiere [er], wenn [er] sie bei [s]einen eigenen Geschwüren als wirksam erkannt habe.« (*Briefe an Lucilius*, I, 8, 2)
Bibl.: Olson 1982, S. 55–64; Gowland 2008.

470 Wenngleich die direkte Leseransprache von Alberti in diesem Dialog selten, kurz und meist zu Beginn eines neuen Buches eingesetzt wird, eröffnet sich hier durch die doppelte Aufforderung zum aufmerksamen, jedoch passiven Lesen einerseits sowie zur eigenen aktiven Gesprächsteilnahme andererseits ein komplexes und paradoxes Wechselspiel. Dieses besteht in einer Verknüpfung der kommunikativen, medialen und poetologischen Ebenen sowie einem Changieren zwischen Mündlichkeit und Schriftlichkeit, Fiktion und Realität, Rezeptions- und Vollzugsanspruch, Leserin, Figuren und Autor. Der Text soll den Dialog als soziale Praxis und argumentativen Übungsraum darstellen, der die Leserin dazu anhält, (gedanklich) mit eigenen Argumenten an der Debatte teilzunehmen und die anderen Perspektiven sowie die eigene kritisch zu hinterfragen. Zwar überschreitet das allegorisierte Buch als zu lesendes Medium durch die Leseransprache die Schwelle zur Mündlichkeit und zum Hören, dennoch wird dadurch die Grenze zwischen textinterner ›Figurenwelt‹ und textexterner Realität nur vermeintlich verwischt, da sowohl das Figurengespräch als auch das Gespräch zwischen Leserin und ›Buch‹ nur vermittelt über eine Lektüre erfolgen.
Bibl.: Bianchi Bensimon 1998; Häsner 2004.

471 Alberti evoziert an dieser Stelle die wohlbekannte Weinberg-Topik, der in der Bibel eine wichtige Rolle zukommt, und passt sie zugleich seinen argumentativen Bedürfnissen an. Der Weinberg war im Alten und im Neuen Testament ein Symbol des Wohlstands, aber auch der Beharrlichkeit, zumal das Anlegen eines neuen Weinberges, der entsteint und umgegraben werden muss, zähe Arbeit und Ausdauer verlangt. In der berühmten Weinbergparabel des Matthäus-Evangeliums wird etwa das Himmelreich Gottes mit einem Hausherrn verglichen, »der früh am Morgen ausging, um Arbeiter anzuwerben für seinen Weinberg« (*Matthäus* 20, 1). Der Arbeiter im Weinberg des Herrn kann nur durch Mühe und Hingabe am Reich Gottes teilhaben, und nicht zuletzt zählt dazu auch die Kultivierung seiner selbst. Alberti scheint aber auf ein weiteres Gleichnis anzuspielen, das die Mühen der Arbeit im Weinberg noch deutlicher benennt. Gemeint ist *Das Lied vom unfruchtbaren Weinberg* im Buch Jesaja: »Mein Freund hatte einen Weinberg auf einer fetten Höhe. Und er grub ihn um und entsteinte ihn und pflanzte darin edle Reben« (*Jesaja* 5, 1–2). Im Verlauf des Liedes zeigt sich, dass trotz aller Pflege die Rebstöcke lediglich schlechte Trauben bringen, woraufhin der Besitzer den Weinberg in seiner Wut und Ungeduld zerstören möchte: »Ich will ihn wüst liegen lassen, dass er nicht beschnitten noch gehackt werde, sondern Disteln und Dornen darauf wachsen, und will den Wolken gebieten, dass sie nicht darauf regnen« (*Jesaja* 5, 6). Agnolo variiert die lange Tradition der Weinberg-Metaphorik und weist darauf hin, dass es durchaus möglich sei, viel Zeit und Mühe zu investieren und dann feststellen zu müssen, dass das Resultat – in seinem Fall die klare Darlegung der Argumente – nicht das erwünschte ist. Zugleich wird seine kritische Position jedoch dialogisch wieder aufgehoben, indem Niccola darauf hinweist, dass keine Rede kristalliner als diejenige Agnolos sein könne. Mühe und Geduld, so scheint uns Alberti sagen zu wollen, haben sich also gelohnt.
Bibl.: Schenke 1988; Hultgren 2002, S. 32–43.

472 Die Frage nach der Ordnung einer argumentativen Darlegung ist eine fundamentale, wie Niccola in Bezug auf die Werke antiker Autoren konstatiert. Während in der Rhetorik das Anordnen der Argumente (*dispositio*) einem bestimmten, der Logik und Wahrheitsfindung verpflichteten Regelkatalog folgt, der insbesondere für den Aufbau von Traktaten und Reden charakteristisch ist, ist die Gemengelage bei einem (moral-)philosophischen Dialog anders zu beurteilen: Gerade seine multiperspektivische Anordnung erlaubt es, die menschliche Lebenswelt und *conditio humana* plastisch so aufzubereiten, dass dem Leser eine Vergegenwärtigung und ein selbsterkennendes Moment ermöglicht wird. Moralphilosophische Argumentationen, denen auch ein Vollzugsanspruch innewohnt, bedürfen also einer differenzierten Kenntnis der Komplexität des menschlichen Lebens und Erlebens, die durch die lebensweltlich gesättigte Erweiterung des Imaginationsraumes, trotz des einzuhaltenden Gebotes der Kürze (*brevitas*), der ›Fülle‹ des Arguments gerecht wird.
Bibl.: D'Ascia 1994; Gabriel 2013.

473 Albertis von ihm selbst hervorgehobener Zweifel (»Ich weiß nicht…«) ist berechtigt, da seine Referenz auf einen gewissen Cyprestes in Zusammenhang mit dem im Textverlauf folgenden Tempelbau tatsächlich ›falsch‹ ist. Laut Vitruv (*De architectura*, III, 2, 7) und Plinius (*Naturalis historia*, VII, 38, 125) handelt es sich um Chersiphron (erste Hälfte 6. Jahrhundert v. Chr.). Alberti erwähnt den hier als Erfinder des Mosaiks und möglichen Architekten des Tempels genannten Cyprestes ebenfalls in seinen *Apologhi*, wo er ihn als Erfinder der Uhr beschreibt: »Cyprestes, der Erfinder der Uhr, rügte einen Zahn am Rad, weil er sich im Mechanismus festgesetzt hatte und auf unerklärliche Weise die Bewegung des gesamten Apparats verlangsamte. Der Zahn rechtfertigte sich: ›Ich wollte nicht, dass

das Gegengewicht des Bleis die ganze Ehre für sich beanspruchte.‹« (Alberti, *Apologhi*, XXX; Übers. der Hg.)
Bibl.: Smith 1994; Golsenne 2018.

474 Vitruv (Marcus Vitruvius Pollio), Architekt, Ingenieur, Architekturtheoretiker sowie Verfasser der für Alberti einflussreichen *Zehn Bücher über Architektur* (*De architectura libri decem*): um 84 v. Chr. – um 27 v. Chr.

475 Bei Plinius findet sich folgende Stelle, in der jedoch nicht von dem von Alberti evozierten Cyprestes, sondern von einem gewissen Solos die Rede ist: »Die Bodenmosaiken (*pavimenta*) verdanken ihren Ursprung den Griechen, und sie wurden nach Art der Malerei kunstvoll ausgearbeitet, bis sie von farbigen Marmorfußböden (*lithostroton*) verdrängt wurden. Der berühmte [Künstler] in dieser Gattung war Solos, der zu Pergamon den ›ungefegten Raum‹ (*oikos ausarotos*) auslegte, den man so nennt, weil er die Essensabfälle auf den Estrichen und was man sonst wegzukehren pflegt, aus kleinen und verschiedenfarbigen Mosaiksteinchen [so] nachgebildet hatte, als ob man sie liegengelassen hätte.« (*Naturalis historia*, XXXVI, 60, 184; Ponte 1988, S. 81) Albertis Kenntnis dieses Plinius-Zitats wird vor allem durch die Formulierung ›ungefegter Raum‹ nahegelegt, da Alberti einige Zeilen später ebenfalls auf den zuvor ›nackten und vernachlässigten Rohboden‹ (»spazzo stava sotto e' piedi nudo e negletto«) verweist.

476 Im Manuskript fehlt die Ortsangabe. Erst die spätere Albertiforschung konnte durch die Paraphrase eines Passus aus Plinius' *Naturalis historia* (XXXVI, 21, 95) den Tempel als jenen der Artemis von Ephesos identifizieren. Die Leerstelle erstaunt, da Alberti jenen Tempel in seinem *De re aedificatoria* unter die verlorenen Wunder der Antike listet (VII, 11; III, 5). Die hier von Alberti genannte Zeitspanne von siebenhundert Jahren Baugeschichte entspricht nicht der von Plinius angegebenen Dauer der Konstruktion in »cxx annis factum«, also in hundertzwanzig Jahren (*Naturalis historia*, XXXVI, 21, 95).
Bibl.: Grayson 1960–1973, Bd. II, 1966, S. 437; Smith 1994.

477 In dieser Passage wird die Redekunst Agnolos vermittels der allegorischen Beschreibung verschiedener Materialien und deren Pracht im Artemistempel von Ephesos gerühmt. Da es Alberti hier um die Ausschmückung der Rede, die harmonische Zusammenstellung oder *varietas* der Argumente geht, sind es Stein- und Marmorsorten, also das Ornat, das hier zur Sprache gebracht wird, um die Grandiosität des Denkgebäudes zu vergegenwärtigen. In der Beschreibung weicht Alberti somit hinsichtlich des ›wahren‹ beziehungsweise eigentlichen Erscheinungsbildes des antiken Gebäudes deutlich von seinen ›Quellen‹ Vitruv und Plinius ab. Albertis bewusst gewählte Materialsprache spielt eine entscheidende Rolle in der Evokation des Tempels als Schatzkammer antiken und biblischen Wissens. Neben den gespaltenen Marmorbergen sind es vor allem die Wände in Porphyr und Jaspis, die von Bedeutung sind. Porphyr als Wandbekleidung ist aus der Antike nur in einer schriftlichen Erwähnung – die Beschreibung des Esszimmers der Kleopatra durch Lukan (*Pharsalia*, X, 114–117) – überliefert. Alberti vergleichbare Benennungen roter Wandvertäfelung als »Porphyr« finden sich hingegen häufig in zeitgenössischen Architekturbeschreibungen, um Kostbarkeit anzudeuten. Beim grünen Jaspis handelt es sich darüber hinaus um eine konkrete Bezugnahme auf das Himmlische Jerusalem, was die Semantik der hier vorgebrachten Allegorie weiter auffächert: »Sie glänzte wie ein kostbarer Edelstein, wie ein kristallklarer Jaspis. […]. Ihre Mauer ist aus Jaspis gebaut« (*Offenbarung* 21, 11–18). Als Bauelement beziehungsweise als Wandverkleidung ist auch dieses Mineral faktisch nicht überliefert. Die farbige Zusammenstellung mit dem roten Porphyr und dem – wohl weißlichen – Marmor ist von Bedeutung, da diese Kombination jener typisch florentinischen Steinvertäfelung entspricht, die auch die Fassaden der den Schauplatz des Dialogs

beherrschenden Gebäude schmückt: das Baptisterium und die Kathedrale von Santa Maria del Fiore.
Bibl.: Smith 1994; Smith 1995, S. 245; Zoppi 2013.

478 Das hier von Alberti beschriebene Kreieren bildlichen Ornats für den Fußbodenbelag mit Abfallprodukten des Bauprozesses ist als ›Mosaikkomposition‹ zu einem Topos des Vorgehens humanistischen Redens und Schreibens geworden. Das Verfassen eines Textes, beziehungsweise hier das Argumentieren Agnolos, wird allegorisch mit der Ausführung eines Mosaiks gleichgesetzt. Die Metapher beruht auf antiken Sinnsprüchen, wie jenem gern von Alberti verwendeten des Terenz, dem zufolge ›nichts gesagt wird, was nicht bereits gesagt worden ist‹ (siehe Anm. 307). Aufgabe des gelehrten Schreibens und Redens ist es demnach, in einem kreativen Prozess die ›Mosaiksteinchen‹ antiker Philosophie und antiken Wissens zusammenzusuchen, neu zusammenzusetzen und harmonisch – zu einem Bild geformt – anzuordnen. Die Wiederverwendung und die neue Anordnung sind nicht als einfache Wiedergabe zu verstehen. Sie bieten bei Alberti durchaus die Möglichkeit der *inventio*, wofür eben seine Mosaikmetapher das beste Beispiel darstellt.

Es ist auf einige antike Quellen hinzuweisen, in denen Mosaikmetaphern ebenfalls in Bezug auf das Reden vorkommen. So findet sich in Ciceros *Brutus* folgende Einschätzung: »Man sah jedes Wort an seiner rechten Stelle sitzen, gewissermaßen wie in einem Mosaik, wie Lucilius sagt« (79, 274). Diese Passage könnte eine mögliche Vorlage für Alberti darstellen, der eine persönliche Ausgabe dieses Cicero-Textes besaß. Eine Paraphrase dieses Cicero-Zitates findet sich sodann in Leonardo Brunis *De interpretatione recta* (77), die ungefähr zwanzig Jahre vor den Büchern zur *Seelenruhe* entstanden ist. Albertis rein positive Konnotation der Mosaikmetapher sowie deren einzigartige Einbindung in ein weitaus breiter gefächertes Sinnbild eines Denkgebäudes mit all seinen architektonischen Semantiken bleibt jedoch hervorzuheben.

Aufgrund Albertis ganz persönlicher Gewichtung und Auslegung der Metapher sollte neben den soeben genannten möglichen ›Mosaiksteinchen‹ das Augenmerk auf Augustinus und sein *De ordine* gelenkt werden. Im Prolog dieses Werkes, das sich zwar in eindeutig christlicher Form, aber dennoch dem Dialog *Über die Seelenruhe* verwandten Fragestellungen widmet, lässt der Kirchenvater auf die Anklage des »blinden«, »halsstarrigen« und »verwirrten« Menschen, der die göttliche Vorsehung und Schöpfung nicht achtet oder missinterpretiert, folgende Aussage anschließen: »In dieser Lage ist ein Mensch, der auf einem Mosaikfußboden steht, und dessen kurzer Blick nicht über das kleine Ausmaß eines einzigen Vierecks reicht. Er wird zweifellos den Künstler wegen der Einteilung und Anordnung seines Werkes tadeln, weil er in der Vielfalt jenes kleinen Feldes nur Unordnung und Unruhe entdecken wird, den ganzen Plan jedoch nicht übersehen kann, der aus den verschiedenen Steinchen ein passendes Ganzes von einer einzigen bewundernswerten Schönheit schuf.« (*De ordine*, Prolog, S. 4)
Bibl.: Cardini (1990) 2004; MacPhail 2003; Mantovani 2007; Golsenne 2018.

479 Alberti bezieht sich an dieser Stelle offensichtlich auf Ciceros Schrift *Vom Wesen der Götter*: »›Vernehmet‹, sagte er, ›keine erfundenen und phantastischen Behauptungen, nichts über den Werkmeister und Welterbauer Platons, den Gott aus dem *Timaios*, auch nichts über die weissagende Alte, die Pronoia der Stoiker, die man lateinisch Providentia nennen kann, und noch weniger etwas über eine Welt, die selber mit Geist und Sinnen ausgestattet ist, einen runden, feurigen und beweglichen Gott, was alles Monstren und Phantasmen von Philosophen sind, die nicht argumentieren, sondern träumen [...].‹« (*De natura deorum*, I, 18–19)

480 Diese Passage zeichnet sich durch die Verwendung einer bildhaften, architektonischen Sprache aus, in der Analogien zwischen Wissenskonstruktion und Seelenerbauung

bewusst eingesetzt werden. In seiner Evokation des komplexen Errichtens von Lehrgebäuden – sowohl im konkreten als auch im übertragenen Sinne – rekurriert Alberti nicht nur auf Cicero und die antike Stoa (deren Name ja bekanntlich auf den Ort der Lehre des Zenon, nämlich die Wandelhalle zurückgeht), sondern deutet auf die tief in der alt- und neutestamentarischen Tradition verankerte Vorstellung des *domus sapientiae* hin, des Hauses der Weisheit. Weithin bekannt waren etwa die folgenden salomonischen Proverbien aus dem *Buch der Sprichwörter*: »Die Weisheit baute ihr Haus und hieb sieben Säulen« und »Durch Weisheit wird ein Haus gebaut und durch Verstand erhalten« (24, 3, vgl. auch 9, 1). Die christliche Exegese fasste den Tempel insgesamt als irdischen Sitz göttlicher Weisheit und übertrug das Motiv des *domus sapientiae* auf das profane Wissen. Dabei gab es eine Vielzahl von patristischen Variationen, wie etwa diejenige des heiligen Augustinus, der in *De civitate Dei* die Relation des Hauses der Weisheit und dem Körper Mariae als natürlichem Tempel hervorhob (17, 20). Alberti erschafft an dieser Stelle also ein komplexes Palimpsest an kulturell wohlbekannten intertextuellen Referenzen und webt diese zugleich geschickt in das eigene, stark durch visuelle und textuelle Metaphern gestaltete Narrativ der *aedificatio animi* ein, in der die epistemologische und ethische, auf Erfahrung und Urteilsfähigkeit beruhende Selbstbildung gleichsam von Bedeutung ist.
Bibl.: Hauke 2007, S.123–147; Miletto 2004, S.32; Salvador-González 2020, S.55–59.

481 Nach der von Alberti entworfenen Mosaikmetapher sowie dem Tempel der Weisheit überträgt Niccola die Metaphern um das Denkgebäude auf die Ausschmückung seiner »kleinen und privaten Behausung«. In seinem Kämmerchen oder privaten Rückzugsort widmet er sich dem individuellen Schreiben und Denken. Die Kontinuität in der Architekturmetaphorik ist bemerkenswert: Neben Albertis offensichtlichem und allseits bekanntem Interesse an den ästhetischen und ethischen Qualitäten von Bauwerken klingt in seiner bildhaften Sprache eine allgemeine Aufmerksamkeit für den Dekor und die urbane Ordnung des Stadtbildes an.

482 Alberti bedient sich im Original eines von ihm veränderten lateinischen Zitats, das er schon einmal verwendet hat (Terenz, *Eunuchus*, Prolog, 41). (Siehe Anm. 307)

483 Vor seinen Ausführungen zum Verhältnis von Textwissen und dem Gewebe der Rede erörtert Alberti an dieser Stelle kurz die Bedeutung verschiedener Formen der Wissensaneignung, -generierung und insbesondere -erhaltung. Die Bedingungen des korrekten Umgangs mit antikem Wissen und die Möglichkeiten und Grenzen der Eigeninterpretation desselben zählten zu den Grundsatzfragen des humanistischen Diskurses im Quattrocento. Bemerkenswert ist, wie Alberti epistemische Techniken des Sammelns und Vermittelns mit ästhetischen Praktiken assoziiert. Die Verwendung bildnerischer Metaphern (die »Farben«, »die Malerei«, der »Entwurf«) in der Erläuterung des *ordo*, der Ordnung, und der *dispositio*, der Anordnung, der Wissensinhalte ist dabei nicht zufällig, sondern zeigt Albertis Bestreben, die künstlerische Tätigkeit zu nobilitieren und als der Rhetorik, Poetik, ja gar Philosophie gleichwertig zu bestimmen. Auch in seinem *De pictura* schreibt Alberti in Bezug auf das Erschaffen einer wohlstrukturierten *historia*, dass die Maler beim Nachdenken über die Ordnung dieselbe Sorgfalt walten lassen müssen, sich nicht ihrem erhitzten Geist hingeben dürften, sondern vielmehr genügend gedankliche Vorarbeit leisten und sich dann an den persönlichen Entwürfen zu orientieren haben (II, 61).
Bibl.: Leinkauf 2017, Bd. I, S.182–186.

484 Bereits in frühen Jahren lernte Alberti an der berühmten Lateinschule in Padua die Kunst der Nachahmung und philologisch-rhetorischen Erschließung antiker Autoren in Inhalt und Form. Bei seinem Lehrer Gasparino Barzizza (um 1360 Bergamo – 1431 Mailand) erfolgte diese Schulung insbesondere auch anhand von dessen eigenen Werken *De imitatione*

(wahrscheinlich zwischen 1413–1417) und *De compositione* (1420). Barzizza arbeitet sich in diesen insbesondere an Quintilian (um 35 Calagurris – 96 Rom), Cicero und Seneca ab, wodurch Alberti nicht nur deren Schriften und ihren formalen Aufbau genauestens kannte, sondern auch lernte, das Gelesene zu kategorisieren und als Versatzstücke, geordnet nach Themen, Motiven und Argumenten, in dafür vorgesehenen Notizbüchern zu katalogisieren. Das »Verknüpfen verschiedener Sinnsprüche« ist also eine Technik, mit der Alberti seit frühester Jugend vertraut war, die er anwandte und als intertextuelles Verweissystem verinnerlicht hatte. Die dafür verwendete Metapher des Webens ist etymologisch der sprachliche Ursprung des Text-Begriffs (*textus*: Gewebe, Geflecht). Quintilian prägt um 95 n. Chr. in seinem wirkmächtigen Werk *Institutio oratoria* als Erster einen rhetorischen Textbegriff, wenn er vom Text als ›Redezusammenhang‹ (»textum dicendi«, IX, 4, 17) spricht. Auch Cicero verwendet das Wort ›Text‹ als Kontext (»contextu orationis«, *Partiones oratoriae*, XXIII, 82), als Gesamtzusammenhang einer Rede (und ihrer Teile). Für Alberti beginnt mit der erstmaligen Entdeckung, Übersetzung und Rezeption vieler Texte der Antike die Aufgabe, diese in das eigene Schaffen einzuverleiben und sie zu erschließen, was einerseits eine zitierende und anekdotische persönliche Sammlung des antiken Wissens darstellt und andererseits die Konzepte und Gedanken der Alten unter Wiederverwendung für die eigene Zeit fruchtbar macht, um durch den intertextuellen Charakter des neu entstandenen Textgeflechts aktuelle Themen zu bearbeiten.
Bibl.: Pigman 1982; Scherner 1996; Assmann 2002; Naujokat 2010.

485 »Als Alexander der Große [...] unter der dem Perserkönig Dareios abgenommenen Beute ein mit Gold, Perlen und Edelsteinen kostbar verziertes Salbenkästchen fand und seine Freunde sich für diesen oder jenen Gebrauch einsetzten, denn Salben verschmähte der streitbare und der im Kriegsdienst mit Staub bedeckte König – da sprach er: ›Nein, beim Herakles, es soll den Büchern Homers als Schutz dienen‹, damit das wertvollste Werk menschlichen Geistes auch im reichsten Schrein aufbewahrt würde.« (Plinius der Ältere, *Naturalis historia*, VII, 30, 108; Ponte 1988, S. 81)

486 Die Quelle dieses allgemein gehaltenen Verweises lässt sich nicht zweifelsfrei ermitteln. Allerdings ist Albertis Umschreibung der Geduld des Odysseus als »unerhört« und »beharrlich« insofern beachtlich, als er die vielgelobte, als exemplarisch verstandene und somit nachzueifernde Geduld des griechischen Heroen als beinahe unmenschlich charakterisiert und in dieser sowie den folgenden Passagen für eine angemessene Auslebung der durch exzessive Qualen verursachten Gefühle plädiert.

487 Der hier zur Sprache gebrachte Kampf zwischen der personifizierten Geduld und den Furien nimmt auf die *Psychomachie* Bezug, einem seit dem Mittelalter intensiv rezipierten allegorischen Gedicht des christlich-spätantiken Dichters Prudentius (348 – nach 405). Dieses kursierte in unzähligen reich bebilderten und glossierten Handschriften und übte dadurch erheblichen Einfluss auf Dichtung, Malerei und Skulptur der Renaissance aus. Das Gedicht handelt vom Seelenkampf (*psycho-machia*) zwischen den Tugenden und den ihnen entgegengesetzten Lastern, wobei einer der sieben beschriebenen Kämpfe den zwischen der Geduld (*patientia*) und dem Zorn (*ira*) betrifft. Die Geduld stachelt den hitzköpfigen, schäumenden Zorn dadurch zum Angriff an, dass sie mitten im Kampfgetümmel ungerührt dasteht, unbeteiligt beobachtet und sich durch nichts provozieren lässt. Im Gegensatz zum Gedicht geht Alberti jedoch einen Schritt weiter und beschreibt, wie die Geduld nicht nur einem Laster, sondern einer ganzen Horde von Furien ausgesetzt ist. Zugleich umkreist die gesamte Passage einen im Tischgespräch ›Pupillus‹ seiner *Intercenales* paraphrasierten Leitsatz, der besagt, dass »die oft beleidigte Geduld zum Zorn wird« (»dem alten Sprichwort nach, die Duldung in Gereiztheit umschlug«, S. 17; Übers. der Hg.).
Bibl.: Oser-Grote 1999; Frisch 2020.

488 Die von Alberti hier ambivalent konnotierte »pazienza« (Geduld), also das standhafte Ertragen des Schicksals und Erdulden von Ungerechtigkeiten und Angriffen, wird sowohl im antiken als auch im christlichen Kontext (als Geduld Gottes mit den Menschen oder Hoffnung auf Gott) oftmals als höchste Tugend bestimmt. Diese wurde für die Einübung aller anderen Tugenden als grundlegend angesehen. Aristoteles verbindet sie mit der Tapferkeit, Vernunft und dem (sittlich) Schönen und stellt sie der Feigheit gegenüber (*Nikomachische Ethik*, 1115b, oder 1104a). Während Aristoteles ausschließt, dass die letztendliche Überwindung von Übeln durch deren tapferes Ertragen möglich sei, sieht Platon in der Geduld einen Weg zum Triumph für den zu Unrecht gekränkten Menschen (*Politeia*, 440c–d). Im Stoizismus wird die Tugend der Geduld mit der Vorstellung des Vergehens der Zeit, des geduldigen Ausharrens und des Abwartens des richtigen Handlungszeitpunktes als probates Mittel gegen erlittene Ungerechtigkeiten verknüpft. Der hier sprechende Niccola weist jedoch diese stoische Position Agnolos entschieden und in fast dramatischer Manier mit der Begründung zurück, dass die erlittenen Kränkungen durch Abwarten nicht weniger schmerzten und sich auch nicht verbessern würden. In der Verbindung von *patientia* und *pati*, also von Geduld und Erdulden beziehungsweise Erleiden, klingt auch der berühmte Satz des Paulus aus dem Römerbrief an, dass »Bedrängnis Geduld bringt, Geduld aber Bewährung, Bewährung aber Hoffnung.« (*Römer* 5, 3–4)
Bibl.: Ceron 2015; Spanneut, RAC (»Geduld«), Bd. VIIII, S. 243–294.

489 Es lässt sich nicht zweifelsfrei feststellen, welche Weisen hier und im Folgenden von Alberti referiert werden. Die Aussage an sich gibt jedoch klassisches stoisches Gedankengut wieder.

490 Erneut steht Niccola den weit verbreiteten Leitsprüchen der von ihm nicht näher bestimmten Weisen skeptisch gegenüber. Diese Ratschläge, so Niccola, werden letztlich der Härte des Daseins und der Schwere der physischen und psychischen Leiden nicht gerecht und stellen in ihrer Abwertung des zutiefst menschlichen Bedürfnisses nach Stabilität und gesellschaftlicher Anerkennung keine Heilmittel dar, sondern sind lediglich leere Worthülsen. Ob man ihm allerdings an dieser Stelle eine anti-stoische Position *tout court* zuschreiben kann, bleibt fraglich. Denn ungeachtet seiner Verurteilung gewisser kynischer und stoischer Dogmen, wie zum Beispiel der Loslösung von exzessiven Leidenschaften und weltlichen Gütern, vertraten etwa Diogenes oder Seneca eine ähnliche Meinung wie Niccola, was das Phrasendreschen der Redner und Philosophen anging, die, so Diogenes Laertius, »nicht müde [würden], von dem zu sprechen, was recht sei, es aber zu tun unterließen« (Diogenes Laertius, *Vitae et sententiae philosophorum*, VI, 2, 28).

491 Im italienischen Original befindet sich hier das lateinische Zitat. Alberti modifiziert den Satz der Dido aber leicht und benutzt statt »adgnosco« »agnosco«: »adgnosco veteris vestigia flammae.« (Vergil, *Aeneis*, IV, 23; Ponte 1988, S. 86)

492 Auch an dieser Stelle befindet sich ein lateinisches Zitat: »dulces exuviae, dum fata deusque sinebat.« (Vergil, *Aeneis*, IV, 651; Ponte 1988, S. 86) Alberti schreibt »sinebant« anstatt »sinebat«.

493 Diogenes Laertius, *Vitae et sententiae philosophorum*, I, 2, 63, wie angegeben von Ponte 1988, S. 86.

494 Alberti stellt bemerkenswerterweise eine Analogie zwischen menschlichen Wesen und wilden Tieren her, wobei er Letzteren natürliche Bedürfnisse und instinktiv-affektive Reaktionen nicht nur zuspricht, sondern diese *ex negativo* als positives Beispiel für den naturgegebenen Ausdruck von Emotionen bei den Menschen anführt. Dies hatte er bereits an mehreren Stellen des *Theogenius* beschrieben und somit eine an Franz von Assisi (1181/1182 Assisi – 1226 ebenda) erinnernde Form des Respekts allen Geschöpfen gegenüber

formuliert. Alberti berührt dadurch sowohl Fragen der natürlichen Fähigkeiten der Tiere, die eine Reflexion über deren Seele nach sich zieht, als auch der Relation des Menschen zu seiner eigenen tierischen Natur beziehungsweise dem Bestreben, die anthropologische Differenz zum Tier zu begründen.

Das Nachdenken über das Mensch-Tier-Verhältnis und die Frage, ob Tiere über Emotionen und Vernunft verfügen, beziehungsweise eine Seele besitzen, reicht weit in die Antike zurück und wurde in Mittelalter und Früher Neuzeit sowohl aus philosophischer als auch theologischer Perspektive ebenfalls intensiv und kontrovers diskutiert. So vertrat etwa Pythagoras die Meinung, dass Menschen und Tiere gleichsam beseelt seien, Demokrit sprach von einer handlungsorientierten Tiervernunft, und auch der Kyniker Diogenes behauptete, dass die Tiere gerade aufgrund ihrer natürlichen und bescheidenen Lebensform den Menschen zum Vorbild gereichen sollten. Heraklit und später insbesondere Aristoteles, Chrysipp und Seneca, aber auch Thomas von Aquin postulierten hingegen eine naturgegebene Hierarchie der Lebewesen, sprich eine Überlegenheit der vernunft- und somit sprachbegabten Menschen über die vernunftlosen Tiere, die ferner als dem Menschen dienende charakterisiert werden. Trotz dieses behaupteten Mangels wurden den Tieren jedoch eine Vielzahl von Vermögen und Ähnlichkeiten mit den Menschen zugeschrieben: Dies zeigt sich zum Beispiel in den wirkmächtigen zoologischen Schriften des Aristoteles, in denen den Tieren Emotionen, wie etwa Angst oder Mut, zugeschrieben werden (*Historia animalium*, VIII). Auch Sextus Empiricus hob hervor, dass Tiere durchaus komplexe Handlungen und gar basilare Formen von Inferenzen vornehmen können (*Adversus mathematicos*, 8, 3, 270–275).
Bibl.: Graver 2008, S. 109; Steiner 2010, S. 53–131; Harden 2013.

495 Im vierten Gesang der *Odyssee* reist Telemachos zum Hause Nestor, um etwas über seinen Vater zu erfahren. Im Gedenken an die Gefallenen Trojas und den vermissten Odysseus beginnt die Tischgemeinschaft zu weinen. Dabei beweint Nestors Sohn, Peisistratos, im Besonderen seinen gefallenen Bruder Antilochos, bevor er die von Alberti zitierten Worte an Menelaos richtet (Homer, *Odyssee*, IV, 183; Ponte 1988, S. 86).

496 Alberti paraphrasiert hier aus Homer: »Zwar will ich es auf keine Weise schelten, daß man klage, wenn einer der Sterblichen starb und dem Schicksal gefolgt ist. Ist dieses doch die einzige Ehre dem armseligen Sterblichen, daß man die Haare schert und läßt die Träne von den Wangen fallen.« (*Odyssee*, IV, 195–198; Ponte 1988, S. 86)

497 Priamos war der letzte König von Troja und Vater des Helden Hektor.

498 Hektor galt als kampfstärkster Sohn des Priamos und ist in dem homerischen *Ilias*-Epos für die Verteidigung Trojas verantwortlich, bis er im Kampf mit Achilles fällt.

499 »Neun Tage möchten wir ihm in den Hallen die Totenklage halten und ihn am zehnten bestatten, und das Volk soll das Totenmahl nehmen; am elften aber würden wir den Grabhügel über ihm errichten. Doch am zwölften kämpfen wir wieder, wenn es denn sein muß!« (Homer, *Ilias*, XXIV, 664–667; Ponte 1988, S. 86)

500 Vermutlich handelt es sich um Marcus Fabius Ambustus, der als römischer Konsul 356 v. Chr. einen Feldzug im römisch-etruskischen Krieg (358–351 v. Chr.) anführte und dabei seinen Bruder Quintus Fabius verlor: »Dem Konsul Markus Fabius wurde nach einer ruhmvollen Schlacht, in welcher er die Etrusker und Vejenter besiegte, von Senat und Volk mit Begeisterung ein Triumph zuerkannt. Allein er konnte sich nicht entschließen, Denselben anzunehmen, weil in demselben Treffen sein Bruder, Quintus Fabius, ein vormaliger Konsul, trotz der tapfersten Gegenwehr gefallen war. – Wie innig müssen die zarten Gefühle der Bruderliebe in diesem Herzen gewesen seyn, da der Glanz der höchsten Ehre alle Wirkung auf dasselbe verlor!« (Valerius Maximus, *Facta et dicta memorabilia*, V, 5, 2; Ponte 1988, S. 86)

501 Alberti paraphrasiert Homers *Ilias*: »So sprach sie und ergriff einen Umhang, die Hehre unter den Göttinnen, einen schwarzblauen; kein schwärzeres Gewand gab es als dieses« (XXIV, 93–94; Ponte 1988, S. 87). Das schwarze Trauertuch der Thetis ist der Endpunkt von Niccolas Überlegungen zur Erfahrung von Verlust und Trauer und dem angemessenen Umgang damit und dient im Text als ein starkes visuelles Zeichen, dessen Ziel eine direkte Emotionalisierung der Lesenden ist. Es ist bemerkenswert, dass es sich um eine der ganz wenigen Stellen in diesem Dialog handelt, in denen Alberti eine Farbe einsetzt.

502 Obgleich Agnolo und Niccola hier über die Kategorie beziehungsweise Tugend der Geduld diskutieren, reißt Alberti in dieser und den davor liegenden Passagen den viel größeren und für ihn nicht nur in seinen Schriften mit moralphilosophischem und politischem, sondern auch mit kunsttheoretischem Charakter grundlegenden Themenkomplex der ästhetischen und ethischen Angemessenheit (*decorum*) an. Dabei spielen für ihn die Konzepte *ethos* und *pathos* eine zentrale Rolle, die wiederum auf das Engste mit Begriffen wie Disziplin und Mäßigung, Regellosigkeit und Exzess verknüpft sind. Die Antithetik von *ethos* und *pathos* schwingt in den meisten von Albertis ›bei Tage‹ geschriebenen Texte mit. Die Frage nach der ästhetischen Notwendigkeit und ethischen Angemessenheit der Darstellung von übermäßigen Gefühlsregungen treibt Alberti etwa in seinem *De pictura* immer wieder um. Bemerkenswerterweise stellt die Szene mit der in ihrer abgrundtiefen Trauer tiefschwarz verhüllten Thetis in *Über die Seelenruhe* auf einer intertextuellen Ebene ein Echo oder eine Spiegelung der berühmten, von Timanthes (5. Jh. v. Chr. Kythnos – Anfang 4. Jh. v. Chr.) geschilderten Agamemnon-Szene dar, die Alberti im zweiten Buch von *De pictura* beschreibt: »So hat dem Timanthes aus Cythnus das Bild, mit dem er den Colotes aus Teus besiegt hat, besonderen Ruhm eingetragen: eine ›Opferung der Iphigenie‹. Darauf hatte er den Calchas traurig dargestellt, noch trauriger den Odysseus, und schließlich in der Wiedergabe des gramgepeinigten Menelaus seine ganze Kunst und Begabung zur Geltung gebracht. Jetzt waren die Gefühlsregungen gewissermaßen aufgebraucht, und er sah nicht, auf welche Weise er das Antlitz des von Trauer vollkommen überwältigten Vaters angemessen hätte wiedergeben sollen. Also verhüllte er dessen Haupt mit einem Tuch, um jedem Betrachter noch etwas übrigzulassen, was er sich bezüglich des väterlichen Schmerzes ausdenken konnte – jenseits dessen, was er mit dem Blick wahrzunehmen vermochte.« (*De pictura*, II, 42)

Alberti kann so gelesen werden, dass die Entscheidung, den absoluten Schmerz nicht sichtbar werden zu lassen, sondern nur anzudeuten, die angemessene künstlerische Strategie ist, um mit exzessiven Gefühlen umzugehen, zu denen auch tiefste Trauer gehört. Indem Alberti bewusst auf die Schwierigkeit, ja gar Unmöglichkeit der Darstellung absoluten Schmerzes verweist, bringt er die seit der Antike intensiv diskutierte Frage nach der Darstellbarkeit des Undarstellbaren zur Sprache und schreibt in diesem Zusammenhang dem *decorum*, also der Angemessenheit, große Bedeutung zu. Bezeichnenderweise erläutert Cicero seine Vorstellung, dass das *decorum* nicht strikten Regeln unterworfen sein darf, sondern vielmehr als eine Form von praktischer Klugheit und scharfer Urteilskraft zu verstehen ist, anhand von Timanthes' Gemälde der *Iphigenie* und deutet an, dass es diesem gelungen sei, die Grenzen der Darstellbarkeit zu überschreiten und somit durch den taktvollen Regelbruch wahre Angemessenheit zu erlangen (Cicero, *De oratore*, 74). Die in *De pictura* formulierte Überzeugung, dass Timanthes die Rezipienten durch die Darstellung der verschiedenen Stufen der Trauer auf höchst gelungene Art und Weise bewegt und es ihm durch die Verhüllung der bitteren Trauer ferner gelungen sei, absolute Trauer nur noch erahnen zu lassen und den Betrachter demzufolge zum eigenen Weiterdenken anzuregen, wird in *Über die Seelenruhe* einen sowohl ästhetisch als auch ethisch bedeutsamen

Schritt weitergeführt. Denn im Gegensatz zur Schulung des perfekten Künstlers durchlebt die Leserin die verschiedenen Emotionen der Trauer mit Agnolo und Niccola direkt. (siehe Einleitung, S. 21)
Bibl.: Montagu 1994; Heffernan 1996; Hénin 2005; Deckers 2010, S. 34–43; Gründler 2012; Thimann, MLK (»Decorum«), S. 64–68. (»Decorum«), S. 64–68.

503 Dies ist die einzige Stelle im Dialog, an der Alberti bewusst den Begriff der »mediocrità« verwendet, der Mitte oder des Mittelmaßes. *Mediocritas*, die lateinische Übersetzung des griechischen Terminus *mesotes*, wurde von Cicero in *De officiis* als »mediocritas optima« bezeichnet und zugleich als Grundbegriff des peripatetischen – will heißen aristotelischen – Denkens beschrieben (I, 89; I, 130). In der Tat wurde die Mesotes-Lehre von Aristoteles in seiner *Nikomachischen Ethik*, mit der Alberti wohlvertraut war, ausgiebig erörtert. Wie Aristoteles im zweiten Buch ausführt, bezeichnet *mesotes* die Mitte beziehungsweise das goldene Maß zwischen zwei Extremen, wobei dieses nicht mathematisch, sondern als Mittleres relativ zum Subjekt zu verstehen und somit vernunftgeleitet zu bestimmen ist. Im Zweifel kann es auch näher an einem Extrem als am anderen situiert sein. »Sie [die Tugend] ist die Mitte zwischen zwei Lastern, von denen das eine auf Übermaß, das andere auf Mangel beruht. Sie ist auch in dem Sinne eine Mitte, dass die einen Laster in den Affekten und Handlungen hinter dem Gesollten zurückbleiben, die anderen über es hinausgehen, während die Tugend das Mittlere sowohl findet wie wählt. Daher ist die Tugend ihrem Wesen nach, das heißt nach der Definition, die angibt, was es hieß, dies zu sein, eine Mitte; im Hinblick darauf aber, was das Beste und das gute Handeln ist, ist sie ein Extrem.« (*Nikomachische Ethik*, 1107a1–8) Die Mesotes-Lehre stellte einen Kernpunkt antiker, aber auch mittelalterlicher und frühneuzeitlicher Tugendethiken dar.
Bibl.: Hursthouse 2006; Demandt 2019, S. 125.

504 »Im unendlich großen Heer gibt es Gesindel, hemmungsloses, und Matrosenpack, schlimmer als Feuer.« (Euripides, *Hekabe*, 606–608)
Bibl.: Ponte 1988, S. 88.

505 »[…] daß die Menge alle Macht innehat und daß der Beschluß der Mehrheit, wie immer ausfällt, oberste Gültigkeit besitzt und die Rechtsnorm bildet […].« (Aristoteles, *Politik*, 1317b42–44)
Bibl.: Ponte 1988, S. 88.

506 Auf welche Stelle sich Alberti hier bezieht, kann nicht mit Sicherheit bestimmt werden; die von Ponte angegebene aus der *Ilias* ist mit Sicherheit falsch (Ponte 1988, S. 88). Es könnte sich jedoch um einen Verweis auf folgendes Zitat aus dem zehnten Buch der Odyssee handeln: »So sprachen sie, und der schlimme Rat der Gefährten siegte.« (*Odyssee*, X, 46).

507 Der von Agnolo verwendete Begriff der »necessità« (Notwendigkeit) zählt als Gegenbegriff zur Freiheit, die als eine relative gelten muss, insofern sie sich der vom Leben und dem Schicksal gegebenen Grenzen bewusst sein sollte, zu den grundlegenden Konzeptionen der stoischen Philosophie und kann wiederum nur in Relation zum Naturbegriff interpretiert werden. Der Mensch, der stets gemäß der Natur zu leben hat, ist zwar der Notwendigkeit der Natur prinzipiell unterworfen, kann aber kraft seiner Vernunftfähigkeit zugleich auch selbst bestimmen, sich vielmehr der Notwendigkeit des *logos* (also der absoluten Weltvernunft) freiwillig und bewusst zu fügen. Dabei spielt auch das Konzept der *Heimarmene* eine wichtige Rolle (siehe Anm. 447): Diese kann als eine Form der schicksalhaften Ursachenkette interpretiert werden, gemäß der innerhalb der rationalen Ordnung der Welt alles mit Notwendigkeit und vernünftigem Zwang geschieht. Alberti bezieht sich dabei lose auf eine Überlegung Senecas in seinen *Briefen an Lucilius*: »An dieses Gesetz

muss sich unsere Seele anpassen: Ihm muss sie folgen, ihm muss sie gehorchen; und sie muss glauben, dass alles was geschieht, geschehen musste, und sie darf nicht den Wunsch haben, der Natur Vorwürfe zu machen. Am besten ist es hinzunehmen, was man nicht verbessern kann, und dem Gott, durch dessen Willen alles geschieht, ohne Murren zu folgen: Es ist ein schlechter Soldat, der seinem Befehlshaber nur stöhnend folgt«. (II, 107, 9)
Bibl.: Sambursky 1959; Hahmann 2007; Beckeld 2013.

508 Marcus Livius Salinator, römischer Konsul des 3. Jahrhunderts v. Chr., der unter anderem am Zweiten Punischen Krieg teilnahm.

509 »Das war M. Livius, der vor vielen Jahren wegen seiner Amtsführung als Konsul durch einen Spruch des Volkes verurteilt worden war, eine Schmach, die er sich so zu Herzen genommen hatte, daß er aufs Land zog und viele Jahre lang die Stadt und jeden Umgang mit Menschen mied.« (Livius, *Ab urbe condita*, XXVII, 34; Ponte 1988, S. 89)

510 »Denn im Unglück altern die armen Sterblichen früher.« (Homer, *Odyssee*, XIX, 360)

511 Hier und im Folgenden nimmt Alberti eine der schärfsten Kritiken der »tristezza« (Traurigkeit) und Melancholie des gesamten Dialogs vor. Dies zeigt sich unter anderem daran, dass er Lastern wie etwa der Wollust ein Mindestmaß an Positivem zuschreibt, wohingegen er die Traurigkeit als insgesamt verdammenswert einschätzt und sie somit *ex negativo* zur größten Gefahr für die Erlangung eines tugendhaften und glückseligen Lebens erklärt. Das semantische Spektrum und die starken visuellen Metaphern, derer er sich bedient – man denke an den »Wurmfraß« –, ist breit und zeugt sowohl von seiner Kenntnis der medizinischen Melancholieliteratur als auch theologischer Auseinandersetzungen mit Melancholie-Konzeptionen.

Die »tristitia« beziehungsweise Melancholie wurde bereits im frühen Christentum als Mönchskrankheit beschrieben. Während jedoch die melancholische Traurigkeit oder Verzweiflung, für die die Mönche angeblich aufgrund ihrer intensiven Studien und der Weltabgewandtheit eine besondere Prädisposition haben, durchaus als Form der göttlichen Gnade beziehungsweise Prüfung verstanden wurde, scheint Alberti an dieser Stelle lediglich die schädlichen Aspekte zu betonen. Dadurch deutet sich an, dass die Traurigkeit für ihn nicht allzu weit von der sündhaften *acedia* entfernt ist, die im Mittelalter als ein durch den Sündenfall in die Welt gekommener Wahnsinn gilt und die stets eine Abkehr vom Guten in die Bitternis und Dunkelheit nach sich zieht. Gerade in den *Vitae Patrum*, die von Ambrogio Traversari, mit dem Alberti gut bekannt war, um 1419 aus dem Griechischen übersetzt worden waren, finden sich zahlreiche Beispiele dieser zersetzenden Mönchskrankheit.

Bezeichnenderweise findet sich aber auch im zweiten Buch von Petrarcas *Secretum* eine Stelle, in der der heilige Augustinus Petrarca darauf hinweist, dass dieser von einer entsetzlichen Krankheit, nämlich der »acedia«, geplagt werde, die von den Alten »aegritudo« genannt wurde (*Secretum*, II, 49). Alberti hat nun offensichtlich nicht nur den Begriff der *aegritudo* von Petrarca übernommen, sondern beharrt wie dieser darauf, dass dieser Seelenkrankheit im Gegensatz zu allen anderen Krankheiten nichts Süßes, sondern nur Bitterkeit und Schrecken innewohne.
Bibl.: Mioni 1950; Klibansky/Panofsky/Saxl (1964) 1990; Graver 2008, S. 109–132; Gründler 2010.

512 Alberti greift erneut das Motiv der korrekten Seelenführung auf und verknüpft es mit der Befähigung zur politischen Führung anderer; er scheint damit – und den im Folgenden dargelegten Exempeln des Prometheus und Okeanos – ein weiteres Mal in äußerst kritischer Form auf die aktuelle politische Situation in Florenz anzuspielen. Allerdings variiert er das Motiv der korrekten Seelen- beziehungsweise ›Staats‹-Führung hier dahingehend, dass er

die Frage der Selbsterkenntnis explizit zur Sprache bringt und somit die enge Verknüpfung der ethischen und politischen mit den epistemischen Praktiken des Selbst aufzeigt. Selbstarbeit ist stets Bildungsarbeit, und neben den ethischen Tugenden, die durch Gewohnheit entstehen, müssen auch die dianoetischen, das heisst aus der Belehrung entstehenden Tugenden gepflegt und ausgeübt werden, ein Aspekt, der durch die dialogische Form von *Über die Seelenruhe* betont wird.

513 Die mythische Figur des Orestes ist in der griechischen Epik der Sohn Agamemnons und der Klytaimnestra. Nachdem seine Mutter (je nach Überlieferung entweder zusammen mit ihrem Liebhaber Aigisthos oder alleine) ihren Ehemann, Orestes Vater Agamemnon, getötet hat, verfällt Orestes in Raserei, die zu einem späteren Zeitpunkt zu der Ermordung seiner eigenen Mutter und ihres Liebhabers führt. »Ja, wahr als Seherin sprach aus Träumen dir die Furcht. Du erschlugst, den du nicht solltest; Gleiches dulde nun!« (Aischylos, *Die Weihgußträgerinnen*, 929–930).

514 Kleobulos von Lindos, Dichter, Tyrann und einer der Sieben Weisen Griechenlands: ca. 7./6. Jahrhundert v. Chr. Die Anekdote ist anderswo nicht belegt. Wie Giovanni Ponte zu Recht anmerkt, handelt es sich wohl um eine Verwechslung mit Menippos von Gadara, einen kynischen Philosophen, über den Folgendes überliefert wird: »Schließlich sei er aber durch Nachstellungen um sein ganzes Vermögen gekommen und habe aus Verzweiflung seinem Leben durch Erhängen ein Ende gemacht.« (Diogenes Laertius, *Vitae et sententiae philosophorum*, VI, 8, 100; Ponte 1988, S. 90)

515 Die mythische Figur Hekabe war die Mutter Hektors, die im Laufe des trojanischen Krieges den Verlust ihres Sohnes, ihres Mannes und weiterer Angehöriger erlitt. Als sie nach Kriegsende entführt wurde, um Odysseus als Sklavin zu dienen, stürzte sie sich von einem Schiff ins Meer und wurde dabei in einen Hund verwandelt.

516 »Aber das Thrakervolk, wegen des Unglücks des Königs erbittert, griff die Troërin an und begann, mit Geschossen und Steinen sie zu bewerfen. Doch sie verfolgt den geworfenen Stein mit rauem Knurren und Bissen. Sie bellt, als Worte sie formen will, statt zu sprechen [...].« (Ovid, *Metamorphosen*, XIII, 100; Ponte 1988, S. 90)

517 Der mythischen Figur Niobe wurden ihre zahlreichen Kinder getötet, woraufhin sich je nach Überlieferung mal sie selbst, mal die Dorfbewohner zu Stein(en) verwandeln und die Kinder unbestattet lassen: »Denn auch die schönhaarige Niobe gedachte der Speise, der doch zwölf Kinder in den Hallen zugrunde gingen, sechs Töchter und sechs Söhne in Jugendkraft. [...] Neun Tage lagen sie im Blut, und da war keiner, sie zu begraben; die Männer hatte zu Steinen gemacht Kronion, am zehnten aber begruben sie die Götter, die Uranionen.« (Homer, *Ilias*, XXIV, 602–612) Wie hier bei Alberti werden die Exempel um Hekabe und Niobe gemeinsam bereits in Cicero (*Tusculanae disputationes*, III, 63) genannt und zusammen mit Kleobulos einige Jahre vor Alberti in Marsuppinis *Consolatoria* (279–286). Bibl.: Bertolini 1998, S. 99.

518 Indem Agnolo verschiedene mythologische Beispiele negativ konnotierten Wahns auflistet, der, so die Behauptung, die Menschen zu Tieren, ja gar zu leblosen Steinen werden lässt, versucht er Niccola argumentativ davon zu überzeugen, dass jede Form von maßlosen Gefühlen in letzter Instanz zur Unmenschlichkeit führe. Bereits Aristoteles hatte in seiner *Nikomachischen Ethik* die Kategorie der tierischen, verwilderten Menschen angebracht, die sich aufgrund ihrer Rohheit jenseits jeglicher gesellschaftlichen Norm bewegen (VII, 1 und VII, 5). Agnolo scheint sowohl auf diese Vorstellung als auch auf klassische Elemente medizinischer und moraltheologischer Melancholiediskurse zurückzugreifen, gemäß denen krankhafte und suizidale Melancholiker aufgrund ihrer Raserei und ihres Vernunftverlusts tierähnlich oder subhuman werden. Zugleich vertritt er eine gemäßigte stoische Position,

insbesondere was das Bemühen um rationales Vermeiden exzessiver und somit ungesunder Emotionen angeht: Wie Cicero in seinen *Tusculanae disputationes* festhält, schließen sich gemäß den Stoikern die Begriffe der Weisheit und des Wahnsinns per se aus (IV, 54). Allerdings sind auch die Weisen nicht vor der Melancholie gefeit und können durch diese gar ihre Tugendhaftigkeit verlieren. So schreibt Diogenes Laertius in den *Vitae et sententiae philosophorum* Folgendes: »Ferner erklärt Chrysipp die Tugend für verlierbar, Kleanthes dagegen für unverlierbar; verlierbar, sagt jener, durch Trunkenheit und Melancholie, unverlierbar, sagt dieser, wegen der festen Begriffe.« (VII, 1, 127) Die Melancholie, die Cicero in den *Tusculanae disputationes* als »furor« übersetzt (III, 5, 2), stellt somit auch für die stoische Tugendlehre eine Gefahr dar und muss ähnlich wie andere starke Emotionen durch Selbstdisziplin und das Trainieren der eigenen Vernunft vermieden werden.
Bibl.: Klibansky/Panofsky/Saxl (1964) 1990, S. 92–150; Graver 2008, S. 109–132.

519 Aischylos, attischer Tragiker des 5. Jahrhunderts v. Chr.

520 Vgl.: »Schmäht nicht das Geschick, noch behauptet von Zeus, daß hinein in vorher nicht gesehenes Leid er euch gestürzt! Nicht also; ihr selbst, ihr tatet's euch selbst.« (Aischylos, *Der gefesselte Prometheus*, V, 1073–1075; Ponte 1988, S. 91)

521 Hier handelt es sich aller Wahrscheinlichkeit nach nicht um ein Zitat, sondern um eine aus mehreren Versen des Aischylos zusammengezogene Paraphrase verschiedener Äußerungen des Prometheus. Nahe kommt dem von Alberti paraphrasierten Zitat besonders folgendes: »Die Menschen ließ ich nicht mehr voraussehen ihr Los. [...] Hoffnungen, blinde, pflanzt ich ihren Herzen ein. [...]. Dazu hab ich das Feuer ihnen überbracht« (Aischylos, *Der gefesselte Prometheus*, V, 248–253)

522 Okeanos ist eine mythische Götterfigur und zugleich der die Erde umspannende Weltenstrom und Ursprung derselben und aller Götter. In der Tragödie des Aischylos ist Okeanos Prometheus' einziger Freund, der ihm in seinem gefesselten Zustand am Kaukasus zu Hilfe eilt. Um ihn aus seiner misslichen Lage zu befreien, rät er ihm, nicht länger auf seinen Ansichten zu beharren, sondern um des allgemeinen Friedens willen sein Verhalten zu ändern und seine Affekte zu zähmen. Die Erynnien bestimmen gemeinsam mit den Moiren das Schicksal.

523 Bei Prometheus, dem Vorausdenker und Vorbedenkenden, handelt es sich um eine wichtige Figur der griechischen Mythologie. Die Sage – hier in der Version von Aischylos' Tragödie *Der gefesselte Prometheus* – zählt zu den bekanntesten und meistinterpretierten Stoffen der Weltliteratur. Alberti rekurriert zu Beginn der 1440er Jahre mit seinem mythologischen Text *Momus*, dessen Protagonist Momus eine Prometheus-Figur darstellt, aber auch mit den kurz darauffolgenden *Intercenales* und volkssprachlichen Dialogen, zu denen auch *Über die Seelenruhe* gehört, wiederholt auf den Prometheus-Topos. Während der Prometheus des Aischylos einen ehrenhaften Charakter besitzt und sich von der Liebe zur Menschheit leiten lässt und ihnen als Lichtgestalt das für die Entstehung der Zivilisation grundlegende Feuer bringt, erweist sich Albertis ›Momus-Prometheus‹ (eigentlich der Gott des Spotts und die Personifikation des Tadels und der Schmähsucht) als eine höchst ambivalente und hinterhältige Figur. Im Kontext von *Über die Seelenruhe* ist jedoch ein anderer Aspekt des prometheischen Mythos zentral: Der im doppelten Sinne, innerlich und äußerlich, gefesselte Prometheus ist so erschüttert über die Entscheidung des Zeus, ihn aus dem Olymp zu verstoßen, dass er sich, übermannt von Wut und Enttäuschung, nicht von dem Empfinden befreien kann, eine Ungerechtigkeit erlitten zu haben. Alberti bedient sich nun dieser mythologischen Vorlage, um einen Bezug zur Gegenwart herzustellen, indem er Niccola selbst zur prometheischen Gestalt macht. Prometheus' Freund Okeanos, hier durch Agnolo repräsentiert, versucht ihm, und somit im

übertragenen Sinne Niccola, der sich als Verstoßener und Opfer der politisch-sozialen Umstände sieht, zu vermitteln, dass die Selbst- und Affektkontrolle das effektivste Mittel sei, sich mit den Gegebenheiten zu versöhnen und eine gewisse Autonomie und Handlungsfreiheit zurückzuerlangen.
Bibl.: Blumenberg 1990, S. 25–26; Kircher 2013; McClure 2018, S. 75–81.

524 »Denk an deine Kräfte und die Not, in der du bist!« (Euripides, *Hekabe*, 227; Ponte 1988, S. 92)

525 Es handelt sich um einen klaren Verweis auf Platons *Phaidros*, in dem das störrische, begierige Seelenpferd gegen seinen Wagenlenker, den zügelnden, rationalen Seelenteil, aufbegehrt (siehe Anm. 43).

526 Alberti paraphrasiert hier wahrscheinlich sowohl Seneca: »Siehst du nicht, wie ganz anders Väter mit ihren Kindern umgehen als Mütter? Jene lassen sie früh wecken, damit sie sich ihren Studien widmen, und dulden selbst an Feiertagen keinen Müßiggang. Sie zwingen ihnen Schweiß und manchmal Tränen ab. Die Mütter aber drücken sie ans Herz und wollen, daß sie im Schatten bleiben, niemals betrübt sind, niemals weinen, niemals sich plagen« (*De providentia*, 2), als auch das biblische Buch *Jesus Sirach*: »Verzärtelst du dein Kind, dann wirst du dich wundern; spiele mit ihm, so wird es dich betrüben. Scherze nicht mit ihm, damit du nicht mit ihm leidest und zuletzt mit den Zähnen knirschen musst. Lass ihm seinen Willen nicht in der Jugend [und entschuldige seine Torheit nicht. Beuge ihm den Nacken in seiner Jugend]; bläue ihm den Rücken, solange er noch klein ist, damit er nicht halsstarrig und ungehorsam werde [und dir Herzeleid bereite]. Erzieh deinen Sohn und mühe dich um ihn, dass du durch seine Schande nicht zu Fall kommst.« (30, 9–13)
Bibl.: Ponte 1988, S. 92.

527 Im Folgenden entwirft Alberti eine an antike Gleichnisse angelehnte Bankettszene, die durch ihren Bilderreichtum auch an seinen *Momus* erinnert. Phoebus, was so viel wie ›hell‹ und ›rein‹ bedeutet, ist ein Beiname des Apoll. Es ist möglich, dass sich Alberti auf Ovids Erzählung des Mythos um Phoebus und seinen Sohn Phaeton bezieht (*Metamorphosen*, II, 1). Phaeton hatte seinen Vater gebeten, den himmlischen Wagen führen zu dürfen. Es gelang Phaeton jedoch nicht, die Pferde im Zaum und das Gefährt in der Bahn zu halten. Der Sonnenwagen kam somit der Erde zu nahe und verbrannte Wälder und Täler, verwandelte Felder in Wüsten, bis Zeus ihn bestrafend zum Absturz brachte, woraufhin Phaeton in einem Fluss ertrank. Alberti könnte sich für die Episode des Götterbanketts auch an Marsuppinis *Consolatoria* (808–830) orientiert haben.
Bibl.: Bertolini 1998, S. 102.

528 Bei einem *Lectisternium* handelt es sich um ein feierliches Göttermahl im antiken Rom. Dabei wurden die Bildnisse oder jeweiligen Attribute der Götter auf kostbare Kissen gelegt und mit Speisen symbolisch bewirtet. Diese Mahle scheinen häufig in Krisenzeiten als Opfer gedient zu haben.
Bibl.: Siebert, DNP (»Lectisternium«), Bd. VI, Sp. 1217.

529 Die Schilderung des grotesk anmutenden Götterbanketts mit den kuriosen Gästen *Lachen* und *Weinen* bietet Alberti die Möglichkeit, die auf Aristoteles zurückgehende Leib-Seele-Sympathie zu thematisieren, der zufolge die Gestalt eines Menschen auf dessen Wesenseigenschaften und Wesenszustand verweise. Obgleich die pseudoaristotelische Schrift der *Physiognomika* nur fragmentarisch überliefert war, hatte sie in der Charakterologie von der Antike bis zur Frühen Neuzeit enorme Auswirkungen. Dies nicht zuletzt, weil die Leib-Seele-Konkordanz von primärem Interesse für die Viersäftelehre war und die hiermit zusammenhängende medizinische Auffassung durch Galen und

Hippokrates auch zu Zeiten Albertis präsent war. Der physiognomischen Lehre zufolge ist das Aussehen eines Menschen der Spiegel seiner Seele, der »Körper wird [...] als Ausdruck des inneren Menschen verstanden« (Büchsel 2001, S. 61). Dennoch ist es laut den antiken Autoren durch stetige Arbeit am Selbst und dem Vertrauen auf die eigene Vernunft möglich, die inneren Erregungen zu kontrollieren und somit nicht im sichtbaren Äußeren zu exteriorisieren. Alberti waren beispielsweise die literarischen Anwendungen dieser Theorie in den Werken Ciceros geläufig. Im Christentum und über das gesamte Mittelalter bleibt die Affektkontrolle beziehungsweise -bewertung zentral für die Tugend-Laster-Lehre.

Die Physiognomik war ferner grundlegend für die Kunsttheorie des 15. und 16. Jahrhunderts, und Alberti gilt mit den Kapiteln 41 und 42 im zweiten Buch von *De pictura* als Vorreiter ihrer Theoretisierung. Bezeichnenderweise bieten diese Seiten seines Dialogs *Über die Seelenruhe* ein bisher nicht zureichend beachtetes Pendant, wodurch sich seine im Malereitraktat verhandelten Prämissen sozusagen an einem praktischen Beispiel nachverfolgen lassen. Dies trifft besonders deshalb zu, weil Alberti in *De pictura* explizit auf die Schwierigkeit der malerischen Unterscheidung eines lachenden und eines weinenden Menschen insistiert: »Wer ferner – es sei denn, er habe es selbst erprobt – würde das Ausmaß der Schwierigkeit richtig einschätzen, die sich geltend macht, wenn man lachende Gesichter abbilden möchte und dabei tatsächlich den Eindruck vermeiden muss, als seien sie den Tränen näher als der Munterkeit?« (*De pictura*, II, 42) An dieser Stelle von *Über die Seelenruhe* behandelt Alberti insbesondere die Gefahr einer zu intensiven Betrachtung eines deformierten Aussehens, sprich eines deformierten Seelenzustandes. Die angenommene Entsprechung von Leib und Seele führt dazu, dass ein zu langes Anschauen der Gesichter von *Lachen* und *Weinen* deren Affekte und deren Seelenzustand auf den Betrachter überträgt. Dieser eignet sich nicht nur den physischen Gesichtsausdruck an, sondern der vorübergehende Affekt (des Lachens oder des Weinens) droht zu einer permanenten Wesenseigenschaft zu werden, ein Aspekt, auf den auch in mittelalterlichen Bildtheorien bei als zu exzessiv empfundenen Affektäußerungen, wie etwa dem Lachen, insistiert wurde.
Bibl.: Castelli 1998; Reißler 1997; Büchsel 2001.

530 Albertis Schilderung der Hungersnot während des jüdischen Kriegs gegen die Römer (66 bis ca. 70 n. Chr.) entstammt an dieser Stelle wohl Flavius Josephus (*De bello iudaico*, V, 13, 7) oder Tacitus (Tacitus, *Historiae*, V, 13), deren Angaben zu den Opferzahlen aber bisweilen angezweifelt werden. Die Anekdote selbst weist auf den ersten Blick einen ambivalenten Charakter auf, zumal die jüdischen Bewohner Jerusalems nicht nur den religiösen Ritus des Bestattens missachten, sondern scheinbar auch eines menschlichen Grundbedürfnisses (des Weinens) entbehren. Im Kontext der folgenden Anekdoten sowie einer Kritik übertriebenen Weinens wird hingegen deutlich, dass es vielmehr um eine Rangordnung menschlicher Bedürfnisse geht, innerhalb derer das Weinen oder Trauern als emotionale Praxis voraussetzt, dass bestimmte körperliche Grundbedürfnisse wie Hunger und Durst gestillt sind.
Bibl.: Ponte 1988, S. 94; Schäfer 2010, S. 156–157.

531 »So habe auch ich Jammer in dem Herzen, doch der treibt immerzu, zu essen und zu trinken, und alles läßt er mich vergessen, was ich gelitten, und heischt nur immer, daß er sich fülle.« (Homer, *Odyssee*, VII, 219–221; Ponte 1988, S. 95)

532 Hyperion ist der Beiname des Sonnengottes Helios. Die von Alberti erwähnte Szene spielt sich auf dessen Insel Thrinakia ab. »Sechs Tage schmausten darauf die mir geschätzten Gefährten, nachdem sie sich von den Rindern des Sonnengottes die besten herbeigetrieben hatten.« (Homer, *Odyssee*, XII, 397–398; Ponte 1988, S. 95)

533 An dieser Stelle befindet sich im italienischen Original der lateinische Einschub »ad secundos, at non inter triarios ordines«. Die Triarer, eine spezifische Gruppe römischer Legionäre, die sich meist aus den wohlhabenden Schichten rekrutierte, kam zum Zug, wenn andere Truppenteile im Kampf bereits unterlegen waren.

534 Ähnlich wie der ungewappnete Körper kann auch die ungeübte Seele verletzt werden, womit Agnolo einmal mehr auf die Notwendigkeit der disziplinierenden Selbstpraktiken hinweist, die den besten, ›vorbildenden‹ Schutz gegen die Zumutungen des Daseins darstellen. Allerdings weist er, ähnlich wie etwa Seneca in seinen *Briefen an Lucilius*, darauf hin, dass es durchaus angemessen sein kann, unter gewissen Umständen Tränen zu vergießen. Auch der Weise, so Seneca, weint beim Begräbnis seiner Lieben, wobei dies Zeichen seiner Menschlichkeit und keineswegs ein Zeichen von Verweichlichung ist (II, 99, 14–19). Es ist jedoch bezeichnend, dass Seneca der Meinung des Volkes, das den Mangel beziehungsweise Exzess an Gefühlen entweder als grausam oder eben als weibisch verhöhnt, sehr kritisch gegenübersteht: »Sie [die öffentliche Meinung] sieht jemanden tapfer in seiner Trauer und nennt ihn verantwortungslos und grausam; sie sieht, wie jemand zusammenbricht und sich über den toten Körper wirft, und sagt daraufhin, er sei weibisch und unbeherrscht.« (II, 99, 17) Er beschreibt diese Überzeugungen als kurzsichtig, volatil und von Gruppenzwang determiniert und plädiert stattdessen für eine Angemessenheit (*decorum*) der Gefühle: »[O]ft sind sie [die Tränen] schon, ohne das Ansehen der Betroffenen zu gefährden, so maßvoll geflossen, dass den Leuten weder Menschlichkeit noch Würde verloren ging.« (II, 99, 20) Somit vertritt Seneca eine weitaus ausgewogenere Haltung, als dies bei Agnolo der Fall ist, dessen Frauenfeindlichkeit und Ideal des abgehärteten Mannes in den folgenden Zeilen stark zum Tragen kommt.
Bibl.: Reale 1994; Graver 2008, S. 101.

535 Agnolo übt hier einmal mehr scharfe Kritik an der Hingabe an die niederen Affekte und warnt vor der Entflammbarkeit der Emotionen. So wie in seinen Ausführungen zum linkischen Teil der Seele (siehe Anm. 43) unterstellt er auch hier, dass es sich um kindische beziehungsweise weibische Verhaltensweisen handle, die eine geringe Selbstkontrolle und niedere Verstandesgabe offenbaren, die tugendhaften Männern nicht gut zu Gesicht stünde. Ähnlich wie etwa Chrysipp beharrt er auf der Notwendigkeit der Reduktion irrationaler Affekte, die die Freiheit des Denkens und Handelns einschränken. Oberstes Ziel ist somit die Dominierung der negativen Impulse der *pathé* durch den vernünftigen Seelenteil und eben nicht die den Stoikern kurzsichtig unterstellte radikale Unterdrückung aller Affekte.
Bibl.: Graver 2008; Solomon 2008, S. 3–10.

536 Die Herkunft dieses Zitats lässt sich nicht zweifelsfrei klären, Giovanni Ponte verweist an dieser Stelle auf Homer, *Ilias*, II, 389 (Ponte 1988, S. 96). Alberti scheint hier jedoch eher frei auf Odysseus' scharfe Zurechtweisung des Thersites anzuspielen (Homer, *Ilias*, II, 246).

537 An dieser Stelle ist im italienischen Original direkt in den Text ein von Vergil abgewandeltes lateinisches Zitat verwoben. Bei Alberti steht »ingemuit et palmas ad sidera tendit«, frei nach Vergil: »ingemit et duplicis tendens ad sidera palmas«. (*Aeneis*, I, 93; Ponte 1988, S. 96)

538 Die Lykier werden bereits in Homers *Odyssee* mehrfach erwähnt und bezeichnen die Bewohner eines Landstrichs im Südwesten des antiken Kleinasiens.

539 »Bei den Lykiern soll es eine gesetzliche Bestimmung gegeben haben, der gemäß im Falle der Trauer die betreffenden Bürger Weiberkleidung anlegen mußten zum Zeichen dafür, dass diese Gemütserregung etwas Weibisches sei und sich nicht zieme für Männer

von Selbstbeherrschung und wahrer Bildung.« (Plutarch, *Trostschreiben an Apollonius*, 22; Ponte 1988, S. 96) Auf diese Notizen zu den Lykiern konnte Alberti ebenfalls durch Marsuppinis *Consolatoria* (656–678) zugreifen.
Bibl.: Bertolini 1998, S. 100.

540 »Numa hat auch die Trauer nach Zeit und Lebensalter begrenzt. So durfte man um ein Kind unter drei Jahren überhaupt nicht Trauer anlegen; um ein älteres nicht mehr Monate, als es Jahre gelebt hatte, bis zur Höchstzahl zehn; darüber hinaus um kein Lebensalter, sondern zehn Monate sollte die längste Trauerzeit währen.« (Plutarch, *Vitae parallelae*, Bd. I, *Numa*, 12, S. 185; Ponte 1988, S. 96)

541 Es handelt sich um die Schlacht bei Cannae (Apulien), die während des Zweiten Punischen Krieges im Jahr 216 v. Chr. stattfand und in der das römische Heer eine der bittersten Niederlagen seiner Geschichte durch die von Hannibal angeführten Karthager erfuhr. Das Exempel dieser Schlacht wird ebenfalls von Marsuppini in seiner *Consolatoria* (1330–1335) angeführt.
Bibl.: Bertolini 1998, S. 104.

542 »Um daher nicht aus dem gleichen Grunde auch andere staatliche oder private religiöse Handlungen ausfallen zu lassen, beschränkte man durch Senatsbeschluß die Zeit der Trauer auf 30 Tage.« (Livius, *Ab urbe condita*, XXII, 56, 5; Ponte 1988, S. 97)

543 »Als Gaius Caesar durch Britannien marschierte und es nicht über sich brachte, daß seinem Glück das Weltmeer Grenzen setzte, erfuhr er vom Tod seiner Tochter, der allgemeines Unglück nach sich zog. [...] Trotzdem widmete er sich schon nach zwei Tagen wieder seinen Aufgaben als Feldherr und besiegte den Schmerz, so schnell wie er alles zu besiegen pflegte.« (Seneca, *Consolatio ad Marciam*, 14, 3; Ponte 1988, S. 97) Auch dieses antike Beispiel findet sich in Marsuppinis *Consolatoria* (1289–1290) von 1433.
Bibl.: Bertolini 1998, S. 103.

544 In dem vorangehenden Abschnitt thematisiert Alberti durch das Heranziehen antiker Beispiele zeitgenössische Trauerrituale und kommentiert geschlechterspezifische Vorstellungen vom angemessenen Umgang mit dem Tod. Die deutliche Kritik an übermäßiger Veräußerlichung innerlichen Schmerzes – durch starkes Weinen, lautes Klagen, selbstzerstörerische Gestik wie das Rupfen der Haare, das Zerkratzen der Haut, das Zerreißen der Kleidung – beschreibt seit der Antike gängige Rituale, die auch in der Frühen Neuzeit weiterhin praktiziert wurden. Zahlreiche Gesetze und kommunale Regeln zur Eindämmung exzessiver *pianti* (choreographisch eindrückliche Trauerrituale) und auch Albertis Textpassage selbst sind indirekte Zeugen hierfür. So sind auch für Florenz Beschreibungen überliefert, die gerade die Intensität und den perfomativen Charakter der weiblichen Trauer verdeutlichen. Bestimmte Bildthemen in Malerei und Plastik – vor allem die *Beweinung Christi* oder der *Bethlehemitische Kindermord* – ermöglichen, besonders in der seit Giotto akzentuierten Emotionalität der Figuren, ebenfalls Einblick in die Dramatik der Trauergestik.

Im Kontext von Albertis Dialog *Über die Seelenruhe* sind die Aussagen Agnolos in Zusammenhang mit dem *decorum* und vor allem den vorherrschenden Männlichkeitsmodellen zu deuten. Die männliche Reaktion auf Trauer stellt das vermeintlich positive Gegenbeispiel zu den als emotional-irrational geltenden Handlungen der Frauen dar. Wie stark der gesellschaftliche Druck auf den Mann war, nur gemäßigte Trauer zu äußern, zeigt ein von Margaret King angeführtes Beispiel aus dem Venedig des 15. Jahrhunderts, wo ein gewisser Jacopo Antonio Marcello infolge des Todes seines Sohnes in so tiefe Trauer verfiel, dass diese von seinen Mitbürgern als unehrenhaft, gar als abscheulich betitelt wurde und selbst seinen Status als Mann in Frage stellte.

Bibl.: Barasch 1976; King, Margaret 1994; Thompson 2006, S. 398–413; Lansing 2008; Graham 2018.

545 »Aus dieser Vorstellung entstammen die verschiedenen verwerflichen Formen der Trauer, das sich Beschmutzen, weibisch sich die Wangen zerkratzen, die Brust, die Schenkel, das sich den Kopf schlagen.« (Cicero, *Tusculanae disputationes*, III, 62; Ponte 1988, S. 97)

546 Das Sokrates zugeschriebene Zitat liest sich wie folgt: »Hierher könnte man auch ein Wort des Sokrates ziehen, der der Meinung war, daß wenn alles Unglück auf einen Haufen zusammengetragen würde, um jeden den gleichen Teil davon nehmen zu lassen, die meisten am liebsten ihren eigenen Beitrag ergreifen und damit abziehen würden.« (Plutarch: *Trostschreiben an Apollonius*, 9, S. 77–78; Ponte 1988, S. 97) Höchstwahrscheinlich hat Alberti diese Information aus Marsuppinis *Consolatoria* (724–729).
Bibl.: Bertolini 1998, S. 101.

547 An dieser Stelle befindet sich im italienischen Original folgende Zeile Vergils: »haec finis Priami fatorum, hic exitus illum sorte tulit Troiam incensam et prolapsa videntem Pergama, tot quondam populis terrisque superbum regnatorem Asiae.« (*Aeneis*, II, 554–557; Ponte 1988, S. 98)

548 Die genaue Bezeichnung fehlt in den Manuskripten, wahrscheinlich handelt es sich um die Babylonier, wie unter anderem Ponte (1988, S. 98), suggeriert.

549 Aufgrund der fehlenden Bezeichnung lässt sich die Herkunft des Zitats nicht zweifelsfrei klären. Möglicherweise bezieht sich Alberti an dieser Stelle auf eine Schilderung bei Herodot: »Sie tragen ihre Kranken auf den Markt; denn sie haben ja keine Ärzte. Da treten die Leute heran und geben dem Kranken gute Ratschläge hinsichtlich seiner Erkrankung, wenn sie an derselben Krankheit gelitten haben wie der Kranke oder andere daran leiden sahen. Sie treten heran, reden dem Kranken gut zu und erklären ihnen, wodurch sie von einem ähnlichen Leiden geheilt worden sind oder Genesung bei anderen gesehen haben. Schweigend an dem Kranken vorbeizugehen ist nicht erlaubt. Jeder muß fragen, woran er leidet.« (Herodot, *Historien*, I, 197; Ponte 1988, S. 98)

550 Mit einer besonders bildhaften Sprache führt Alberti hier vor Augen, worauf er durch die Worte Agnolos bereits im zweiten Buch hingewiesen hatte: »wenn wir vom Schmerz niedergedrückt sind, kommt uns anderer Leute Schmerz gelegen und ziehen wir in unserem Unglück Trost aus anderer Leute Pein.« (S. 72–73) Die zutiefst prekären Lebensumstände anderer, die sich äußerlich durch Schmutz, Armut und Krankheit manifestieren, werden hier in einem sarkastischen Ton als »Gegenmittel« für die eigenen, weniger schwerwiegenden Sorgen angeführt. Die deutliche Absetzung der Florentiner Bürgerklasse, denen die drei Dialogpartner angehören, von den kauernden und ausharrenden Aussätzigen, die eben nicht als Teil der Gemeinschaft betrachtet werden, ermöglicht die existenzielle Erörterung der Ungerechtigkeit des Schicksals. Besonders deutlich wird dies durch die Hervorhebung des Ursprungs aller menschlichen Geschöpfe »aus demselben Lehm« unter Rückbezug auf die Legende um Prometheus und selbstverständlich auf *Genesis* 2, 7.

Wie an so vielen Textstellen dieses Dialogs bettet Alberti also die Argumentation in die zeitgenössische Situation ein und vermittelt den Lesern ein genaues Bild der damaligen Zustände. Der urbane Raum jener Zeit war geprägt von den unterschiedlichsten Kategorien von Bedürftigen, die ähnlich wie in Albertis Text beschrieben vor den Gotteshäusern um Almosen baten oder in den Vorhallen der zahlreichen städtischen Krankenhäuser anzutreffen waren. Bereits in der unmittelbaren Umgebung der drei ins Gespräch vertieften Freunde befanden sich mehrere bedeutende Institutionen dieser Art: etwa die Misericordia und der Bigallo direkt gegenüber vom Dom. Die Hervorhebung der kostbaren Bekleidung im Kontrast zur Nacktheit und Blöße der Bettelnden und Kranken – man bedenke in diesem

Zusammenhang auch die Aufnahme der physiognomischen Lehre durch Alberti (siehe Anm. 529) – ist außerdem als Echo auf die in Florenz florierende Textilindustrie zu verstehen, die wesentlich zum Reichtum der Stadt beigetragen hat. Wie alltäglich das hier von Agnolo erläuterte Zusammentreffen der oberen und untersten Gesellschaftsschichten war und wie sich dieses visuell in Kleidung und Habitus darbot, bezeugen auch zahlreiche bildliche Darstellungen, wie beispielsweise die *Heilung des Krüppels und die Auferweckung Tabitas* von Masolino in der Brancacci-Kapelle.
Bibl.: Henderson (2006) 2014; Hollberg 2017.

551 Dies ist die einzige Stelle in Albertis *Über die Seelenruhe*, in der der Begriff der »pietà«, des Mitleids oder Mitgefühls, näher erörtert wird. Dabei war das Mitleid nicht nur in der klassischen Antike eines der zentralen Konzepte der Ethik – man denke etwa an Aristoteles' Überlegungen in seiner *Rhetorik*, in der er konzise schreibt, dass das »Mitleid definiert [sei] als eine Art Schmerz über ein anscheinend leidbringendes Übel, das jemanden trifft, der es nicht verdient, ein Übel, das erwartungsgemäß auch uns selbst oder einen der Unsrigen treffen könnte [...]« (1385b12–15). Vielmehr wurde der Affekt des Mitleids oder des Mitleidens insbesondere im Christentum zur Tugend der Barmherzigkeit gezählt und war somit unabdingbarer Bestandteil der christlichen Nächstenliebe, die nicht nur in einer inneren, subjektiven Erschütterung bestehen, sondern vielmehr der Grund für effektive, intersubjektive Handlungen sein sollte. Es war Thomas von Aquin, der diesen Aspekt in Auseinandersetzung mit dem aristotelischen Konzept des *eleos* sowie einer Kritik der stoischen *apatheia* und in klarer Weiterentwicklung des augustinischen Denkens in seiner *Summa theologica* starkmachte (2, 2). Augustinus schrieb: »Was ist aber Mitleid andres als das Mitempfinden fremden Elends in unserm Herzen, durch das wir jedenfalls angetrieben werden zu helfen, so weit wir können?« (*De civitate Dei*, IX, 5) Alberti selbst konzentriert sich erstaunlicherweise weitaus mehr auf den Aspekt der inneren Berührung als auf die ethische Handlungsanleitung.
Bibl.: Dalferth/Hunziker 2007; Von der Lühe/Gülcher 2007; Rombach/Seiler 2009.

552 Gaius Maecenas, Förderer verschiedener Literaten: um 70 v. Chr. Arretium (Arezzo) – um 8 v. Chr. Rom. Maecenas' Name ist der sprachgeschichtliche Ursprung des Begriffs ›Mäzenatentum‹.

553 An dieser Stelle hat Alberti wieder ein leicht abgewandeltes lateinisches Zitat in den Text eingeschoben. Das Original liest sich wie folgt: »maecenas atavis edite regibus.« (Horaz, *Oden*, I, 1, 1; Ponte 1988, S. 99)

554 »Manche leiden beständig an Fieber, wie C. Maecenas; dieser konnte in seinen drei letzten Lebensjahren keine Stunde schlafen.« (Plinius der Ältere, *Naturalis historia*, VII, 52, 172; Ponte 1988, S. 99)

555 Wenngleich Alberti hier, der christlichen Heilslehre und Tugendbildung folgend, klarmacht, dass es unverzichtbar ist, in seiner Not Gott um Hilfe zu bitten, pocht er doch darauf, dass das Wissen um die freie Handlungsmacht und die Fähigkeit zur Resilienz des wirklich Klugen Pflicht ist. Der tugendhaft und weise Handelnde steht bereits im Einklang mit sich (seiner Seele) und folglich dem göttlichen Willen, spürt Gott in sich und gewinnt dadurch eine innere Freiheit, eigenverantwortlich mit Widrigkeiten umzugehen. Damit folgt Alberti eher Senecas und Ciceros Position, die eine Hingewandtheit zum Diesseits im Sinne einer Selbsthilfe mittels erlernten und geübten vernunftgemäßen Handelns im Zusammenspiel mit der Selbsterkenntnis bevorzugt und damit dem Einzelnen einen größeren freien Handlungsraum verschafft. Dennoch erkennt auch Cicero an, »dass man Gott um das Glück bitten solle, aber die Weisheit sich selbst verschaffen müsse« (*De natura deorum*, III, 88). Und auch Seneca schreibt, man brauche »nicht die Hände zum

Himmel zu erheben, auch nicht den Tempelwärter mit Bitten zu bestürmen« (*Briefe an Lucilius*, I, 41), denn die Gesundheit der Seele hänge im Wesentlichen von der freien Entscheidung, der Gewilltheit zum tugendhaften Handeln ab.
Bibl.: Pohlenz 1948–1949, Bd. I, S. 315–324; Wicke-Reuter 2000, S. 26–54.

556 Alberti modifiziert Juvenals Zitat im Lateinischen leicht und schreibt statt »sit« »sat«, was es ihm ermöglicht, den Halbsatz zu einem vollständigen Satz auszubauen. Vgl.: »[...] orandum est, ut sit mens sana in corpore sano.« (Juvenal, *Satiren*, IV, 10; Ponte 1988, S. 100) Neben diesem direkten Zitat scheint Alberti auch den erweiterten Kontext der Juvenal-Stelle zu referieren: »Also werden sich die Menschen nichts wünschen? – Wenn du einen Rat willst, überlasse es den Göttern selbst, abzuwägen, was uns zukommt und was unseren Angelegenheiten dienlich ist. Denn anstelle des Angenehmen werden die Götter gerade das geben, was am besten passt. Ihnen liegt der Mensch mehr am Herzen als sie selbst. Von unserem Geist angetrieben und geführt von blinder und großer Begierde, wünschen wir uns eine Ehe und dass die Frau Kinder kriegt. Aber jenen ist bekannt, welche Kinder und was für eine Frau das sein werden. Damit du trotzdem etwas fordern und auch den kleinen Heiligtümern die Eingeweide und die heiligen Würste von einem Schwein versprechen kannst, das schön weiß ist, musst du dafür beten, dass ein gesunder Geist in einem gesunden Körper ist.« (Ebenda)

557 Die Themen des tugendhaften Handelns sowie der Selbsterziehung zur Tugend durchziehen den gesamten Text wie ein roter Faden. Dennoch führt Alberti die vier Kardinaltugenden ›Klugheit‹, ›Besonnenheit‹, ›Gerechtigkeit‹ und ›Tapferkeit‹ erst an dieser Stelle explizit und in einem zusammenhängenden Kontext an. Das Schema ihrer Vierzahl reicht bis in die Antike zurück. In Platons *Politeia* waren sie den drei Seelenteilen zugeordnet, wobei die Klugheit beziehungsweise Weisheit das übergeordnete Primat innehatte. Bei Aristoteles findet sich hingegen keine Hierarchisierung der Tugenden. Über Ciceros *De officiis* festigt sich der Kanon ihrer Vierzahl, und auf den Kirchenvater Ambrosius geht die Bezeichnung ›Kardinal‹-Tugenden, von *cardine* – ›Angelpunkt‹ oder auch ›Türangel‹ – zurück.

Bereits die klassischen Autoren sahen die vier Tugenden als Haltungen an, die durch Studium und Praxis sowohl im öffentlichen Leben als auch in der zurückgezogenen Existenz des Weisen ausgeübt werden sollten. Es war schließlich Thomas von Aquin, der die Kardinaltugenden gemeinsam mit den theologisch-christlichen Tugenden (Hoffnung, Nächstenliebe und Glaube) systematisch in die christliche Morallehre und somit in die scholastische Ethik aufnahm. Wie bereits Albertus Magnus insistiert auch Thomas weiterhin auf die politischen, das gemeinschaftliche Leben betreffenden Implikationen der Kardinaltugenden und hebt – ähnlich Albertis Aufforderung in diesem Abschnitt – die Notwendigkeit einer ständigen Übung in der Anwendung der Tugenden hervor, um standhaft zu bleiben und nicht den Leidenschaften zu verfallen. Es ist auffallend, dass Alberti die Klugheit (und ihr folgend die anderen Tugenden) in seiner Beschreibung als personifizierte Allegorie auftreten lässt, die somit vor dem inneren Auge der Leserin beschworen wird. Diese Direktheit wird durch das »eccoti«, also »schau her«, noch hervorgehoben. Zugleich evoziert Alberti dadurch natürlich auch die in der visuellen Kultur seiner Zeit wohlbekannten personifizierten Allegorien, die sowohl im städtischen als auch im sakralen Raum präsent waren.
Bibl.: Klein, HWPh (»Kardinaltugend«), Bd. IV, Sp. 695–696; Ponte 1988, S. 101; Keßler 2002; Bejczy 2011.

558 Hier befindet sich im italienischen Original ein verändertes lateinisches Zitat Vergils: »fatis contraria fata rependens.« (*Aeneis*, I, 239; Ponte 1988, S. 102) Alberti schreibt hingegen: »fatis (inquit) fata rependo meis«.

559 Es handelt sich um eine bemerkenswerte Passage, in der Alberti sich nicht nur mit Vergil vergleicht und somit subtil in einen Wettstreit eintritt, sondern zugleich die Ebenbürtigkeit der toskanischen und der lateinischen Sprache feststellt. Vergils Original liest sich wie folgt: »neque enim ignari sumus ante malorum – passi graviora, dabit deus his quoque finem.« Auf Deutsch also: »ihr Männer, die ihr schon Schwereres ertragen habt: Auch dem hier wird ein Gott ein Ende machen.« (Vergil, *Aeneis*, I, 198–199; Ponte 1988, S. 102)
Bibl.: Gorni 1975, S. 115.

560 Hier findet sich hingegen im Original das lateinische Zitat: »forsan et haec olim meminisse iuvabit.« (Vergil, *Aeneis*, I, 203; Ponte 1988, S. 103) Alberti schreibt »forsitan« anstatt »forsan«.

561 Ebenso: »urbem praeclaram statui, mea moenia vidi.« (Vergil, *Aeneis*, IV, 655; Ponte 1988, S. 103)

562 »[...] jetzt aber ereilt mich das Schicksal! Wahrhaftig! nicht ohne Mühe und ruhmlos will ich zugrunde gehen, sondern etwas Großes tun, auch für die Späteren zu erfahren!« (Homer, *Ilias*, XXII, 303–305; Ponte 1988, S. 103)

563 Im Gegensatz zu Albertis eher negativen Lesart nimmt der mythische König der Phaiaken Alkinoos Odysseus entgegen der Warnungen Poseidons als Gast in seinem Haus auf und lässt ihn reich beschenkt von einem seiner besten Schiffe nach Ithaka geleiten (*Odyssee*, VIII, 159–164).
Bibl.: Bertolini 1998, S. 52–54.

564 »Dann schlugen sie, zurückgelehnt, die Salzflut auf mit dem Ruderblatt, und ihm fiel ein tiefer Schlaf auf die Augenlider, ein unerwecklicher, ganz süßer, dem Tode am nächsten gleichend.« (Homer, *Odyssee*, XIII, 78–81; Ponte 1988, S. 103)

565 Peion, Peon oder Paiëon ist die epische Schreibweise eines griechischen Götterbeinamens (Paian). In der homerischen Ilias-Sage (Homer, *Ilias*, V, 899) ist Paiëon eine eigenständige Gottheit (der Arzt der Götter).
Bibl.: Ponte 1988, S. 103.

566 Jupiter (auch Iuppiter) ist der oberste Gott des lateinisch-römischen Götterpantheons und entspricht in der griechischen Mythologie Zeus.

567 »So sprach er, und dem Paiëon befahl er, ihn zu heilen. Und Paiëon streute ihm schmerzstillende Kräuter auf und heilte ihn, denn er war nicht sterblich geschaffen. Und wie wenn Feigenlab weiße Milch in Eile läßt fest werden, die flüssige, und sehr schnell gerinnt sie rings beim Rühren: So rasch wurde geheilt der stürmende Ares.« (Homer, *Ilias*, V, 899–904; Ponte 1988, S. 103)

568 Die Entführung der Sagenfigur Helena (eigentlich Helene) durch Paris löst den trojanischen Krieg aus. Nach der Rückkehr Helenas und Menelaos' bereitet Helena besagten Trank (auch wenn er in Homer, *Odyssee*, IV, 220, ohne Namen bleibt) am Hofe des Menelaos, als Telemachos (Odysseus' Sohn) zu Gast ist, um Kunde über den Verbleib seines Vaters einzuholen.

569 »Alsbald warf sie ein Kraut in den Wein, von dem sie tranken, ein kummerstillendes, galleloses, vergessenbringendes für alle Übel. Wer dieses schluckte, wenn es dem Mischkrug beigemischt war, der ließ den Tag über keine Träne von den Wangen fallen, auch nicht, wenn Mutter und Vater gestorben wären, auch nicht, wenn ein Bruder oder eigener Sohn dicht vor ihm hingemordet würde mit dem Erze, und er es mit den Augen sähe.« (Homer, *Odyssee*, IV, 220–226; Ponte 1988, S. 104)

570 Bei Diodoros handelt es sich um einen griechisch-antiken Universalhistoriker des 1. Jahrhunderts v. Chr. aus Agyrion (Agira) auf Sizilien.

571 Hinter diesem Namen verbirgt sich wohl das schmerzlindernde und Vergessen befördernde Arzneimittel Nepenthes, das heute zuweilen als Opiat oder als mit Opium zubereitete Drogenmischung östlicher Herkunft identifiziert wird: »Solche Kräuter besaß die Tochter des Zeus: sinnreiche, edle, die ihr Polydamna gereicht hatte, die Gattin Thons, in Ägypten, wo die meisten Kräuter die nahrungsgebende Ackerscholle trägt, viele gute gemischt und viele böse.« (Homer, *Odyssee*, IV, 227–230; Ponte 1988, S. 104)
Bibl.: Robson 1999, S. 161.

572 Bei Thon (auch Thonis) handelt es sich um einen mythischen Heros der ägyptischen Helena-Tradition, der unter anderem bei Herodot (*Historien*, II, 113–117), ebenso aber bei Homer (*Odyssee*, IV, 228) Erwähnung findet.

573 Alberti bezieht sich auf folgende Passage des Diodoros: »Zum Beweis dafür, daß selbst Homer bei ihnen [den Ägyptern] war, führen sie vor allem die Verzauberung des Telemachos durch Helena und sein Vergessen überstandener Leiden an: Denn das kummerstillende Mittel, das der Dichter Polydamna, die Gattin des Thon, aus dem ägyptischen Theben Helena übergeben läßt, müsse Homer genau bekannt gewesen sein.« (Diodoros, *Griechische Weltgeschichte*, I, 97, 7)

574 Die Erwähnung der Tränen und die Aufforderung zum gemeinsamen Lachen deutet darauf hin, dass sich Alberti an die von Seneca erzählte Anekdote vom Lachen des Demokrit und den Tränen des Heraklit (*De tranquillitate animi*, 15) anlehnt. Bemerkenswerterweise verändert sich durch die breit aufgefächerte und ständig wechselnde Emotionalität des Lachens in *Über die Seelenruhe* laufend die Tonalität der Szenen und Wortwechsel. So zeigt sich eine durchaus komische Dimension des Textes und auch eine humorvolle Leichtfüßigkeit der Sprache, die von Mehrdeutigkeiten, Wortwitzen, aber auch von sarkastischen Untertönen geprägt sein kann. Alberti experimentierte in all seinen Schriften mit zahlreichen Formen und Schattierungen des Humors und der Komik, darunter der Satire, Parodie, dem Spott, Sarkasmus und Zynismus als *topoi*, Argumentations- und Stilmittel, wobei er sich an antiken Vorbildern wie Lukian orientierte.
Bibl.: Mönig 2008; Kircher 2012, S. 6–15, S. 111–134 und S. 257–280.

575 »Selbst wird es dir hernach ein Kummer sein, und da ist kein Mittel, für geschehenes Unheil Heilung zu finden.« (Homer, *Ilias*, IX, 249–250; Ponte 1988, S. 104)

576 Bacchus, beziehungsweise *Liber pater*, bezeichnet den römischen Gott des Weines.

577 Die Bezeichnung des Weingottes Bacchus als *Liber pater* (»Vater Freiheit«) findet sich ab dem 3. Jahrhundert v. Chr. in vielen antiken Quellen, unter anderem bei Plinius in der Beschreibung der damals sehr berühmten Bacchus-Bronzenskulptur des Praxiteles (*Naturalis historia*, XXXIV, 71), aber auch bei Ovid (*Fasti*, III, 17. März) und Cicero (*De natura deorum*, II, 60–63) sowie im erweiterten römisch-imperialen Kontext in jeweils verschiedenen Interpretationen des Terminus. Alberti greift hier konzeptuell jedoch auf ein Zitat Senecas aus dessen *De tranquillitate animi* ([b] 17, 8) zurück: »Der Wein spült ja unsere Sorgen fort, und er lockert den Geist gründlich auf: wie manche Krankheiten, heilt er den Trübsinn, und so ist der ›Befreiende‹ (*Liber*) nicht wegen der Zügellosigkeit der Zunge der Erfinder des Weines genannt worden, sondern weil er den Geist befreit von der Knechtschaft der Sorgen, vor Unfreiheit schützt, Lebenskraft gibt und größeren Mut zu allen Unternehmungen verleiht.«
Bibl.: Bruhl 1953; Ponte 1988, S. 104; Moffitt 2005; Schöndube 2011.

578 Hier und im Folgenden plädiert Alberti ganz im Sinne frühneuzeitlicher diätetischer Regelwerke für einen gemäßigten Umgang mit Speis und Trank. Oberstes Ziel ist das Erlangen der Eukrasie, also, gemäß der auch zu Albertis Zeiten weit verbreiteten humoralpathologischen Lehre, die ideal ausgewogene Zusammensetzung und Verteilung aller

Körpersäfte, die eben nicht nur körperliche Gesundheit, sondern auch gute seelische Verfassung mit sich bringt, ein Aspekt, auf den bereits die Pythagoräer insistierten (Diogenes Laertius, *Vitae et sententiae philosophorum*, VIII, 19). Das von Alberti beschworene maßvolle Konsumieren von Wein wurde nicht nur von Letzteren empfohlen, sondern zum Beispiel auch in Therapien zur Linderung der Melancholie als probates Mittel eingesetzt, wobei der Wein »ganz leicht und klar« zu sein hatte (Constantinus Africanus, *Opera*, Bd. I, S. 275) und selbst die Bibel besagt sinngemäß »der Wein erfreue des Menschen Herz« (*Psalm* 104, 15). Trotz seines Lobgesangs auf Bacchus als den sanften Schlaf Bringenden vertritt Alberti keine Lustethik. Vielmehr verdeutlicht er, dass er das Trinken von Wein als Heilmittel und eben gerade nicht als Mittel zur Ekstase versteht, wie es etwa in den wohlbekannten dionysischen Riten der Fall war. Einmal mehr schimmert durch die Aussage, dass er auch im Alter weiterhin nüchtern, und somit vernünftig, sein möchte, seine Kritik an jeglicher Form von Pathos und Exzess durch, die seines Erachtens den Tugenden eines guten Mannes widersprechen.
Bibl.: Tlusty 2001, S. 48–79; Moffitt 2005.

579 Sehr wahrscheinlich handelt es sich hier um Horaz (Quintus Horatius Flaccus) und dessen Oden.

580 An dieser Stelle befindet sich im Text ein kurzes lateinisches Zitat von Terenz: »aquilae senectus«; »Nichts sagst du? Dabei scheinst du, wie man sagt, jung wie / ein alter Adler.« (Terenz, *Heautontimorumenos*, 520; Ponte 1988, S. 104)

581 Für das Zitat aus Homers *Odyssee* siehe Anm. 567.

582 Bei Leto (hier Latona) handelt es sich um eine Figur der griechischen Mythologie, Geliebte des Zeus und Mutter der Gottheiten Artemis und Apollon. In die römische Mythologie wurde sie mit dem Namen Latona eingebunden, den Alberti hier verwendet.

583 Möglicherweise spielt Alberti an dieser Stelle auf eine Wiedergabe der Lehre des Empedokles bei Diogenes Laertius an: »Dabei meint er mit Zeus das Feuer, mit Here die Erde, mit Aïdoneus die Luft und mit Nestis das Wasser.« (Diogenes Laertius, *Vitae et sententiae philosophorum*, VIII, 2, 76; Ponte 1988, S. 105)

584 Bei Stratonike handelt es sich um die Tochter Antiochos' I. beziehungsweise die Gattin Demetrios' II., die sowohl bei Flavius Josephus als auch bei Justinus Erwähnung findet.

585 Indem Alberti schreibt, dass Stratonike Selbstmord begehen wollte, weicht er grundlegend von den römischen Quellen ab, laut denen sie umgebracht wurde. »[...] hierauf sei sie nach Seleukia geflohen und, obwohl sie rasch zu Schiff entkommen konnte, wenn sie nicht auf einen Traum geachtet hätte, der ihr hiervon abriet, gefangen genommen und getötet worden.« (Flavius Josephus, *Gegen Apion*, I, 22; Ponte 1988, S. 105)

586 Die mythische Figur Diomedes ist in der homerischen *Ilias* der König von Argos.

587 Alberti weicht an dieser Stelle leicht von Homer ab und betont den Aspekt des durch den Schlaf gespendeten Trostes. Homer hingegen schreibt: »Jetzt legt euch nieder, wenn ihr euer Herz erfreut habt an Brot und Wein, denn darin liegen Mut und Kampfkraft.« (Homer, *Ilias*, IX, 705; Ponte 1988, S. 106)

588 Alberti verwechselt hier Chaerea mit Phädria, einer Figur aus Terenz' *Eunuchus*. Das Zitat besagt: »Ich geh fort aufs Land und bleib dort. [...] Werd arbeiten, um so müd zu werden, dass ich schlaf auch ungewollt« (Terenz, *Eunuchus*, 217; 219; Ponte 1988, S. 106)

589 Thetis, die Mutter des Achilles, drängt diesen dazu, den Leichnam des von ihm getöteten Hektor herauszugeben. Wohl wissend um die wenige Zeit, die ihrem Sohn noch bleibt (Thetis nennt sich selbst eine Botin des Zeus), ermuntert sie ihn, seine Trauer und Wut hinter sich zu lassen und sich wieder dem Vergnüglichen des Lebens zu widmen (Homer, *Ilias*, XXIV, 128; Ponte 1988, S. 106).

590 Homer, *Ilias*, XXIV, 130–131 (Ponte 1988, S. 106).

591 »Darauf lagerten sich beide und zogen über sich eine Wolke, eine schöne, goldene, und es fielen hernieder glänzende Tropfen Tau. So schlief er ruhig, der Vater, auf der Gargaron-Spitze [...].« (Homer, *Ilias*, XIV, 350–351; Ponte 1988, S. 106)

592 Venus ist die lateinisch-römische Göttin der Liebe und des Verlangens.

593 Dieses seltene Attribut findet sich bei Vergil: »matris Acidaliae« (Vergil, *Aeneis*, I, 720). Seine genaue Bedeutung lässt sich nicht zweifelsfrei klären, möglicherweise bezeichnet es den *acidalio nodo*, einen Knoten zur Befestigung des Brustbandes.

594 Es handelt sich um Eusebius Pamphyli, auch Eusebius von Cesarea genannt (260/64 in Palästina – 339 oder 340 Caesarea), einen spätantiken christlichen Theologen und Geschichtsschreiber.

595 Laut Grayson übernimmt Alberti dieses Solon-Zitat nicht von Eusebius, sondern von Plutarch. Dabei ändert er dieses in seiner Paraphrase dahingehend ab, dass statt »Aphrodite« »Venus« genannt wird: »Die Hingabe einer männlichen Person jedoch – entweder ohne Einwilligung, dann ist sie erzwungen und wie in einem Überfall als Beute erobert; oder mit Einwilligung, dann geschieht sie aus Weichlichkeit und weibischem Wesen, wenn jemand ›wider die Natur‹ einwilligt, ›sich bespringen zu lassen‹ (wie Platon es ausdrückt) ›nach Art eines vierfüßigen Tieres und sich besamen zu lassen‹ – dies ist auf jeden Fall eine Charis ohne Charis und ohne Aphrodite. Aus diesem Grund hat Solon zwar die vorhin angeführten Verse geschrieben, als er noch jung war und ›von vielem Samen voll‹, wie Platon sagt; aber alt geworden schrieb er folgendes: ›Jetzt aber lieb' ich der Kyprosgebor'nen und des Dionysos / Werk und der Musen: das ist's, woran der Mann sich erfreut‹.« (Plutarch, *Amatorius*, S. 56–57). Die Übersetzerin hat die Übertragung Plutarchs Albertis Duktus angeglichen.
Bibl.: Grayson 1960–1973, Bd. II, 1966, S. 439.

596 »So sprach er [Hephaistos] und sprang auf, und den doppelt gebuchteten Becher legte er seiner Mutter in die Hände und sagte zu ihr: Ertrage es, meine Mutter! und halte an dich, wenn auch bekümmert! [...] Und lächelnd nahm sie mit der Hand den Becher von dem Sohn. Der aber begann, den anderen Göttern rechtshin allen den süßen Nektar auszuschenken, aus dem Mischkrug schöpfend.« (Homer, *Ilias*, I, 584–586, 596–598)

597 Bei Laodike handelt es sich um eine der Töchter des Priamos, den Herrscher Trojas. Helikaon ist nur bei Homer als Laodikes Gatte überliefert, doch schildert die *Ilias* die beschriebene Szene nicht zwischen Laodike und ihrem Sohn, sondern zwischen Hektor und seiner Mutter (Homer, *Ilias*, VI, 252). Somit scheint bei Alberti hier eine Verwechslung vorzuliegen.

598 Maximinus Thrax (›der Thraker‹) galt als der erste römische Soldatenkaiser (er herrschte von 235 bis 238), der aus einem niederen Stand an die Macht kam: um 172 Thracia – 238 bei Aquileia.

599 »Fest steht, daß er nicht selten eine kapitolinische Amphora Wein pro Tag getrunken und vierzig Pfund Fleisch verzehrt hat, nach Cordus' Behauptung sogar sechzig. Wie hinlänglich festgestellt, hat er sich des Gemüses stets enthalten, kaltes Wasser fast nie getrunken, wenn ihn nicht Durst zum Trinken nötigte. Oft fing er seinen Schweiß auf und sammelte ihn in Becher oder in ein Gefäß, so daß er zwei oder drei Schoppen davon vorweisen konnte.« (*Historia Augusta* [*Maximinus Thrax*], II, 4, 1; Ponte 1988, S. 107)

600 Arkesilaos, Philosoph und Schüler des Theophrastos: um 316/315 v. Chr. Pitane–241/240 v. Chr.

601 Vermutlich handelt es sich um Marcus Porcius Cato Censorius (auch: Cato der Ältere): 234 v. Chr. Tusculum – 149 v. Chr. Rom.

602 »Solon und Arkesilaos haben sich, so glaubt man, dem Wein ergeben. Einem Cato warf man Trunksucht vor. Leichter wird man den Vorwurf in Ehren setzen als Cato in Schande.« (Seneca, *De tranquillitate animi*, 17, 9; Ponte 1988, S. 107)

603 »Und [Aias, Odysseus und Phoinix] fanden ihn [Achilles], wie er seinen Sinn erfreute mit der hellstimmigen Leier, der schönen, kunstreichen, und ein silberner Steg war auf ihr. Die hatte er genommen aus der Beute, als er die Stadt des Eëtion zerstörte. Mit dieser erfeute er seinen Mut und sang die Rühme der Männer.« (Homer, *Ilias*, IX, 186–189; Ponte 1988, S. 108)

604 Bei Polyphem handelt es sich um den berühmtesten der mythischen Kyklopen. Bekannt ist er vor allem durch die Erzählung Homers (*Odyssee*, IX, 105–564), wo Odysseus Polyphem mit Wein betrunken macht, um mit seinen Gefährten dem menschenfressenden Kyklopen zu entkommen.

605 An dieser Stelle ist im italienischen Original wieder ein lateinisches Vergil-Zitat eingeflochten: »Lanigerae comitantur oves; ea sola voluptas solamenque mali de collo fistula pendet.« (Vergil, *Aeneis*, III, 660–661; Ponte 1988, S. 108)

606 Alberti, der sich insbesondere in seinem *De re aedificatoria* ausführlich mit der pythagoreischen Musiktheorie in Relation zu Fragen harmonischer Bauweisen beschäftigte, hatte damit auch deren Auswirkungen und Wirkungsweisen auf die menschliche Seele im Blick (siehe Anm. 12). Mit der Wiederentdeckung und Übersetzung der Schriften Vitruvs und den darin befindlichen pythagoreischen Quellen war Alberti über deren Vorstellung der seelischen Disposition sowie der heilenden Funktion von Musik wohlvertraut: Die Seele und ihre Bewegungen unterliegen in ihrem zahlenharmonischen Aufbau den gleichen Verhältnissen wie die musikalische Harmonie. Die Seele erkennt die Verwandtschaft mit den harmonischen Relationen der Musik und wird von der melodischen Ausdrucksweise, auf die sie reagiert, in ihren Bewegungen geformt. Um verlorengegangene Harmonie in der Seele wiederherzustellen, kann also auf die ordnende und formende Kraft der Musik zurückgegriffen werden. Hinzu kommen die polyphone Gesangspraxis im liturgischen Kontext und die Hinwendung zum Repertoire der *musica mensurabilis*, also der rhythmisch messbaren Musik, auf die Alberti hier noch einmal explizit verweist (siehe Anm. 13).
Bibl.: Haase 1969, S. 54–68; Palisca 1985, S. 161–190; Zanovello 2011.

607 In Arles fanden zwischen 314 und 1275 mehr als zehn Konzile statt, wodurch sich womöglich die hier den Konzilsvätern zugesprochene hohe Autorität erklärt. In seiner Rolle als Apostolischer Sekretär und dank seines Studiums des Rechts war Alberti wohlvertraut mit Kirchengeschichte und -gesetzen. Das hier explizit angeführte Verbot der von Gesang begleiteten Totenwachen durch eines der Konzile in Arles konnte nicht nachgewiesen werden. Doch ist eine weit reichende Reglementierung gängiger, noch aus der heidnischen Zeit stammender Bestattungsriten in den Konzilen des ersten Jahrtausends nachweisbar.
Bibl.: Ponte 1988, S 108; Resta 2015.

608 Alberti spielt durch Formulierungen wie den »traurigen Gedanken ans Sterben« sowie »sich daran zu erinnern, ein Mensch zu sein« mit der klassischen und weit verbreiteten lateinischen Phrase *memento mori* (Bedenke, dass du sterblich bist). Als Formel bei einem Triumphzug geht diese auf das antike Rom zurück und spielte danach in der mittelalterlichen und auch frühneuzeitlichen Frömmigkeitsliteratur eine wichtige Rolle. Diese Phrase war jedoch nicht nur in theologischen und moralphilosophischen Schriften, sondern als Motiv auch in der bildenden Kunst weit verbreitet. Ein *Memento mori*, das den zeitgenössischen Florentiner Lesern sicherlich wohlbekannt war, befindet sich über dem Skelett von Masaccios (1401 San Giovanni Valdarno – 1428 Florenz) *Trinità*, das sich mit

folgendem Spruch direkt an die Betrachter wendet: »io fui già quel che voi siete, e quel che io sono voi ancor sarete« (»ich war das, was ihr seid, und das, was ich bin, werdet ihr sein«).

609 Die Herkunft dieses Zitats lässt sich nicht abschließend klären. Seneca verweist in *De tranquillitate animi* auf eine ähnliche Passage bei Lukrez: »So sagt Lukrez: Stets flieht so ein jeder vor sich selber. Aber was nützt es, wenn er sich selber entkommt. Er folgt sich selber und ist sein lästigster Begleiter.« (2, 13; Ponte 1988, S. 109)

610 Die Zerstreuung durch ›Spiele‹ und ›Spektakel‹ im weitesten Sinne war nicht nur eine allgemein bekannte und anerkannte Praktik, sondern auch eine politisch geförderte Maßnahme, die den gesellschaftlichen Zusammenhalt stärken und Abwechslung vom harten Alltag bieten sollte. Die in Florenz abgehaltenen Festivitäten zu Ehren der Stadtpatrone und aus ähnlichen Anlässen waren weit über die Stadtgrenzen hinaus bekannt und boten beeindruckende Maschinerien, ephemere Architekturen, Theater und Gesang sowie sportliche Wettkämpfe jeglicher Art. Waren diese Formen von Vergnügungen dem allgemeinen Volk zugänglich, lässt Agnolos Hervorhebung des Jagdsportes wiederum die Sichtweise des gut situierten Florentiner Bürgers durchblicken, der sich auf sein Landgut zurückzieht und sich beim Jagen von den Staats- oder Kaufmannsgeschäften erholt (siehe hierzu auch die Ausführungen an mehreren Stellen in *Della Vita civile* des Matteo Palmieri, in der Agnolo ebenfalls Wortführer des Dialogs ist, sowie die Agnolo gewidmete *Vita* des Vespasiano da Bisticci, S. 137). Der seit jeher verbreitete Brauch des geselligen Beisammenseins bei Tisch ist im Kontext von Albertis Werk dennoch einer Erwähnung wert, da seine *Intercenales*, die satirisch-komischen Tischgespräche, in der Neuzeit zu den ersten ihrer Art zählen.
Bibl.: Gori 1926; Pratesi 2016; Newbigin 2021.

611 An dieser Stelle findet sich im italienischen Original ein lateinisches Zitat des Horaz: »›Displicet iste locus‹ clamo et diludia posco« (*Briefe*, I, 19, 47), was so viel bedeutet wie »dieser Ort missfällt mir, ich schreie und fordere Ruhe«. (Ponte 1988, S. 109) Bezeichnenderweise ändert Alberti dieses jedoch an einem Punkt wesentlich ab und schreibt statt »locus«, also Kampfplatz, »ludus«, Spiel. Somit stimmt er die Leser auf die folgenden Passagen ein, in denen auch die Schattenseite verschiedener, hier als ›anzüglich‹ definierter Spiele zur Sprache gebracht werden.

612 Lucius Cornelius Sulla Felix, römischer *dictator*: um 138 v. Chr. – 78 v. Chr. Puteoli.

613 »Soweit Cato, und ihr seht, dass diesem selbst Singen nicht zu einem ernsthaften Menschen zu passen schien, was doch andere nicht zu den unanständigen Dingen rechneten; selbst der hochberühmte Lucius Sulla soll ein vorzüglicher Sänger gewesen sein.« (Macrobius, *Saturnalia*, III, 14, 10; Ponte 1988, S. 109)

614 Bei Kimon handelt es sich um einen wichtigen Heerführer und Politiker Athens aus dem 5. Jahrhundert v. Chr.

615 Bei Laomedon handelt es sich um den mythischen König von Troja und den Vater des Priamos.

616 Alberti bezieht sich hier auf folgende Passage der Kimon-Vita aus Plutarchs *Vitae parallelae*: »Der Dichter Ion erzählt, er habe einmal, als er ganz jung von Chios nach Athen gekommen war, bei Laomedon zusammen mit Kimon gespeist. Nach gebrachtem Trankopfer sei Kimon aufgefordert worden zu singen, und als er ziemlich gut gesungen hatte, so hätten ihn die Anwesenden gelobt, er sei vielseitiger als Themistokles; denn er habe gesagt, zu singen und Kithara zu spielen habe er nicht gelernt, aber eine Stadt groß und reich zu machen, das verstehe er.« (Plutarch, *Vitae parallelae*, Bd. II, *Kimon*, 9, S. 18; Ponte 1988, S. 109)

617 Vermutlich handelt es sich um Publius Cornelius Scipio Aemilianus Africanus minor Numantinus (Scipio der Jüngere), einen römischen Feldherrn und Politiker sowie den Zerstörer Karthagos: 185 v. Chr. – 129 v. Chr.

618 »[...] Scipio, eine als Triumphator und als Feldherr gefeierte Gestalt, bewegte sich im Takt, nicht in verweichlichten Bewegungen, wie es heutzutage Brauch ist, wo man sich sogar beim einfachen Gehen über weibliche Verweichlichung hinaus in den Hüften wiegt, sondern wie jene Männer der alten Zeit zwischen Spiel und Festtagen nach Männerart Waffentänze aufzuführen pflegten, ohne daß sie ihrem Ruf schadeten, auch wenn ihre Feinde sie gesehen hätten.« (Seneca, *De tranquillitate animi*, 17, 4; Ponte 1988, S. 109)

619 Bei Appius Claudius handelt es sich wohl um Appius Claudius Pulcher, römischer Konsul und Zensor: vor 180. v. Chr. – 132 oder 129 v. Chr. Der von Alberti erwähnte triumphale Einzug in Rom soll 143 v. Chr. stattgefunden haben.

620 »Doch was rede ich von Schauspielern, wo Appius Claudius, ein Triumphator, der bis ins hohe Alter Salier-Priester war, es als Ruhmestitel ansah, daß er unter seinen Priestergenossen am besten tanzte?« (Macrobius, *Saturnalia*, III, 14, 14; Ponte 1988, S. 109)

621 Gemeint ist Janus (auch: Ianus) Quirinus, der römische Gott des Durchgangs (Ianus von *ianua*), was sowohl zeitlich als auch örtlich und im übertragenen Sinne verstanden werden kann. Der Beiname Quirinus ist ab der augusteischen Erneuerung verzeichnet und soll auf die kriegerischen und friedenbringenden Qualitäten der Gottheit zurückgehen. Der Tempel des Ianus, dessen Türen in Friedenszeiten geschlossen und in Kriegszeiten geöffnet waren, befand sich auf dem Forum Romanum.

622 Alberti verweist hier auf eine pädophil anmutende Anekdote aus Suetons *Vita* des Augustus. »Um zu entspannen, ging er das eine Mal angeln, ein anderes Mal spielte er mit Würfeln oder Steinchen und Nüssen in der Gesellschaft von kleinen Sklavenjungen, denen er besonders wegen ihres Äußeren und ihrer Geschwätzigkeit zugetan war und die er sich deshalb von überall her verschaffte, bevorzugt solche aus Mauretanien und Syrien.« (Sueton, *Kaiserviten*, II, 83; Ponte 1988, S. 110)

623 »Er wich dem Verkehre aus und spielte im Artemistempel mit den Knaben Würfel [...].« (Diogenes Laertius, *Vitae et sententiae philosophorum*, IX, 1, 3; Ponte 1988, S. 110)

624 Alberti gibt hier Senecas Kritik an Sokrates aus *De tranquillitate animi* wieder: »Mit ganz jungen Leuten Unfug zu treiben, schämte sich Sokrates nicht.« (Seneca, *De tranquillitate animi*, 14, 7; Ponte 1988, S. 110)

Insgesamt ist die gesamte Textpassage gespickt mit ambigen Spiel- und Vergnügungsmetaphern, bei denen sich Alberti einschlägiger antiker Literatur zu sexuellen Handlungen mit Jugendlichen und Kindern bedient. Die Quellen der angeführten Beispiele sind dabei in ihrer Explizitheit und Rohheit geglättet. Dennoch handelt es sich um eine der aus heutiger Sicht schwierigsten Stellen des Dialogs, zumal hier der weise und durchweg als Exempel eines guten Menschen dargestellte Agnolo spricht. Homoerotik, zu der in diesem Kontext die Faszination für den (sehr) jugendlichen Mann bis hin zur ›Knabenliebe‹ gezählt werden kann, war im Florenz des 15. Jahrhunderts zweifellos weit verbreitet und in bestimmten Kreisen nicht nur geduldet, sondern auch gepriesen. Beispielsweise können hierzu auch bestimmte diätetische Anweisungen Ficinos zählen (unter anderem in *De vita libri tres*, II, 11). ›Vertretbar‹ waren sexuelle Handlungen mit Jugendlichen auch aufgrund der aus der Antike stammenden und von den Kirchenvätern ins Christentum überführten Ansicht, dass in der Adoleszenz die fleischlichen Lüste das menschliche Dasein grundlegend bestimmen.

Eine bemerkenswerte, die ›legitime‹ Knabenliebe rechtfertigende Position, die auch Alberti beeinflusst haben dürfte, bezieht Plutarch in seinem Buch *Über Kindererziehung* aus den *Moralia*. Einerseits versteht er das Entsetzen der Väter, die jegliche Form der

Knabenliebe als verwerflich verdammen, andererseits hebt er aber auch die seines Erachtens positiven, da die jungen Knaben fördernden und bildenden Aspekte dieser erotischen Beziehungen heraus. Dabei weist er explizit auf das platonische Lehrer-Schüler-Verhältnis hin, das von ihm ambivalent als körperlich und seelisch zugleich umschrieben wird: Der epistemische Eros ist nicht losgelöst von physischer Anziehung und legitimiert letztlich den sexuellen Kontakt. »Soll man den Liebhabern der Knaben das Zusammensein und Zusammenleben mit ihnen gestatten oder im Gegenteil sie abwehren und ihnen den Verkehr mit den Knaben untersagen? [...] Den Männern von hervorstechendem Verdienst, sagt [Platon] muß es erlaubt sein, jeden schönen Knaben zu küssen. Man muß also diejenigen fern von sich halten, die es bloß auf die Jugendblüte abgesehen haben, dagegen überhaupt nur mit denjenigen sich einlassen, deren Liebe der Seele gilt.« (15)

Trotzdem gestaltet sich die Gewichtung jener von Alberti zitierten Quellen schwierig, die eindeutig pädophile Praktiken behandeln und unter anderem die Fragen aufwerfen, warum er sich überhaupt zum Zitieren derselben entschloss und wie derartige, durch antike Literatur überlieferte *exempla* pädophiler Handlungen im 15. Jahrhundert beurteilt wurden. Die Quellenlage zur sexuellen Ausbeutung von Kindern ist äußerst undurchsichtig. Wie jedoch eine kulturgeschichtliche Studie von Lett und Epstein aufzeigen konnte, notieren die Gerichtsregister von Bologna zwischen 1400 und 1465 fünfundzwanzig Vergewaltigungen von Frauen und fast dreimal so viele, nämlich siebenundsechzig, Vergewaltigungen von Kindern (vierunddreißig Jungen und dreiunddreißig Mädchen). Albertis Anhäufung von aus heutiger Kategorisierung als deviant betitelbaren Quellen im Kontext der zum Erreichen der Seelenruhe zugestandenen weltlichen ›Spielereien‹ offenbart eine bis dato selten beachtete Seite der Renaissance. Eine stark in Klassen und religiösen Dogmen denkende Gesellschaft, wie die florentinische des 15. Jahrhunderts, mag sehr wohl ein komplexes Problem mit sexueller Ausbeutung, vor allem der niederen Schichten und Wehrlosen gehabt haben.
Bibl.: Dover 1978; Foucault 1986, S. 237–310; Rocke 1996; Harris Stoertz 2002; Lett/Epstein 2015.

625 Es handelt sich um Gaius Laelius, der um 190 v. Chr römischer Konsul war und den eine enge Freundschaft mit Publius Cornelius Scipio Africanus (235 v. Chr. – 183 v. Chr.) verband.

626 »Man erzählt nämlich, daß sie in Cajeta und Laurentum am Gestade miteinander hinschlenderten, und Muscheln und kleine Steine sammelten.« (Valerius Maximus, *Facta et dicta memorabilia*, VIII, 8, 1; Ponte 1988, S. 110)

627 Bei dem Spiel handelt es sich um eine frühe römische Form des Backgammons. »[...] dürften wir auch sagen, gut Ball oder das Zwölf-Felder-Spiel zu spielen gehöre zum bürgerlichen Recht, weil Publius Mucius beides sehr gut beherrschte.« (Cicero, *De oratore*, I, 217; Ponte 1988, S. 110)

628 Tiberius Claudius Caesar Augustus (10 v. Chr. Lugdunum – 54 n. Chr.) »Er war ein eifriger Würfelspieler; über diese Kunst veröffentlichte er sogar ein Buch; selbst bei der Fahrt mit dem Wagen pflegte er zu spielen, Wagen und Spielbrett waren folglich so eingerichtet, daß das Spiel nicht beeinträchtigt wurde.« (Sueton, *Kaiserviten* [*Claudius*], V, 33; Ponte 1988, S. 110) Das von Alberti erwähnte Spiel *alea* ist ein römisches Würfelspiel. Bemerkenswert ist an dieser Stelle Albertis Akzentuierung des spielerischen Charakters des Schreibprozesses selbst, welcher offensichtlich Freude bereitet und eine befreiende Wirkung hat. Dies steht ideell im Kontrast zum berühmten, Cäsar von Sueton ebenfalls in dessen Vita zugeschriebenen Ausspruch »Iacta alea est«, also »geworfen ist der Würfel«, der von Cäsar in Zusammenhang mit einem kriegerischen Akt ausgesprochen wurde und insgesamt auf die nunmehrige Unausweichlichkeit eines Ereignisses hinweist.

629 Caius (eigentlich Gaius) Matius Secundus, Patrizier-Freund von Augustus, schrieb laut Columella (*De re rustica*, XII, 4, 2), Kochbücher und war Züchter neuer Apfelsorten (vgl. Plinius der Ältere, *Naturalis historia*, XV, 15).

630 Marcus Ambivius ist nicht mit Sicherheit zu bestimmen. Er wird gemeinsam mit Caius Matius von Columella als Autor von Kochbüchern genannt (*De re rustica*, XII, 4, 2).

631 Lucius Iunius Moderatus Columella aus Gades in der Baetica war ein Schriftsteller des 1. Jahrhunderts.

632 »Sie alle waren der Meinung, daß der, der es auf sich nimmt, sich um diese Dinge zu kümmern, Keuschheit und Selbstzucht üben müsse, weil alles darauf ankommt, daß Trinkgefäße und Lebensmittel nur von solchen Leuten berührt werden, die ohne Geschlechtstrieb oder in geschlechtlichen Dingen wenigstens zurückhaltend sind. Hat sich ein Mann oder eine Frau mit ihnen befaßt, dann muß er sich entweder in einem Fluß oder am fließenden Wasser waschen, eher er Speisen berührt. Deshalb ist hierfür der Einsatz eines Knaben oder einer Jungfrau angezeigt; nur durch sie soll aufgetischt werden, was der Bedarf erfordert.« (Columella, *De re rustica*, XII, 4, 3; Ponte 1988, S. 110)

633 »Der Dichtkunst scheint er sich anfänglich zu keinem ernsthaften Zweck bedient zu haben, sondern zum Scherz, um sich in Mußestunden daran zu erfreuen.« (Plutarch, *Vitae parallelae*, Bd. I, *Solon*, 3, S. 213; Ponte 1988, S. 111)

634 »Gänse fressen mir in dem Hause, zwanzig, den Weizen aus dem Wasser, und ich erquicke mich an ihnen, sie anzusehen.« (Homer, *Odyssee*, XIX, 536–537; Ponte 1988, S. 111)

635 Severus Alexander (208 Arca Caesarea – 235 Mogontiacum). »Alexanders Abneigung gegen solche Beamte, die von der öffentlichen Meinung als unredlich gebrandmarkt wurden, auch wenn es nicht zur Verurteilung gekommen war, sei so groß, daß er, wenn er zufällig auf einen solchen traf, infolge seelischer Erregung Galle gespuckt und einen hochroten Kopf bekommen habe, unfähig, ein Wort herauszubringen.« (*Historia Augusta* [*Alexander Severus*], I, 17, 2; Ponte 1988, S. 111)

636 Alberti bezieht sich hier auf Vergil, der schreibt: »[...] heisere Ringeltauben werden, dir lieb, unterdes und Turteltauben von hohen Ulmen zu klagen nicht aufhörn.« (Vergil, *Bucolica*, I, 1, 57–58; Ponte 1988, S. 111)

637 Gaius Suetonius Tranquillus (Sueton) war ein römischer Beamter und Schriftsteller, der vor allem aufgrund seiner Kaiserbiographien zu Berühmtheit gelangt ist: um 70 Hippo – nach 122.

638 Tiberius Caesar Augustus, römischer Kaiser: 42 v. Chr. Rom – 37 Misenum.

639 »Er soll nämlich Jungen in ganz zartem Alter, die er Fischlein nannte, angelernt haben, ihm im Bade zwischen den Schenkeln zu sein und herumzuspielen, indem sie ihn mit der Zunge leckten und kaum merklich bissen. So habe er auch kleine Kinder, die schon etwas kräftiger, der Muttermilch aber noch nicht entwöhnt waren, an sein Glied wie an eine Brust gelegt.« (Sueton, *Kaiserviten* [*Tiberius*], III, 44; Ponte 1988, S. 112) Im italienischen Originaltext spricht Alberti an dieser Stelle von »fanciugli« (Knaben oder Kindern im jugendlichen Alter), während Sueton im lateinischen Originaltext »pueros« oder gar »infantes«, also ausdrücklich Kleinkinder oder Säuglinge, nennt. Die vom Geschichtsschreiber Sueton zur moralischen Diskreditierung des Kaisers Tiberius angeführte Pädophilie wird von Alberti durch die tendenziöse Wiedergabe der Quelle bewusst entschärft und durch die textuelle Einordnung ihrer Brisanz beraubt.
Bibl.: Taddei 2001.

640 Es handelt sich hierbei um Kirke, die griechisch-antike Göttin und Nymphe, die Odysseus' Gefährten (Homer, *Odyssee*, X, 235–243) erst in Schweine verwandelte, bevor sie, von Odysseus überwältigt, diese als Gäste bei sich im Haus umsorgte.

641 »Doch als das Wasser in dem blanken Erze kochte, setzte sie mich in die Wanne und übergoß mich aus dem großen Dreifuß, nachdem sie ein erquickendes Gemisch bereitet, über Haupt und Schultern, bis daß sie mir die mutverzehrende Ermattung aus den Gliedern nahm.« (Homer, *Odyssee*, X, 360–363; Ponte 1988, S. 112)

642 Pleistarchos findet als Vater des Philosophen Pyrrhon in Diogenes Laertius Erwähnung, welcher wiederum auf Diokles als Quelle verweist. »Phyrron aus Elis war der Sohn des Pleistarchos, wie auch Diokles berichtet.« (Diogenes Laertius, *Vitae et sententiae philosophorum*, IX, 11, 61; Ponte 1988, S. 112)

643 »Es soll ihm auch nicht darauf angekommen sein, unter Umständen Schweine eigenhändig zu waschen.« (Diogenes Laertius, *Vitae et sententiae philosophorum*, IX, 11, 66; Ponte 1988, S. 112)

644 Der diesem Dialog titelgebende lateinische Begriff der *erumna/ærumna* (*Profugiorum ab erumna libri III*) findet in der Zeit, abgesehen von dieser Schrift und dem (lateinischen) ›Erumna‹-Dialog in den *Intercenales* (S. 298–323) Albertis, eher selten Verwendung (siehe die Anm. 6 zur Einleitung).

645 Alberti paraphrasiert hier wohl eine Passage aus Ovids *Remedia amoris*: »Steh stark gegen den Anfang, zu spät wird ein Heilmittel bereitet, wenn das Übel durch lange Verzögerung Stärke gewonnen hat.« (Ovid, *Remedia amoris*, 91; Ponte 1988, S. 113)

646 Albertis Seelenkonzeption bleibt an dieser Stelle mehrdeutig, da er von einer durchgehenden Rationalisierung der Seele im Sinne des stoischen Seelenbegriffs zurückzutreten scheint, um das Streben der Seele nach Freiheit, Ruhe und Leichtfüßigkeit als ein dynamisch-praktisches Ringen zu bestimmen, welches durchaus auch scheitern kann.

647 Bei Angeronia (auch Angerona) handelt es sich um eine der ältesten römischen Göttinnen, deren spezifische Bedeutung nicht endgültig geklärt ist. Vermutlich gilt sie als Beschützerin der Engen (*angera* oder *angitiae*), die Welt und Unterwelt verbinden.

648 Es handelt sich um Volupia, die Göttin des Wohlbefindens, die auch mit Voluptas in Verbindung gebracht wird, der Tochter von Amor und Psyche.

649 Ambrosius Theodosius Macrobius gilt als Autor der *Saturnalia* (ungefähr 400 n. Chr.), einem in platonischer Tradition verfassten Werk, das zur sogenannten Symposium-Literatur gezählt wird.

650 »Am zwölften Tag aber ist das Fest der Göttin Angeronia, der die Priester in der Kapelle der Volupia ein Opfer darbringen. Verrius Flaccus sagt, die Göttin heiße Angeronia, weil sie, gnädig gestimmt, von Ängsten und Sorgen der Seele befreit. Masurius fügt hinzu, dass das Bild dieser Göttin mit verbundenem und versiegeltem Mund deshalb auf den Altar der Volupia gestellt wurde, weil Menschen, die ihre Schmerzen und Ängste verbergen, durch die wohltätige Kraft tapferen Duldens zu größter Lust gelangen.« (Macrobius, *Saturnalia*, I, 10, 7–8; Ponte 1988, S. 113)

651 Solch eine Zusammenkunft Agnolos im Kreis jüngerer Florentiner auf einem Landgut im Mugello ist die Rahmenhandlung des *Della Vita civile* von Matteo Palmieri.

652 Alberti gibt hier praktisch-therapeutische Anleitungen, wie man sich vor der krankhaften Melancholie schützen kann. Er knüpft dabei an die in die Antike zurückreichende Tradition der *regimina salutatis* oder *sanitatis* (siehe Anm. 175) an, die, vermittelt über die islamische und scholastische Medizin, in der Frühen Neuzeit weite Verbreitung fanden. In diesen Anleitungen zum gesunden Leben findet sich neben diätetischen Vorgaben bezüglich einzunehmender Speisen häufig auch der von Alberti formulierte Rat, spazieren zu gehen, vernünftigen und angenehmen Reden oder der Musik zu lauschen und

alles Exzessive zu meiden (siehe etwa die Abhandlung über Melancholie des Constantinus Africanus, *Opera*, Bd. I, S. 291 und S. 294).
Bibl.: Bergdolt 1991; Klibansky/Panofsky/Saxl (1964) 1990, S. 145–151; Van der Eijk 2005.

653 Vermutlich handelt es sich um Cornelius Pompeius Magnus, einen Konsul und Gegner Cäsars: 106 v. Chr. Rom – 48 v. Chr. Ägypten.

654 »Es ist bekannt, daß jene, die den Gnaeus Pompeius an seinen Wunden zusammenbrechen sahen, aber mitten in jenem bittern und jammervollen Schauspiel für sich selbst fürchten mußten, da sie sich von der Flotte der Feinde umgeben sahen, nichts anderes getan haben, als die Ruderer anzufeuern und ihr Heil in der Flucht zu suchen.« (Cicero, *Tusculanae disputationes*, III, 66; Ponte 1988, S. 114)

655 An dieser Stelle offenbart sich Albertis äußerst eigenständiger Umgang mit den Gefahren der Melancholie, da er hier das nächtliche, allerdings konzentrierte Studieren nicht negativ besetzt. In den meisten Abhandlungen über die Melancholie wird hingegen gerade das übermäßige und nächtliche Lernen als eigentlicher Grund des Auftretens der Krankheit bestimmt. So schreibt etwa Constantinus Africanus: »Und es verfällt in Melancholie, wer sich überanstrengt beim Lesen philosophischer Bücher, [...] ferner von Büchern über den Ursprung des Rechnens, über die Wissenschaft, die bei den Griechen Arithmetik heißt« (Constantinus Africanus, *Opera*, Bd. I, S. 283–284).

Bezeichnenderweise sagt Alberti in seinem Dialog *De commodis litterarum atque incommodis*, dass das wahre Studium ohne die Erfahrung der Einsamkeit und Melancholie zwar gar nicht richtig vonstattengehen könne, doch betrachtet er diese »bitteren Mühen des Studiums« mit einem gewissen Bedenken (S. 23). Ebenso wie für Seneca, für den das Philosophieren heilend ist, ist für Alberti anscheinend das Studienobjekt beziehungsweise die Materie ausschlaggebend dafür, ob das ausgiebige Nachdenken schädliche Auswirkungen auf Körper und Seele hat oder eben nicht. Je nach Präferenz können sowohl die Philosophie als auch die Logik und Mathematik eine reinigende, ja gar befreiende Wirkung besitzen (siehe Einleitung, S. 25).
Bibl.: Klibansky/Panofsky/Saxl (1964) 1990, S. 145–151; Gründler 2010; Boenke 2012.

656 Alberti überlagert und verknüpft hier das Prinzip des Findens plausibler, aufeinander aufbauender Strukturen aus der Rhetorik und Dialektik kunstvoll mit der Architektur und dem Ingenieurswesen: Die auf Ablenkung ausgelegte Analyse und Weiterentwicklung eines Gefüges führt in Bezug auf die mechanische Konstruktion einer Apparatur, eines technischen Bauplans oder Ähnlichem sozusagen im Nebeneffekt zu lohnenden und nützlichen Erfindungen. Gleichzeitig steht hier anstelle der traditionellen Gewebemetapher die der Baukunst für die Textkonstruktion und -bildung (dazu auch Cicero, *De oratore*, I, 6). Mit den drei rhetorischen Praktiken des Auswendiglernens von Prosa oder Lyrik, des Kommentierens von Schaureden und des Erweiterns von Argumentationen werden jeweils Struktur und Aufbau von bereits (durch andere) verfassten Text- und Sprachgefügen offengelegt, er- und bearbeitet. Das erklärte Ziel dieser Praktiken ist die Ablenkung von Sorgen und Problemen – kurz: vom Leiden, so wie es Alberti hier betont.
Bibl.: Naujokat 2010; Eriksen 2001, S. 49–77; Popplow 2016.

657 Wie bereits mehrmals betont, gefällt es Alberti, den Dialog *Über die Seelenruhe* mit expliziten Verweisen auf seine anderen Werke anzureichern. So auch hier im Bereich der Mathematik und Geometrie, wo gleich auf drei weitere Texte eingegangen wird: sein *De pictura*, seine *Elementi di pittura* (im Deutschen als die *Grundlagen der Malerei* erschienen) und die bisher nicht identifizierte Schrift über das *Transportieren von Lasten*. Wie das Buch zur *Malkunst* ist auch jenes zu den *Grundlagen* sowohl in italienischer als auch in lateinischer Fassung überliefert, wobei erstere um 1435 und die zweite erst nach der Niederschrift

des vorliegenden Dialogs nach 1450 entstanden ist. Es ist angenommen worden, dass Alberti sich mit dem Hinweis auf die »Hypothesen über die *motibus ponderis*« womöglich auf seine *Ludi rerum mathematicarum* beziehen könnte, doch ist diese Schrift ebenfalls erst einige Jahre nach dem Dialog zur *Seelenruhe* entstanden.

Neben den im Zusammenhang mit diesen den Dialog abschließenden Passagen zum zivilen Nutzen der Geometrie einerseits und Albertis sich zusehends von der Kunsttheorie hin zu Konstruktion und Architektur verlagernden Interesse in den Jahren der Niederschrift des vorliegenden Textes andererseits muss im Hinblick auf sein mathematisches Wissen sein Studium erwähnt werden (siehe Anm. 328).

Bibl.: Grayson 1960–1973, Bd. III, 1973, S. 341–343 und S. 431–434; Bätschmann (2000) 2011, S. 356–359; Carpo/Furlan 2005; Knobloch 2005.

658 In Überleitung zum abschließenden Beispiel der Seelenruhe in der Figur des Archimedes analogisiert Alberti durch die Worte Agnolos die geistige Versenkung mit dem Hafen des Friedens, wobei er zwei mögliche Modelle erwähnt: die Standhaftigkeit gegenüber den Schikanen anderer (die stark an die im zweiten Buch zitierten Odysseus-Episoden erinnern) sowie das beständige Nachdenken und Studieren in abgeschiedener Konzentration. Im Hinblick auf Albertis persönliche Situation und seinen lebenslangen Wunsch nach Anerkennung klingt in diesem Abschnitt eine traurige Note an. Der Weise spricht und diskutiert mit sich selbst und redet sich Optimismus für die zukünftige Anerkennung seiner Taten ein. Die innere (Seelen-)Ruhe ist jene des Einzelgängers, die aber zugleich von den äußeren Umständen abhängt, wie in der finalen Passage klar wird.

659 Archimedes von Syrakus (um 287 v. Chr. Syrakus – 212 v. Chr. ebenda) war ein griechischer Mathematiker, Physiker und Ingenieur. Von ihm entworfene Maschinen wurden vermutlich zur Verteidigung von Syrakus eingesetzt. Bei der Eroberung der Stadt soll er, entgegen der von Alberti hier zitierten Anekdote, von einem Soldaten erschlagen worden sein. Diese wesentliche Abänderung Albertis offenbart seine idealistische Hoffnung, dass letztlich die Herrscher auch eine Form von politischer Weisheit und moralischer Großzügigkeit gegenüber den Gelehrten an den Tag legen.

660 »Am meisten kränkte den Marcellus das Schicksal des Archimedes. Er war gerade dabei, eine mathematische Figur zu betrachten, und mit Augen und Sinnen ganz in die Aufgabe vertieft, bemerkte er gar nicht den Einbruch der Römer und die Eroberung der Stadt. Als da plötzlich ein Soldat zu ihm trat und ihm befahl, zu Marcellus mitzukommen, wollte er das nicht, bevor er die Aufgabe gelöst und zum Beweise geführt hätte. Da wurde der Soldat wütend, zog sein Schwert und schlug ihn tot.« (Plutarch, *Vitae parallelae*, Bd. III, *Marcellus*, 19, S. 324; Ponte 1988, S. 116)

661 Ponte gibt als Referenz folgende Passage Senecas an: »Angesichts überall blitzender Schwerter und des Getümmels plündernder Soldaten, angesichts von Flammen und Blut und der Verheerung einer überrumpelten Stadt, während krachend die Tempel über ihren Göttern zusammenstürzten, fand *ein* Mensch Frieden!« (Seneca, *De constantia sapientis*, 6, 2, Ponte 1988, S. 117) Noch passender scheint jedoch eine Passage aus Albertis *Musca*: »Sie lobpreisen den Mathematiker Archimedes von Syrakus, der, während seine Heimat ins Verderben gestürzt wurde, nicht einmal inmitten des schrecklichen Lärms der feindlichen Waffen von der Untersuchung der verborgenen Dinge der Natur abgehalten werden konnte […]. Große Philosophen und auch nicht wenige Dichter waren Diener. Wer sollte den Mut haben, sich als frei zu erklären, wenn nicht derjenige, der Sklave keines Lasters ist?« (*Musca*, S. 60; Übers. der Hg.)

Bibliographie

Primärliteratur

A. Manuskripte

(nach Leon Battista Alberti: *Opere volgari*, hg. v. Cecil Grayson, 3 Bde., Bari 1960–1973, Bd. II, 1966, S. 419–421)

Biblioteca Nazionale, Florenz

I. **Cod. Magl. XXI.152 (ehemals Strozzi in-4° N. 219) (Fa).** Blatt 1 *recto*–81 *verso*: *Della Tranquillità dell'Animo di Leon Battista Alberti* (Titel von anderer Hand hinzugefügt).

II. **Cod. Magl. XXI.171 (Provenienz: Med. Palat.) (Fb).** Enthält nur diese Schrift, Blatt 1*recto*–74*verso*. Titel: *Della Tranquillità dell'Animo dell'Alberti* (Titel nachträglich hinzugefügt?).

III. **Palatino 455 (F3).** Blatt 1*recto*–36*recto*: *Profugiorum ab aerumna libri*. Es folgen die ersten drei Bücher von *De familia* (hierzu Grayson 1960–1973, Bd. I, 1960, S. 370–371).

Biblioteca Laurenziana, Florenz

IV. **Palatino 112 (L1).** Blatt 1*recto*–34*verso* (2° Num.): *L. B. Alberti Profugiorum ab erumna libri III.*

V. **Gaddiano 84 (L2)** Blatt 1 *recto*: Brief von Carlo Alberti an Lorenzo Vettori betreffend das *De profugiis erumnarum* seines Bruders; Blatt 8*recto*–50*recto*: *Profugiorum ab aerumna.*

VI. **Ashburnham 494 (A).** Blatt 1*recto*–50*recto*: *Profugiorum ab aerumna* mit autographen Korrekturen Albertis.

Auf dem *verso* des ersten nicht nummerierten Blattes vor dem Text (augenscheinlich durch die Hand des Kopisten): *Dialoghi morali di Leon Battista Alberti*, und darunter von anderer Hand (vielleicht aus dem 17. Jh.): *Della tranquillità dell'animo*. Am unteren Rand desselben Blattes ein Eigentumshinweis aus der ersten Hälfte des 17. Jahrhunderts: »Di Filippo Pandolfini«.

Biblioteca Nazionale Centrale, Rom

VII. Cod. 738, Bestand Vittorio Emanuele (ehemals Strozzi in–4° n. 57) (R). Auf dem *recto* des ersten nicht nummerierten Blattes (Hand aus dem 15. Jh.): *Alberti L. B. Profugiorum ab aerumna libri tres*; und auf dem *verso* des ersten Pergamentblattes ein mit Tinte gezeichnetes Porträt des Alberti. Enthält: Blatt *1recto–75recto*: *Profugiorum ab aerumna.*

B. Ausgaben

Bonucci 1843 Alberti, Leon Battista: ›Della tranquillità dell'animo‹, in: *Opere volgari di Leon B. Alberti, per la più parte inedite e tratte dagli autografi annotate e illustrate dal dott. A. Bonucci*, hg. v. Anicio Bonucci, 5 Bde., Florenz 1843, Bd. I, S. 7–130. Die Ausgabe basiert auf dem römischen Manuskript und berücksichtigt auch L1, L2, Fb.

Grayson 1960–1973 Alberti, Leon Battista: ›Profugiorum ab ærumna libri III‹, in: *Opere volgari*, hg. v. Cecil Grayson, 3 Bde., Bari 1960–1973, Bd. II, 1966, S. 107–183 u. S. 419–440.

Ponte 1988 Alberti, Leon Battista: *Profugiorum ab erumna libri*, hg. v. Giovanni Ponte, Genua 1988.

C. Übersetzungen

Paoli 2016 (franz.) Leon Battista Alberti: *Entretiens sur la tranquillité de l'âme*, übers. v. Pierre Jodogne, Vorw. v. Michel Paoli, Paris 2016.

Sonstige Primärliteratur

Aischylos, *Der gefesselte Prometheus* Aischylos: ›Der gefesselte Prometheus‹, in: *Tragödien*, hg. v. Bernhard Zimmermann u. übers. v. Oskar Werner, 7. Aufl., Mannheim 2011, S. 469–540.

Aischylos, *Die Weihgußträgerinnen* Aischylos: ›Orestie: Die Weihgußträgerinnen‹, in: *Tragödien*, hg. v. Bernhard Zimmermann u. übers. v. Oskar Werner, 7. Aufl., Mannheim 2011, S. 321–396.

Alanus ab Insulis, *Summa de arte praedicatoria* Alanus ab Insulis: *Summa de arte praedicatoria* (1198), abrufbar über http://www.documentacatholicaomnia.eu/04z/z_1125-1202__Alanus_De_Insulis__Summa_De_Arte_Praedicatoria__MLT.pdf.html (zuletzt abgerufen am 30.12.2021).

Alberti, *Apologhi* Alberti, Leon Battista: *Apologhi*, Lateinisch – Italienisch, hg. v. Marcello Ciccuto, Turin 2003.

Alberti, *Canis* Alberti, Leon Battista: ›Canis‹, in: Cecil Grayson, *Studi su Leon Battista Alberti*, hg. v. Paola Claut, Florenz 1998, S. 363–372.

Alberti, *De commodis* Alberti, Leon Battista: *The Use and Abuse of Books*, übers. u. eingel. v. Renée Neu Watkins, Prospect Heights 1999 [Originaltitel: *De commodis litterarum atque incommodis*]

Alberti, *De familia* Alberti, Leon Battista: *Über das Hauswesen*, übers. v. Walther Kraus, eingel. v. Fritz Schalk, Zürich 1962.

Alberti, *De iciarchia* Alberti, Leon Battista: ›De iciarchia‹, in: ders.: *Opere volgari*, hg. v. Cecil Grayson, 3 Bde., Bari 1960–1973, Bd. II, 1966, S. 185–286.

Alberti, *De iure* Alberti, Leon Battista: ›De iure (Du droit)‹, hg. u. ins Franz. übers. v. Francesco Furlan, in: *Albertiana*, 2000, Bd. III, S. 157–191.

Alberti, *Della pittura* Alberti, Leon Battista: *Della pittura – Über die Malkunst*, hgg., eingel, übers. u. komm. v. Oskar Bätschmann/Sandra Manfreda, Darmstadt 2002.

Alberti, *De pictura* Alberti, Leon Battista: ›De Pictura – Die Malkunst‹, in: ders.: *Das Standbild, die Malkunst, Grundlagen der Malerei*, hgg. v. Oskar Bätschmann/Christoph Schäublin, Darmstadt (2000) 2011, S. 194–315.

Alberti, *De re aedificatoria* Alberti, Leon Battista: *Zehn Bücher über die Baukunst*, hg. u. übers. v. Max Theuer, (Wien 1912) Darmstadt 2005.

Alberti, *De statua* Alberti, Leon Battista: ›De Statua – Das Standbild‹, in: ders.: *Das Standbild, die Malkunst, Grundlagen der Malerei*, hgg. v. Oskar Bätschmann/Christoph Schäublin, Darmstadt (2000) 2011, S. 142–181.

Alberti, *Elementi di pittura* Alberti, Leon Battista: ›Elementa picturae – Grundlagen der Malerei‹, in: ders.: *Das Standbild, die Malkunst, Grundlagen der Malerei*, hgg. v. Oskar Bätschmann/Christoph Schäublin, Darmstadt (2000) 2011, S. 336–335.

Alberti, *Intercenales* Alberti, Leon Battista: *Intercenales*, hgg. v. Franco Bacchelli/Luca d'Ascia, Bologna 2003.

Alberti, *Ludi rerum mathematicarum* Alberti, Leon Battista: ›Ludi rerum mathematicarum‹, in: ders.: *Opere volgari*, hg. v. Cecil Grayson, 3 Bde., Bari 1960–1973, Bd. III, 1973, S. 131–173.

Alberti, *Momus* Alberti, Leon Battista: *Momus oder Vom Fürsten. Momus seu de principe*, Lateinisch–Deutsch, übers., komm. u. eingel. v. Michaela Boenke, München 1993.

Alberti, *Musca* Alberti, Leon Battista: ›Musca‹, in: *Opuscoli inediti di Leon Battista Alberti, ›Musca‹, ›Vita S. Potiti‹*, hg. v. Cecil Grayson, Florenz 1954, S. 45–62.

Alberti, *Theogenius* Alberti, Leon Battista; ›Theogenius‹, in: ders.: *Opere volgari*, hg. v. Cecil Grayson, 3 Bde., Bari 1960–1972, Bd. II, 1966, S. 51–104.

Alberti, *Villa* Alberti, Leon Battista: ›Villa‹, in: ders.: *Opere volgari*, hg. v. Cecil Grayson, 3 Bde., Bari 1960–1973, Bd. I, 1960, S. 357–363.

Alberti, *Vita* Alberti, Leon Battista: *Vita*, Lateinisch-Deutsch, hg. u. übers. v. Christine Tauber, Frankfurt am Main 2004.

Ambrosius, *Enarrationes* Ambrosius: *Enarrationes In XII Psalmos Davidicos*, abrufbar über http://www.documentacatholicaomnia.eu/04z/z_0339-0397__Ambrosius__Enarrationes_In_XII_Psalmos_Davidicos__MLT.pdf.html (zuletzt abgerufen am 30.12.2021).

Anonym, *Corpus hermeticum* Colpe, Carsten/Holzhausen, Jens (Hgg.): *Das Corpus Hermeticum deutsch*, Teil 1: *Die griechischen Traktate und der lateinische ›Asclepius‹*, Stuttgart/Bad Cannstatt 1997.

Anonym, *Historia Augusta* *Historia Augusta. Römische Herrschergestalten*, 2 Bde., hg. u. übers. v. Ernst Hohl, Zürich/München 1976.

Apuleius, *Apologia* Apuleius: *Verteidigungsrede. Blütenlese*, übers. v. Rudolf Helm, Berlin 1977.

Apuleius, *Metamorphosen* Apuleius: *Metamorphosen oder Der goldene Esel*, hg. v. Rudolf Helm, Darmstadt 1978.

Aristoteles, *De anima* Aristoteles: *Über die Seele*, übers. v. Klaus Corcilius, Hamburg 2017.

Aristoteles, *De caelo* Aristoteles: *Über den Himmel*, übers. v. Alberto Jori, Berlin 2009.

Aristoteles, *De generatione animalium* Aristoteles: *Über die Zeugung der Geschöpfe*, übers. v. Paul Gohlke, Paderborn 1959.

Aristoteles, *Eudemische Ethik* Aristoteles: *Eudemische Ethik*, übers. v. Franz Dirlmeier, Berlin 1984.

Aristoteles, *Historia animalium* Aristoteles: ›Historia animalium‹, in: *Aristoteles, Werke in deutscher Übersetzung*, Bd. XVI: *Zoologische Schriften I. Historia animalium*, hg. v. Christof Rapp, übers., eingel. u. komm. v. Stephan Zierlein, Berlin 2013.

Aristoteles, *Nikomachische Ethik* Aristoteles: *Nikomachische Ethik*, hg. v. Günther Bien u. übers. v. Eugen Rolfes, Hamburg 1985.

Aristoteles, *Physica* Aristoteles: *Physik*, Griechisch-Deutsch, Erster Halbband: Bücher I–IV, übers. u. hg. v. Hans Günter Zekl, Hamburg 2017.
Aristoteles, *Politik* Aristoteles: *Politik*, hg. u. übers. v. Eckhard Schütrumpf, Hamburg 2012.
Aristoteles, *Rhetorica* Aristoteles: *Rhetorik*, hg., übers., eingel. u. komm. v. Christof Rapp, Berlin 2002.
Augustinus, *Confessiones* Augustinus: *Confessiones – Bekenntnisse*, Lateinisch–Deutsch, übers. v. Wilhelm Thimme, eingef. v. Norbert Fischer, Düsseldorf/Zürich 2004.
Augustinus, *De civitate Dei* Augustinus: *De civitate Dei – Der Gottestaat*, hg. u. übers. v. Carl Johann Perl, 2 Bde., Paderborn et al. 1979.
Augustinus, *De ordine* Augustinus: *Die Ordnung*, übers. u. hg. v. Carl Johann Perl, Paderborn 1966.
Augustinus, *De sermone domini* Augustinus: *De sermone domini 22*, unter dem Titel *Discorso di S. Agostino sul Salmo 67* (*Discorso 22*) in italienischer Sprache abrufbar über: https://www.augustinus.it/italiano/discorsi/discorso_027_testo.htm (zuletzt abgerufen 02.01.2022).
Augustinus, *De vita beata* Augustinus: *Über das Glück*, übers. v. Ingeborg Schwarz-Kirchenbauer, Stuttgart 1997.
Augustinus, *Psalmen* Augustinus: *Die Auslegungen der Psalmen. Christus und sein mystischer Leib*, ausgew. u. übertr. v. Hugo Weber, Paderborn 1955.
Avicenna, *Canon medicinae* Avicenna: *Kanon der Medizin*, Teilübers. v. *Liber I*, in: Johannes Gottfried Mayer/Konrad Goehl (Hgg.): *Kräuterbuch der Klostermedizin*, Holzminden 2003, S. 74–124.
Avicenna, *Liber de anima* Avicenna: *Liber de anima seu sextus de naturalibus*, hg. v. Simone Van Riet, 2 Bde., Löwen 1968–1972.
Barzizza, *De compositione* Barzizza, Gasparino: ›De compositione‹, in: Robert Paul Sonkowsky: *An Edition of Gasparino Barzizza's ›De Compositione‹*, Chapel Hill 1959, S. 1–45.
Barzizza, *De imitatione* Barzizza, Gasparino: *De imitatione*, abgedruckt in: George W. Pigman: ›Barzizza's Treatise on Imitation‹, in: *Bibliothèque d'Humanisme et Renaissance*, 1982, Bd. XLIV, H. 2, S. 341–352.
Bernhard von Clairvaux, *Briefe* Bernhard von Clairvaux: ›Traktate und Briefe 1–180‹, in: ders.: *Sämtliche Werke*, hg. v. Gerhard Bernhard Winkler, 10 Bde., Innsbruck 1992, Bd. II.
Bisticci, *Vita di Agnolo* Bisticci, Vespasiano da: ›Vita di Agnolo Pandolfini‹, in: *Vite di uomini illustri del secolo XV*, hg. v. Ludovico Frati, 3 Bde., Bologna 1893, Bd. III, S. 116–141.
Boccaccio, *Dekameron* Boccaccio, Giovanni: *Das Dekameron*, übers. v. Karl Witte, durchges. v. Helmut Bode, mit einem Nachw. u. einer Zeittafel v. Winfried Wehle, Düsseldorf/Zürich 2005. [Originaltitel: *Il Decamerone*]
Boethius, *De consolatione philosophiae* Boethius: *Trost der Philosophie*, hgg. u. übers. v. Ernst Gegenschatz/Olof Gigon, Düsseldorf/Zürich 2002.
Bruni, *De interpretatione recta* Bruni, Leonardo: ›De interpretatione recta‹, in: *Il trattato ›De interpretatione recta‹ di Leonardo Bruni*, hg. v. Johny L. Bertolio, Rom 2020, S. 1–29.
Bruni, *Historiae* Bruni, Leonardo: *History of the Florentine People*, hgg. u. übers. v. James Hankins/D. J. W. Bradley, Cambridge, MA/London 2007. [Originaltitel: *Historiae Florentini populi*]
Cassianus, *Collationes* Cassianus, Johannes: *Collationes patrum*, abrufbar über: https://bkv.unifr.ch/de/search?query=collationes (zuletzt aufgerufen am 02.01.2022).
Catull, *Carmina* Catull: *Carmina – Gedichte*. Lateinisch–Deutsch, übers. u. komm. v. Cornelius Hartz, Darmstadt 2015.
Cicero, *Ad Quintum fratrem* Cicero, Marcus Tullius: *An Bruder Quintus: Epistulae ad Quintum fratrem. Epistulae ad Brutum. Fragmenta epistularum. Accedit Q. Tulli Ciceronis Commentariolum Petitionis*, hg. v. Helmut Kasten, Berlin/Boston 2014.

Cicero, *Brutus* Cicero, Marcus Tullius: *Brutus*, hg. u. übers. v. Bernhard Kytzler, Düsseldorf/Zürich 2000.
Cicero, *De divinatione* Cicero, Marcus Tullius: *Die Weissagung*, übers. v. Christoph Schäublin, Berlin 2013.
Cicero, *De finibus* Cicero, Marcus Tullius: *Über die Ziele des menschlichen Handelns*, hgg. v. Olof Gigon/Laila Straume-Zimmermann, Berlin/Boston 2014. [Originaltitel: *De finibus bonorum et malorum*]
Cicero, *De legibus* Cicero, Marcus Tullius: *Über die Gesetze/Stoische Paradoxien*, übers. v. Rainer Nickel, München/Zürich 1994.
Cicero, *De natura deorum* Cicero, Marcus Tullius: *Vom Wesen der Götter*, hgg. u. übers. v. Olof Gigon/Laila Straume-Zimmermann, Zürich/Düsseldorf 1996.
Cicero, *De officiis* Cicero, Marcus Tullius: *Vom rechten Handeln*, hg. u. übers. v. Karl Büchner, München/Zürich 1987.
Cicero, *De oratore* Cicero, Marcus Tullius: *Über den Redner*, übers. v. Theodor Nüßlein, München/Zürich 2007.
Cicero, *Eclogae* Cicero, Marcus Tullius: *Eclogae*, hg. u. übers. v. Johann Jakob Hottinger, 3. Aufl., Zürich 1828.
Cicero, *Epistulae ad familiares* Cicero, Marcus Tullius: *Briefe an seine Freunde*, hg. u. übers. v. Helmut Kasten, Düsseldorf/Zürich 2004.
Cicero, *Partiones oratoriae* Cicero, Marcus Tullius: *Rhetorik in Frage und Antwort*, hgg. u. übers. v. Karl Bayer/Gertrud Bayer, Zürich 1994.
Cicero, *Tusculanae disputationes* Cicero, Marcus Tullius: *Gespräche in Tusculum*, hg. u. übers. v. Olof Gigon, München/Zürich 1998.
Cicero, *Vatinium testem* Cicero, Marcus Tullius: ›Befragung des Zeugen P. Vatinius‹, in: *Die Prozessreden*, hg. v. Manfred Fuhrmann, 2 Bde., Berlin/Boston 2013, Bd. II, S. 178–229. [Originaltitel: *In P. Vatinium testem interrogatio*]
Columella, *De re rustica* Columella, Lucius Iunius Moderatus: *Zwölf Bücher über Landwirtschaft. Buch eines Unbekannten über Baumzüchtung*. Lateinisch-Deutsch, 3 Bde., hg. u. übers. v. Will Richter, München 1981–1983, mit Namen- u. Wortreg. in Bd. III v. Rolf Heine.
Constantinus Africanus, *Opera* Constantinus Africanus: *Constantini Africani Post Hippocratem Et Galenvm, Qvorum, Graec[a]e linguae doctus, [...] Opera: co[n]quisita undiq[ue] magno studio, iam primum typis euulgata, praeter paucula qu[a]edam quae impressa fueru[n]t, sed & ipsa a nobis ad vetustissimorum exemplarium manuscriptorum veritatem tanta cura castigata, ut huius autoris antehac nihil aeditum censeri possit [...]*, Basel 1536 [Digitalisat: https://www.digitale-sammlungen.de/de/view/bsb11069388?page=,1], (zuletzt abgerufen am 30.12.2021).
Curtius Rufus, *Geschichte Alexanders des Großen* Curtius Rufus: *Geschichte Alexanders des Großen*. Lateinisch–Deutsch, eingel., nach der Übers. v. Johannes Siebelis, überarb. u. komm. v. Holger Koch (Bd. I) u. Christina Hummer (Bd. II), 2 Bde., Darmstadt 2007. [Originaltitel: *Historiae Alexandri Magni*]
Dante, *Convivio* Alighieri, Dante: *Das Gastmahl – Il Convivio*, hgg. v. Ruedi Imbach et al. u. übers. v. Thomas Ricklin, 4 Bde., Hamburg 1996–2004 (= Dante, *Philosophische Werke*, Bd. IV).
Dante, *Göttliche Komödie* Alighieri, Dante: *Die Göttliche Komödie*, übers. v. Hartmut Köhler, Stuttgart 2021. [Originaltitel: *La Divina Commedia*]
Diodoros, *Griechische Weltgeschichte* Diodoros: *Griechische Weltgeschichte I–X*. Erster Teil, übers. v. Gerhard Wirth, Stuttgart 1992.
Diogenes Laertius, *Vitae et sententiae philosophorum* Diogenes Laertius: *Leben und Meinungen berühmter Philosophen*, hg. v. Klaus Reich u. übers. v. Otto Apelt, Hamburg (1921) 2015.
Dominici, *Regole* Dominici, Giovanni: *Regole del governo di cura famigliare*, hg. v. Donato Salvi, Florenz 1860.

Epiktet, *Encheiridion* Epiktet: *Anleitung zum glücklichen Leben. Encheiridion (Handbuch der Moral)*, Griechisch–Deutsch, übers. u. hg. v. Rainer Nickel, Düsseldorf 2006.

Epikur, *Epistula ad Menoceum* Epikur: *Brief an Menoikeus*, Text, Übers. u. Komm. v. Jan Erik Hessler, Basel 2014.

Epikur, *Fragment zur Ethik* Epikur: ›Fragment zur Ethik‹, in: *Von der Überwindung der Furcht. Katechismus, Lehrbriefe, Spruchsammlung, Fragmente*, übers. u. m. einer Einf. u. Erläut. v. Olof Gigon, München 1991, S. 138–170.

Epikur, *Kyriai doxai* Epikur: ›Kyriai doxai‹, in: *Philosophie der Freude. Briefe. Hauptlehrsätze. Spruchsammlung. Fragmente*, übers. v. Paul M. Laskowsky, Frankfurt am Main 1988, S. 61–74.

Euripides, *Hekabe* Euripides: *Hekabe. Edition und Kommentar*, hg. v. Kjeld Matthiessen, Berlin/New York 2011.

Ficino, *De vita libri tres* Ficino, Marsilio: *De vita libri tres/Drei Bücher über das Leben*, hg. u. übers. v. Michaela Boenke, München/Paderborn 2012.

Flavius Josephus, *De bello iudaico* Flavius Josephus: *Der jüdische Krieg*, 3 Bde., hgg. u. übers. v. Otto Michel/Otto Bauernfeind, Darmstadt 2013.

Flavius Josephus, *Gegen Apion* Flavius Josephus: ›Gegen Apion‹, in: *Des Flavius Josephus kleinere Schriften*, übers. u. m. Anm. vers. v. Heinrich Clementz, Halle an der Daale 1900, S. 89–204.

Flavius Josephus, *Jüdische Altertümer* Flavius Josephus: *Jüdische Altertümer*, übers. u. m. Einl. u. Anm. v. Heinrich Clementz, 2 Bde., Halle an der Saale 1899–1900.

Galen, *De crisibus* Galenus: *Peri kriseon. Überlieferung und Text*, hg. v. Bengt Alexanderson, Stockholm 1967.

Gellius, *Noctes atticae* Gellius: *Die attischen Nächte*, 2 Bde., vollst. übers. u. m. Anm. vers. v. Fritz Weiss, Darmstadt 1975.

Gherardi, *Paradiso* Gherardi, Giovanni: *Il paradiso degli Alberti*, hg. v. Antonio Lanza, Rom 1975.

Herodot, *Historien* Herodot: *Historien*, 2 Bde. , hg. v. Josef Feix, Düsseldorf 2001.

Hesiod, *Werke und Tage* Hesiod: *Theogonie/Werke und Tage*, hg. u. übers. v. Albert von Schirnding, Berlin 2012.

Hildegard, *Liber vitae meritorum* Hildegard von Bingen: *Das Buch der Lebensverdienste – Liber vitae meritorum*, Rüdesheim/Eibingen 2014.

Hippokrates, *Corpus Hippocraticum* Hippokrates: *Die Werke des Hippokrates. Die hippokratische Schriftensammlung in neuer deutscher Übersetzung*, hgg. v. Richard Kapferer unter Mitw. v. Georg Sticker, 25 Bde., Stuttgart/Leipzig 1934–1940.

Hippokrates, *Die Heilige Krankheit* Hippokrates: ›Die Heilige Krankheit‹, in: *Die Werke des Hippokrates. Die hippokratische Schriftensammlung in neuer deutscher Übersetzung*, hgg. v. Richard Kapferer/Georg Sticker, 25 Bde., Stuttgart/Leipzig 1934–1940, Bd. 18, Teil II, 1936, S. 31–65.

Homer, *Ilias* Homer: *Ilias*, übers. von Wolfgang Schadewaldt, Frankfurt am Main 1975.

Homer, *Odyssee* Homer: *Odyssee*, übers. v. Wolfgang Schadewaldt, Reinbek bei Hamburg 1972.

Horaz, *Briefe* Horaz: ›Briefe/Epistulae‹, in: *Satiren und Briefe*, hg. v. Gerd Fink u. übers. v. Gerd Herrmann, Düsseldorf/Zürich 2000, S. 146–280.

Horaz, *Oden* Horaz: ›Oden und Epoden‹, in: *Sämtliche Werke*, hg. v. Hans Färber, München/Zürich 1982, S. 6–223.

Hugo de Folieto, *De claustro animae* Hugo de Folieto: *De claustro animae*, abrufbar über: http://www.documentacatholicaomnia.eu/04z/z_1096-1172__Hugo_de_Folieto__De_Claustro_Animae_Libri_Quatuor__MLT.pdf.html (zuletzt abgerufen am 08.01.2022).

Hume, *Traktat über die menschliche Natur* Hume, David: *Traktat über die menschliche Natur*, hg. v. Horst D. Brandt, auf der Grundlage d. Übers. v. Theodor Lipps, 2 Bde., Hamburg 2013.

Ignatius, ***Epheserbrief*** Ignatius von Antiochien: *Epheserbrief*, abrufbar über *Bibliothek der Kirchenväter*: https://bkv.unifr.ch/de/works/105/versions/121/divisions/49101 (zuletzt abgerufen am 30.12.2021).

Isidor, ***Enzyklopädie*** Isidor von Sevilla: *Die Enzyklopädie des Isidor von Sevilla*, übers. u. m. Anm. v. Lenelotte Möller, Wiesbaden 2008.

Jacobus de Voragine, ***Legenda aurea*** Jacobus de Voragine: *Die Legenda aurea: Das Leben der Heiligen erzählt von Jacobus da Voragine*, hg. v. Richard Benz, Gütersloh 2007.

Johannes von Salisbury, ***Policraticus*** Johannes von Salisbury: *Policraticus*, hg. v. Katherine S.B. Keats-Rohan, Turnhout 1993.

Justinus, ***Epitome*** Iustin: *Römische Weltgeschichte*, 2 Bde., Lateinisch–Deutsch, eingel., übers. u. komm. v. Günter Laser, Darmstadt 2016.

Juvenal, ***Satiren*** Juvenal: *Satiren*, hg. u. übers. v. Sven Lorenz, Berlin/Boston 2017.

Laktanz, ***Divinae Institutiones*** Laktantius: *Divine Institutes*, übers. v. Mary Francis McDonald, Washington, D.C. 1964.

Landino, ***Commento*** Landino, Cristoforo: ›Proemio al commento dantesco‹, in: ders.: *Scritti critici e teorici*, hg. v. Roberto Cardini, 2 Bde., Rom 1974, Bd. I, S. 96–164.

Livius, ***Ab urbe condita*** Livius, Titus: *Römische Geschichte*, 11 Bde., hgg. v. Hans Jürgen Hillen/Josef Feix, Düsseldorf 1977–2008.

Lotario, ***De miseria*** Lotario dei Segni (Papst Innozenz III.): *On the Misery of the Human Condition*, hg. v. Donald R. Howard, Indianapolis 1969. [Originaltitel: *De miseria humanae conditionis*]

Lukan, ***Pharsalia*** Lukan, Marcus Aenneus: *Bellum civile. Der Bürgerkrieg*, hg. u. übers. v. Wilhelm Ehlers, München 1973. [auch bekannt als: *Pharsalia*]

Lukian, ***Verae historiae*** Lukian von Samosata: *Wahre Geschichten*, aus d. Griechischen u. m. Nachw. v. Manuel Baumbach, Zürich 2000.

Lukian, ***Verleumdung des Apelles*** Lukian von Samosata: ›Die Verleumdung‹, in: *Werke in drei Bänden*, hgg. v. Jürgen Werner/Herbert Greiner-Mai, Berlin 1974, Bd. III, S. 268–270.

Lysias, ***Reden*** Lysias: *Reden*, Griechisch-Deutsch, eingel., komm. u. übers. v. Ingeborg Huber, hg. v. Kai Brodersen, 2 Bde., Darmstadt 2004/2005.

Macrobius, ***Saturnalia*** Macrobius, Ambrosius Theodosius: *Tischgespräche am Saturnalienfest*, übers. v. Otto u. Eva Schönberger, Würzburg 2008.

Manetti, ***De dignitate*** Manetti, Giannozzo: *Über die Würde und Erhabenheit des Menschen*, hg. v. August Buck u. übers. v. Hartmut Leppin, Hamburg 1990. [Originaltitel: *De dignitate et excellentia hominis*]

Manetti, ***Oratio*** Manetti, Giannozzo: ›Oratio ad clarissimum equestris ordinis virum Angelum Acciaiolum de secularibus et pontificalibus pompis in consecratione basilicae florentinae habitis incipit feliciter‹, in: *Umanesimo e esoterismo*, Konferenzakten, Oberhofen, 16.–17.09.1960, hg. v. Enrico Castelli, Padua 1960, S. 310–320.

Manetti, ***Vita Socratis*** Manetti, Giannozzo: ›Life of Socrates‹, in: ders.: *Biographical Writings*, hgg. u. übers. v. Stefano Baldassarri/Rolf Bagemihl, Cambridge, MA 2003, S. 176–233.

Manilius, ***Astronomica*** Manilius, Marcus: *Astronomica/Astrologie*, hg. u. übers. v. Wolfgang Fels, Stuttgart 1990.

Marsuppini, ***Consolatoria*** Marsuppini, Carlo: ›Consolatoria‹, in: Pier Giorgio Ricci: ›Una Consolatoria inedita del Marsuppini‹, in: *La Rinascita*, 1940, Bd. 11, S. 389–433.

Martial, ***Epigramme*** Martialis, Marcus Valerius: *Epigramme*, hgg. u. übers. v. Paul Barié/Winfried Schindler, Berlin 2013.

Nero, ***Consolatio ad Liviam*** Nero, Claudius Drusus: *Trostgedicht für Livia*, übers. v. Hermann Rupprecht, Mitterfels 1982.

Origenes, *Homiliae in Canticum Canticorum* Origenes: *Die Homilien und Fragmente zum Hohelied*, eingel. u. übers. v. Alfons Fürst u. Holger Strutwolf, Berlin/Boston 2016.

Ovid, ***Briefe aus der Verbannung*** Ovidius Naso, Publius: *Briefe aus der Verbannung*, hg. u. übers. v. Wilhelm Willige, Mannheim 2011. [Originaltitel: *Epistulae ex Ponto*]

Ovid, ***Fasti*** Ovidius Naso, Publius: *Festkalender*, hg. u. übers. v. Nikolaus Holzberg, Berlin 2012.

Ovid, ***Metamorphosen*** Ovidius Naso, Publius: *Metamorphosen*, hg. u. übers. v. Nikolaus Holzberg, Berlin/Boston 2017.

Ovid, ***Remedia amoris*** Ovidius Naso, Publius: *Heilmittel gegen die Liebe*, hg. u. übers. von Friedrich Walter Lenz, Berlin 1960.

Palmieri, ***Della Vita civile*** Palmieri, Matteo: *Vita civile*, hg. v. Gino Belloni, Florenz 1982.

Pandolfini, ***Trattato*** Pandolfini, Agnolo: *Trattato del governo di famiglia*, Mailand 1805.

Persius, ***Satiren*** Persius Flaccus, Aulus: ›Erste Satire‹, in: *Des Aulus Persius Flaccus Satiren*, in der Versart d. Urschrift verdt. u. mit erl. Anm. v. J. J. C. Donner, Stuttgart 1822, S. 1–12.

Petrarca, ***De remediis*** Petrarca, Francesco: *Heilmittel gegen Glück und Unglück*, hg. v. Eckhard Kessler u. übers. v. Rudolf Schottlaender, München 1988. [Originaltitel: *De remediis utriusque fortunae*]

Petrarca, ***De viris*** Petrarca, Francesco: *De viris illustribus*, Florenz 1964.

Petrarca, ***De vita solitaria*** Petrarca, Francesco: ›Über das Leben in Abgeschiedenheit‹, in: ders.: *Das einsame Leben: Über das Leben in Abgeschiedenheit und Mein Geheimnis*, übers. v. Friederike Hausmann, hg. u. eingel. v. Franz Josef Wetz, Stuttgart 2005, S. 51–238.

Petrarca, ***Secretum*** Petrarca, Francesco: ›Mein Geheimnis‹, in: ders.: *Das einsame Leben: Über das Leben in Abgschiedenheit und Mein Geheimnis*, übers. v. Friederike Hausmann, hg. u. eingel. v. Franz Josef Wetz, Stuttgart 2005, S. 239–362.

Platon, ***Gorgias*** Platon: *Euthyphron/Gorgias*, übers. v. Friedrich Schleiermacher, Frankfurt am Main 1991.

Platon, ***Ion*** Platon: ›Hippias I/II, Ion‹, in: Platon: *Sämtliche Dialoge*, hg. u. übers. v. Otto Apelt, 7 Bde., Hamburg 2004, Bd. III.

Platon, ***Nomoi*** Platon: ›Gesetze‹, in: Platon: *Sämtliche Dialoge*, hg. u. übers. v. Otto Apelt, 7 Bde., Hamburg 2004, Bd. VII.

Platon, ***Phaidon*** Platon: ›Phaidon oder Über die Unsterblichkeit der Seele‹, in: Platon: *Sämtliche Dialoge*, hg. u. übers. v. Otto Apelt, 7 Bde., Hamburg 2004, Bd. II.

Platon, ***Phaidros*** Platon: *Phaidros*, übers. u. hg. v. Thomas Paulsen/Rudolf Rehn, Hamburg 2019.

Platon, ***Politeia*** Platon: ›Der Staat‹, in: Platon: *Sämtliche Dialoge*, hg. u. übers. v. Otto Apelt, 7 Bde., Hamburg 2004, Bd. V.

Platon, ***Symposion*** Platon: *Symposion*, übers. u. hg. v. Barbara Zehnpfennig, Hamburg 2012.

Platon, ***Theaitetos*** Platon: ›Theätet‹, in: Platon: *Sämtliche Dialoge*, hg. u. übers. v. Otto Apelt, 7 Bde., Hamburg 2004, Bd. VI.

Platon, ***Timaios*** Platon: ›Timaios und Kritias‹, in: Platon: *Sämtliche Dialoge*, hg. u. übers. v. Otto Apelt, 7 Bde., Hamburg 2004, Bd. VI.

Plautus, ***Asinaria*** Plautus: ›Asinaria‹, in: *Komödien*, Lateinisch–Deutsch, 6 Bde., hg., übers. u. komm. v. Peter Rau, Darmstadt 2008, Bd. I, S. 109–190.

Plinius der Ältere, ***Naturkunde*** Plinius der Ältere: *Naturkunde*, Lateinisch–Deutsch, hgg. v. Roderich König et al., 37 Bde., Düsseldorf/Zürich 1997–2013. [Originaltitel: *Naturalis historia*]

Plinius der Jüngere, ***Briefe*** Plinius der Jüngere: *Briefe – Epistularum libri decem*, Lateinisch–Deutsch, hg. v. Helmut Katen, Düsseldorf/Zürich 1995.

Plutarch, ***Amatorius*** Plutarch: *Amatorius – Dialog über die Liebe*, hg. u. übers. v. Herwig Görgemanns et al., Tübingen 2006.

Plutarch, ***De tranquillitate animi*** Plutarch: ›Über die Seelenruhe‹, in: *Die Kunst zu leben*, ausgew. u. übers. v. Marion Giebel, Frankfurt am Main/Leipzig 2000, S. 13–43.

Plutarch, ***Maximen von Königen und Feldherren*** Plutarch: ›Maximen von Königen und Feldherren‹, in: *Plutarchs moralische Abhandlungen*, übers. von Johann Friedrich Salomon Kaltwasser, 9 Bde., Frankfurt am Main 1783–1800, Bd. II, 1784, S. 167–253.

Plutarch, ***Nutzen der Feinde*** Plutarch: ›Abhandlung, wie man von seinen Feinden Nutzen ziehen könne‹, in: *Plutarchs moralische Abhandlungen*, übers. v. Johann Friedrich Salomon Kaltwasser, 9 Bde., Frankfurt am Main 1783–1800, Bd. I, 1784, S. 279–300.

Plutarch, ***Trostschreiben an Apollonius*** Plutarch: ›Trostschreiben an Apollonius‹, in: *Moralische Schriften: Parallelschriften zu Seneca's Dialogen*, übers., mit Einl., Anm. u. Reg. vers. v. Otto Apelt, 2 Bde., Leipzig 1926, Bd. II, S. 67–112.

Plutarch, ***Über den Vorwitz*** Plutarch: ›Über den Vorwitz‹, in: *Plutarchs moralische Abhandlungen*, übers. v. Johann Friedrich Salomon Kaltwasser, 9 Bde., Frankfurt am Main 1783–1800, Bd. IV, 1789, S. 503–535.

Plutarch, ***Über Kindererziehung*** Plutarch: ›Über Kindererziehung‹, in: *Moralische Schriften: Streitschriften wider die Epikureer*, übers., mit Einl., Anm. u. Reg. vers. v. Otto Apelt, 3 Bde., Leipzig 1926–1927, Bd. I (Anhang), 1926, S. 119–149.

Plutarch, ***Vitae parallelae*** Plutarch: *Große Griechen und Römer*, eingel. u. übers. v. Konrat Ziegler, 6 Bde., Zürich 1955–1965.

Plutarch, ***Von der Bezähmung des Zorns*** Plutarch: ›Von der Bezähmung des Zorns‹, in: *Moralische Schriften: Parallelschriften zu Seneca's Dialogen*, übers., mit Einl., Anm. u. Reg. vers. v. Otto Apelt, 2 Bde., Leipzig 1926, Bd. II, S. 1–32.

Properz, ***Elegiae*** Properz: *Liebeselegien*, hg. u. übers. v. Georg Luck, Zürich 1996.

Prudentius, ***Psychomachia*** Prudentius: *Psychomachia*, hg. u. übers. v. Magnus Frisch, Berlin 2020.

Pseudo-Aristoteles, ***Problemata physica*** Pseudo-Aristoteles: ›Problemata physica‹, in: *Aristoteles. Werke in deutscher Übersetzung*, hgg. v. Ernst Grumach/Hellmut Flashar, Bd. XIX, übers. v. Hellmut Flashar, Darmstadt 1962.

Pseudo-Longinos, ***Vom Erhabenen*** Pseudo-Longinos: *Vom Erhabenen*, übers. v. Otto Schönberger, Stuttgart 1988.

Publilius Syrus, ***Sententiae (a)*** Publilius Syrus: *Die Sprüche*, Lateinisch-Deutsch, hg. v. Hermann Beckby, Berlin/Boston 2014.

Publilius Syrus, ***Sententiae (b)*** Publilius Syrus: *Sententiae*, Lateinisch, hg. v. Eduard von Wölfflin, Leipzig 1869.

Quintilian, ***Institutio*** Quintilianus, Marcus Fabius: *Ausbildung des Redners. Zwölf Bücher – Institutio oratoria*, hg. von Helmut Rahn, Darmstadt 2011.

Sacchetti, ***Trecentonovelle*** Sacchetti, Franco: *Trecentonovelle*, hg. v. Davide Puccini, Turin 2004.

Sallust, ***Catilinae coniuratio*** Sallust: ›Catilinae coniuratio‹, in: ders.: *Werke*, Lateinisch–Deutsch, übers. v. Werner Eisenhut/Josef Lindauer, Düsseldorf 1994, S. 6–97.

Seneca, ***Briefe an Lucilius*** Seneca, Lucius Aenneus: *Briefe an Lucilius*, hg. u. übers. v. Gerhard Fink, 2 Bde., Düsseldorf 2007. [Originaltitel: *Epistulae morales ad Lucilium*]

Seneca, ***Consolatio ad Marciam*** Seneca, Lucius Aenneus: ›Ad Marciam consolatione – Trostschrift für Marcia‹, in: *Schriften zur Ethik. Die kleinen Dialoge*, hg. u. übers. v. Gerhard Fink, Düsseldorf 2008, S. 310–387.

Seneca, ***De beneficiis*** Seneca, Lucius Aenneus: ›De beneficiis – Über die Wohltaten‹, in: *Philosophische Schriften*, übers., eingel. u. m. Anm. v. Manfred Rosenbach, 5 Bde., Darmstadt 1989, Bd. V, S. 95–593.

Seneca, ***De constantia sapientis*** Seneca, Lucius Annaeus: ›De constantia sapientis – Die Unerschütterlichkeit des Weisen‹, in: *Schriften zur Ethik. Die kleinen Dialoge*, hg. u. übers. v. Gerhard Fink, Berlin/Boston 2014, S. 46–95.

Seneca, ***De ira*** Seneca, Lucius Aenneus: ›De ira – Über den Zorn‹, in: *Schriften zur Ethik. Die kleinen Dialoge*, hg. u. übers. v. Gerhard Fink, Düsseldorf 2008, S. 148–221.

Seneca, *De otio* Seneca, Lucius Aenneus: ›De otio – Die Zurückgezogenheit‹, in: *Schriften zur Ethik. Die kleinen Dialoge*, hg. u. übers. v. Gerhard Fink, Düsseldorf 2008, S. 458–477.

Seneca, *De providentia* Seneca, Lucius Annaeus: ›De providentia – Die Vorsehung‹, in: *Schriften zur Ethik. Die kleinen Dialoge*, hg. u. übers. v. Gerhard Fink, Berlin/Boston 2014, S. 6–45.

Seneca, *De tranquillitate animi (a)* Seneca, Lucius Aenneus: ›De tranquillitate animi – Die Ruhe der Seele‹, in: *Schriften zur Ethik. Die kleinen Dialoge*, hg. u. übers. v. Gerhard Fink, Düsseldorf 2008, S. 478–551.

Seneca, *De tranquillitate animi (b)* Seneca, Lucius Aenneus: *De tranquillitate animi – Über die Ausgeglichenheit der Seele*, Lateinisch–Deutsch, übers. u. hg. v. Heinz Gunermann, Stuttgart 1984.

Sermini, *Novelle* Sermini, Gentile: *Le Novelle di Gentile Sermini da Siena: ora per la prima volta raccolte e pubblicate nella loro integrità*, Livorno 1874.

Sextus Empiricus, *Adversus mathematicos* Sextus Empiricus: *Gegen die Dogmatiker. Adversus mathematicos libri 7–11*, übers. v. Hansueli Flückiger, Sankt Augustin 1998.

Sextus Empiricus, *Pyrrhonische Skepsis* Sextus Empiricus: *Grundriß der pyrrhonischen Skepsis*, eingel. u. übers. v. Malte Hossenfelder, Frankfurt am Main 1968.

Silius Italicus, *Punica* Silius Italicus: *Punica. Das Epos vom Zweiten Punischen Krieg*, 2 Bde. Lateinischer Text m. Einl., Übers., kurzen Erläuterungen, Eigennamenverzeichnis u. Nachw. hg. v. Hermann Rupprecht, Mitterfels 1991.

Sueton, *Kaiserviten* Sueton: *Die Kaiserviten*, hg. u. übers. v. Hans Martinet, Düsseldorf 1997.

Tacitus, *Annales* Tacitus: *Annalen*, übers. v. Carl Hoffmann, München 1954.

Tacitus, *Historiae* Tacitus: *Historien*, übers. v. Joseph Borst, Mannheim 2010.

Terenz, *Andria* Terenz: ›Die Andrierin‹, in: *Komödien*, Lateinisch–Deutsch, hrsg., übers. u. kom. v. Peter Rau, 2 Bde., Darmstadt 2012, Bd. I, S. 9–108.

Terenz, *Eunuchus* Terenz: ›Der Eunuch›, in: *Komödien*, Lateinisch–Deutsch, hrsg., übers. u. kom. v. Peter Rau, 2 Bde., Darmstadt 2012, Bd. II, S. 9–114.

Terenz, *Heautontimorumenos* Terenz: ›Der Büßende‹, in: *Komödien*, Lateinisch–Deutsch, hrsg., übers. u. kom. v. Peter Rau, 2 Bde., Darmstadt 2012, Bd. I, S. 187–286.

Terenz, *Phormio* Terenz: ›Phormio‹, in: *Komödien*, Lateinisch–Deutsch, hrsg., übers. u. kom. v. Peter Rau, 2 Bde., Darmstadt 2012, Bd. II, S. 115–216.

Thomas von Aquin, *Summa theologica* Thomas von Aquin: *Die deutsche Thomas-Ausgabe* (*Summa theologica*), übers. v. Dominikanern u. Benediktinern Deutschlands u. Österreichs. Vollst., ungekürzte dt.-lat. Ausg., Graz [u. a.]: Styria, früher teilw. im Pustet-Verl., Salzburg, teilw. im Kerle-Verl., Heidelberg u. Verl. Styria Graz/Wien/Köln, 1933ff., 34 Bde. (noch unvollendet).

Tibull, *Elegiae* Tibull: *Elegien*, Lateinisch–Deutsch, hg. v. Werner Fraustadt, München 1940.

Valerius Maximus, *Facta et dicta memorabilia* Valerius Maximus: *Sammlung merkwürdiger Reden und Thaten*, hg. u. übers. v. Friedrich Hoffmann, 5 Bde., Stuttgart 1828–1829.

Vergil, *Aeneis* Vergil: *Aeneis*, hg. u. übers. v. Gerhard Fink, Düsseldorf/Zürich 2005.

Vergil, *Bucolica* Vergil: ›Bucolica/Hirtengedichte‹, in: ders.: *Bucolica/Georgica*, hg. u. übers. v. Nikolaus Holzberg, Berlin/Boston 2016, S. 41–112.

Vincent von Beauvais, *Speculum* Vincent von Beauvais: *Speculum quadruplex, sive speculum maius*, 4 Bde., Graz 1964–1965.

Vitruv, *De architectura* Vitruv: *Vitruvii De architectura libri decem/Zehn Bücher über die Architektur*, Lateinisch–Deutsch, übers. u. m. Anm. vers. v. Curt Fensterbusch, Darmstadt 2008.

Xenophon, *Kyrupädie* Xenophon: *Die Erziehung des Kyros*, hg. u. übers. v. Rainer Nickel, München 1992.

Xenophon, *Oikonomikus* Xenophon: *Ökonomische Schriften*, Einl., Übers., Komm. v. Gert Audring, Berlin 1992.

Xenophon, *Symposion* Xenophon: *Das Gastmahl*, hg. u. übers. v. Ekkehart Stärk, Stuttgart 1998.

Kataloge, Lexika

AG *Ästhetische Grundbegriffe. Historisches Wörterbuch in sieben Bänden*, hgg. v. Karlheinz Barck/Martin Fontius/Dieter Schlenstedt et al., Stuttgart/Weimar 2000–2005.

AL *Augustinus-Lexikon online*, hgg. v. Robert Dodaro/Cornelius Petrus Mayer/Christof Müller, Basel, https://www.schwabeonline.ch/schwabe-xaveropp/elibrary/start.xav#__elibrary__%2F%2F*%5B%40attr_id%3D%27al_productpage%27%5D__1632928081406.

Crusca *Lessicografia della Crusca in rete*, hgg. v. Massimo Fanfani/Marco Biffi, http://www.lessicografia.it.

DBI *Dizionario Biografico degli Italiani*, Treccani, Istituto della Enciclopedia Italiana fondato da Giovanni Treccani, https://www.treccani.it/biografico/index.html.

DWb *Deutsches Wörterbuch von Jacob Grimm und Wilhelm Grimm*, digitalisierte Fassung im Wörterbuchnetz des Trier Center for Digital Humanities, Version 01/21, https://www.woerterbuchnetz.de/DWB.

ED *Enciclopedia Dantesca*, Treccani, Istituto della Enciclopedia Italiana fondato da Giovanni Treccani, https://www.treccani.it/enciclopedia/elenco-opere/Enciclopedia_Dantesca.

EdAM *Enciclopedia dell'Arte Medievale*, Treccani, Istituto della Enciclopedia Italiana fondato da Giovanni Treccani, https://www.treccani.it/enciclopedia/elenco-opere/Enciclopedia_dell%27_Arte_Medievale

EM *Enzyklopädie Medizingeschichte*, hgg. v. Werner E. Gerabek et al., Berlin/New York 2007.

EPW *Enzyklopädie Philosophie und Wissenschaftstheorie*, hg. v. Jürgen Mittelstraß, 8 Bde., Stuttgart 2018.

HWPh *Historisches Wörterbuch der Philosophie online*, hgg. v. Joachim Ritter/Karlfried Gründer/Gottfried Gabriel, Basel 2017, https://www.schwabeonline.ch/schwabe-xaveropp/elibrary/start.xav#__elibrary__%2F%2F*%5B%40attr_id%3D%27hwph_productpage%27%5D__1632928057165.

HWRh *Historisches Wörterbuch der Rhetorik Online*, hg. v. Gert Ueding, Berlin/Boston 2013, https://www.degruyter.com/database/hwro/html?lang=de.

IEP *Internet Encyclopedia of Philosophy. A peer reviewed Academic Resource*, www.iep.utm.edu.

KP *Der kleine Pauly. Lexikon der Antike in fünf Bänden*, hgg. v. Konrat Ziegler/Walther Sontheimer, 1964–1975.

MLK *Metzler Lexikon Kunstwissenschaft. Ideen, Methoden, Begriffe*, hg. v. Ulrich Pfisterer, Stuttgart 2003.

NP *Der neue Pauly*, hgg. v. Hubert Cancik et al., Stuttgart et al. 1996–2003.

PL *Patrologia Latina*, hg. v. Jacques-Paul Migne, Paris 1844–1865, https://patristica.net/latina/

RAC *Reallexikon für Antike und Christentum. Sachwörterbuch zur Auseinandersetzung des Christentums mit der antiken Welt*, hgg. v. Christian Hornung/Heinzgerd Brakmann/Sible de Blaauw et al., Stuttgart 1970–2021.

SEP *Stanford Encyclopedia of Philosophy*, hg. v. Edward Nouri Zalta, Stanford, CA 2009.

Thesaurus *Thesaurus proverbiorum medii aevi. Lexikon der Sprichwörter des romanisch-germanischen Mittelalters*, begr. v. Samuel Singer, hg. v. Kurat. Singer d. Schweiz. Akad. d. Geistes- und Sozialwiss., 13 Bde. u. Quellenverz., Berlin/New York 1995–2002.

TRE *Theologische Realenzyklopädie online*, hgg. v. Gerhard Müller/Albrecht Döhnert/Hermann Speikermann et. al. Berlin 2008, https://www.degruyter.com/database/tre/html.

WiBiLex *Das wissenschaftliche Bibelexikon im Internet*, hgg. v. Michaela Bauks/Klaus Koenen/Michael Pietsch, https://www.bibelwissenschaft.de/wibilex/.

Sekundärliteratur

Adolf 2013 Adolf, Heinrich: ›Jenseits von Hafen und Meer‹, in: *Archiv für Begriffsgeschichte*, 2013, Bd. LV, S. 39–60.

Adorno / Horkheimer (1969) 2006 Adorno, Theodor W. / Horkheimer, Max: *Dialektik der Aufklärung. Philosophische Fragmente*, Frankfurt am Main (1969) 2006.

Agamben 2012 Agamben, Giorgio: *Stanzen. Wort und Phantasma in der abendländischen Kultur*, Zürich 2012.

Altamura 1952 Altamura, Antonio: *Il certame coronario*, Neapel 1952.

Annas 1992 Annas, Julia Elizabeth: *Hellenistic Philosophy of Mind*, Berkeley 1992.

Anstey 1999 Anstey, Tim Ainsworth: ›Fictive Harmonies. Music and the Tempio Malatestiano‹, in: *Anthropology and Aesthetics*, 1999, Bd. XXXVI, S. 186–204.

Assmann 2002 Assmann, Jan: ›Das kulturelle Gedächtnis‹, in: *Erwägen, Wissen, Ehtik*, 2002, Bd. XIII, S. 239–247.

Baader 2007 Baader, Hannah: ›Ernste Spiele, 1441. Niccolò della Luna und Leon Battista Alberti über Wettstreit, Freundschaft, Neid und Kunst‹, in: *Im Agon der Künste. Paragonales Denken, ästhetische Praxis und Diversität der Sinne*, hgg. v. ders. / Ulrike Mueller Hofstede / Kristine Patz / Nicola Suthor, München 2007, S. 32–49.

Baader 2015 Baader, Hannah: *Das Selbst im Anderen. Sprachen der Freundschaft und die Kunst des Portraits 1370–1520*, Paderborn 2015.

Baars 1997 Baars, Bernard J.: *In the Theater of Consciousness. The Workspace of the Mind*, New York 1997.

Baker 2021 Baker, Nicholas Scott: *In Fortune's Theater. Financial Risk and the Future in Renaissance Italy*, Cambridge 2021.

Baldassari 2003 Baldassari, Ugo: ›Introduction‹, in: Giannozzo Manetti: *Biographical Writings*, hgg. u. übers. v. Ugo Baldassari / Rolf Baghemihl, Cambridge MA 2003, S. vii–xix.

Barasch 1976 Barasch, Mosche: *Gestures of Despair in Medieval and Early Renaissance Art*, New York 1976.

Baron 1955 Baron, Hans: *The Crisis of Early Italian Renaissance: Civic Humanism and Republican Liberty in an Age of Classicism and Tyranny*, Princeton 1955.

Baron (1988) 2014a Baron, Hans: ›The Florentine Revival of the Philosophy of the Active Political Life‹, in: ders.: *In Search of Florentine Civic Humanism. Essays on the Transition from Medieval to Modern Thought*, 2 Bde., Princeton (1988) 2014, Bd. I, S. 134–157.

Baron (1988) 2014b Baron, Hans: ›Leon Battista Alberti as an Heir and Critic of Florentine Civic Humanism‹, in: ders.: *In Search of Florentine Civic Humanism. Essays on the Transition from Medieval to Modern Thought*, 2 Bde., Princeton (1988) 2014, Bd. I, S. 258–288.

Bätschmann (2000) 2011 Bätschmann, Oskar: ›Einleitung. Leon Battista Alberti über das Standbild, die Malkunst und die Grundlagen der Malerei‹, in: Leon Battista Alberti: *Das Standbild, die Malkunst, Grundlagen der Malerei*, hgg. v. Oskar Bätschmann / Christoph Schäublin, Darmstadt (2000) 2011, S. 13–141.

Battisti 1957 Battisti, Eugenio: ›La visualizzazione della scena classica nella commedia umanistica‹, in: *Commentari*, 1957, Bd. VIII, S. 248–256.

Baxendale 1991 Baxendale, Susannah Foster: ›Exile in Practice. The Alberti Family In and Out of Florence 1401–1428‹, in: *Renaissance Quarterly*, 1991, Bd. XLIV, H. 4, S. 720–756.

Beckeld 2013 Beckeld, Benedict: *Die Notwendigkeit der Notwendigkeit. Überlegungen zur stoischen Seelen- und Schicksalslehre*, Frankfurt am Main 2013.

Bejczy 2011 Bejczy, Istvàn Pieter: *The Cardinal Virtues in the Middle Ages. A Study in Moral Thought from the Fourth to the Fourteenth Century*, Leiden / Boston 2011.

Bénatouïl 2019 Bénatouïl, Thomas: ›Introduction: Dialectics in Dialogue‹, in: *Dialectic after Plato and Aristotle*, hgg. v. dems./Katerina Ierodiakonou, Cambridge/New York 2019, S. 1–16.
Bendemann 2009 Bendemann, Reinhard von: *'Christus medicus'. Die Krankheiten in den neutestamentlichen Heilungserzählungen*, Neukirchen-Vluyn 2002.
Bergdolt 1991 Bergdolt, Klaus: ›Einführung‹, in: Alvise Cornaro: *Vom maßvollen Leben*, hg. v. dems., Heidelberg 1991.
Berrigan 1976 Berrigan, Joseph R.: ›Leonardo Dati: 'Hiensal Tragoedia'. A Critical Edition with Translation‹, in: *Humanistica Lovaniensia*, 1976, Bd. XXV, S. 84–145.
Bertolini 1993 Bertolini, Lucia: *De vera amicitia. I testi del primo certame coronario*, Modena 1993.
Bertolini 1998 Bertolini, Lucia: *Grecus sapor. Tramiti di presenze greche in Leon Battista Alberti*, Rom 1998.
Bertolini 2000 Bertolini, Lucia: ›Sulla precedenza della redazione volgare del 'De pictura' di Leon Battista Alberti‹, in: *Studi per Umberto Carpi*, hgg. v. Marco Santagata/Alfredo Stussi, Pisa 2000, S. 181–210.
Bertolini 2003 Bertolini, Lucia: ›AGON STEFANITES. Il progetto del certame coronario (e la sua ricezione)‹, in: *Il volgare come lingua di cultura dal Trecento al Cinquecento*, Konferenzakten, Mantua, 18.–20. Oktober 2001, hgg. v. Arturo Calzona/Francesco Paolo Fiore/Alberto Tenenti/Cesare Vasoli, Florenz 2003, S. 51–70.
Bertolini 2005 Bertolini, Lucia: ›Per la biblioteca greca del Alberti‹, in: *Leon Battista Alberti. La biblioteca di un umanista*, hgg. v. Roberto Cardini/Lucia Bertolini/Mariangela Regoliosi, Ausst.-Kat. Biblioteca Medicea Laurenziana, Florenz 2005, S. 101–104.
Bertolini 2012 Bertolini, Lucia: ›Socrate e Polo. Una scheda albertiana per la fortuna umanistica del 'Gorgias'‹, in: *Lettere Italiane*, 2012, Bd. LXIV, H. 4, S. 615–623.
Bertolini 2013 Bertolini, Lucia: ›Du 'de familia' au 'Governo della famiglia'‹, in: *Les Livres de la famille d'Alberti. Sources, sens et influence*, Konferenzakten, Amiens 2009, hg. v. Michel Paoli, Paris 2013, S. 245–281.
Beyer 1997 Beyer, Andreas: ›'Ist das die Villa?' Rudolf Borchardt in der Villen-Landschaft‹, in: *Rudolf Borchardt und seine Zeitgenossen*, hg. v. Ernst Osterkamp, Berlin/New York 1997, S. 194–209.
Beyer 2008 Beyer, Hartmut: ›Leonardo Datis Hyempsal (1440): Tragödie und Komik‹, in: ders.: *Das politische Drama im Italien des 14. und 15. Jahrhunderts. Humanistische Tragödien in ihrem literarischen und funktionalen Kontext*, Münster 2008, S. 203–253.
Bianchi Bensimon 1998 Bianchi Bensimon, Nella: *Unicité du regard et pluralité des voix. Essai de lecture de Leon Battista Alberti*, Paris 1998.
Bianchi Bensimon 2002 Bianchi Bensimon, Nella: ›L'immagine paterna come modulo archetipico in alcuni dialoghi in volgare dell'Alberti‹, in: *Albertiana*, 2002, Bd. V, S. 77–88.
Bleek 2018 Bleek, Jennifer: ›Das Helldunkel, das Verhältnis von Natur und Kunst und die Frage der *materia* bei Leon Battista Alberti‹, in: *Chiaroscuro als ästhetisches Prinzip. Kunst und Theorie des Helldunkels 1300–1550*, hgg. v. Claudia Lehmann/Norberto Gramaccini/Johannes Rößler/Thomas Dittelbach, Berlin/Boston 2018, S. 105–124.
Bloch 1987 Bloch, Ralph Howard: ›Medieval Misogyny‹, in: *Representations*, Bd. XX: *Misogyny, Misandry, and Misanthropy*, Berkeley 1987, S. 1–24.
Blum 2001 Blum, Paul Richard: ›Was ist Renaissance-Humanismus? Zur Konstruktion eines kulturellen Modells‹, in: *Philologie und Erkenntnis. Beiträge zum Begriff und Problem frühneuzeitlicher Philologie*, hg. v. Ralph Häfner, Tübingen 2001, S. 227–246.
Blum 2008 Blum, Gerd: ›'Fenestra Prospectiva' – Das Fenster als symbolische Form bei Leon Battista Alberti und im Herzogspalast von Urbino‹, in: *Leon Battista Alberti. Humanist – Architekt – Kunsttheoretiker*, hgg. v. Joachim Poeschke/Candida Syndikus, Münster 2008, S. 77–122.

Blumenberg 1988 Blumenberg, Hans: *Der Prozess der theoretischen Neugierde*, 4. Aufl., Frankfurt am Main 1988.

Blumenberg 1990 Blumenberg, Hans: ›Wirklichkeitsbegriff und Wirkungspotential des Mythos‹, in: *Terror und Spiel. Probleme der Mythenrezeption*, hg. v. Manfred Fuhrmann, München 1990, S. 11–66.

Blumenberg 1996 Blumenberg, Hans: *Die Legitimität der Neuzeit. Erneuerte Ausgabe*, Frankfurt am Main 1996.

Blumenberg 1997 Blumenberg, Hans: *Schiffbruch mit Zuschauer. Paradigma einer Daseinsmetapher*, Frankfurt am Main 1997.

Boenke 1993 Boenke, Michaela: ›Einleitung‹, in: Leon Battista Alberti: *Momus oder Vom Fürsten. Momus seu de principe*, Lateinisch–Deutsch, übers., komm. u. eingel. v. ders., München 1993, S. IX–XXXVI.

Boenke 2012 Boenke, Michaela: ›Einleitung‹, in: Marsilio Ficino: *De vita libri tres – Drei Bücher über das Leben*, hg. v. ders., Paderborn 2012, S. 6–32.

Bordt 2006 Bordt, Michael: *Platons Theologie*, Freiburg/München 2006.

Borsi 2007 Borsi, Stefano: ›Momus, De re aedificatoria, porcaria coniuratio. Considerazioni sull'uso delle fonti in Leon Battista Alberti‹, in: *Leon Battista Alberti*, hg. v. Arturo Calzona, 2007, S. 537–569.

Borsi 2015 Borsi, Stefano: ›Alberti e Santa Maria del Fiore‹, in: *Albertiana*, 2015, Bd. XVIII, S. 103–118.

Bös 1995 Bös, Gunther: *Curiositas: die Rezeption eines antiken Begriffes durch christliche Autoren bis Thomas von Aquin*, Paderborn/München/Wien/Zürich 1995.

Boschetto 1993 Boschetto, Luca: ›Ricerche sul 'Theogenius' e sul 'Momus' di Leon Battista Alberti‹, in: *Rinascimento*, 1993, Bd. XXXIII, S. 3–52.

Boschetto 1996 Boschetto, Luca: ›Recensione di 'De vera amicitia. I testi del primo Certame coronario'. Edizione critica e commento a cura di Lucia Bertolini, Ferrara-Modena, Istituto di Studi Rinascimentali-Panini‹, in: *Rivista di letteratura italiana*, 1993, Bd. XI, S. 339–352.

Boschetto 2000a Boschetto, Luca: ›Tra politica e letteratura. Appunti sui 'Profugiorum libri' e la cultura di Firenze negli anni '40‹, in: *Albertiana*, 2000, Bd. III, S. 119–140.

Boschetto 2000b Boschetto, Luca: *Leon Battista Alberti e Firenze: biografia, storia, letteratura*, Florenz 2000.

Boschetto 2007 Boschetto, Luca: ›Chi dubiterà appellare questo tempio nido delle delizie? Leon Battista Alberti e Santa Maria del Fiore‹, in: *Medioevo e Rinascimento*, 2007, Bd. XVIII, S. 141–168.

Boschetto 2017 Boschetto, Luca: ›Latin and Vernacular in Florence during the Mid-1430s‹, in: *City, Court, Academy. Language Choice in Early Modern Italy*, hg. v. Eva Del Soldato/Andrea Rizzi, New York 2017, S. 47–64.

Brandt 1999 Brandt, Axel: *Moralische Werte in den ›Res gestae‹ des Ammianus Marcellinus*, Göttingen 1999.

Bremmer 1983 Bremmer, Jan: *The Early Greek Concept of the Soul*, Princeton 1983.

Britton 2003 Britton, Piers: ›'Mio malinchonico, o vero ... mio pazzo': Michelangelo, Vasari, and the Problem of Artists' Melancholy in Sixteenth-Century Italy‹, in: *The Sixteenth Century Journal*, 2003, Bd. XXXIV, H. 3, S. 653–675.

Brommer 1983 Brommer, Frank: *Odysseus. Die Taten und Leiden des Helden in antiker Kunst und Literatur*, Darmstadt 1983.

Brown 2001 Brown, Beverly Louis: ›The Black Wings of Envy: Competition, Rivalry and Paragone‹, in: *The Genius of Rome, 1592–1623*, hg. v. ders., Ausst.-Kat. London, London 2001, S. 248–273.

Bruhl 1953 Bruhl, Adrien: *Liber pater. Origine et expansion du culte dionysiaque à Rome et dans le monde romain*, Paris 1953.

Büchsel 2001 Büchsel, Martin: ›Das Gesicht des Abtes. Physio- und pathognomische Rhetorik im Spätmittelalter‹, in: *Der heilige Abt*, hg. v. Valentina Torri, Berlin 2001, S. 55–72.
Buck 1990 Buck, August: ›Einleitung‹, in: Giannozzo Manetti: *Über die Würde und Erhabenheit des Menschen*, übers. v. Hartmut Leppin, hg. u. eingel. v. August Buck, Hamburg 1990, S. VII–XXXIV.
Bulgarelli 2008 Bulgarelli, Massimo: *Alberti. Architettura e storia*, Mailand 2008.
Burckhardt (1860) 1955 Burckhardt, Jacob: *Die Kultur der Renaissance in Italien*, in: ders.: *Gesammelte Werke*, 10 Bde. Basel 1955–1958, Bd. III, (1860) 1955
Burnet 1916 Burnet, John: ›The Socratic Doctrine of the Soul‹, in: *Proceedings of the British Academy*, 1916, Bd. VII, S. 235–259.
Cardini (1990) 2004 Cardini, Roberto: *Mosaici. Il ›nemico‹ dell'Alberti*, Rom (1990) 2004.
Cardini/Bertolini/Regoliosi 2005 Cardini, Roberto/Bertolini, Lucia/Religiosi, Mariangela (Hgg.): *Leon Battista Alberti. La biblioteca di un umanista*, Ausst.-Kat. Biblioteca Medicea Laurenziana, Florenz 2005.
Carpo/Furlan 2005 Carpo, Mario/Furlan, Francesco: ›Riproducibilità e trasmissione dell' immagine tecnico-scientifica nell'opera dell'Alberti e nelle sue fonti‹, in: *Descriptio Urbis Romae*, hgg. v. Jean-Yves Boriaud/Francesco Furlan, Florenz 2005, S. 9–37.
Cassata 1971 Cassata, Letterio: ›Tre 'cruces' dantesche‹, in: *Studi danteschi*, 1971, Bd. XLVIII, S. 5–14.
Cassirer 1927 Cassirer, Ernst: *Individuum und Kosmos in der Philosophie der Renaissance*, Leipzig/Berlin 1927.
Castelli 1998 Castelli, Patrizia: ›'Viso cruccioso e con gli occhi turbati'. Espressione e fisignomica nella trattatistica d'arte del primo rinascimento‹, in: *L'ideale classico a Ferrara e in Italia nel Rinascimento*, hg. v. ders., Florenz 1998, S. 41–63.
Caston 2021 Caston, Victor: ›Aristotle and the Cartesian Theatre‹, in: *Encounters with Aristotelian Philosophy of Mind*, hgg. v. Pavel Gregoric/Jacob Leth Fink, New York 2021, S. 169–220.
Ceron 2015 Ceron, Annalisa: ›Leon Battista Alberti's Care of the Self as Medicine of the Mind: A First Glance at 'Theogenius', 'Profugiorum ab erumna libri III', and Two Related 'Intercenales'‹, in: *Journal of Early Modern Studies*, 2015, Bd. IV, H. 2, S. 9–36.
Christes/Klein/Lüth 2006 Christes, Johannes/Klein, Richard/Lüth, Christoph: *Handbuch der Bildung und Erziehung in der Antike*, Darmstadt 2006.
Clark 1997 Clark, Timothy: ›Enthusiasmos: Archaic Greece and Plato's Ion‹, in ders.: *Theory of Inspiration: Composition as a Crisis of Subjectivity in Romantic and Post-Romantic Writing*, Manchester 1997, S. 40–60.
Cochrane 1981 Cochrane, Eric: *Historians and Historiography in the Italian Renaissance*, Chicago/London 1981.
Cooper 2012 Cooper, John Madison: *Pursuits of Wisdom: Six Ways of Life in Ancient Philosophy*, Princeton 2012.
Corcilius 2011 Corcilius, Klaus: ›Freundschaft‹, in: *Aristoteles-Handbuch: Leben – Werk – Wirkung*, hgg. v. Christof Rapp/Klaus Corcilius, Stuttgart/Weimar 2011, S. 224–226.
Corcilius 2017 Corcilius, Klaus: ›Einleitung‹, in: *Aristoteles: Über die Seele/De anima*, hg. v. Klaus Corcilius, Hamburg 2017 (griechischer Text nach der Edition von Aurelius Förster mit Verzeichnis der Abweichungen der Edition von W. D. Ross), S. IX–LXVIII.
Curtius 1993 Curtius, Ernst Robert: *Europäische Literatur und lateinisches Mittelalter*, 11. Aufl., Tübingen/Basel 1993.
D'Accone 2006 D'Accone, Frank Anthony: ›Music and Musicians at Santa Maria del Fiore in the Early Quattrocento‹, in: *Music in Renaissance Florence. Studies and Documents*, Aldershot 2006, S. 99–126.

Dalferth/Hunziker 2007 Dalferth, Ingolf U./Hunziker, Andreas (Hgg.): *Mitleid. Konkretionen eines strittigen Begriffs*, Tübingen 2007.

D'Ascia 1994 D'Ascia, Luca: ›Tecnica dialogica e tematica politica nell'Alberti volgare‹, in: *Lettere Italiane*, 1994, Bd. XLVI, H. 2, S. 201–231.

Daston 2001 Daston, Lorraine: *Eine kurze Geschichte der wissenschaftlichen Aufmerksamkeit*, München 2001.

Daxelmüller 2015 Daxelmüller, Christoph: ›Narratio, Illustratio, Argumentatio. Exemplum und Bildungstechnik in der Frühen Neuzeit‹, in: *Exempel und Exempelsammlungen*, hgg. v. Walter Haug/Burghart Wachinger, Tübingen 2015, S. 77–94.

Deckers 2010 Deckers, Regina: *Die ›Testa velata‹ in der Barockplastik. Zur Bedeutung von Schleier und Verhüllung zwischen Trauer, Allegorie und Sinnlichkeit*, München 2010.

Della Torre 1902 Della Torre, Arnaldo: *Storia dell'Accademia Platonica di Firenze*, Florenz 1902.

Delle Donne 1996 Delle Donne, Fulvio: ›La solitudine del filosofo: variazioni su un 'paradigma metaforico' dall'antichità al medio evo‹, in: *Koinonia*, 1996, Bd. XX, S. 5–31.

Demandt 2019 Demandt, Alexander: *Der Idealstaat. Die politischen Theorien der Antike*, Wien 2019.

Detel 1993 Detel, Wolfgang: ›Einleitung zur *Analytica posteriora*‹, in: Aristoteles: *Werke in deutscher Übersetzung*, Bd. III, Teil II, übers. u. erl. v. Wolfgang Detel, Berlin 1993, S. 103–334.

Detel 1998 Detel, Wolfgang: *Macht, Moral, Wissen. Foucault und die klassische Antike*, Frankfurt am Main 1998.

Dezzi Bardeschi 1974 Dezzi Bardeschi, Marco: ›Sole in leone. Leon Battista Alberti: Astrologia, cosmologia e tradizione ermetica nella facciata di Santa Maria Novella‹, in: *Psicon*, 1974, H. 1, S. 33–67.

Dezzi Bardeschi 1994 Dezzi Bardeschi, Marco: ›L'occhio profondo: il dettaglio e l'intreccio; cosmologia e l'ermetismo nella cultura di Leon Battista Alberti‹, in: *Arte Lombarda*, CX–CXI, 1994, S. 24–29.

Dezzi Bardeschi 2007 Dezzi Bardeschi, Marco: ›L'altro Alberti: Le Fonti Ermetiche di Leon Battista Alberti‹, in: *Leon Battista Alberti: teorico delle arti e gli impegni civili del ›De re aedificatoria‹*, Konferenzakten, Mantua, Oktober 2002 und 2003, hgg. v. Arturo Calzona/Francesco Paolo Fiore/Alberto Tenenti/Cesare Vasoli, 2 Bde., Florenz 2007, Bd. I, S. 155–175.

Dickie 1991 Dickie, Matthew W.: ›Heliodorus and Plutarch on the Evil Eye‹, in: *Classical Philology*, 1991, Bd. LXXXVI, H. 1, S. 17–29.

Doni Garfagnini 2002 Doni Garfagnini, Manuela: *Il teatro della storia fra rappresentazione e realtà: storiografia e trattatistica fra Quattrocento e Seicento*, Rom 2002.

Dorandi 2009 Dorandi, Tiziano: *Laertiana: Capitoli sulla tradizione manoscritta e sulla storia del testo delle ›Vite dei filosofi‹ di Diogene Laerzio*, Berlin 2009.

Doren 1924 Doren, Alfred: *Fortuna im Mittelalter und in der Renaissance*, Leipzig/Berlin 1924.

Döring 1985 Döring, Klaus: ›Die Kyniker – eine antike Protestbewegung‹, in: *Der altsprachliche Unterricht. Arbeitshefte zu seiner wissenschaftlichen Begründung und praktischen Gestalt*, 1985, H. 28, S. 19–38.

Döring 1998 Döring, Klaus: ›Bion aus Borysthenes‹, in: *Grundriss der Geschichte der Philosophie. Die Philosophie der Antike*, hg. v. Hellmut Flashar, Bd. II, H. 1, Basel 1998, S. 306–310.

Dover 1978 Dover, Kenneth: *Greek Homosexuality*, Cambridge, MA 1978.

Dressen 2016 Dressen, Angela: ›Picturing the Badia Fiesolana as a Medicean Academic 'locus amoenus'‹, in: *The Badia Fiesolana – Augustinian and Academic locus amoenus in the Florentine Hills*, hgg. v. ders./Klaus Pietschmann, Wien 2016, S. 21–32.

Dressen 2017 Dressen, Angela: ›From Dante to Landino: Botticelli's *Calumny of Apelles* and Its Sources‹, in: *Mitteilungen des Kunsthistorischen Institutes in Florenz*, 2017, Bd. LIX, H. 3, S. 324–339.

Duby 1991 Duby, Georges: *Der heilige Bernhard und die Kunst der Zisterzienser*, Frankfurt am Main 1991.

Dudley 1937 Dudley, Donald R.: *A History of Cynism: from Diogenes to the 6th Century AD*, London 1937.

Ebeling 2005 Ebeling, Florian: *Das Geheimnis des Hermes Trismegistos. Geschichte des Hermetismus*, München 2005.

Ebert 2006 Ebert, Theodor: ›Phronêsis. Anmerkungen zu einem Begriff in der Nikomachischen Ethik (VI 5, 8–13)‹, in: Aristoteles: *Nikomachische Ethik*, hg. v. Otfried Höffe, Berlin 2006, S. 165–186.

Eickhoff 2021a Eickhoff, Franziska C.: *Der lateinische Begriff ›otium‹. Eine semantische Studie*, Tübingen 2021.

Eickhoff 2021b Eickhoff, Franziska C. (Hg.): *Mußeräume der Antike und der frühen Neuzeit*, Tübingen 2021.

Eriksen 2001 Eriksen, Roy T.: *The Building in the Text. Alberti to Shakespeare and Milton*, University Park 2001.

Euler 1998 Euler, Walter Andreas: *›Pia philosophia‹ et ›docta religio‹: Theologie und Religion bei Marsilio Ficino und Giovanni Pico della Mirandola*, München 1998.

Farris 1975 Farris, Giovanni: ›Su 'Religio' e 'Templum' in Leon Battista Alberti‹, in: *Miscellanea di studi albertiani*, hg. v. Comitato genovese per le onoranze a Leon Battista Alberti nel quinto centenario della morte, Genua 1975, S. 97–112.

Fehrenbach 2019 Fehrenbach, Frank: *Leonardo da Vinci. Der Impetus der Bilder*, Berlin 2019.

Fehrenbach/Felfe/Leonhard 2018 Fehrenbach, Frank/Felfe, Robert/Leonhard, Karin (Hgg.): *Kraft, Intensität, Energie. Zur Dynamik der Kunst*, Berlin 2018.

Fichtner 1982 Fichtner, Gerhard: ›Christus als Arzt. Ursprünge und Wirkungen eines Motivs‹, in: *Frühmittelalterliche Studien*, 1982, Bd. XVI, S. 1–18.

Field 2017 Field, Arthur: *The Intellectual Struggle for Florence. Humanists and the Beginnings of the Medici Regime, 1420–1440*, Oxford 2017.

Finley 1986 Finley, Moses Israel: *Das politische Leben in der antiken Welt*, München 1986.

Forschner 2008 Forschner, Maximilian: ›Oikeiosis. Die stoische Theorie der Selbstaneignung‹, in: *Stoizismus in der europäischen Philosophie, Literatur, Kunst und Politik*, hgg. v. Barbara Neymeyr/Jochen Schmidt/Bernhard Zimmermann, Bd. I, Berlin/New York 2008, S. 169–192.

Foucault 1986 Foucault, Michel: *Der Gebrauch der Lüste. Sexualität und Wahrheit 2*, Frankfurt am Main 1986.

Foucault 2007 Foucault, Michel: ›Die Hermeneutik des Subjekts‹, in: *Ästhetik der Existenz. Schriften zur Lebenskunst*, hgg. v. Daniel Defert/François Ewald, Frankfurt am Main 2007, S. 123–136.

Frede/Reis 2009 Frede, Dorothea/Reis, Burkhard (Hgg.): *Body and Soul in Ancient Philosophy*, Amsterdam 2009.

Fried 1997 Fried, Johannes: ›Vom Nutzen der Rhetorik und Dialektik für das Leben‹, in: *Dialektik und Rhetorik im frühen und hohen Mittelalter. Rezeption, Überlieferung und gesellschaftliche Wirkung antiker Gelehrsamkeit vornehmlich im 9. und 12. Jahrhundert*, hg. v. dems., München 1997, S. VII–XX.

Frisch 2020 Frisch, Magnus: *Prudentius, ›Psychomachia‹. Einleitung, Text, Übersetzung und Kommentar*, Berlin 2020.

Frommel 2007 Frommel, Sabine: ›La villa di Leon Battista Alberti. Un modello architettonico?‹, in: *Leon Battista Alberti: teorico delle arti e gli impegni civili del ›De re aedificatoria‹*, Konferenzakten, Mantua, Oktober 2002 und 2003, hgg. v. Arturo Calzona/Francesco Paolo Fiore/Alberto Tenenti/Cesare Vasoli, Bd. II, Florenz 2007, S. 815–840.

Fubini 2003 Fubini, Riccardo: *Storiografia dell'umanesimo in Italia da Leonardo Bruni ad Annio da Viterbo*, Rom 2003.

Fuhrer 2010 Fuhrer, Therese: ›Wollen oder Nicht(-)Wollen: Zum Willenskonzept bei Seneca‹, in: *Wille und Handlung in der Philosophie der Kaiserzeit und Spätantike*, hgg. v. Jörn Müller/Roberto Hofmeister Pich, Berlin/New York 2010, S. 69–94.

Fumagalli 1988 Fumagalli, Edoardo: *Matteo Maria Boiardo, volgarizzatore dell'Asuni d'oro: contributo allo studio sulla fortuna di Apuleio nell'umanesimo*, Padua 1988.

Funkenstein 1986 Funkenstein, Amos: *Theology and the Scientific Imagination from the Middle Ages to the Seventeenth Century*, Princeton 1986.

Furlan 2003 Furlan, Francesco: *Studia Albertiana. Lectures et lecteurs de L. B. Alberti*, Turin 2003.

Furlan 2019 Furlan, Francesco: ›'In familiae patriaeque absentia'. Ossia d'illegittimità e sradicamento nell'Alberti‹, in: *Exil und Heimatferne in der Literatur des Humanismus von Petrarca bis zum Anfang des 16. Jahrhunderts*, hgg. v. dems./Gabriel Siemoneit/Hartmut Wulfram, Tübingen 2019, S. 139–158.

Furley 1981 Furley, William David: *Studies in the Use of Fire in Ancient Greek Religion*, New York 1981.

Fürst 2006 Fürst, Alfons: ›Seneca – ein Monotheist? Ein neuer Blick auf eine alte Debatte‹, in: *Der apokryphe Briefwechsel zwischen Seneca und Paulus. Zusammen mit dem Brief des Mordechai an Alexander und dem Brief des Annaeus Seneca über Hochmut und Götterbilder*, hgg. v. Therese Fuhrer/Folker Siegert/Peter Walter, Heidelberg 2006, S. 85–103.

Fürst/Strutwolf 2016 Fürst, Alfons/Strutwolf, Holger: ›Einleitung‹, in: Origenes: *Die Homilien und Fragmente zum Hohelied*, eingel. u. übers. v. dens., Berlin/Boston 2016, S. 1–61.

Gabriel 2013 Gabriel, Gottfried: ›Literarische Formen der Vergegenwärtigung in der Philosophie‹, in: *Argument und literarische Form in antiker Philosophie*, hgg. v. Michael Erler/Jan Erik Heßler, Berlin/Boston 2013, S. 13–32.

Gallinaro 1999 Gallinaro, Ilaria: *I castelli dell'anima. Architetture della ragione e del cuore nella letteratura italiana*, Florenz 1999.

Gambino Longo 2001 Gambino Longo, Susanna: ›Alberti lettore di Lucrezio. Motivi lucreziani nel 'Theogenius'‹, in: *Albertiana*, 2001, Bd. IV, S. 69–84.

Gandi 1936 Gandi, Giulio: *Il calcio fiorentino*, Florenz 1936.

Garen 2003 Garen, Andrea: *Mucius Scaevola vor Porsenna. Frühneuzeitliche Auffassungen einer römischen Bürgertugend in der europäischen Malerei vom 15.–18. Jahrhundert*, Osnabrück 2013.

Garin 1959 Garin, Eugenio: ›Ricerche sull'Epicureismo del Quattrocento‹, in: *Epicurea in memoriam Hectoris Bignone: miscellanea philologica*, hg. v. Mario Untersteiner, Genua 1959, S. 217–237.

Garin 1972 Garin, Eugenio: ›Il pensiero di Leon Battista Alberti e la cultura del quattrocento‹, in: *Belfagor*, 1972, Bd. XXVII, H. 5, S. 501–521.

Gaylard 2013 Gaylard, Susan: *Hollow Men. Writing, Objects, and Public Image in Renaissance Italy*, New York 2013.

Gehring/Gelhard 2012 Gehring, Petra/Gelhard, Andreas (Hgg.): *Parrhesia. Foucault und der Mut zur Wahrheit*, Zürich 2012.

Gentile/Gilly 1999 Gentile, Sebastiano/Gilly, Carlos (Hgg.): *Marsilio Ficino e il ritorno di Ermete Trismegisto*, Ausst.-Kat. Biblioteca Medicea Laurenziana, Florenz 1999.

Gibson/Morello 2012 Gibson, Roy K./Morello, Ruth: *Reading the ›Letters‹ of Pliny the Younger: An Introduction*, Cambridge 2012.

Godlewicz-Adamiec 2018 Godlewicz-Adamiec, Joanna: ›Das Unsagbare sagen. Bilder der Natur und Naturmetapher im 'Liber Vitae Meritorum' der Hildegard von Bingen‹, in: *Studia Germanica Gedanensia*, 2018, Bd. XXXVIII, S. 11–25.

Golsenne 2018 Golsenne, Thomas: ›Théorie de la mosaique: Invention et ornement chez Alberti‹, in: *Albertiana*, 2018, Bd. XXI, H. 1, S. 37–65.
Gori 1926 Gori, Pietro: *Le feste fiorentine attraverso i secoli*, Florenz 1926.
Gorni 1972 Gorni, Guglielmo: ›Storia del certame coronario‹, in: *Rinascimento*, 1972, Bd. XII, S. 135–181.
Gorni 1975 Gorni, Guglielmo (Hg.): *Leon Battista Alberti: Rime e versioni poetiche*, Mailand/ Neapel 1975.
Gourinat 2020 Gourinat, Jean-Baptiste: ›Apospasma. The World Soul and Its Individual Parts in Stoicism‹, in: *World Soul – Anima Mundi*, hg. v. Christoph Helmig, Berlin/Boston 2020, S. 167–188.
Gowland 2008 Gowland, Angus: ›The Ethics of Renaissance Melancholy‹, in: *Intellectual History Review*, 2008, Bd. XVIII, H. 1, S. 103–117.
Grafton 1988 Grafton, Anthony: ›The Availability of Ancient Works‹, in: *The Cambridge History of Renaissance Philosophy*, hg. v. Charles B. Schmitt/Quentin Skinner/Eckhard Kessler, Cambridge 1988, S. 767–791.
Grafton (2000) 2002 Grafton, Anthony: *Leon Battista Alberti. Baumeister der Renaissance*, (London 2000) Berlin 2002.
Graham 2018 Graham, Heather: ›Compassionate Suffering: Somatic Selfhood and Gendered Affect in Italian Lamentation Imagery‹, in: *Visualizing Sensuous and Affective Pain in Early Modern Europe and the Spanish Americas*, hgg. v. ders./Lauren G. Kilroy-Ewbank, Leiden/ Boston 2018, S. 82–115.
Graver 2008 Graver, Margaret: *Stoicism and Emotion*, Chicago 2008.
Graziani 2011 Graziani, Françoise: ›'Ulyxes peregrinus': Variations sur le voyage de l'âme‹, in: *Homère à la Renaissance. Mythe et transfigurations*, hg. v. Luisa Capodieci u. Philip Ford, Rom/Paris 2011, S. 147–160.
Grethlein 2018 Grethlein, Jonas: ›The Eyes of Odysseus: Gaze, Desire and Control in the Odyssee‹, in: *Gaze, Vision, and Visuality in Ancient Greek Literature*, hgg. v. Alexandros Kampakoglou/Anna Novokhatko, Berlin/Boston 2018, S. 33–60.
Griffin 2003 Griffin, Miriam: ›Seneca and Pliny‹, in: *The Cambridge History of Greek and Roman Political Thought*, hgg. v. Christopher Rowe et al., Cambridge 2003, S. 532–558.
Gründler 2010 Gründler, Hana: ›Die Wege des Saturn. Vasari und die Melancholie‹, in: *Le Vite del Vasari. Genesi, topoi, ricezione*, hgg. v. Katja Burzer/Charles Davis/Sabine Feser et al., Venedig 2010, S. 71–82.
Gründler 2012 Gründler, Hana: ›'Orrore, terrore, timore'. Vasari und das Erhabene‹, in: *Translations of the Sublime. The Early Modern Reception and Dissemination of Longinus' ›Peri Hupsous‹ in Rhetoric, the Visual Arts, Architecture and the Theatre*, hgg. v. Caroline van Eck/ Stijn Bussels/Maarten Delbeke/Jürgen Pieters, Leiden/Boston 2012, S. 83–112.
Gründler 2019 Gründler, Hana: *Die Dunkelheit der Episteme. Zur Kunst des aufmerksamen Sehens*, Berlin 2019.
Guidi 1981 Guidi, Guidubaldo: *Il governo della città-repubblica di Firenze del primo Quattrocento*, 3 Bde., Bd. I: *Politica e diritto pubblico*, Florenz 1981.
Gundert 1977 Gundert, Hermann: ›ΘΕΙΟΣ im politischen Denken Platons‹, in: *Platonstudien*, hgg. v. Klaus Döring/Felix Preißhofen, Amsterdam 1977, S. 120–136.
Haage 1990 Haage, Bernhard D.: ›'Amor heroes' als medizinischer Terminus technicus in der Antike und im Mittelalter‹, in: *Liebe als Krankheit. 3. Kolloquium der Forschungsstelle für europäische Lyrik des Mittelalters*, hg. v. Theo Stemmler, Mannheim 1990, S. 31–74.
Haase 1969 Haase, Rudolf: *Geschichte des harmonikalen Pythagoreismus*, Wien 1969.
Hadot 1995 Hadot, Pierre: *Philosophy as a Way of Life. Spiritual Exercises from Socrates to Foucault*, Oxford 1995.

Hadot 1997 Hadot, Pierre: *Die innere Burg. Anleitung zu einer Lektüre Marc Aurels*, übers. v. Makoto Ozaki / Beate von der Osten, Frankfurt am Main 1997.

Hadot 2014 Hadot, Ilsetraut: *Seneca und die griechisch-römische Tradition der Seelenleitung*, Berlin 2014.

Hahmann 2007 Hahmann, Andree: ›Mit Aristoteles gegen die Stoiker? Zufall und akzidentelle Verursachung in der Schrift 'De fato' des Alexander von Aphrodisias‹, in: *Zeitschrift für philosophische Forschung*, 2007, Bd. LXI, H. 3, S. 361–377.

Hankins 2017 Hankins, James: ›The Unpolitical Petrarch: Justifying the Life of Literary Retirement‹, in: *Et amicorum: Essays on Renaissance Humanism and Philosophy in Honour of Jill Kraye*, hgg. v. Anthony Ossa-Richardson / Margaret Meserve, Leiden / Boston 2017, S. 7–32.

Hankins 2019 Hankins, James: *Virtue Politics. Soulcraft and Statecraft in Renaissance Italy*, Cambridge / London 2019.

Hankinson 1991 Hankinson, R. J.: ›Galen's Anatomy of the Soul‹, in: *Phronesis*, 1991, Bd. XXXVI, H. 2, S. 197–233.

Harden 2013 Harden, Alistair: *Animals in the Classical World. Ethical Perspectives from Greek and Roman Texts*, New York 2013.

Harris Stoertz 2002 Harris Stoertz, Fiona: ›Sex and the Medieval Adolescent‹, in: *The Premodern Teenager. Youth in Society 1150–1650*, hg. v. Konrad Eisenbichler, Toronto 2002, S. 225–244.

Harth 1991 Harth, Dietrich: *Die Erfindung des Gedächtnisses*, Frankfurt am Main 1991.

Häsner 2004 Häsner, Bernd: ›Der Dialog. Strukturelemente einer Gattung zwischen Fiktion und Theoriebildung‹, in: *Poetik des Dialogs. Aktuelle Theorie und rinascimentales Selbstverständnis*, hg. v. Klaus Willi Hempfer, Stuttgart 2004, S. 13–66.

Hauke 2007 Hauke, Petra: *Domus sapientiae: ein Beitrag zur Ikonologie der Bibliotheksraumgestaltung des 17./18. Jahrhunderts unter besonderer Berücksichtigung des Klosters St. Mang, Füssen*, Bad Honnef 2007.

Heffernan 1996 Heffernan, James A. W.: ›Alberti on Apelles: Word and Image in 'De Pictura'‹, in: *International Journal of the Classical Tradition*, 1996, Bd. II, H. 3, S. 345–359.

Heiduk 2007 Heiduk, Matthias: *Offene Geheimnisse – Hermetische Texte und verborgenes Wissen in der mittelalterlichen Rezeption von Augustinus bis Albertus Magnus*, Freiburg im Breisgau 2007.

Henderson (2006) 2014 Henderson, John: *Das Spital im Florenz der Renaissance. Heilung für den Leib und für die Seele*, (New Haven 2006) Stuttgart 2014.

Hénin 2005 Hénin, Emmanuelle: ›Iphigénie ou la représentation voilée‹, in: *Studiolo*, 2005, H. 3, S. 95–132.

Herzberg 2014 Herzberg, Stephan: ›Verzeihen ist besser als Vergelten. Über den Umgang mit moralischen Verfehlungen in der antiken Ethik‹, in: *Vergebung. Philosophische Perspektiven auf ein Problemfeld der Ethik*, hgg. v. Johannes Brachtendorf / Stephan Herzberg, Münster 2014, S. 85–114.

Holder 2014 Holder, Patricia: ›Hexis (*héxis*)‹, in: *Bourdieu-Handbuch. Leben – Werk – Wirkung*, hgg. v. Gerhard Fröhlich / Boike Rehbein, Stuttgart / Weimar 2014, S. 124–127.

Hollberg 2017 Hollberg, Cecilie (Hg.): *Tessuto e ricchezza a Firenze nel Trecento: lana, seta, pittura*, Florenz 2017.

Holoka 1983 Holoka, James P.: ›'Looking Darkly' (ΥΠΟΔΡΑ ΙΔΩΝ). Reflections on Status and Decorum in Homer‹, in: *Transactions of the American Philological Association* (*TAPhA*), 1983, Bd. CXIII, S. 1–16.

Holz 2011 Holz, Hans Heinz: *Dialektik. Problemgeschichte von der Antike bis zur Gegenwart*, Bde. I–III, Darmstadt 2011.

Honecker 1986 Honecker, Martin: ›Christus medicus‹, in: *Der kranke Mensch in Mittelalter und Renaissance*, hg. v. Peter Wunderli, Düsseldorf 1986, S. 27–43.

Honneth 1994 Honneth, Axel: *Kampf um Anerkennung. Zur moralischen Grammatik sozialer Konflikte*, Frankfurt am Main 1994.
Horodowich 2005 Horodowich, Elizabeth: ›The Gossiping Tongue: Oral Networks, Public Life and Political Culture in Early Modern Venice‹, in: *Renaissance Studies*, 2005, Bd. XIX, H. 1, S. 22–45.
Horowitz 1974 Horowitz, Maryanne Cline: ›The Stoic Synthesis of the Idea of Natural Law in Man. Four Themes‹, in: *Journal of the History of Ideas*, 1974, Bd. XXXV, H. 1, S. 3–16.
Hösle 2006 Hösle, Vittorio: *Der philosophische Dialog: Eine Poetik und Hermeneutik*, München 2006.
Hossenfelder 1995 Hossenfelder, Malte: *Stoa, Epikureismus und Skepsis*, München 1995 (*Geschichte der Philosophie*, Bd. III / *Die Philosophie der Antike* 3).
Howald 1981 Howald, Ernst: ›Die Vorsokratiker‹, in: *Geschichte der Ethik vom Altertum bis zum Beginn des 20. Jahrhunderts*, hg. v. Ernst Howald / Alois Dempf / Theodor Litt, Berlin / München / Boston 1981, S. 12–26.
Hoyer 2015 Hoyer, Timo: *Sozialgeschichte der Erziehung. Von der Antike bis in die Moderne*, Darmstadt 2015.
Hultgren 2002 Hultgren, Arland: *The Parables of Jesus: A Commentary*, Grand Rapids 2002.
Hursthouse 2006 Hursthouse, Rosalind: ›The Central Doctrine of the Mean‹, in: *Blackwell Companion to Aristotle's Nicomachean Ethics*, hg. v. Richard Kraut, Hoboken 2006, S. 96–115.
Imesch 1999 Imesch, Kornelia: ›Misogynie im literarischen und architekturtheoretischen Werk Leon Battista Albertis‹, in: *Theorie der Praxis*, hgg. v. Kurt W. Forster / Hubert Locher, Berlin 1999, S. 233–274.
Inwood 2003 Inwood, Brad: *The Cambridge Companion to the Stoics*, Cambridge 2003.
Jarzombek 1999 Jarzombek, Mark: ›Das Enigma von Leon Battista Albertis 'dissimulatio'‹, in: *Theorie der Praxis. Leon Battista Alberti als Humanist und Theoretiker der bildenden Künste*, hgg. v. Hubert Locher / Kurt W. Forster, Berlin / Boston 1999, S. 203–216.
Jenson 2006 Jenson, Matt: *The Gravity of Sin: Augustine, Luther and Barth on ›homo Incurvatus in Se‹*, London / New York 2006.
Kaiser 2019 Kaiser, Christian: *Epikur im lateinischen Mittelalter. Mit einer kritischen Edition des X. Buches der Vitae philosophorum des Diogenes Laertios in der lateinischen Übersetzung von Ambrogio Traversari (1433)*, Turnhout 2019.
Kaiser 2021 Kaiser, Christian: ›Amor hereos / heroische Liebe‹, in: *Compendium heroicum*, hgg. v. Ronald G. Asch, Achim Aurnhammer et al., publ. v. Sonderforschungsbereich 948 ›Helden – Heroisierungen – Heroismen‹ der Universität Freiburg, Freiburg 03.11.2021 [https://www.compendium-heroicum.de/lemma/amor-hereos-heroische-liebe/].
Kaldewey 2013 Kaldewey, David: ›Theorie und Praxis als Lebensformen‹, in: ders.: *Wahrheit und Nützlichkeit. Selbstbeschreibungen der Wissenschaft zwischen Autonomie und gesellschaftlicher Relevanz*, Bielefeld 2013, S. 191–248.
Kerscher / Krieger 2010 Kerscher, Gottfried / Krieger, Gerhard (Hgg.): *Askese im Mittelalter. Beiträge zu ihrer Praxis, Deutung und Wirkungsgeschichte*, Berlin 2010.
Keßler 1982 Keßler, Eckhard: ›Das rhetorische Modell der Historiographie‹, in: *Formen der Geschichtsschreibung*, hgg. v. Reinhart Koselleck / Heinrich Lutz / Jörn Rüsen, München 1982, S. 37–85.
Keßler 2002 Keßler, Eckhard: ›Emanzipation der Affekte? Tugenden und Affekte im frühen Italienischen Humanismus‹, in: *Tugenden und Affekte in der Philosophie, Literatur und Kunst der Renaissance*, hgg. v. Joachim Poeschke / Thomas Weigel / Britta Kusch, Münster 2002, S. 63–76.
Kiening / Eichberger 1994 Kiening, Christoph / Eichberger, Florian: ›Contemptus mundi in Vers und Bild am Ende des Mittelalters‹, in: *Zeitschrift für deutsches Altertum und deutsche Literatur*, 1994, Bd. CXXIII, S. 400–457.

Kimmich 1993 Kimmich, Dorothee: *Epikureische Aufklärungen. Philosophische und poetische Konzepte der Selbstsorge*, Darmstadt 1993.
King, Katherine 1994 King, Katherine Callen: ›The Middle Ages and the Italian Renaissance‹, in: *Homer*, hg. v. ders., New York/London 1994, S. 1–30.
King, Margaret 1994 King, Margaret L.: *The Death of the Child Valerio Marcello*, Chicago 1994.
Kircher 2012 Kircher, Timothy: *Living Well in Renaissance Italy. The Virtues of Humanism and the Irony of Leon Battista Alberti*, Tempe 2012.
Kircher 2013 Kircher, Timothy: ›Humanism and Holiness. Leon Battista Alberti between Florence and Rome‹, in: *MLN*, 2013, Bd. CXXVIII, H. 1, S. 1–19.
Klibansky/Panofsky/Saxl (1964) 1990 Klibansky, Raymond/Panofsky, Erwin/Saxl, Fritz: *Saturn und Melancholie. Studien zur Geschichte der Naturphilosophie und Medizin, der Religion und der Kunst*, Frankfurt am Main (1964) 1990.
Klinkert 2015 Klinkert, Thomas: ›Zum Verhältnis von Poesie, Politik und Metaphysik bei Dante‹, in: *Die Sprachliche Formierung der Politischen Moderne: Spätmittelalter und Renaissance in Italien*, hgg. v. Oliver Hidalgo/Kai Nonnenmacher, Wiesbaden 2015, S. 107–124.
Knobloch 2002 Knobloch, Eberhard: ›Die Nachfahren von Dädalus und Archimedes: Ingenieure der Renaissance‹, in: *Berichte und Abhandlungen*, Berlin-Brandenburgische Akademie der Wissenschaften, 2002, Bd. IX, S. 41–78.
Knobloch 2005 Knobloch, Eberhard: ›Géometrie pratique, géometrie savante‹, in: *Albertiana*, 2005, Bd. VIII, S. 27–56.
Koos 2006 Koos, Marianne: *Bildnisse des Begehrens. Das lyrische Männerportrait in der venezianischen Malerei des frühen 16. Jahrhunderts: Giorgione, Tizian und ihr Umkreis*, Emsdetten 2006.
Krüger 2016 Krüger, Klaus: *Grazia. Religiöse Erfahrung und ästhetische Evidenz*, Göttingen 2016.
Kuehn 2018 Kuehn, Thomas: ›Fama as a Legal Status in Renaissance Florence‹, in: *Fama. The Politics of Talk and Reputation in Medieval Europe*, hgg. v. Thelma Fenster/Daniel Lord Smail, Ithaca 2018, S. 27–46.
Kümmel 1984 Kümmel, Werner Friedrich: ›Der Homo litteratus und die Kunst, gesund zu leben. Zur Entwicklung eines Zweiges der Diätetik im Humanismus‹, in: *Humanismus und Medizin*, hgg. v. Rudolf Schmitz/Gundolf Keil, Weinheim 1984, S. 67–85.
Kusch-Arnhold 2006 Kusch-Arnhold, Britta: ›Zur Bedeutung der Praxis für die künstlerische *virtus*‹, in: *Die Virtus des Künstlers in der italienischen Renaissance*, hgg. v. Joachim Poeschke/Thomas Weigel/Britta Kusch-Arnhold, Münster 2006, S. 173–196.
Lansing 2008 Lansing, Carol: *Passion and Order: Restraint of Grief in the Medieval Italian Communes*, Ithaca 2008.
Laqueur 1990 Laqueur, Thomas: *Making Sex. Body and Gender from the Greeks to Freud*, Cambridge 1990.
Law 2018 Law, Esteban: *Das ›Corpus Hermeticum‹ – Wirkungsgeschichte*, Teil 1: *Charakteristik des ›Corpus Hermeticum‹*, Stuttgart-Bad Cannstatt 2018.
Lawson 2002 Lawson, James: ›Alberti on Florence Cathedral‹, in: *Word & Image*, 2002, Bd. XVIII, H. 4, S. 332–347.
Lawson 2004 Lawson, James: ›Giannozzo and Architecture in Alberti's Moral Writings‹, in: *Albertiana*, 2004, Bd. VII, S. 79–98.
Lawson 2013 Lawson, James: ›The Extrinsic in the Architectural Thinking of Leon Battista Alberti: A Reading of Sant'Andrea in Mantua‹, in: *Renaissance Studies*, 2013, Bd. XXVII, H. 2, S. 253–269.
Leinkauf 2017 Leinkauf, Thomas: *Grundriss Philosophie des Humanismus und der Renaissance (1350–1600)*, 2 Bde., Hamburg 2017.
Leinkauf 2018 Leinkauf, Thomas: ›Möglichkeit, Potential und Kraft ('possibilitas', 'potentia', 'potestas', 'virtus/vis')‹, in: Frank Fehrenbach/Robert Felfe/Karin Leonhard (Hgg.): *Kraft, Intensität, Energie. Zur Dynamik der Kunst*, Berlin 2018, S. 31–52.

Lentzen 1996 Lentzen, Manfred: ›Die humanistische Akademiebewegung des Quattrocento und die Accademia Platonica in Florenz‹, in: *Europäische Sozietätsbewegung und demokratische Tradition. Die europäischen Akademien der frühen Neuzeit zwischen Frührenaissance und Spätaufklärung*, hgg. v. Klaus Garber/Heinz Wismann, Tübingen 1996, S. 190–213.

Lett/Epstein 2015 Lett, Didier/Epstein, Anne: ›Gender, Childhood, and Sexual Violence in the Judicial Archives of Fifteenth-Century Bologna‹, in: *Clio. Women, Gender, History*, 2015, Bd. XLII, S. 200–212.

Levinas 1986 Levinas, Emmanuel: *Ethik und Unendliches. Gespräche mit Philippe Nemo*, Wien 1986.

Liebenwein 1993 Liebenwein, Wolfgang: ›Honesta Voluptas. Zur Archäologie des Genießens‹, in: *Hülle und Fülle. Festschrift für Tilmann Buddensieg*, hgg. v. Andreas Beyer/Vittorio Lampugnani/Gunter Schweikhart, Alfter 1993, S. 337–357.

Long 2008 Long, Anthony Arthur: ›The Concept of the Cosmpolitan in Greek & Roman Thought‹, in: *Deadalus*, 2008, Bd. CXXXVII, H. 3, S. 50–58.

Long 2013 Long, Anthony Arthur: ›Friendship and Friends in the Stoic Theory of the Good Life‹, in: *Thinking about Friendship. Historical and Contemporary Philosophical Perspectives*, hg. v. Damian Caluori, New York 2013, S. 218–239.

Loughman 2003 Loughman, Thomas J.: *Spinello Aretino, Benedetto degli Alberti, and the Olivetans: Late Trecento Patronage at San Miniato al Monte*, New Brunswick 2003.

Luckner 2008 Luckner, Andreas: ›Erwägen als Moment klugen Handelns‹, in: *Suchprozesse der Seele. Die Psychologie des Erwägens*, hg. v. Gerd Jüttemann, Göttingen 2008, S. 154–162.

Mack 2005 Mack, Peter: ›Rhetoric, Ethics and Reading in the Renaissance‹, in: *Renaissance Studies*, 2005, Bd. XIX, H. 1, S. 1–21.

MacPhail 2003 MacPhail, Erich: ›The Mosaic of Speech: A Classical Topos in Renaissance Aesthetics‹, in: *Journal of the Warburg and Courtauld Institutes*, 2003, Bd. LXVI, S. 249–264.

Maggio 2003 Maggio, Elena: *Il senso della vita. La filosofia classica ed ellenistica*, Rom 2003.

Manning 1976 Manning, C. E.: ›Seneca's 98th Letter and the 'Praemeditatio futuri mali'‹, in: *Mnemosyne*, 1976, Bd. XXIX, H. 3, S. 301–304.

Mantovani 2007 Mantovani, Alessandra: ›Amicizia e conversazione in Alberti e Pontano‹, in: *Alberti e la cultura del Quattrocento*, Konferenzakten, Florenz, 16.–18.12.2004, hgg. v. Roberto Cardini/Mariangela Regoliosi, 2 Bde., Florenz 2007, Bd. II, S. 747–762.

Marsh 1980 Marsh, David: *The Quattrocento Dialogue. Classical Tradition and Humanist Innovation*, Cambridge/London 1980.

Marsico 2012 Marsico, Clementina: ›Per un mosaic albertiano: le 'tessere' del Laelius nel libro IV de familia (o della trasformazione dei significati)‹, in: *Albertiana*, 2012, Bd. XV, S. 169–192.

Materazzi 2005 Materazzi, Cristina: ›82. Firenze. Biblioteca Medicea Laurenziana, Strozzi 64‹, in: *Leon Battista Alberti. La biblioteca di un umanista*, hgg. v. Roberto Cardini/Lucia Bertolini/Mariangela Regoliosi, Ausst.-Kat. Biblioteca Medicea Laurenziana, Florenz 2005.

McClure 2018 McClure, George: *Doubting the Divine in Early Modern Europe. The Revival of Momus, the Agnostic God*, Cambridge 2018.

McLaughlin 1995 McLaughlin, Martin L.: *Literary Imitation in the Italian Renaissance. The Theory and Practice of Literary Imitation in Italy from Dante to Bembo*, Oxford 1995.

Merlan 1967 Merlan, Philip: ›Aristoteles' und Epikurs müßige Götter‹, in: *Zeitschrift für philosophische Forschung*, 1967, Bd. XXI, H. 4, S. 485–498.

Meyer-Landrut 1997 Meyer-Landrut, Ehrengard: *Fortuna. Die Göttin des Glücks im Wandel der Zeiten*, München/Berlin 1997.

Michel 1930 Michel, Paul-Henri: *La Pensée de L. B. Alberti*, Diss. Paris 1930.

Miletto 2004 Miletto, Gianfranco: *Glauben und Wissen in der Reformation*, Berlin/New York 2004.

Milligan 2003 Milligan, Gerry Preston: *Performing Masculinity. Male Gender in Conduct Manuals and Theatre of the Italian Renaissance*, University of Wisconsin-Madison 2003.
Mioni 1950 Mioni, Elpidio: ›Le 'Vitae Patrum' nella traduzione di Ambrogio Traversari‹, in: *Aevum*, 1950, Bd. XXIV, H. 4, S. 319–331.
Mode 1986 Mode, Robert Louis: ›Adolescent Confratelli and the Cantoria of Luca della Robbia‹, in: *Art Bulletin*, 1986, Bd. LXVIII, S. 67–71.
Moffitt 2005 Moffitt, John F.: *Inspiration. Bacchus and the Cultural History of a Creation Myth*, Leiden 2005.
Mönig 2008 Mönig, Klaus: ›Kritische Reflexionen über die Stoa: Leon Battista Albertis 'Profugiorum ab aerumna libri III'‹, in: *Stoizismus in der europäischen Philosophie, Literatur, Kunst und Politik. Eine Kulturgeschichte von der Antike bis zur Moderne*, hgg. v. Barbara Neymeyr/Jochen Schmidt/Bernhard Zimmermann, Berlin/New York 2008, S. 453–486.
Montagu 1994 Montagu, Jennifer: ›Interpretations of Timanthes's Sacrifice of Iphigenia‹, in: *Sight & Insight – Essays on Art and Culture in Honour of. E. H. Gombrich at 85*, hg. v. J. Onians, London 1994, S. 305–325.
Mühlmann 1981 Mühlmann, Heiner: *Ästhetische Theorie der Renaissance. Leon Battista Alberti*, Bonn 1981.
Müller, Gregor 1969 Müller, Gregor: *Bildung und Erziehung im Humanismus der italienischen Renaissance. Grundlagen, Motive, Quellen*, Wiesbaden 1969.
Müller, Ullrich 1969 Müller, Ulrich: ›Zur musikalischen Terminologie der antiken Rhetorik: Ausdrücke für Stimmanlage und Stimmgebrauch bei Quintilian, Institutio oratoria 11, 3‹, in: *Archiv für Musikwissenschaft*, 1969, Bd. XXVI, H. 1, S. 105–124.
Mulsow 1998 Mulsow, Martin: ›Zur Geschichte von Wärme und Seele in der Renaissance: 'calidum innatum' und 'calor coelestis'‹, in: ders.: *Frühneuzeitliche Selbsterhaltung. Telesio und die Naturphilosophie der Renaissance*, Berlin/Boston 1998 (*Frühe Neuzeit*, Bd. XLI), S. 201–250.
Mulsow 2002 Mulsow, Martin (Hg.): *Das Ende des Hermetismus. Historische Kritik und neue Naturphilosophie in der Spätrenaissance*, Tübingen 2002.
Naredi-Rainer 1999 Naredi-Rainer, Paul von: *Architektur und Harmonie. Zahl, Maß und Proportion in der abendländischen Baukunst*, 6. Aufl., Köln 1999.
Naujokat 2010 Naujokat, Anke: ›Ut rhetorica architectura. Leon Battista Albertis architektonische Collagetechnik‹, in: *Candide. Journal for Architectural Knowledge*, 2010, H. 2, S. 73–100.
Neiman 2009 Neiman, Susan: ›Wenn Odysseus ein Held sein soll ...‹, in: *Merkur*, 2009, Bd. LXIII, H. 724–725, S. 849–859.
Newbigin 2021 Newbigin, Nerida: *Making a Play for God. The ›sacre rappresentazioni‹ of Renaissance Florence*, 2 Bde., Toronto 2021.
Newmark 2008 Newmark, Catherine: *Passion – Affekt – Gefühl. Philosophische Theorien der Emotionen zwischen Aristoteles und Kant*, Hamburg 2008.
Nussbaum (1990) 1992 Nussbaum, Martha: *Love's Knowledge. Essays on Philosophy and Literature*, New York/Oxford 1992.
Nussbaum 1998 Nussbaum, Martha: *Plato's Republic: The Good Society and the Deformation of Desire*, Washington, D.C. 1998.
Nussbaum (1986) 2001 Nussbaum, Martha: *The Fragility of Goodness: Luck and Ethics in Greek Tragedy and Philosophy*, Cambridge (1986) 2001.
Nussbaum (1994) 2013 Nussbaum, Martha: *The Therapy of Desire. Theory and Practice in Hellenistic Ethics*, Princeton 2013.
Nussbaum (2019) 2020 Nussbaum, Martha: *Kosmopolitismus – Revision eines Ideals*, (Cambridge, MA 2019) Darmstadt 2020.
Nussbaum/Oksenberg Rorty 1992 Nussbaum, Martha C./Oksenberg Rorty, Amélie (Hgg.): *Essays on Aristotle's De Anima*, Oxford 1992.
Olson 1982 Olson, Glending: *Literature as Recreation in the Later Middle Ages*, Ithaca 1982.

Onians 1988 Onians, John: *Bearers of Meaning. The Classical Orders in Antiquity, the Middle Ages and the Renaissance*, Princeton 1988.

Orlandi 1952 Orlandi, Stefano: *La Biblioteca di S. Maria Novella in Firenze dal sec. XIV al sec. XIX*, Florenz 1952.

Oser-Grote 1999 Oser-Grote, Carolin: ›Virtus Romana und Virtus Christiana. Die Rezeption der Transformation eines römischen Wertbegriffs bei Prudentius‹, in: *Zur Rezeption der hellenistischen Philosophie in der Spätantike*, hgg. v. Therese Fuhrer/Michael Erler, Stuttgart 1999, S. 213–228.

Oy-Marra 1994 Oy-Marra, Elisabeth: *Florentiner Ehrengrabmäler der Renaissance*, Berlin 1994.

Palisca 1985 Palisca, Claude Victor: *Humanism in Italian Renaissance Musical Thought*, New Haven 1985.

Paoli 1999 Paoli, Michel: *L'idée de nature chez Leon Battista Alberti (1404–1472)*, Paris 1999.

Paoli 2013 Paoli, Michel (Hg.): *Les ›Livres de la famille d'Alberti‹. Sources, sens et influence*, Konferenzakten, Amiens 2009, Paris 2013.

Pearson 2011 Pearson, Caspar: *Humanism and the Urban World. Leon Battista Alberti and the Renaissance City*, University Park 2011.

Pellegrini 1886 Pellegrini, Francesco Carlo: ›Agnolo Pandolfini e il 'Governo della Famiglia'‹, in: *Giornale Storico della Letteratura Italiana*, 1886, Bd. VIII, S. 1–52.

Pfisterer 2003 Pfisterer, Ulrich: ›Filaretes 'historia' und 'commentarius'. Über die Anfänge humanistischer Geschichtstheorie im Bild‹, in: *Der stumme Diskurs der Bilder*, hgg. v. Klaus Krüger/Ruldolf Preimesberger/Valeska von Rosen, München/Berlin 2003, S. 139–176.

Pigman 1982 Pigman, George W.: ›Barzizza's Treatise on Imitation‹, in: *Bibliothèque d'Humanisme et Renaissance*, 1982, Bd. XLIV, H. 2, S. 341–352.

Plotke 2012 Plotke, Seraina: ›Semantiken der Seelenruhe. 'Tranquillitas','serenitas' und 'impassibilitas' in der paganen Antike, bei den Kirchenvätern und im lateinischen Mittelalter‹, in: *Semantik der Gelassenheit. Generierung, Etablierung, Transformation*, hgg. v. Burkhard Hasebrink/Susanne Bernhardt/Imke Früh, Göttingen 2012, S. 80–112.

Poeschke 2002 Poeschke, Joachim: ›'Motus' und 'modestia' in der Kunst, Kunsttheorie und Tugendlehre der Florentiner Frührenaissance‹, in: *Tugenden und Affekte in der Philosophie, Literatur und Kunst der Renaissance*, hgg. v. Joachim Poeschke/Thomas Weigel/Britta Kusch, Münster 2002, S. 173–194.

Pohlenz 1948–1949 Pohlenz, Max: *Die Stoa. Geschichte einer geistigen Bewegung*, 2 Bde., Göttingen 1948–1949.

Popper (1945) 2003 Popper, Karl: *Die offene Gesellschaft und ihre Feinde*, Bd. I: *Der Zauber Platons*, hg. v. Hubert Kiesewetter, Tübingen (1945) 2003.

Popplow 2016 Popplow, Marcus: ›Diskurse über Technik in der Frühen Neuzeit‹, in: *Neue Diskurse der Gelehrtenkultur in der Frühen Neuzeit*, hgg. v. Herbert Jaumann/Gideon Stiening, Berlin/Boston 2016, S. 739–764.

Pratesi 1902 Pratesi, Luigi: *L'Istoria di Firenze di Gregorio Dati dal 1380 al 1405*, Norcia 1902.

Pratesi 2016 Pratesi, Franco: *Giochi di carte nella repubblica fiorentina*, Ariccia 2016.

Price 1989 Price, A. W.: *Love and Friendship in Plato and Aristotle*, Oxford 1989.

Radke 2014 Radke, Gary M.: ›Luca della Robbia's 'Cantoria': Good, Better, and Best‹, in: *Make a Joyful Noise. Renaissance Art and Music at Florence Cathedral*, Atlanta 2014, S. 11–52.

Raith 1979 Raith, Werner: *Florenz vor der Renaissance: der Weg einer Stadt aus dem Mittelalter*, Frankfurt am Main/New York 1979.

Ravenscroft 1974 Ravenscroft, Judith: ›The Third Book of Alberti's 'Della famiglia' and its Two *Rifacimenti*‹, in: *Italian Studies*, 1974, Bd. XXIX, S. 45–83.

Reale 1994 Reale, Giovanni: ›La filosofia di Seneca come terapia dei mali dell'anima‹, in: *Seneca. Tutti gli scritti*, hg. v. dems., Mailand 1994, S. XI–CLXVI.

Refini 2020 Refini, Eugenio: *The Vernacular Aristotle. Translation as Reception in Medieval and Renaissance Italy*, Cambridge 2020.
Regoliosi 1991 Regoliosi, Mariangela: ›Riflessioni umanistiche sullo ‘scrivere storia’‹, in: *Rinaschimento*, 1991, Bd. XXXI, S. 3–37.
Regoliosi 2005 Regoliosi, Mariangela: ›Per un catalogo degli ‘auctores’ latini dell’Alberti‹, in: *Leon Battista Alberti. La biblioteca di un umanista*, hgg. v. Roberto Cardini, in Zusammenarbeit m. Lucia Bertolini/Mariangela Regoliosi, Ausst.-Kat. Biblioteca Medicea Laurenziana, Florenz 2005, S. 105–114.
Reißler 1997 Reißler, Ulrich: *Physiognomik und Ausdruckstheorie der Renaissance. Der Einfluss charakterologischer Lehren auf Kunst und Kunsttheorie des 15. und 16. Jahrhunderts*, München 1997.
Resta 2015 Resta, Mario: ›Saltationes Sceleratissimorum. La musica e la danza nei canoni conciliari e nelle epistole pontificie (IV–VII secolo)‹, in: *Synesis*, 2015, Bd. VII, S. 116–123.
Ricklin 2011 Ricklin, Thomas: ›Renaissance‹, in: *Aristoteles-Handbuch: Leben – Werk – Wirkung*, hgg. v. Christof Rapp/Klaus Corcilius, Stuttgart/Weimar 2011, S. 437–443.
Rinaldi 2002 Rinaldi, Rinaldo: *»Melancholia christiana«. Studi sulle fonti di Leon Battista Alberti*, Florenz 2002.
Rizzi 2016 Rizzi, Andrea: ›Interpretation and Translation. Leonardo Bruni and the Art of Translation in Quattrocento Florence‹, in: *Studies on Florence and the Italian Renaissance in Honour of F. W. Kent*, hgg. v. Peter Howard/Cecilia Hewlett, Turnhout 2016, S. 449–464.
Robson 1999 Robson, Philip: *Forbidden Drugs*, Oxford 1999.
Rocke 1996 Rocke, Michael: *Forbidden Friendships. Homosexuality and Male Culture in Renaissance Florence*, New York/Oxford 1996.
Rombach/Seiler 2009 Rombach, Ursula/Seiler, Peter: ›Eleos – misericordia – compassio. Transformationen des Mitleids in Text und Bild‹, in: *Pathos, Affekt, Emotion*, hgg. v. Martin Habsmeier/Sebastian Möckel, Frankfurt am Main 2009, S. 250–276.
Rorty 1979 Rorty, Richard: *Philosophy and the Mirror of Nature*, Princeton 1979.
Rubinstein 1986 Rubinstein, Nicolai: ›Florentina libertas‹, in: *Rinascimento*, 1986, Bd. XXXVII, S. 3–26.
Rubinstein (1966) 1997 Rubinstein, Nicolai: *The Government of Florence Under the Medici (1434 to 1494)*, Oxford (1966) 1997.
Salvador-González 2020 Salvador-González, José María: ›The Temple in Images of the Annunciation: A Double Dogmatic Symbol according to the Latin Theological Tradition (6th–15th Centuries)‹, in: *De Medio Aevo*, 2020, Bd. XIV, S. 55–68.
Sambursky 1959 Sambursky, Samuel: *Physics of the Stoics*, London 1959.
Schäfer 2010 Schäfer, Peter: *Geschichte der Juden in der Antike*, Tübingen 2010.
Scheel 1907 Scheel, Otto: ›Dogmengeschichte‹, in: *Theologische Rundschau*, 1907, Bd. X, H. 2, S. 54–70.
Scheer 2011 Scheer, Tanja Susanne: *Griechische Geschlechtergeschichte*, München 2011.
Schenke 1988 Schenke, Ludger: ›Die Interpretation der Parabel von den ‘Arbeitern im Weinberg’ (Mt 20,1–16) durch Matthäus‹, in: *Studien zum Matthäusevangelium. Festschrift für Wilhelm Pesch*, hg. v. dems., Stuttgart 1988, S. 245–268.
Scherner 1996 Scherner, Maximilian: ›‘TEXT’: Untersuchungen zur Begriffsgeschichte‹, in: *Archiv für Begriffsgeschichte*, 1996, Bd. XXXIX, S. 103–160.
Schmidt-Biggemann 1998 Schmidt-Biggemann, Wilhelm: *Philosophia perennis. Historische Umrisse abendländischer Spiritualität in Antike, Mittelalter und Früher Neuzeit*, Frankfurt am Main 1998.
Schmitt 1994 Schmitt, Jean-Claude: *Les Revenants. Les Vivants et les morts dans la société médiévale*, Paris 1994.
Schofield 2003 Schofield, Malcolm: ›Stoic Ethics‹, in: *The Cambridge Companion to the Stoics*, hg. v. Brad Inwood, Cambridge 2003, S. 233–256.

Scholz 2014 Scholz, Oliver: ›Vir bonus pingendiperitus – Das Ideal des guten Malers in Leon Battista Albertis 'De pictura'‹, in: *Die Virtus in Kunst und Kunsttheorie der italienischen Renaissance*, hgg. v. Thomas Weigel/Britta Kusch-Arnhold/Candida Syndikus, Münster 2014, S. 35–48.

Schönbeck 1962 Schönbeck, Gerhard: *Der Locus amoenus von Homer bis Horaz*, Diss. Heidelberg 1962.

Schöndube 2011 Schöndube, Matthias: *Leon Battista Alberti. ›Della tranquillità dell'animo‹. Eine Interpretation auf dem Hintergrund der antiken Quellen*, Berlin/Boston 2011.

Sellars 2016 Sellars, John: *The Routledge Companion to the Stoic Tradition*, London 2016.

Setaioli 2004 Setaioli, Aldo: »Interpretazioni stoiche ed epicuree in Servio e la tradizione dell'esegesi filosofica del mito e dei poeti a Roma (Comuto, Seneca, Filodemo), II«, in: *International Journal of the Classical Tradition*, 2004, Bd. XI, Heft 1, S. 3–46.

Sharples 2003 Sharples, R. W. (Hg.): *Perspectives on Greek Philosophy. S. V. Keeling Memorial Lectures in Ancient Philosophy 1992–2002*, London 2003.

Shields 2003 Shields, Christopher (Hg.): *The Blackwell Guide to Ancient Philosophy*, Oxford 2003.

Smith 1992 Smith, Christine Hunnikin: *Architecture in the Culture of Early Humanism Ethics, Aesthetics, and Eloquence, 1400–1470*, New York 1992.

Smith 1994 Smith, Christine: ›Leon Battista Alberti e l'ornamento: rivestimenti parietali e pavimentazioni‹, in: *Leon Battista Alberti*, Ausst.-Kat. Mantua, Palazzo Te, hgg. v. Joseph Rykwert/Anne Engel, Mailand 1994, S. 196–215.

Smith 1995 Smith, Christine: ›Piero's Painted Architecture: Analysis of His Vocabulary‹, in: *Piero della Francesca and His Legacy*, hg. v. Marilyn Aronberg Lavin, Hanover/London 1995, S. 223–253.

Solomon 2008 Solomon, Robert C.: ›The Philosophy of Emotions‹, in: *Handbook of Emotions*, hgg. v. Michael Lewis/Jeannette M. Haviland-Jones/Lisa Feldman Barrett, New York/London 2008, S. 3–16.

Sorabji 2000 Sorabji, Richard: *Emotion and Peace of Mind. From Stoic Agitation to Christian Temptation*, Oxford 2000.

Spallanzani 1975 Spallanzani, Marco: ›L'abside dell'Alberti a San Martino a Gangalandi‹, in: *Mitteilungen des Kunsthistorischen Institutes in Florenz*, 1975, Bd. XIX, H. 2, S. 241–250.

Spanneut 1994 Spanneut, Michel: ›Apatheia ancienne, apatheia chrétienne. Ière partie: L'apatheia ancienne‹, in: *Philosophie, Wissenschaften, Technik. Philosophie (Systematische Themen; Indirekte Überlieferungen; Allgemeines; Nachträge)*, hg. v. Wolfgang Haase, Berlin/Boston 1994, Bd. XXXVI, H. 7, S. 4641–4717.

Spranzi 2011 Spranzi, Marta: *Art of Dialectic between Dialogue and Rhetoric. The Aristotelian Tradition*, Philadelphia 2011.

Steiner 2010 Steiner, Gary: *Anthropocentrism and Its Discontents. The Moral Status of Animals in the History of Western Philosophy*, Pittsburgh 2010.

Steinlein 1941 Steinlein, Walter: *Phthonos und verwandte Begriffe in der älteren griechischen Literatur*, Diss. Erlangen 1941.

Stocking 2016 Stocking, Charles H.: ›The Use and Abuse of Training 'Science' in Philostratus' *Gymnasticus*‹, in: *Classical Antiquity*, 2016, Bd. XXXV, H. 1, S. 86–125.

Stöhr 2005 Stöhr, Johannes: ›Eucharistie als medicina corporis et animae‹, in: *Theologisches: Katholische Monatsschrift*, 2005, Bd. XXXV, H. 7/8, S. 458–468.

Stoichita 1997 Stoichita, Victor: *A Short History of the Shadow*, London 1997.

Stowell 2015 Stowell, Steven: *The Spiritual Language of Art: Medieval Christian Themes in Writings on Art of the Italian Renaissance*, Leiden 2015.

Summers 1987 Summers, David: *The Judgment of Sense, Renaissance, Naturalism and the Rise of Aesthetics*, Cambridge 1987.

Summers 2018 Summers, David: ›'Emphasis'. On Light, Dark, and Distance‹, in: Claudia Lehmann/Norberto Gramaccini/Johannes Rössler/Thomas Dittelbach (Hgg.): *Chiaroscuro als ästhetisches Prinzip. Kunst und Theorie des Helldunkels 1300–1550*, Berlin/Boston 2018, S. 165–188.

Taddei 2001 Taddei, Ilaria: *Fanciulli e giovani. Crescere a Firenze nel Rinascimento*, Florenz 2001.

Taddei 2005 Taddei, Sabrina: ›Aristoteles [Kat. Firenze, Biblioteca Medicea Laurenziana, Pluteo 79.23]‹, in: *Leon Battista Alberti. La biblioteca di un umanista*, hgg. v. Roberto Cardini/Lucia Bertolini/Mariangela Regoliosi, Florenz 2005, S. 425–426.

Tanturli 1988 Tanturli, Giuliano: ›La cultura fiorentina volgare del Quattrocento davanti ai nuovi testi greci‹, in: *Medioevo e Rinaschimento*, II, 1988, S. 217–243.

Tanturli 2017 Tanturli, Giuliano: *La cultura letteraria a Firenze tra Medioevo e Umanesimo: scritti 1976–2016*, hgg. v. Francesco Bausi/Anna Bettarini Bruni/Concetta Bianca/Giancarlo Breschi/Teresa De Robertis, 2 Bde., Florenz 2017.

Tateo 2005 Tateo, Francesco: ›Fortuna e felicità nel Theogenius‹, in: *Leon Battista Alberti (1404–72) tra scienze e lettere*, Konferenzakten, Genua, 19.–20.11.2004, hgg. v. Alberto Beniscelli/Francesco Furlan, Genua 2005, S. 53–70.

Tateo 2007 Tateo, Francesco: ›Referenti topici e fonti del Theogenius‹, in: *Alberti e la tradizione. Per lo ›smontaggio‹ dei ›mosaici‹ albertiani*, Konferenzakten, Arezzo, 23.–25.09.2004, hgg. v. Roberto Cardini/Mariangela Regoliosi, 2 Bde., Bd. I, Florenz 2007, S. 545–559.

Tauber 2004 Tauber, Christine: ›'Leggetemi e amatemi' – Autobiographie als Selbstanpreisung. Zu Leon Battista Albertis 'Vita'‹, in: Leon Battista Alberti: *Vita*, hg. u. übers. v. Christine Tauber, Frankfurt am Main 2004, S. 7–25.

Temkin 1973 Temkin, Owsei: *Galenism. Rise and Decline of a Medical Philosophy*, Ithaca 1973.

Thompson 2006 Thompson, Augustine: *Cities of God. The Religion of the Italian Communes 1125–1325*, Pennsylvania 2006.

Till 2006 Till, Dietmar: *Das doppelte Erhabene. Eine Argumentationsfigur von der Antike bis zum Beginn des 19. Jahrhunderts*, Tübingen 2006.

Tlusty 2001 Tlusty, Ann B.: *Bacchus and Civic Order. The Culture of Drink in Early Modern Germany*, Charlottesville 2001.

Trachtenberg 2001 Trachtenberg, Marvin: ›Architecture and Music Reunited. A New Reading of Dufay's 'Nuper rosarum flores' and the Cathedral of Florence‹, in: *Renaissance Quarterly*, 2001, Bd. LIV, H. 3, S. 740–777.

Trepp/Lehmann 2001 Trepp, Anne-Charlott/Lehmann, Hartmut (Hgg.): *Antike Weisheit und kulturelle Praxis. Hermetismus in der Frühen Neuzeit*, Göttingen 2001.

Trexler 1980 Trexler, Richard C.: *Public Life in Renaissance Florence*, New York 1980.

Uhlmann 2019 Uhlmann, Gyburg: ›Cicero, Quintilian und Isokrates in der Renaissance‹, in: *Rhetorik und Wahrheit: Ein prekäres Verhältnis von Sokrates bis Trump*, hg. v. dems, Stuttgart 2019, S. 236–241.

Ullman 1972 Ullman, Berthold L.: *The Library of Renaissance Florence. Niccolò Niccoli, Cosimo de' Medici, and the Library of San Marco*, Padua 1972.

Van der Eijk 2005 Van der Eijk, Philip J.: *Medicine and Philosophy in Classical Antiquity. Doctors and Philosophers on Nature, Soul, Health and Disease*, Cambridge 2005.

Van der Horst 2010 Van der Horst, Pieter Willem: ›Philo and the Problem of God's Emotions‹, in: *Etudes Platoniciennes*, 2010, Bd. VII, S. 171–178.

Van Eck 1998 Van Eck, Caroline: ›Giannozzo Manetti on Architecture: The 'Oratio de secularibus et pontificalibus pompis in consecratione basilicae Florentinae' of 1436‹, in: *Renaissance Studies*, 1998, Bd. XII, H. 4, S. 449–475.

Vasoli 1999 Vasoli, Cesare: ›L'immagine dell'uomo nel 'Teogenio'‹, in: *Leon Battista Alberti. Architettura e cultura*, Konferenzakten, Mantua, 16.–19.11.1994, hg. v. Accademia Nazionale Virgiliana di Scienze Lettere e Arti, Florenz 1999, S. 141–162.

Vecchio 2002 Vecchio, Silvana: ›Vizi 'carnali' e vizi 'spirituali': il peccato tra anima e corpo‹, in: *Etica e Politica/Ethics and Politics*, 2002, Bd.IV, H. 2, ohne Seitenangabe (open access journal, URL: http://hdl.handle.net/10077/5489).
Vickers 1990 Vickers, Brian: ›Leisure and Idleness in the Renaissance. The Ambivalence of 'otium'‹, in: *Renaissance Studies*, 1990, Bd.IV, S. 1–27.
Vieth 2002 Vieth, Andreas: ›Verzauberung der Affekte. Symbolische Kommunikation der Tugend‹, in: *Tugenden und Affekte in der Philosophie, Literatur und Kunst der Renaissance*, hgg. v. Joachim Poeschke/Thomas Weigel/Britta Kusch, Münster 2002, S. 21–44.
Viti 1999 Viti, Paolo: ›Sul 'Fedro' tradotto da Leonardo Bruni‹, in: *Vetustatis indagator. Scritti offerti a Filippo Di Benedetto*, hg. v. Vincenzo Ferrea/Augusto Guida, Messina 1999, S. 81–88.
Vitullo 2014 Vitullo, Juliann: ›'Otium' and 'negotium' in Alberti's 'I libri della famiglia'‹, in: *Annali d'Italianistica*, 2014, Bd.XXXII, S. 73–89.
Vogel 2016 Vogel, Christian: *Boethius' Übersetzungsprojekt. Philosophische Grundlagen und didaktische Methoden eines spätantiken Wissenstransfers*, Wiesbaden 2016.
Von der Lühe/Gülcher 2007 Von der Lühe, Irmela/Gülcher, Nina: *Ethik und Ästhetik des Mitleids*, Freiburg im Breisgau/Berlin/Wien 2007.
Wanninger 1999 Wanninger, Thomas: *Bildung und Gemeinsinn. Ein Beitrag zur Pädagogik der Urteilskraft aus der Philosophie des »sensus communis«*, Hamburg 1999.
Warren 1976 Warren, Charles W.: ›Brunelleschi's Dome and Dufay's Motet‹, in: *The Musical Quarterly*, 1976, Bd.LXIX, H. 1, S. 92–105.
Wehr 1987 Wehr, Lothar: *Arznei der Unsterblichkeit. Die Eucharistie bei Ignatius von Antiochien und im Johannesevangelium*, Münster 1987.
Wehrli 1974 Wehrli, Fritz: *Die Schule des Aristoteles: Texte und Kommentar*, Supplementband, hg. v. dems., Basel 1974.
Weidemann 2019 Weidemann, Hermann: ›Einführung‹, in: Marcus Tullio Cicero: *Über das Schicksal/De fato*, Lateinisch–Deutsch, Berlin 2019, S. 7–84.
Weigel 2004 Weigel, Sigrid: *Literatur als Voraussetzung der Kulturgeschichte. Schauplätze von Shakespeare bis Benjamin*, München 2004.
Weigel 2009 Weigel, Sigrid: ›Schmerz-Wissen. Vom Mythos zum Labor‹, in: *Schmerz in den Künsten*, hgg. v. Corina Caduff/Tan Wälchli, Zürich 2009, S. 22–41.
Weihe 2004 Weihe, Richard: *Die Paradoxie der Maske. Geschichte einer Form*, München 2004.
Wenderholm 2016 Wenderholm, Iris: ›Virginitas und Fortitudo. Papst Urban VIII. und die hl. Bibiana‹, in: *Frauen und Päpste. Zur Konstruktion von Weiblichkeit in Kunst und Urbanistik des römischen Seicento*, hgg. v. Eckhar Leuschner/Iris Wenderholm, Berlin/Boston 2016, S. 145–168.
Wicke-Reuter 2000 Wicke-Reuter, Ursel: *Göttliche Providenz und menschliche Verantwortung bei Ben Sira und in der frühen Stoa*, Berlin/Boston 2000.
Wind 1987 Wind, Edgar: *Heidnische Mysterien in der Renaissance*, Berlin 1987.
Wolf 2000 Wolf, Gerhard: ›The Body and Antiquity in Alberti's Art Theoretical Writings‹, in: *Antiquity and its Interprets*, hgg. v. Alina Payne/Ann Kuttner/Rebekah Smick, Cambridge MA 2000, S. 174–190.
Wright 1994 Wright, Craig: ›Dufay's 'Nuper rosarum flores', King Solomon's Temple, and the Veneration of the Virgin‹, in: *Journal of the American Musicological Society*, 1994, Bd.XLVII, H. 3, S. 395–441.
Wüschner 2016 Wüschner, Philipp: *Eine aristotelische Theorie der Haltung. Hexis und Euexia in der Antike*, Hamburg 2016.
Yates 1964 Yates, Frances A.: *Giordano Bruno and the Hermetic Tradition*, Chicago 1964.
Young 2003 Young, Philip H.: *The Printed Homer. A 3000 Year Publishing and Translation History of the ›Iliad‹ and the ›Odyssey‹*, Jefferson 2003.

Zaccaria 2017 Zaccaria, Maria Raffaella: ›Nicola di Vieri dei Medici‹, in: *Alberti e la Cultura del Quattrocento*, hgg. v. Roberto Cardini/Mariangela Regoliosi, Florenz 2007, S. 415–439.

Zak 2014 Zak, Gur: ›Humanism as a Way of Life. Leon Battista Alberti and the Legacy of Petrarch‹, in: *I Tatti Studies in the Italian Renaissance*, 2014, Bd. XVII, S. 217–240.

Zanovello 2011 Zanovello, Giovanni: ›Les Humanistes Florentins et la polyphonie liturgique‹, in: *Music and the Renaissance. Renaissance, Reformation and Counter-Reformation*, hg. v. Philippe Vendrix, Farnham 2011, S. 123–144.

Zintzen 2000 Zintzen, Clemens: ›Epikur in der Renaissance‹, in: *Epikureismus in der späten Republik und der Kaiserzeit. Akten der 2. Tagung der Karl-und-Gertrud-Abel-Stiftung vom 30. September bis 3. Oktober 1998 in Würzburg*, hg. v. Michael Erler in Zusammenarbeit m. Robert Bees, Stuttgart 2000, S. 252–272.

Zoppi 2013 Zoppi, Matteo: ›Gerusalemme nella riflessione di Agostino d'Ippona sulla 'civitas dei'‹, in: *Come a Gerusalemme. Evocazioni, riproduzioni, imitazioni dei luoghi santi tra Medioevo ed Età Moderna*, hgg. v. Anna Benvenuti/Pierantonio Piatti, Florenz 2013, S. 3–12.

Danksagung

Denken, Übersetzen und Schreiben können einsame Prozesse sein, müssen sie aber nicht. Während der ersten deutschen Übertragung und Kommentierung von Leon Battista Albertis *Della tranquillità dell'animo* war es kaum je still: Vielmehr wurde im distanz- und seuchenüberwindenden virtuellen Raum, der Florenz und Basel, Rom und Berlin vereinte, dialogisch gedeutet, gemeinsam um Worte und Interpretationen gerungen – und manchmal auch konstruktiv gestritten –, Faden um Faden in der uns vertrauten Sprache versponnen und das jahrhundertealte Denkgewebe neu beleuchtet. Und so tritt das ›Ich‹ der Übersetzerin und der Herausgeberin hinter dem ›Wir‹ aller Alberti-Diskutant:innen zurück, ohne die es unmöglich gewesen wäre, diese Arbeit zu vollbringen. Erwähnt seien Valerio Aparo, der auch noch die verworrensten Sätze Albertis mit sprachlichem Feingefühl und intellektueller Präzision entwirrte, sowie Louis Berger und Jacob Veidt, die nicht nur bei der schwierigen, manchmal an Detektivarbeit grenzenden Recherche von Figuren und Zitaten mitgewirkt, sondern auch einige kommentierende Anmerkungen verfasst und in den vielen gemeinsamen Sitzungen inhaltlich Wesentliches beigetragen haben. Auch Philipp Kaspar Heimann und Ellena Steltzer haben in den letzten Monaten des Projekts mit aufmerksamem Auge geholfen, dem Buch seine finale Form zu geben. Besonderer Dank gebührt Katharine Stahlbuhk und Giulia Baldelli, die auch in schwierigen Momenten einen kühlen Kopf bewahrt und stets eine kollegiale Großzügigkeit bewiesen haben, die weit über das Gewöhnliche hinausgeht. Vor allem sei jedoch Susanne Schüssler gedankt, die sofort an die Aktualität dieses Projekts geglaubt und uns intellektuell und freundschaftlich stets unterstützt hat, sowie Julie August und Tilman Vogt, die dem Buch in jeglicher Hinsicht den Feinschliff gegeben haben. Dieses Buch zeigt, dass die Freude am gemeinsamen Denken und Gestalten ein gutes Mittel sein kann, um schwierige Zeiten – und dazu zählen die Pandemiejahre zweifelsohne – mit mehr Leichtigkeit zu durchleben.

Florenz/Rom, im Februar 2022
Hana Gründler und Victoria Lorini

Leon Battista Alberti (1404–1472) war Architekt und gehört aufgrund seiner wegweisenden Schriften zur Architektur- und Kunsttheorie zu den wichtigsten und zugleich schillerndsten Denkern der Renaissance. Sein vielfältiges Themenspektrum umfasst auch moralphilosophische, staatspolitische, juristische und nicht zuletzt scharfzüngige literarische Werke, die bis heute nachwirken.

Hana Gründler ist Permanent Senior Research Scholar am Kunsthistorischen Institut in Florenz – Max-Planck-Institut, wo sie eine Forschungsgruppe zu den *Etho-Ästhetiken des Visuellen* leitet. Schwerpunkt ihrer Arbeit ist das Verhältnis von Kunst und Philosophie von der Frühen Neuzeit bis in die Gegenwart. Sie wirkte als Mitherausgeberin der EDITION GIORGIO VASARI bei Wagenbach.

Victoria Lorini lebt in Rom und hat unter anderem Giorgio Vasari, Carlo Ginzburg, Salvatore Settis und Massimo Montanari ins Deutsche übersetzt.

Bildnachweis: S. 2: akg-images / Rabatti & Domingie; S. 6: Kunsthistorisches Institut in Florenz – Max-Planck-Institut; Fotograf: Marvin Trachtenberg; S. 9: Florenz, Biblioteca Medicea Laurenziana, genehmigt durch das Ministero della Cultura, jede Form der Reproduktion ist untersagt; S. 11: akg-images / Fototeca Gilardi; S. 14: Kunsthistorisches Institut in Florenz – Max-Planck-Institut; Fotografin: Hilde Lotz-Bauer.

Die Herausgeberin dankt dem Kunsthistorischen Institut in Florenz – Max-Planck-Institut für die finanzielle Unterstützung des Projekts.

2. Auflage 2023

MIX
Papier aus verantwortungsvollen Quellen
FSC® C014889

www.wagenbach.de
Umschlaggestaltung und Satz aus der Caslon: Julie August
Umschlagmaterial von peyer graphic, Leonberg
Vorsatzmaterial von Winter & Company, Eimeldingen
Gedruckt und gebunden bei Pustet, Regensburg

ISBN 978 3 8031 3713 5